# アメリカ先住民の現代史

## 歴史的記憶と文化継承

内田綾子著
Ayako Uchida

名古屋大学出版会

アメリカ先住民の現代史　目次

# 序章

## 一　はじめに

アメリカ合衆国は、今日に至るまで多様な背景の移民たちを受け入れ、ときに排外主義的な政策をとりながらも、機会と平等の建国理念の下、アメリカ人という一つの国民へ統合をはかってきた。しかし、この「移民の国アメリカ」という国家史像において忘れられがちな存在がある。アメリカ先住民(1)である。

現在、合衆国の先住民(アメリカ・インディアンとアラスカ先住民)人口は約二四八万人であり、総人口の一%弱を占めるに過ぎない(表序-1参照)。先住民は、しばしば他の移民集団などと同様に合衆国を構成するエスニック・マイノリティのようにとらえられる傾向がある。しかし、「移民」の場合は故国での経済的・政治的困難を背景にしながらも自ら移住を選び、国家建設に参加して経済的・社会的地位を築いてきた。一方、「先住民」とは、ある土地に先住していながら、植民地化によって多くの場合、非自発的に別の国家へ統合された人々である。彼らは歴史を通じて、祖先の土地に根ざした独自の価値観と歴史意識を培ってきた(2)。アメリカ先住民もかつて小規模な国家群を形成し、一九世紀半ばまでは合衆国と条約を締結する関係にあった。彼らが公式な合衆国市民となったのは、一九二四年の「インディアン市民権法」(Indian Citizenship Act)によってであり、以来、合衆国市民と部族員

**表序-1**　アメリカ合衆国の人口構成　2000 年

| 人種およびヒスパニック・ラティーノ出身 | 2000 年国勢調査 | 人口割合（%） |
|---|---|---|
| 全人口 | 281,421,906 | 100.0 |
| 単一の人種 | 274,595,678 | 97.6 |
| 白人 | 211,460,626 | 75.1 |
| 黒人 | 34,658,190 | 12.3 |
| アメリカ・インディアンとアラスカ先住民 | 2,475,956 | 0.9 |
| アジア系 | 10,242,998 | 3.6 |
| ハワイ・他の太平洋諸島先住民 | 398,835 | 0.1 |
| その他の人種 | 15,359,073 | 5.5 |
| 複数の人種 | 6,826,228 | 2.4 |
| 計 | | 100.0 |
| ヒスパニック・ラティーノ | 35,305,818 | 12.5 |
| その他 | 246,116,088 | 87.5 |
| 計 | | 100.0 |

出典）U.S. Census Bureau, “Overview of Race and Hispanic Origin : Census 2000 Brief,” March 2001, 3, Table 1 より作成

という「二重のシティズンシップ」を有してきた。一九六八年の「インディアン公民権法」（Indian Civil Rights Act）は他のアメリカ人とほぼ同じ憲法上の権利を先住民個人に付与したが、各部族は今日も保留地において一定の自治権を有している。

近年、「国民国家」や「国民統合」のあり方が相対化してとらえ直される中、先住民の存在が世界各地で浮上し、注目されてきた。二〇世紀とは国民国家の世紀であり、脱植民地化によって新国家が次々と建設される一方、先進国では従来の国家体制が揺らいだ時代であった[3]。グローバリゼーションが推し進む今日、国民国家は新たなかたちで再編されつつある。かつてその多くが国家の辺境に暮してきた先住民にとっても、グローバル化は無縁でなくなっている。人やモノ、情報の移動が活発化する一方で、彼らは文化の固有性や土地・資源継承の問題に直面してきた。歴史的に「内なる植民地化」にさらされ、国民／市民として両義的な立場に置かれてきた先住民の固有の経験は、現代世界においてポストコロニアルな課題を投げかけている。一九六〇・七〇年代の先住民運動の高揚を経て、冷戦終結後の一九九〇年代には世界的に「和解」のグローバリゼーションが広がり、国内のマイノリティである先住民と歴史的和解を進める動きが

各国で起こった。そして二〇〇七年には、二〇年以上にわたる議論と修正を経て、ついに国連で「先住民族の権利に関する宣言」が採択された。

これまでアメリカ先住民の存在は、個人主義の伝統が強い合衆国において、一定の異なる価値観や社会構成原理を提起してきた。ときに「西欧型リベラリズム」（個人主義／同化主義）対「先住民型伝統主義」（集団／部族主義）(4)という図式でとらえられてきたように、合衆国は、先住民の集団的権利をどのように受け入れ、認めていくべきか、という問いに直面してきたのである。これはマイノリティの差異と平等をいかにして両立し、実現すべきかという「多文化主義」(multiculturalism) の視座と関わっていよう。

米国の先住民政策は、二〇世紀に「同化主義」と「自治／自決尊重」の間を揺れ動いてきた（表序-2参照）。二〇世紀初頭まで、連邦政府は保留地の土地を個人に分割して私有化を進め、教育を通じて先住民をアメリカ人にする同化政策をとった。しかし、これは一九二〇年代までに先住民の土地喪失と貧窮を招き、限界と問題点が明らかとなる。その結果、一九三四年の「インディアン再組織法」（ホイーラー＝ハワード法）による「インディアン・ニューディール」が展開される。これは、先住民の各部族政府を合衆国の政治組織に即した形で再編し、保留地での自治を認める、という自治尊重政策への転換であった。先住民は合衆国の中で部族（tribe）という固有の集団としてとどまることを保障されたのである。しかし、戦後から一九五〇年代には、部族と保留地の解体を促す「連邦管理終結政策」の下、同化主義が再興する。そして、これが再び修正されるのは、一九六〇年代以降である。とくに、一九七五年の「インディアン自決・教育援助法」は、先住民が保留地において合衆国政府の介入なしに連邦プログラムを運営する権利を保障した。以来、今日に至るまで、部族の自治を尊重する自決政策が基調となってきた。

では、二〇世紀の合衆国における先住民政策は、なぜこのような紆余曲折を経てきたのだろうか。アメリカ先住

**表序-2**　合衆国－アメリカ先住民関係の歴史的変遷

| 時期 | 政策の特徴 | 主要な法律 | 関係 | 部族の地位 | 部族の対応 |
|---|---|---|---|---|---|
| 1770年代<br>-1820年代 | 国家間関係 | 1787　北西部領地条令<br>1790　通商・交際法／条約 | 保護関係 | 主権国 | 外交，軍事的抵抗 |
| 1830年代<br>-1850年代 | 強制移住 | 1830　強制移住法／条約 | 政府間関係／信託関係 | 国内従属国 | 軍事的抵抗／交渉受入 |
| 1850年代<br>-1890年代 | 保留地 | 保留地条約 | 後見 | 被後見 | 抵抗の後退／適応 |
| 1870年代<br>-1930年代 | 同化 | 1871　条約締結終了<br>1885　主要犯罪法<br>1887　一般土地割当法（ドーズ法） | 後見 | 被後見 | 適応／不適応／宗教運動 |
| 1930年代<br>-1950年代 | 自治 | 1934　インディアン再組織法 | 政府間関係／信託関係の復活 | 準主権国 | 政治参加の増加／部族間の活動発展 |
| 1950年代<br>-1960年代 | 連邦管理終結(同化) | 1953　決議108号<br>1953　公法280号　都市移住計画 | 信託関係の終結 | 準主権国の地位終結 | 部族間政治の成長／現代の抵抗開始 |
| 1960年代<br>-1988年 | 自決 | 1968　インディアン公民権法<br>1975　インディアン自決・教育援助法<br>1978　インディアン児童福祉法<br>1978　インディアン宗教自由法 | 政府間関係／信託関係の復活 | 国内従属国／準主権国 | 政治活動の進展／70年代まで急進的運動／利益集団の活動 |
| 1988年<br>-現在 | 自決／自治 | 1988　インディアン賭博規制法<br>1988　インディアン自決・教育援助法修正<br>1990　アメリカ先住民墓地保護返還法<br>1994　部族自治法<br>1996　アメリカ先住民住宅援助法<br>2000　インディアン部族経済開発・契約促進法 | 政府間関係／信託関係 | 国内従属国／準主権国 | 利益集団の活動／国際的活動の増加 |

出典）David E.Wilkins, *American Indian Politics and the American Political System* (Lanham, MD : Rowman & Littlefield Publishers, 2002), 105, Table 4.1 より作成

民は移り変わる政策にどのように対応し、連邦政府に働きかけたのか。そして、これら双方の動きは二〇世紀におけるアメリカの国民統合や多文化主義とどのように関わっているのだろうか。エスニック集団の移民とは異なる先住民に焦点をあてることにより、何よりも植民地を基盤に国家を建設してきた合衆国がその過去とどのように向き合ってきたのかについて、新たな知見を得ることができるのではないだろうか。

## 二　先住民研究と多文化主義

アメリカ先住民に関する研究は従来、歴史学と人類学の分野で進められ、近年、日本においても蓄積を見ている。かつてのアメリカ史の分野では、先住民を分析の対象とした研究がかなり限られていた。西部開拓史における衝突の相手、または強制移住や一般土地割当法（ドーズ法）などの連邦インディアン政策による犠牲者として、わずかに登場するのみであった。仮に先住民の声がとりあげられたとしても、一部の指導者や先住民エリートの姿に限られていた。(5) しかし、一九五〇年代になると、部族文化を研究してきた人類学者たちが通時的な歴史的アプローチを取り入れ、「エスノヒストリー」(Ethnohistory) と呼ばれる学際的分野を開拓し始めた。ここでは主に文献史料を用いた文化の分析を通じて、文化集団の持続や変容が研究された。(6)

一九六〇年代に入ると、歴史学においては従来の統合的なアメリカ史像が揺らぎ、「新しい社会史」の潮流とともに先住民の姿が正面から問われるようになった。連邦インディアン政策の分析に加えて、アメリカ先住民の視点や声を重視し、その歴史的役割に着目するに至ったのである。各大学に先住民研究のプログラムやカリキュラムが設けられた他、一九七二年にはシカゴのニューベリー図書館（Newberry Library）にダーキー・マクニックル（D'Arcy McNickle）アメリカ・インディアン史センターが設立された。(7) これらを背景に登場した「ニュー・インディアン・ヒストリー」（New Indian History）は、エスノヒストリーの方法論を発展させ、連邦政策やアメリカ社会における先住民の対応や役割を明らかにすることを目指してきた。先住民を主体とした歴史分析が試みられるようになったのである。

このように展開してきた先住民研究は、今日、テーマと対象の広がりを見せている。先住民団体に関する代表的なものとして、ハーツバーグ（H. W. Herzberg）とマドックス（L. Maddox）によるアメリカ・インディアン協会（SAI）についての研究、そして初期の全国アメリカ・インディアン議会（NCAI）の歴史をまとめたコウジャー（T. W. Cowger）の著作がある。一九六〇・七〇年代の先住民運動については、スタイナー（S. Steiner）による同時代の著作、ジョンソン（T. R. Johnson）のアルカトラズ島占拠に関する分析、スミス（P. C. Smith）とウォリアー（R. A. Warrior）による「レッド・パワー」（先住民運動）の研究などがある。[8] 連邦政策との関わりでは、インディアン再組織法に対する部族の対応や、都市移住政策下での先住民の経験に関する分析も行われている。[9] 先住民のアイデンティティ形成については、コーネル（S. Cornell）が「超部族主義」（Supratribalism）の発展について多角的に検討した。さらに、ネイゲル（J. Nagel）は、一九五〇年から一九九〇年の間に先住民人口が五〇万人以下から約二〇〇万人へ増加したのは、単なる出生率の上昇のみでなく、先住民を自認する人々が増えたためであり、先住民運動などによるアイデンティティ高揚を背景としていると論じた[10]（図序-1参照）。

日本におけるアメリカ先住民史研究は、一九六〇年代後半以降、合衆国のマイノリティ研究に対する歴史学的関心の高まりとともに発展してきた。一九七〇年代半ばから八〇年代にかけては、通史や史料集などの基礎的な研究とともに、強制移住や一般土地割当法などの主な先住民政策に関する個別研究が着手されるようになった。一九九〇年代以降は、論文や著作の種類も増え、多様なテーマがとりあげられている。従来の一九世紀を中心とした先住民政策史研究の深化とともに、二〇世紀前半の先住民政策改革や部族ごとの研究も進んできた。[11] また、人種やジェンダーの観点からの分析が現れ、日本においてもテーマや対象が広がりを見せている。[12]

以上のように、内外の先住民研究は一定の蓄積を見ており、現代の連邦＝先住民関係も徐々に掘り下げられてきた。しかし、全般的にはなお政策論に関する分析が多く、史料的な制約も加わって先住民自身の対応については、まだ十分に明らかになっていない。とくに一九世紀から二〇世紀前半の先住民政策に関する研究が進む一方、現在の先住民の問題を論じた著作も増えている。[13]これらの過去と現在の先住民像を接合するためにも、その「歴史的記憶」に焦点をあてることは有効と思われる。中でも、一九六〇・七〇年代に高まった先住民運動は、先住民の「記憶」を解釈するうえで重要な結節点であり、レッド・パワーを支えた先住民の歴史意識や文化的アイデンティティについて考察を深める必要がある。歴史研究の分野では、主に一九九〇年代以降、国家や国民の公的記憶に関して、記念行事や記念碑、博物館における記憶の表象を通じて研究が進められてきた。[14]近年、合衆国の国民統合と国民化のプロセスを歴史学的に検証する文献も現れている。[15]しかし、マイノリティや先住民の記憶のあり方については十分に掘り下げられていないと言える。このような状況を踏まえて、現代のアメリカ先住民の軌跡を彼らの文化・歴史意識の観点からとらえなおし、考察していくことは重要であろう。今日、経済開発や部族の自治など、先住民をとりまく問題と深く関わっているのは、その文化的アイデンティティと歴史的記憶であると思われる。

　多文化主義についての議論は、とくに一九九〇年代以降、合衆国に限らず活発に展開されてきた。個人を単位とした機会の平

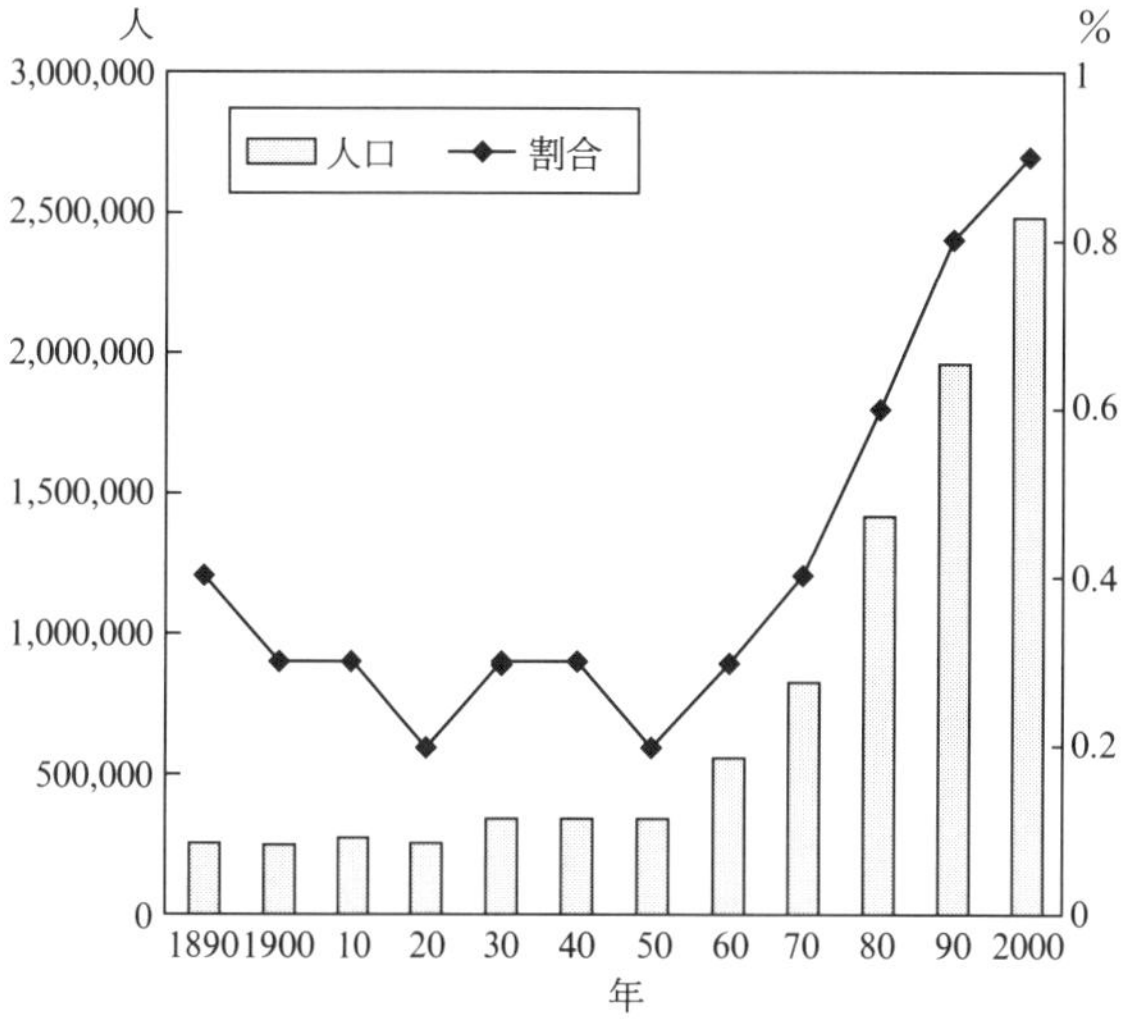


**図序-1**　アメリカ・インディアンとアラスカ先住民人口 1890-2000 年

出典）Campbell Gibson and Kay Jung, Historical Census Statistics on Population Totals By Race, 1790 to 1990, and By Hispanic Origin, 1970 to 1990, For The United States, Regions, Divisions, and States, Working Paper Series No.56, September 2002, U.S. Census Bureau. 〈http://www.census.gov/population/www/documentation/twps0056.html〉より作成

等を目指す「リベラル多元主義」と人種・民族集団間の結果の平等を重視する「コーポレイト多文化主義」の違いに関する議論に始まり、一九八〇年代後半以降、アファーマティブ・アクションやバイリンガル教育、大学カリキュラム、PC（ポリティカル・コレクトネス）などをめぐってアメリカ社会では論争が起こった。この多文化主義におけるアイデンティティと差異の問題を、C・テイラー（Charles Taylor）は、近代西欧思想に即して尊厳の平等を求める「承認の政治」としてとらえ直した。[16]

一方、九〇年代には、多文化主義が持つ限界も指摘されるようになった。オーストラリアやカナダなどに見られるように、多文化主義が政策として採用されることによって、かえって国民統合の管理手段として用いられる側面が浮上してきた。このような形式的な多文化主義は、ときに「コスメティック・マルチカルチュラリズム」として批判されてきた。[17]さらに、マイノリティ内部の同質性や統一体としての文化のとらえ方に対する限界も指摘されている。九〇年代に発展したポストコロニアル研究は、多文化主義によるアイデンティティの政治を「本質主義」(essentialism)の限界とし、ディアスポラやハイブリディティといった新概念を導入することにより、従来の文化概念やアイデンティティのとらえ方に再考を促したのである。[18]

以上のような多文化主義批判が展開される一方、近年では個人主義的なネオ・リベラリズムの広がりを見据えて、福祉国家的多文化主義政策の重要性を論じる研究も現れている。上述の反―本質主義の議論、すなわち集団の脱構築によるアイデンティティ・ポリティクス批判がその意図と反して、マイノリティによる集団としての異議申し立て、すなわち「エンパワメント」の契機を奪ってしまう側面が指摘されている。[19]この議論は、基本的に「公定多文化主義」としてではなく、社会運動としての側面を持ってきた合衆国の多文化主義にもあてはまると思われる。アメリカでは、カナダやオーストラリアとは異なって政府が多文化主義を政策として掲げることはなかった。しかし、「理念の共和国」として個人主義・自由主義の伝統を持つ合衆国においても、個人の自由と権利を守るうえで集団が果たしてきた役割を軽視することはできないであろう。とくにアメリカ先住民の場合は、合衆国に対して一定の本質主義的な集団アイデンティティを主張し、異議申し立てをしてきたからである。従来、多文化主義については社会統合的観点から多く研究がされてきたが、これらのマクロな考察においては、多文化主義が本来持っていたエンパワメントの側面や、歴史的記憶の所在が捨象されてしまうことがある。近年、先住民にとって言語や信仰などの文化継承は差し迫った課題となっており、多文化主義をよりマイノリティの文脈に即してとらえ直していく必要があろう。[20]

## 三　主題・視角・方法

本書は以上の問題関心から、アメリカ現代史の過程で先住民がどのように文化継承と部族の自治を模索してきたのかを社会文化史的に検討し、それを支えた集団アイデンティティと歴史意識について考察する。とくに合衆国政府の政策や主流社会との関わりにおいて、先住民がいかなる課題に直面し、どのような戦略を編み出していったのかを明らかにしたい。先住民の自決を支える主な条件として重視されてきたものに、①部族の自治、②文化継承、③経済開発、の三つが挙げられるが、本書ではその中でも文化継承に関わる動きに注目した上で、他の二つとの関わりを分析する。その際、部族を超えた「汎インディアン運動」や全国的な動向を射程に入れ、とくにアメリカ中西部・西部に暮す平原部族であるラコタ・スー族（サウスダコタ州他）やシャイアン族（モンタナ州・オクラホマ州）の事例に焦点をあてる（図序-2・3参照）。平原部族の場合は、一九世紀に連邦政府との間に締結した「条約」を破棄され、合衆国軍との武力衝突によって多くの犠牲を出した。現代においても平原地域の保留地は、相対的に貧

**図序-2**　アメリカ合衆国西部の先住民保留地

出典）U.S. Census Bureau, Geography DivisionCartographic Operations Branch TIGER Map Server : 〈http://www.census.gov/geo/www/maps/CP_OnLineMapping.htm〉より作成
破線は図序-3に相当。

困や社会問題が深刻であり、その歴史的記憶が大きな影を落としているように思われる。それだけに、平原部族は先住民運動において先導的な立場に立ってきた側面がある。

なお、本書では次に述べる、①連邦政策と先住民の対応、②文化継承、③経済開発、そして④歴史的記憶、の四つの項目に焦点をあてて考察を行うが、これらはそれぞれが密接に関わっており、現代の先住民アイデンティティの変容を分析していく上で、重要なテーマと思われる。

### ①　連邦政策と先住民の対応

まず、今日の自決尊重に至る連邦インディアン政策の展開において、先住民が具体的にどのような働きかけをし、対応をしてきたのか、という点に着目する。上述のように、一九三四年のインディアン再組織法と一九七五年のインディアン自決・教育援助法は、二〇

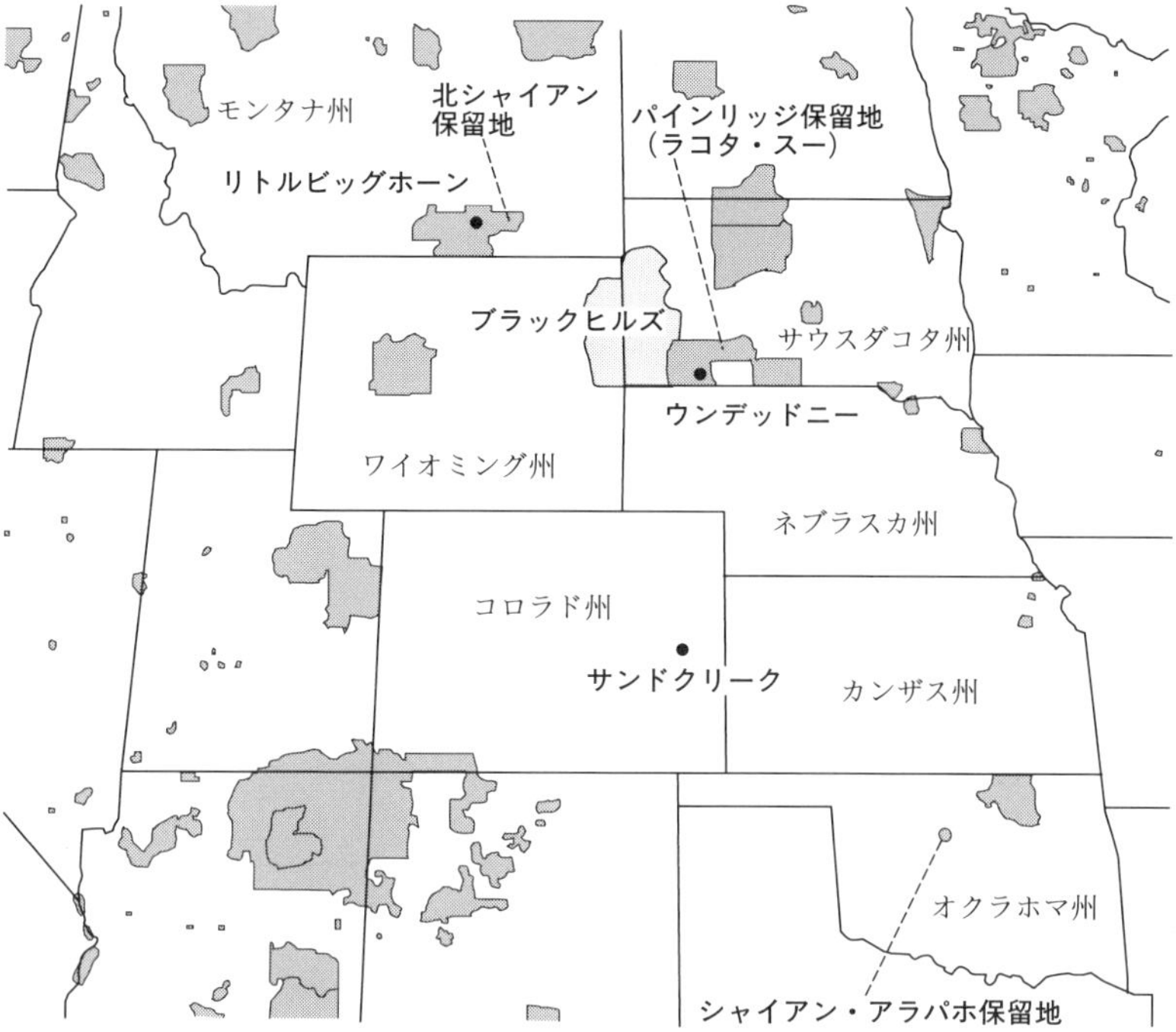


**図序-3**　ラコタ・スー族とシャイアン族保留地・史跡

出典）U.S. Census Bureau, Geography DivisionCartographic Operations Branch TIGER Map Server : 〈http://www.census.gov/geo/www/maps/CP_OnLineMapping.htm〉より作成

世紀の先住民政策における重要な節目となった。本書では、主な先住民団体について分析しながらとくに現代の先住民運動における三つの局面に注目していきたい。第一に、一九一〇年代の同化政策期におけるアメリカ・インディアン協会（Society of American Indians）に代表されるアメリカ社会への適応模索の時期である。第二に、一九五〇年代に連邦管理終結政策に抵抗した全国アメリカ・インディアン議会（NCAI）の動きを取り上げる。そして第三に、一九六〇・七〇年代にかけて先住民運動が興隆し、全国インディアン青年評議会（NIYC）やアメリカン・インディアン・ムーブメント（AIM）を中心としてレッド・パワーが展開した時期である。今日の

自決政策を直接導いたのは、第二と第三の動きと言えるが、第一の段階も先住民運動の系譜において重要な位置を占めていると思われる。これらの過程で、先住民の文化継承と自治の探求はどのような課題に直面し、調整をはかってきたのか。元来、保留地／都市といった背景や部族の異なる先住民たちは、いかにして汎インディアン意識を形成してきたのだろうか。そしてこの過程は、はたして合衆国の国民統合とどのように関わっていたのか。ここでは、先住民アイデンティティの原初的側面とともに政治手段的側面[21]にも光をあて、先住民と連邦政策との関わりを検討する。その際、ローカル／ナショナル／トランスナショナルな文脈で先住民の動きを重層的にとらえていきたい。

② 文化継承

次に、①の先住民運動の背景にある信仰や言語などの「伝統文化」への態度に着目し、それをめぐって先住民がアメリカ社会との間でいかなる課題に直面し、どのような対応をとってきたのかを検討する。まず、二〇世紀初頭からの平原部族によるサンダンスの継承とペヨーテ信仰の広がりを考察し、その上で、先住民の宗教的自由をめぐる近年の合衆国における動向と部族語の現状を探る。ただし、これらの「伝統」や「文化」は固定したものとは限らず、先住民が時代や状況に応じて創りかえ、新たに生み出してきたものと言える。とくに、先住民による「伝統」の復興や、他の文化要素の流用・複合による新たな文化創造の試みにも注目する。[22]そして、このような社会構築主義的な解釈を踏まえながらも、「伝統文化」が先住民にとって尊厳の依り所やアイデンティティを支える集団的シンボルとなってきた側面と過程を明らかにする。

③　経済開発

先住民の文化継承をより広い文脈でとらえたとき、無視し難いものが経済開発の問題である。今日、先住民人口の約四分の一以上が貧困層に属し、合衆国で最も貧しいマイノリティ集団である。近年、若干の改善が見られるが、平均所得や失業率、疾病率、教育歴などにおいて、依然として相対的に格差が見られる。とくに部族の拠点となっている保留地の貧困は多くが深刻な状況のままである（図V‐1・2、表V‐1参照）。連邦政府による先住民政策は、貧困対策の歩みと重なる部分がある。先住民の自治・文化継承と経済的自立はどのように関わり、また彼らはいかなる経済開発のあり方を模索してきたのか。現代のスー族とシャイアン族の事例を通じて、彼ら自身によるエンパワメントの動きに注目する。

④　歴史的記憶

最後に、アメリカ先住民のアイデンティティと文化継承を支えてきたものとして、その歴史的記憶について考察する。先住民の集合的記憶は、たえずアメリカ社会との相互作用の中で構築されてきた。一九世紀の合衆国による政治・軍事的支配とその後の同化政策という歴史的経験を通じて、いわば「記憶の共同体」としての先住民が形成されたと言える。部族の自治や保留地は本来、合衆国との歴史的な信託関係に依拠しており、先住民は国家の制度と不可分な立場におかれてきた。現代のアメリカ先住民は、いかなる記憶を動員することによって、国家を枠組みとした「公的記憶」の相対化を試みたのか。一方、先住民の異議申し立てに対してアメリカ社会はどのように対応し、「記憶の制度化」をはかってきたのか。先住民にとって、合衆国との「和解」はいかなる政治的意味合いを帯びてきただろうか。さらに、自らの間で記憶を継承するために、先住民はどのような方策をとってきたのか。先住民内部の差異を踏まえつつ、記憶の継承が合衆国における先住民の立場と自己理解にどのように関わってきたのかをアメリカの多文化主義と国民統合を射程に入れて検討したい。とくに先住民の歴史的記憶が、「尊厳」の承認にむけた多文化主義の企図とどのように通底しているのかについて考察する[23]。長らく先住民は合衆国政府にとって、福祉とパターナリズムの対象であったが、実は、他者の尊厳と承認に関わる問題をアメリカ社会に投げかけてきたのではないだろうか。アメリカ先住民の事例を通じて、マイノリティの記憶の継承と「共有化」をめぐる問題を検討したい。

なお、以上の考察を進める際の視角は、次の二点である。

第一に、アメリカ先住民を連邦政策の受け手や客体として論じるのみでなく、彼らの声と視点を考慮しつつ歴史的なアクターとしてとらえ、その姿と役割を明らかにする。つまり、先住民を合衆国における弱者として捨象することなく、「行為者」としてその軌跡を分析していきたい。多文化主義的な歴史観が浸透しつつある今日、先住民の主体的な姿をとらえなおして歴史の中に位置づけていくことが必要と思われる。その意味において、本書は、下からの歴史を目指した「新しい社会史」とニュー・インディアン・ヒストリーの視点・問題意識を共有している。現代の先住民がどのようにアメリカ社会と向き合い、働きかけてきたのか、連邦政策や世論の動きにいかなる影響をもたらしてきたのかに注目する。

第二に、アメリカ先住民の取り組みや運動を、合衆国の国民統合との関わりにおいてより重層的にとらえることを試みる。ここでは先住民が自らの立場を守るために、「先住民固有の権利」のみならず、「合衆国市民としての権利」、そして「普遍的人権」に訴えてアメリカや国際社会に働きかけてきたのではないか、という観点から考察を進める。アメリカ先住民は必ずしも一定の立場にとらわれることなく、時代と状況に応じて自らのアイデンティティを再構築し、より有効な方策を模索・選択してきたのではないのだろうか。先住民がおかれた社会的・文化的状況を考慮しつつ、彼らの取り組みや発言をエンパワメントにむけた主体的適応の文脈から読み解き、とらえなおしていきたい。

本書では、主に一次史料として、新聞や雑誌、政府公文書、法律・裁判記録などを用いた。とくに前述のＮＣＡＩやＮＩＹＣ、ＡＩＭ、アメリカ・インディアン協会といった各先住民団体の記録や機関誌、部族評議会議事録、聴聞会証言録などから先住民の動きを分析した。そもそも歴史は何を史料とするかによって、見方や解釈が変わることがある。政策側の史料に加えて、これまでに公開・発表された先住民の手記や自伝、インタビューなどから、部族指導層や活動家、一般の先住民などの経験・歴史意識・自己像を探ることを試みた。これらのナラティヴ史料を時代の証言として十分に活かし、分析した研究はまだあまり見られない。本書では、部族や先住民団体のみでなく個人の姿をとらえるためにも、史料批判をふまえながら先住民の多様な声を拾い上げることに努めた。また、内容とテーマを掘り下げる上で、合衆国滞在中に接した先住民たちの姿や声からも多くの示唆を得てきた[24]。以上のように、本書は現代の先住民の姿と視点を問題関心の出発点としている。

## 四　本書の構成

本書は、全体として以下の六つの章から成る。第Ⅰ章と第Ⅱ章において、現代の先住民政策の背景と先住民運動の展開を検討した上で、第Ⅲ章以降で文化継承と歴史的記憶に関する具体的考察を行う。

第Ⅰ章「同化から自治へ」では、まず先住民と合衆国との間の歴史的な信託関係について確認する。次に、二〇世紀初頭の同化主義期からインディアン・ニューディールを経て、戦後の連邦管理終結に至る米国の先住民政策の変遷と、それぞれの時期の先住民による対応を論じる。具体的にはまず、一九一〇年代のアメリカ・インディアン協会において先住民自身の間でアメリカ社会への同化がどのように議論されていたかを検討する。次に、インディアン再組織法が先住民にもたらした影響を確認した上で、第二次世界大戦後の動きをＮＣＡＩに焦点をあてて分析する。二〇世紀前半に、連邦先住民政策は「同化」と「自治」の間を揺れ動いたが、これらを通じて先住民が育んだ自治権の意識をとらえなおしたい。

第Ⅱ章「自決の模索」では、一九六〇年代以降の自決政策と先住民運動の関わりを検討する。まず第1節において、連邦政府の貧困対策と先住民の対応を論じる。第2節では、六〇年代から七〇年代にかけてのＮＩＹＣやＡＩＭを中心とした先住民運動の展開を論じ、その過程で形成された先住民の自決意識について検証する。

第Ⅲ章「文化的適応のかたち」では、先住民の文化的アイデンティティの生成を二〇世紀初頭に遡って探る。平原部族の二つの信仰と合衆国との関係をとり上げ、先住民がそれらをどのように保持・再編してきたのかを考察したい。第1節において、ラコタ・スー族の伝統儀式であるサンダンスが変容しつつ今日まで継承されてきた過程を分析する。第2節では、一九世紀末に平原インディアンの間で広まった新興宗教のペヨーテ信仰に注目し、キリスト教と土着信仰の融合とともに、先住民が連邦の規制からいかにペヨーテ信仰を擁護したのかを検討する。

第Ⅳ章「文化継承の現在」では、主に一九七〇年代以降、アメリカ先住民の信仰と言語をめぐって、どのような動きが見られたのかを探る。第1節では、現代の先住民の宗教的自由に関する訴訟判決を通じて考察し、今日的課題について分析する。第2節では、先住民言語の現状を、先住民教育と部族語復興の取り組み、そして英語公用語化運動の影響とともに論じる。

第Ⅴ章「経済開発と文化」では、先住民が部族の文化と自治を存続していくうえで、いかなる課題を抱え、保留地でどのような経済活動が試みられているのかを検討する。第1節では、シャイアン族における経済問題を環境問題と連邦プログラムの観点からとらえ、第2節では、スー族のローカルな経済活動に焦点をあてて考察する。伝統文化とのバランスの上に成り立つ先住民の経済開発とはいかなるものかを探りつつ、人々のローカルなエンパワメントのあり方を検討したい。

第Ⅵ章「記憶の継承にむけて」では、近年、歴史解釈をめぐって揺れ動いてきた一九世紀後半の西部拡張期における歴史的跡地をとりあげ、それぞれが先住民の記憶と合衆国の公的記憶においてどのような意味を帯びてきたのかを検証する。第1節にて、リトルビッグホーン戦場（モンタナ州）と聖地ブラックヒルズ（サウスダコタ州）を事例に、先住民が過去の記憶をめぐって合衆国に対し、どのように働きかけてきたのかを論じる。第2節では、ウンデッドニー（サウスダコタ州）とサンドクリーク（コロラド州）に焦点をあて、先住民虐殺の跡地をめぐる動きを分析する（図序-3参照）。これらの記憶の地を通じて先住民が抱いてきた歴史意識に光をあてたい。そして、最後の第3節にて、近年のアメリカ先住民に対する公式謝罪決議案の動きを取り上げた上で、先住民のローカル／トランスナショナルな記憶のあり方について検討する。

終章では、以上の各章での議論をまとめ、今後の展望をはかる。現代アメリカにおける先住民の軌跡を多文化主義との関わりから振り返り、それが今日のグローバル化時代において持つ意味を探りたい。

# 第Ⅰ章　同化から自治へ

――一九一〇年代～五〇年代――

スー族のチャールズ・イーストマン（インディアン名 Ohiyesa），
1903 年。医師でアメリカ・インディアン協会員だった。

# 第1節　先住民の権利にむけて

## 一　インディアン条約と先住民

### 保留地という空間

今日、多くのアメリカ先住民は、合衆国市民であると同時に部族民であるという二重の市民権を有している。合衆国には連邦公認の部族だけでも五五〇以上存在し、部族は一定の制約を持ちながらも、保留地や先住民コミュニティにおいて自治を行う権利を有している。インディアン保留地は全国に広がり、現在、約二四八万人の先住民人口のうち約三分の一が保留地に暮している（図序-2・Ⅰ-1参照）。広さは二、三エーカーから一四〇〇万エーカーのナヴァホ保留地まで様々であり、総面積が約五六〇〇万エーカー（国土面積の約二・八％）である。

保留地は、内務省インディアン局（Bureau of Indian Affairs）の出張所がおかれているが、部族政府、部族運営の警察、裁判所、刑務所、学校、病院、消防署などを備え、独自の自治共同体を形成している。部族政府は、犯罪などの裁判権で連邦と州によって一定の制約を受けているが、部族員の決定、課税、民事・刑事裁判、水利権、建造物法規、土地利用区域の決定、先住民の優先雇用の監督などの権限を持っている。部族員は保留地でインディアン局が提供する医療、教育、その他のサービスを受けることができ、その資格条件は各部族政府によって異なる。[1]保留地における借地代などの土地収入は連邦所得税に課されず、保留地での所得・商取引は基本的に州に課税されない。[2]

他方、保留地での失業率は平均三三％以上に及び、西部の僻遠の保留地では八、九割に達する。先住民の寿命は全国平均に近づいているが（平均七二歳）、住民の健康状態は悪く、結核、アルコール依存症による肝臓病、自動車事故死、糖尿病の割合が全国民の数倍にのぼる。[3]内務省内で部族行政を管轄しているのがインディアン局であり、教育や医療、生活保護などについては、教育省や厚生省があたっている。保留地の先住民にとって、部族政府はインディアン局と並ぶ主な雇用先であり、ほぼすべての社会保障を提供している。先住民にとって、保留地は親族が暮し、祖先が埋葬されている地であり、部族の神話が宿る場所でもある。

連邦の信託保有地である保留地では、州の権限が一部例外を除いて及ばず、売却やリース、抵当契約が制限されてきた。[4]合衆国政府は信託責任として、先住民部族の土地と資源を保護する法的義務を負っている。この連邦政府との信託関係は、部族主権の概念とともに、連邦=インディアン法におけるもっとも重要な概念である。

## 連邦との信託関係

先住民の自治と信託関係を検討するには、合衆国政府と先住民の歴史的関係を振り返っておくことが必要であろう。合

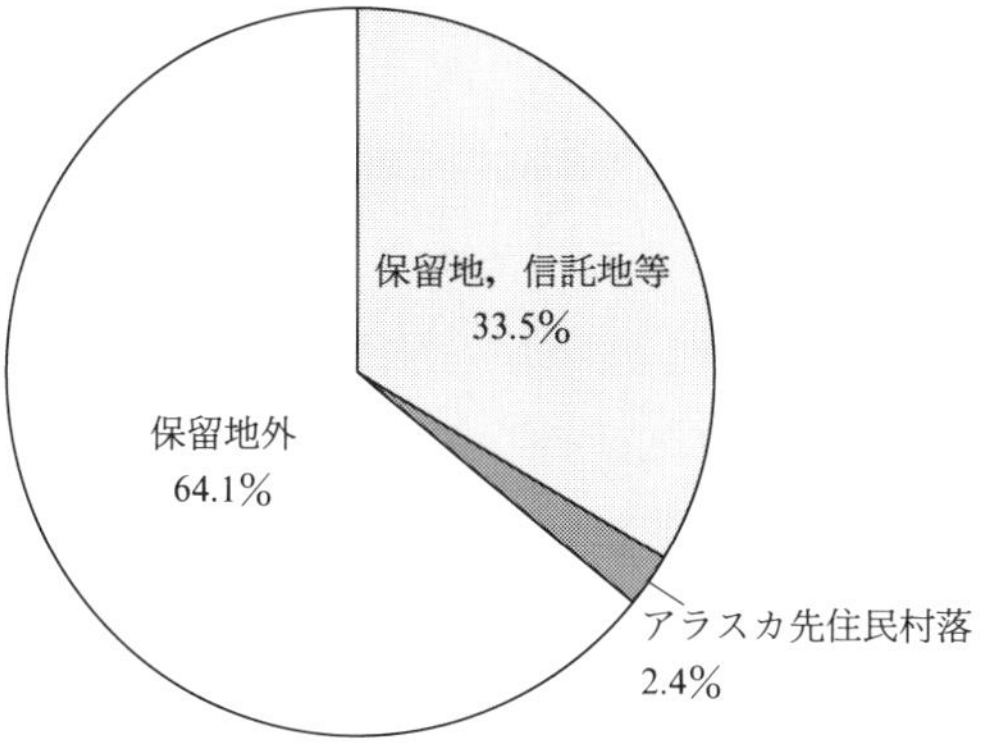


**図I-1**　アメリカ・インディアンとアラスカ先住民人口の居住地別の割合（%）2000年

出典）Stella U. Ogunwole, *We the People : American Indians and Alaska Natives in the United States,* U.S. Census Bureau, February 2006, 14より作成

衆国は、国家形成の過程で先住民との間に一定の法的関係を確立してきた。植民地時代、新大陸において発見された土地はイギリス国王の所有となったが、英国法は先住民がそのような土地に居住する権利を持つと定めていた。独立革命以前、一三の植民地を統治していたイギリス政府は先住民諸部族を独立国家とみなし、国際法に基づいて対等な関係として扱っていた。とくに東部のイロクォイ連合は、他部族との連合により高度な政府組織と憲法を持っていた。合衆国も当初、この慣習を踏襲し、憲法においてインディアンを共和国市民に含めず、土地の借用・譲渡、通商貿易、防衛に関する同盟を目的とした「インディアン条約」を諸部族と国際条約として締結していた。その後も領土を拡大する過程で各部族に条約を交渉させ、先住民の所有地を移住者から保護するという条件で合衆国は広大な面積の土地を入手した。

しかし、一九世紀に入ると州が部族やその土地に対する管轄権を主張し始めたため、一八三一年のチェロキー・ネイション対ジョージア事件最高裁判決は、インディアン諸部族が準主権を有する「国内従属国家」(domestic dependent nations)であると定め、連邦政府の直轄とすることによって州の干渉を退けた。これは、従来の英国法にない合衆国独自の法理であった。そして、これによって合衆国は部族とその土地財産を預り、管理する「信託責任」の原則が確立されたのである。部族は、「国内従属国家」という法的地位におかれたが、その後も連邦は領土拡張期に西部の先住民部族との間に条約を締結していった。

こうして条約交渉に基づいてつくられていったのが保留地(reservation)である。すでに植民地時代から先住民の土地が保留されていたが、一八三四年に合衆国政府がインディアン・テリトリーを設けたことが保留地システムの始まりであった。内務省に先立って一八二四年に陸軍省内に創設されたインディアン局がインディアン保留地の管理を行ってきた。インディアン・テリトリーはインディアン移住法によって故郷を強制的に追われた東部の部族に与えられ、今日のオクラホマ、カンザス、ネブラスカ各州の土地を含んでいた。インディアン・テリトリーの境界は一八五四年と一八六六年の法律によって縮小されたが、保留地システムは徐々に西部諸州やテリトリーに拡大していき、一九世紀末までには大部分の先住民が保留地での生活を強いられていった。保留地を含む先住民の土地は「インディアン・カントリー」と呼ばれ、その定義は歴史を通じて変化し、論争を生じてきたが、法律として初めて成文化されたのは、一九四八年の刑法（18 U.S.C. 1151）においてである。以来、合衆国内の先住民保留地、および連邦政府と信託関係にある先住民コミュニティ、土地所有権が消滅していない先住民割当地の総称となっている[5]。州政府によって設けられた保留地もわずかにあるが、大多数が連邦政府の管轄下におかれてきた。

インディアン条約によって連邦政府と先住民の間に信託関係が築かれたとはいえ、合衆国は先住民に対してほぼ全権を行使し、先住民の身分を変更して条約を破棄してきたことも事実である。連邦議会は一八七一年のインディアン歳出予算法において、インディアン部族を「国家」とみなさず、インディアンを非外国人として取り扱うことを定めた。これによって、インディアンは合衆国市民でも外国人でもない特殊な立場におかれることになった。そして先住民部族との条約締結は終了したが、それまでに締結された条約は三七一にのぼった。一八八〇年代以降、連邦インディアン政策は、従来の分離主義から、先住民や保留地を合衆国に取り込む同化主義に移行していく。合衆国にとって、そもそも保留地は過渡的な存在であり、先住民の同化が推し進めば、条約に基づく信託関係も消滅すると想定されていた。また、インディアン保留地の管理を行ってきたインディアン局も過渡的な機関としてみなされていた。一八八七年の一般土地割当法（ドーズ法）は、土地の集団保有から個人所有を促し、インディアン世帯主あたり一六〇エーカーの土地が単独保有地として付与された。以後、一九三四年までに部族全体の土地の約三分の二が失われたのである。

このように、二〇世紀初頭までには、先住民が連邦政府と交わした条約に基づく信託関係とその下での自治は、同化政策によって実質的に後退しつつあった。これらが回復されるのは、その後、連邦先住民政策の紆余曲折と先住民の権利運動を経て後のことである。本章では、二〇世紀初頭から一九五〇年代にかけて合衆国の先住民政策が変化する中、アメリカ先住民がどのような権利運動を展開したのか、汎インディアン主義の動きに焦点をあてて検討する。この時期の連邦先住民政策は、同化政策からインディアン・ニューディールによる自治尊重を経て、再び連邦管理終結政策下の同化主義へ回帰し、先住民の合衆国における立場も変化した。このような動きの中で、先住民はいかなる歴史的記憶のもとにアメリカ社会にはたらきかけたのか。そして、それは合衆国の国民統合とどのように関わっていたのだろうか。以下の節では、まず、先住民が一九一〇・二〇年代の同化主義を背景とした時期に、自らの権利を確立するため、いかなる対応をとっていたのかを検討する。

## 二　アメリカ・インディアン協会と同化のポリティクス

### インディアンと市民権

先住民全体が公式に合衆国の市民権を得たのは、一九二四年のインディアン市民権法（Indian Citizenship Act）によってである。それ以前に、土地割当法や非先住民との結婚、連邦政府との条約などによって既に先住民全体の三分の二が合衆国市民となっていたが、以後、保留地に暮す先住民は、合衆国市民と部族員という二重のシティズンシップを有することになった。それまでインディアンは国内従属国家である部族に生まれたという理由から、合衆国憲法の修正第一四条における市民の定義が適用されなかった。市民でない先住民は公職に就くことができないものの、南北戦争終了後、人種・肌の色、奴隷としての経験によって選挙への立候補を禁止されなくなった。一九世紀末には市民権のない先住民の存在が万人の平等の原則と矛盾するのではないかと議論されるようになった。(6) オクラホマの州憲法大会には多くの先住民が代議員に選ばれ、一九〇七年に最初のオクラホマ州上院議員となったR・オーウェン（Robert Owen）はチェロキーであった。また、同年にカンザス州上院議員となり、後に合衆国副大統領となったC・カーティス（Charles Curtis）はカウ（Kaw）族であった。

先住民史研究者のプルカ（F. P. Prucha）が「インディアン市民権法の影響は不明瞭（nebulous）だった。」と記しているように、この法律制定後、すべての先住民にすぐに選挙権が与えられたわけではなかった。[7]また、合衆国市民となってからも部族への帰属を認めており、その点で他のアメリカ人にとっての市民権とは異なっていた。しかし、それまで市民とも外国人ともつかない曖昧な立場にあった先住民をすべてアメリカ市民と位置づけた点で、この法律は先住民の国民統合において一定の重要性を帯びている。そして、この動きは第一次世界大戦後の合衆国におけるナショナリズムの高揚や移民排斥の動きとも無縁ではなかった。

## アメリカ・インディアン協会

当時の先住民は合衆国市民となることに対してどのように反応したのだろうか。それは、彼らの歴史的記憶とどのように関わっていたのか。ここでは、一九一一年に設立された先住民による初の全国組織であるアメリカ・インディアン協会（Society of American Indians）での議論に注目してみたい。同協会は、先住民全体に教育と自助の精神を説き、アメリカ社会での地位向上と権利獲得を目指した。その指導層は教育を受けた中流の先住民エリートであり、いわゆる伝統派の先住民や部族指導者は含まれなかった。一九世紀後半から連邦政府は同化教育を行う寄宿学校を推進してきたが、協会設立に関わった一八人の先住民の内、一一人がカーライル・インディアン学校などの寄宿学校の卒業生であった。会員は西部の平原地域や北東部を中心として各部族に広がり、会員数は一九一三年で六一九人（内、四〇〇人が賛助会員）であった。一九一一年から二三年までは、ほぼ毎夏中西部で年次集会を開催し、当初は二〇〇人以上が出席した。集会には先住民以外の者も参加したが、議決は先住民会員に限られた。第一回集会においてアメリカ・インディアン協会は先住民の法的立場を明確にし、合衆国の「市民権」を得られるよう法案審議を連邦議会に働きかけることが検討された。[8]

協会設立を促したオハイオ州立大学の白人の学者F・A・マッケンジー（Fayette Avery McKenzie）は、一九一三年のアメリカ社会学会で以下のように演説し、先住民をアメリカ市民とすることが急務であると説いた。「我が国の生活にインディアンは受け入れられておらず、我々が多くの根本的なことを変えなければそれは実現されないだろう。インディアンには明確な地位、近い将来には市民権と私有財産、十分な教育、合理的な政府と学校、広く深い宗教的修養、そして真の社会的承認を与えなければならない。我が社会の権利をすべて与え、インディアンからも十分な責任を要求するのだ。今日、これらの基本政策を詳細に計画している暇などない。基本政策を承認して発表することが重要である。[9]」

カーライル・インディアン学校に通ったが酒びたりとなり、クリスチャンになることで更正したというコマンチ族のH・ホワイトウルフ（Howard Whitewolf）は、アメリカ・インディアン協会の機関誌 *The American Indian Magazine* において自らの人生を振り返っている。「学校で過ごした三年間は役立ち、英語を学んだお陰で通訳になることができた。他の者たちには私のような失敗をたどり、機会を失ってもらいたくない。良い教育を受けたインディアンの男女は我々の誇りである。彼らは人々のためにより尽くすことができるのだ。良きクリスチャンで教育があり、インディアンのために戦う者こそ、我々の指導者にふさわしい。白人に頼りすぎてはならず、我々自身で支え合っていかねばならない。そうすれば、文明化において偉大な進歩を遂げることができよう。[10]」ここでは、「インディアンのために戦う者」になる手段として、「良い教育」がとらえられている。

協会会長と同誌編集者を務めたセネカ族のA・C・パーカー（Arthur C. Parker）もアメリカ社会への先住民の同

化を支持したが、人種によって同化に要する時間や条件が異なると説いた。「この偉大な民族のメルティングポットに注ぎ込まれた各人種は同じ温度で溶け合うわけではない。融点はそれぞれ異なるだろう。プラチナ、金、銀、アルミが違う温度で溶けるように、アメリカに暮し、移住してくる各人種にはそれぞれの対応が必要だ。むろん同化と融合は別である。同化によって様々な人種的要素に共通の国家的理念が加わる。我々が信奉する主流のアメリカニズムとはアングロサクソンを起源とするが、もはやヨーロッパ的な特色はない。我々は、政府や自由、社会関係・ビジネスにおいてアメリカ独自の理念を育んできた。移民たちには皆、我々のようにこの理念を信奉するよう期待する。［中略］同化への素地は同じではなく、それぞれが個々のニーズと従来の状況に見合った訓練を積んではじめて国民生活を実現することができる。[11]」パーカーは、移民と先住民の場合では、そもそも同化の過程が異なると説明した。そして、その主張は第一次世界大戦下で次第に愛国的な調子を強めていった。

「生活様式」の問題がインディアンにとっては無視できない。まず何よりも生活し、生計を立てねばならず、それを学ぶ必要がある。「文明化された」慣習の人々と同じ国で暮していくのだ。こういう状況で生計を立てていくには、白人の隣人と商売をしていく知識が必要だ。互いに信頼できるようインディアンは優良な国民と人生目標を共有し、国にとって不可欠な労働力となるべきだ。また、国から恩恵を受けるからには、できる限り国に奉仕し、国全体のために心から行動できなくてはならない。こうした理由から、インディアンは市民であるべきであり、市民権（citizenship）はインディアンにとって有益にちがいない。他の国民のように市民として自立するのだ。[12]

ここでは、合衆国で生き抜く術として市民権を取得し、アメリカ市民として自立していく必要が説かれているのである。

## 先住民政策への批判

アメリカ社会への「同化」を説く一方で、パーカーは先住民をとりまく「不正」にも敏感であった。一九一五年のインディアン権利協会（Indian Rights Association）年次集会にて次のように演説した。「インディアンの財産や人格を餌食にする不徳な市民や不正な商売心がなければ、インディアン問題はすぐに解決される。インディアン問題の核心とは白人問題であり、白人の道徳教育に依っているからである。堕落したインディアンは確かにいるが、保留地内外に暮らす白人が土地横領やウィスキー販売、博打、泥棒、悪徳商法を手がけなければ、インディアンの堕落は止み、容易に解決されるだろう。[13]」インディアン権利協会は非先住民の会員を中心とした代表的な改革団体であり、一八八七年の一般土地割当法や一九二四年のインディアン市民権法の制定に貢献した。保留地システムと部族の解体による先住民の同化を理念に掲げてきた。

ボストンに生まれたスー族のA・B・フリーマン（Albert B. Freeman）も、一九一七年に大学での受賞演説で保留地システムを「パターナリズム」としてその弊害を批判している。

三〇〇年前に白人がやってきて、疲れた彼らは「インディアンの助けを借りて火で暖まりながら熊の毛皮に横たわり、妻子のために小さな土地でトウモロコシを育て始めた。」しかし、今や白人は強大になり、土地のすべてを「自分のものだ！」と言って所有するようになった。独立宣言は、全ての者が平等で、自由の権利を与えられていると謳っている。これらの奪うことのできない権利はインディアンに与えられてきただろうか。

第一に、保留地システムを通じた文明化によって、我々の経済的自由は破壊されてきた。最新の国勢調査によれば、インディアン全体の六分の五に相当する二五万人が保留地に収用されている。狩猟場を奪われて我々はもはや自給できず、依存状態にある。その動機がいかに善意からのものであれ、隔離制度（segregation system）は本質的に誤っている。怠惰を促し、人々を鍛える「労働」に真っ向から対立する。義務感を鈍らせ、負担や責任という鍛錬を否定する。狼のように金と土地に飢えた人間の群れが保留地境界をうろつき、無防備な住民から略奪していく。人々は堕落して悪徳の仲介人によって保留地にはびこり、悪習がはびこる。法をかいくぐって酒が売られ、酒とともに放蕩が広まる。要するに、人々を守ろうと政府が促進した巨大なシステムによって、かえって文明の悪鬼と破壊者が人々を餌食にしているのだ。［中略］

経済的平等と自由の喪失よりもはるかに深刻なのは、インディアンが社会的に根こそぎ状態にあることである。保留地制度によって、先住民の団結に何よりも必要な、部族間の親交が奪われた。独裁によって人々は無感覚になり、部族の幽閉が宣告される。白人や他の文明のみでなく、他部族のインディアンからも隔離されるのだ。［中略］

しかし、白人が到来して以来、インディアンの血で染まらなかった州があるだろうか。歴史を振り返れば、清教徒の説教師は民兵が「六〇〇人の異教徒を地獄に送った」ことを神に感謝し、コロラド州サンドクリークではインディアンの母親と乳飲み子が殺され、サウスダコタ州パインリッジでも虐殺がおこり、ネブラスカ州ではダルナイフ（Dull Knife）の一団が飢えながら殺された。我々は邪悪で、不実なのだろうか。歴史を公平に振り返っても、政府は「草が生え、水の流れるかぎり、我々は聖なる契約を守る」と条約を締結したにもかかわらず、これらは無情にも踏みにじられて「紙くず」と化し、条約委員会議長のシャーマン将軍は驚くべきことに「政府はインディアンと数百の条約を交わしながらも一つとして守ってきていない」と告白したのである。［中略］

繰り返すが、我々にはどれだけの政治的平等と自由が与えられてきただろうか。明確な市民としての身分が否定されてきたのだ。我々はいったい何者なのか。裁判所や投票箱を前にして我々は何者か。外国生まれの侵入者では確かにない。否、我々は生え抜きのアメリカ人なのだ。投票権の前には、かの保留地制度が立ちはだかっている。政府への反逆者でもなければ、国家に対する裏切り者でもない。我々は何者か。四〇〇万人の奴隷を解放して選挙権を与えておきながら、二五万人の生え抜きのアメリカ人を保留地に閉じ込めておくのは、とんだ不平等ではないか。年間に一〇〇万人の移民を受け入れ、市民権の希望をかなえる一方で、改善が遅々として決して変わりようもない保留地にインディアンを閉じ込めておくとは、いかなる自由だろうか。いったい我々は何者だろう。生え抜きでありながら母国をもたず、どこに住むかも選ぶことができない住民。我々は、人々が交わって偉大な文明を築き上げるのを保留地から傍観して暮さねばならない。このことはアメリカ史の政治的伝統に適っているだろうか[14]。

以上のように、フリーマンは、アメリカ独立宣言の平等と自由、「アメリカ史の政治的伝統」に訴えて、アメリカ社会に参画する市民権の必要性を説いた。この点は前述の同化主義的なインディアン権利協会の理念と呼応している。ただしここで重要なのは、フリーマンの演説の中で、サンドクリークやウンデッドニーでの虐殺事件とともに、土地収奪、条約の不履行、経済的搾取などの歴史的記憶が、いわば先住民に共通の体験として想起され、訴えられていることである。

チェロキー族のJ・M・オスキソン（John M. Oskison）の場合は、保留地制度を批判する一方で、長老の伝統的権威の衰退が記憶の一つとして語られている。

合衆国には大小合わせて一六一の、総面積五五〇〇万エーカーの保留地があるが、どの保留地でも連邦政府の監督官が最高権力を握っている。インディアンにとって、監督官はワシントン政府の代表であり、従わねばならない。監督者は長老たちの集いを妨げ、その霊的な習俗の伝統をやめさせ、インディアンの踊りを禁じて長髪を切らせ、部族共有地の個人割り当てを促す。部族の土地は灌漑の水利権のために白人に取引され、インディアンの資金は灌漑システムや橋、道路の建設に用いられる。三〇万人のインディアンに対して九千万人の白人が望むように、決定を下すのは保留地の監督官である。

入念な監督官は行動をとる際、保留地の若者の支持をとりつけようとする。若者に話し合わせ、彼らに長老たちを説得させる。監督官の部下であるインディアン警官は秩序を維持するのみでなく、監督官の目や耳、そして舌（慎重に発言するかぎり）となる。［中略］一五年前にインディアン業務に携わる者が北ヤンクトン・スー族とアシニボインとの会議をフォートペックで開き、そこで長老たちがカーライル・インディアン学校に通った三人の若者に白人の流儀について尋ねた。その際、ある長老は次のように語った。「自分が若い族長だった頃、若者は沈黙を守り、老人が会議で語ったものだ。老人の知識が豊かだったからそれは正しかったし、皆もそれに従った。しかし、今やそうではなくなった。我々老人は沈黙し、若者が語るのを聞かなくてはならない。白人のやり方に従わねばならず、そうする他ない。バッファローはいなくなり、群れが消えてしまった。老人は東部の学校に通うことができなかった。子供たちは東部で白人の流儀を学び、文明の光を受けた。我々老人は若者の言うことを聞き、黙って彼らの言うとおりにせねばならない。白人のやり方で。」［中略］

保留地が分割されると決まったとき、インディアン業務が変わり、新体制のもとでインディアン自身の協力を依頼された。しかし、年配のインディアンたちは当てにされず、これが悲劇を招いた。彼らは新計画に反対し、賛成しても足手まといと思われたのである。老人たちは政府によって無視されて権威失墜し、長年の要求の一部に政府がようやく取りかかっても、その協力は無用とされたのである。

これがまさにつらい現実である。大部分の老人たちが自信と統率力を失い、政府は故意にそうしたのである。族長は肩書きを保つことが許されたが、それは冷やかしだった。彼らの真の力と英知、影響力がどれほど損なわれたことか[15]。

以上のように、アメリカ・インディアン協会は、先住民が存続していくにはアメリカ社会に適応していくことが必然であり、市民権取得をそのための手段とみなしていた。ただしここで重要なのは、このような同化の呼びかけが、むしろインディアンとしての強固な自意識に裏打ちされていたことである。彼らは、過去の連邦政策や保留地制度の欠陥を見抜き、それを厳しく批判していた。教育を受け、アメリカ社会に適応してきた先住民エリートたちは、過去の市民権の必要が説かれていたのである。そのような保留地での搾取、差別と抑圧から脱却する手段として市民権の必要が説かれていたのである。

**市民権付与へ**

一九二四年のインディアン市民権法の成立を直接促したのは、第一次世界大戦での先住民の貢献であった。先住民兵士は一九世紀以来、合衆国軍に加わっていたが、正規の兵士としてではなかった。第一次世界大戦では、多くが市民権を得ていなかったにもかかわらず、戦士としての伝統的精神や軍人給与などを動機として一万七千人以上が兵役に登録し、この内、約一万人が徴兵や志願によって合衆国軍に従軍した[16]。また、一二〇〇万ドルを戦債に差し出し、赤十字やYMCAなどの団体の戦争募金に献金した。しかしながら、先住民の従軍に対して、先住民側から反対が無かったわけではない。首都ワシントンには先住民の代表団が訪れ、徴兵に抗議した[17]。また、アパッチ族の医師であるC・モンテズマ（Carlos Montezuma）は、志願する場合は別として市民権を持たない先住民は徴兵されるべきでない、と主張した。「ワサジャ［モンテズマの自称］は、まずインディアンに“First American Citizen”

としての権利が付与されないかぎり、徴兵は不正の繰り返しであると信じる。なぜか。先住民はリンカーンよりも、ワシントンよりも、そしてコロンブスよりも前にこの土地に暮し、後からアメリカ人がやって来たからである。正義があるとしたら、これが正義でなかろうか？」[18] 従来からモンテズマは汚職がはびこり、先住民の土地や資金を濫用してきたインディアン局を痛烈に批判していたが、とくにこうした戦争協力に反対する発言によって文通や私生活を連邦捜査局（FBI）に監視されることになった。[19] アメリカ・インディアン協会においても合衆国参戦をめぐって会員間に分裂が生じ、一九一七年の年次集会が中止された。一九一九年に先住民復員兵はその功績を称えられて、連邦政府により市民権の申請が許可されたが、実際に申請した者は少数であった。[20] 市民権を得れば、州への納税の義務が生じ、部族の土地が減じることになったからである。

第一次世界大戦後、アメリカ・インディアン協会における論者の主張には微妙な変化が見られた。従来の同化礼賛から民族自決という先住民の権利主張が前面に出てきたのである。当時の先住民指導者たちは、W・ウィルソン大統領による民族自決の原則にいち早く反応した。スー族でアメリカ・インディアン協会幹事のG・ボニン（Gertrude Bonnin; Zitkala-sa）やC・A・イーストマン（Charles A. Eastman）［本章扉写真］は、第一次世界大戦での先住民の貢献と愛国心を強調しつつ、市民権付与をアメリカ世論に訴えた。[21]

アイルランド問題や他の解決困難な諸問題が平和会談で取り上げられる中、我々はここアメリカにおいても人種問題があることを思い起こすだろう。我が国が国内の「少数民族」に対して公平であり得ないのに、どうして国外の少数民族を擁護できよう。現代のギリシャ人と同様、北米インディアンは「我々も自由を要求する」と呼びかける。これは、別の政府や領土を要求しているわけではなく、認め難いはずがない。我々が請うのは全面的な市民権である。なぜか。我々はこの戦争に従軍して献金し、その数と資力からして合衆国のどの人種や階級にも劣らず多くを提供したからである。だが、明らかに金や財産を目当てに、我々を「政府の被後見人」の立場にとどめようとする者たちがいる。(22)

ここでイーストマンも、保留地が存在することで利権を築いていたインディアン局や内務省の役人を批判している。協会設立に関わったスー族のイーストマンは、少年時代を部族の中で過ごしながらも寄宿学校からボストン大学で学んだエリートであった。しかし、一八九〇年にサウスダコタ州パインリッジ保留地で医師としてウンデッドニー虐殺後の惨状を目の当たりにし、事件後、インディアン局を批判するとパインリッジ保留地での職を追われた。その後、ミネソタ州セントポールで認可を受けて開業したが、裁判所や警察から嫌がらせを受けた。そして一九〇〇年には再びサウスダコタ州のクロウクリーク保留地の医師となったが、翌年、連邦政府に対する保留地住民の批判を煽ったとして解雇された。イーストマンは自伝や論説などの著作を発表し、先住民出身の代表的知識人となったが、そのアイデンティティをめぐって揺れ動いた。「自分はインディアンである。文明から多くを学び、それに感謝しているが、公正と正義に対するインディアンの考えを忘れたことはない。商業やナショナリズム、物質的合理性よりも社会・精神面での発展と進歩を目指している。しかし、生きているかぎり、自分はアメリカ人である。(23)」

このイーストマンは、「インディアンのためのアメリカ市民権」というスローガンの下で開かれた一九一九年のアメリカ・インディアン協会年次集会において、「市民権」と同時に「条約上の権利」(treaty rights) を説いている。

我々が現在持っているものはすべて、条約によって約束されたものであり、実際はもっと多くを受けとっているはずである。合衆国は我々にすべてを負っているあまり、何も与えることができないのだ。アメリカは我々と条約を結んだが、それを実行せず、濫用してきた。これらの条約は協定、契約であり、変更はできない。条約は最も重要なかたちの協定である。家を建てるときは契約に従うものだ。しかし、政府はこれらの契約を濫用し、我々に相談することなくいつでも変更し、土地を分割してきた。好きなだけ我々の金を使っておきながら、何ら協議しない。ずっとこうだったのだ。［中略］

インディアンは市民権を獲得する力を持っている。我々は条約上の権利（treaty rights）を主張しなければならない。我々は憲法上の権利を主張し、インディアン局に恥ずべき虚勢をやめさせ、完全に廃止すべきだ。インディアン局に支配させておくかぎり、我々は無知なインディアンを演じることになり、差別される。金があれば何でも買えるし、責任と名誉を果たせば行動の自由があるのだから、一〇〇パーセント市民の資格を得るのだ。［中略］インディアンは条約による権利を保ったまま市民になれる。(24)

このように、イーストマンの主張では、先住民の歴史的記憶としての条約上の権利、すなわち条約で保障された部族主権が合衆国の市民権と矛盾せず、重なり合うものとしてとらえられていた。(25) 同じく集会に出席したP・クロウイーグル（Paul Crow Eagle）は、先住民同士の協力を説いた。「我々は全国に散らばっている。皆を集めて一つにならなくてはならない。［中略］市民権を得て、我々インディアンを守っていかねばならない。」スー族のH・フィールダー（Henry Fielder）も、「あなた方の団体に大いに敬意を表する。私はインディアンであり、インディアンであることを喜ばしく思う。」と感想を述べた。(26)

### 部族主権の訴え

一方、先住民の間には、「市民権」よりも「部族主権」を訴える声も根強かったことは確かである。アメリカ・

インディアン協会のエリートたちとは異なり、当時の保留地の実情からは市民権への期待がうかがえない。たとえば、一九一七年二月にサウスダコタ州パインリッジ保留地のスー族オグララ評議会は、土地問題との関わりで、当面は市民権を拒否することを決議し、ワシントンのインディアン局に代表二名が赴いて説明を行った。彼らは、市民権付与とともに土地の売却許可証を先住民に発行するのを控えてほしいと内務省に申し入れた。一九〇六年に制定されたバーク法によって、内務省が資格ありと判断すれば、先住民は市民権を得て、信託期間二五年の期限以前でも個人割当地を無条件相続地として売却できるようになっていた。これによって、多くの土地が白人に安値で買い叩かれ、先住民はたちまち困窮に陥っていたのである。[27] 代表の一人であるスポッテッドクロウは「配慮されなければ、我々は土地のすべてを失ってしまう。インディアンは飢えて何もかも明け渡してしまうだろう。」と訴えた。[28]

クロウ族の若い部族指導者であるR・イエローテイル（Robert Yellowtail）の場合は、一九一九年に上院インディアン問題委員会において、クロウ保留地の境界を守るために以下のように演説した。「大統領は、人類・国家間の友愛が大原則であり、それぞれが自決（self-determination）の権利を本来持っていることを世界に認めさせようとしております。しかし、合衆国内ではアメリカ・インディアンが何ら権利を認められず、自らのために考える権利さえも与えられていないことを忘れないでいただきたい。[29]」ここでは、再び先住民の自決権がウィルソンの民族自決原則と結びつけてとらえられていた。このように、二〇世紀における先住民の主権概念は、国際的な民族自決の原則と呼応して発達した側面がある。

当時、インディアン市民権法の制定にはっきりと反対した先住民もいた。ニューヨーク州のイロクォイ連合は市民権が及ぼす影響について六部族代表が集まって話し合った。[30] その結果、イロクォイ連合は反対を公式発表し、ワシントン大統領と条約を締結した証拠である貴重なワムパム・ベルト（貝殻玉でできたベルト）を部族評議会のロングハウスから持ち出し、部族の独立を証明しようとした[31]。一方、カナダではオンタリオ州のカユガ族（イロクォイ連合加盟部族の一つ）の伝統派指導者デスカへ（Deskaheh）が一九二三年に国際連盟に苦情を申し立てにジュネーブへ赴いた。彼は、カナダによるイロクォイ連合の自治侵害を不当として訴えたが、イギリス政府の圧力によって阻まれた。その後、カナダ政府が入国を許可しなかったため、デスカへは帰郷できないまま合衆国側のタスカローラ保留地に身を寄せ、一九二五年に失意の中、病で亡くなった[32]。後に、イロクォイ連合加盟部族の一つタスカローラ族のC・リッカード（Clinton Rickard）は次のように語った。

一九二四年のインディアン市民権法は我々の強固な反対にもかかわらず、制定された。その規定により、すべてのインディアンの望み如何にかかわらず、自動的に合衆国市民にさせられたのである。このことは我々の主権に対する侵害であった。我々の市民権は我が国家にあり、我が政府のやり方に従ってきた。我々は条約を交わしたインディアンのままでいて、古くからの権利を維持することを望んだ。部族の者たちは積極的に白人の選挙に出かけて投票するようなことはしなかった。そうした者は我が国の族長や一族の母となる権利を否定された[33]。

インディアン市民権法が制定された一九二四年、約一二万五千人の先住民が新たにアメリカ市民権を与えられた。多くの先住民は合衆国市民であることの意味を十分に理解せず、連邦政府との特別な信託関係が断たれるのではないか、という不安を抱いていた。しかし、この法律では、「そのような市民権の付与は部族や他の財産に対するインディアンの権利を減じ、影響を及ぼすことはない。」と明言され、連邦政府と部族との間の信託関係は形式的には保持されたのである。インディアン市民権法を支持した西部諸州の議員たちは第一次世界大戦前からの革新派で、当時の上院インディアン問題委員会のメンバーであった。彼らは、先住民に市民権を付与することによって、それまでに利権を漁っていた内務省やインディアン局の改革・合理化を目指したのである。一方、同年には移民割当法が成立し、従来の割当がより厳しく規定されて各国からの移民が制限された。日本人の場合は実質的に帰化不能外国人として移住を禁止された。この移民制限による外国人の排除と、インディアン市民権法による先住民の包摂は、共に第一次大戦後に高まったアメリカ化運動を背景にした合衆国の国民統合政策の一環としてとらえることができよう。(34)

以上、アメリカ・インディアン協会とともに他の先住民の市民権法に対する反応を探ってきた。同協会は先住民の生き残り戦略としてアメリカ社会への同化を目指し、市民権取得はその手段の一つであった。協会の目的や主張は、当時の主流改革団体やB・T・ワシントン（Booker T. Washington）を中心とする啓蒙的な黒人運動と似通っていたと言える。協会による先住民の市民権要求は、同化主義的なイデオロギーから決して自由ではなく、保留地の先住民の実情と乖離したものであったという点で、確かに限界を帯びていた。しかしながら、先住民が連邦政策を批判しつつ、自らの問題解決と将来像を模索したという点で、アメリカ・インディアン協会は独自な存在であった。そこでは、先住民部族に共通の歴史的記憶が呼び起こされ、連帯が呼びかけられていた。そして、イーストマンの主張に見られるように先住民の歴史的記憶として条約上の権利が市民権とともにとらえなおされていたのである。ここには、同化の過程が必ずしも一方向的ではなく、かえって先住民が主流社会への対応として集団アイデンティティを再構築していった側面を見てとれよう。彼らは「平等」や「権利」といった、いわば「近代」の語彙とともに先住民がおかれた境遇を解釈し、自衛を試みていった。(35) その後、同協会は、インディアン局やペヨーテ信仰（第Ⅲ章で詳述）のような問題をめぐって会員間に分裂が生じ、一九二〇年代には活動が衰えるが、(36) 汎インディアン主義の初期の実験であったと言える。

ただし、イロクォイ連合のように部族の自治と自律性を重んじてきた先住民にとって、インディアン市民権法の制定は苦痛を伴う歴史的事件であった。合衆国市民になると同時に部族員としての身分は残ったが、先住民の状況は実際には大きく変わらなかった。保留地での貧困は解決されず、土地売却が続いた。また、先住民の選挙権も容易に実現されなかった。多くの州は、先住民が地域の政治に関心を持たず、また土地税や借地代の税金を払わずに市民の責任を全うしておらず、信託関係によって連邦の被後見の立場にあることから州民ではない、という理由で先住民の投票権を認めてこなかった。一九三八年までに七つの州が先住民の投票を禁止し、ユタ州の場合は一九五七年になって最終的に投票を認めた。さらに投票権が確立したとしても、識字テストによって先住民の投票が妨げられた州があった。そして、一九二四年の市民権法が制定されたわずか一〇年後に、インディアン再組織法によって、先住民はアメリカ社会において部族としての身分を再確認されるのである。

# 第2節　自治を求めて

## 一　インディアン・ニューディール

### インディアン再組織法

二〇世紀のアメリカ先住民政策は一九三四年のインディアン再組織法[37]によって大きな転換を遂げる。連邦政府はそれまでの同化政策を改めて、部族の自治を尊重することで「先住民問題」を解決し、部族を新たに合衆国の中に位置づけようと試みたのである。一九二八年に公刊された『インディアン行政の問題点』(『メリアム報告書』[38])が先住民の土地喪失と困窮を明らかにしたように、すでに二〇年代には従来の同化政策の限界が明らかになり、内務省インディアン局に対する批判は高まっていた。一八八七年の一般土地割当法(ドーズ法)は先住民一世帯に一六〇エーカーの土地を分配することを定めたが、土地の多くは非先住民の手に渡ったため、各地の保留地がチェッカー盤状に縮小していった。一九三三年までに先住民は約九千万エーカー(三六万平方キロメートル)の土地(一八八七年時の三分の二相当)を失い、約一〇万人の先住民が土地もなく困窮状態で暮していた。[39]

F・D・ローズベルト政権下で、一九三三年に内務省インディアン局長に就任したジョン・コリア(John Collier)は、非先住民の会員が多数を占める改革団体アメリカ・インディアン擁護協会(American Indian Defense Association, 一九二三年設立）を通じ、ロビイストとして先住民の権利にむけて活動してきた人物であった。コリアは着任とともにインディアン局改革に着手し、インディアン再組織法以外に、ニューヨークの弁護士F・S・コーエン（Felix S. Cohen）らとともに、ジョンソン・オマーリー法、オクラホマ・インディアン福祉法、インディアン芸術手工芸局法や、インディアン民間資源保存団（Indian Civilian Conservation Corps）設立法などを制定し、インディアン・ニューディールとして知られる一連の政策を一九四五年にかけて展開した。[40]

インディアン再組織法は、従来の土地割当政策を終結し、生活向上の方策として全国の先住民保留地に自治政府の設立を促した。再組織法を採択した部族は、内務長官の監督下で部族憲法を制定した上で自治政府を設立し、連邦や州・地方政府と交渉する権利を得た。また、個人の割当地を部族の共同所有として管理・運用し、部族弁護士を任命して土地喪失を防ぐことが可能となった。さらに、自治政府運営資金として一年に二五万ドル、部族の経済開発のために回転資金一千万ドル、先住民の職業訓練教育ローンとして一年に二五万ドルが準備された。インディアン局の職には先住民を優先的に雇用することも約束された。このように、再組織法は土地の私有化・売却に歯止めをかけて部族の共同財産とすることによって経済基盤を確保し、自治と教育の機会とともに先住民の境遇を改善する試みであった。

インディアン再組織法の制定と施行においては、従来のインディアン関連諸法とは異なり、先住民側の意向が一定に尊重された。一九三四年に再組織法案の審議中、コリアは全国一〇ヵ所の保留地に各部族代表を集めて説明会（インディアン議会）を開催し、そこで聴取した意見に基づいて法案を修正した。連邦議会で法案に対する批判を乗り越えるためにも、先住民側の理解と支持をとりつける必要があった。再組織法制定後は、部族ごとの住民投票によって同法を採択するか否かが決定された。インディアン再組織法に対する先住民側の反応は、これまでにいくつか研究されてきている。[41] 一九三四年から三六年にかけて行われた投票では、一八一の部族（一二万九七五〇人）が同法を採択し、七七部族（八万六三六五人）が否決した。受け入れた各部族においては、インディアン局のモデルに倣った個々の部族憲法が検討され、再び投票に付された結果、部族憲法を採択したのは九三部族であった[42]。部族主義の理念を掲げてきたコリアにとって、ナヴァホを始めとする多くの部族が再組織法を採択しなかったのは打撃だった。再組織法が必ずしも受け入れられなかった背景には様々な要因があるが、個別割当地に久しく暮してきたオクラホマ州の先住民の場合のように、各地の先住民の多様な経験・状況にひとつの自治政府構想が必ずしもうまく合致しなかったことがある。

平原部族の間でもインディアン再組織法を受け入れるか否かを問う投票が行われた[43]。北部平原地域では、有権者の六六パーセントが投票したが、これは一九三二年の合衆国大統領選挙投票率の六〇パーセントを上回った。クロウ、アラパホ、シャイアン、グローヴァントのように伝統的に中央集権的な統治機構を持っていた部族では新自治政府への移行が比較的すみやかであったが、サウスダコタ州のパインリッジ保留地やローズバッド保留地のスー族の間では反対の声が高まった。コミュニティに幅広い影響力を持っていた各地区の代表から成る伝統的な評議会を新政府とすることがインディアン局によって認められなかったからである。また、部族憲法は若干の修正が許されたものの、部族評議会の権限の大部分を内務長官の管轄下においていたため、先住民はまもなくインディアン再組織法が謳う「自治」に幻滅し、部族憲法の採択は滞った。さらに、土地所有者と喪失者、革新派と守旧派、または混血と純血との間で経済格差がある場合は、利害をめぐって部族内で対立が生じた。部族憲法に対する投票率は再組織法の場合よりも低く、ヤンクトン、ロワーブルール、スタンディングロックなどのスー族保留地では、再組織法を採択しても部族憲法を否決するに至った。パインリッジ保留地の場合は、コリアが直接赴き、保留地の土地回復や回転資金の貸付などの実質的恩恵を説いたことによって、ようやく憲法採択に至った[44]。

## 再組織法の影響

コリアの政策については、これまでに様々な議論がなされてきたが、先住民の自治や自決にとって、正と負の影響をもたらしたと言える。部族政府の制度的基盤や権限を整えることによって保留地の急速な土地喪失を食い止め、二〇世紀後半の自決政策の基礎を築いたという点でインディアン再組織法の功績は大きい。再組織法は、部族が本来持っていた権利（部族が自らの政体を選ぶ権利、部族員の条件を定める権利、部族の財産を調整し、配分する権利）を保障し、さらに信託資金・財産の分配に対する拒否権、連邦・州・地方政府との交渉権、部族の割当予算が連邦議会に提出される以前に諮問を受ける権利、など事前に内務長官の認可を得ずに部族が行使できる権利を新たに認めた。このように、インディアン再組織法は先住民部族のアイデンティティと土地を保障することによって自治の機会をもたらしたという点で画期的な意味を持っていた。長期的視野にたてば、インディアン・ニューディール期につくられた部族政府が存在したからこそ、先住民は戦後の連邦管理終結政策によって再興した同化政策に抵抗できたとも言える。

一方、先住民の自治回復という点で、インディアン再組織法は一定の限界も伴っていた。第一に、前述のように、部族憲法の大部分はインディアン局が準備した憲法モデルに倣ってつくられ、部族によっては伝統的統治と合致しない場合があった。インディアン局が政策の大枠を定め、部族政府に自治を託す、というのがコリアの構想であった。しかしながら、コーエンが草案した憲法モデルはすべての部族で機能したわけではなく、新たな部族政府がインディアン局の出先機関として形骸化する場合もあった。とくに、ラコタ・スー族の場合のように、分権統治体制を伝統的に維持してきた部族では、再組織法による新部族政府が取って代わることによって、部族内に対立や分裂が生じていった(45)。このような再組織法の影響は後述するように、現代の部族政治のあり方に影を落としてきたと言える。第二に、新部族政府の発足後も、インディアン局は部族の統治に実質的権限を持っていた。部族の権利に関わる主な部族憲法や条例は、すべて内務長官の許可が必要であり、保留地には従来どおりインディアン局出張所がおかれた。スー族の法律・歴史家であるヴァイン・デロリア（Vine Deloria, Jr.）によれば、コリアが先住民に与えたのは、自決（self-determination）ではなく、自治（self-government）の機会であったが、[46]その自治も実質的に連邦の監督下のものであった。インディアン再組織法は合衆国の法体系の中に先住民を部族として再編し、組み込むことによってコミュニティの衰退を防ぎ、アメリカ社会に適応させる移行措置としての性格を帯びていたと言える。[47]

## 二　全国アメリカ・インディアン議会と連邦管理終結政策

一方、第二次世界大戦は、第一次世界大戦以上に先住民の合衆国への統合を推し進めることになった。先住民は、他のエスニック・マイノリティ集団よりも高い割合で合衆国軍に従軍した。しかし、一九四〇年に義務兵役法が制定されると、イロクォイ族やフロリダ州のセミノール族などが、この法律の適用に反対した。従軍自体には反対しなかったが、自分たちが部族民であって合衆国市民ではないと主張し、徴兵に必要な登録に反対したのである。結局、大部分の先住民が従軍したが、一部の者は逮捕され、徴兵拒否の罪で起訴された。[48]

第二次世界大戦中にインディアン局の予算は削減され、コリアのインディアン・ニューディールは保守派議員による妨害によって滞った。先住民保留地に対する連邦政府からの援助とプログラムをすべて停止する連邦管理終結政策が既に検討されていた。一九四三年の上院報告書三一〇号は部族の信託地としての地位を廃止して各州に保留地の法的管轄権を移すよう促し、翌四四年には連邦下院特別委員会も先住民問題の最終的解決を期待して法律制定を支持した。

### 全国アメリカ・インディアン議会

このような連邦管理終結政策の動きに対して、先住民はどのように対応したのだろうか。この時期の汎インディアン運動を代表する団体が全国アメリカ・インディアン議会（National Congress of American Indians, 以下ＮＣＡＩと略記）である。先住民の作家・歴史家であるＤ・マクニックルがコリアに全国組織結成の支援を求め、一九四四年一二月一五〜一八日にコロラド州デンバーに五〇部族を代表する二七州からの代表者が集まり、ＮＣＡＩを設立した。以下は、設立時の十ヵ条綱領の主旨である。

一、ＮＣＡＩは、アラスカ先住民を含む北米先住民の福祉を促して権利を擁護し、より良き価値観を育むよう取り組む。
二、インディアンの血筋を引く人々の境遇を重視する。
三、部族や部族構成員が連邦政府機関に訴えを持ち込む際、法的援助を行う。
四、ＮＣＡＩニューズレターを発行し、議会で諮られている法律やインディアン局の活動、先住民の関心事について情報を広める。
五、インディアン請求委員会設立のための法制定にむけて議会に働きかける。
六、再組織法第一二条に基づき、インディアン局において先住民の雇用が優遇され、雇用訓練が受けられるよう促す。
七、先住民の選挙権が制限されている州での改革を促進する。

八、連邦議会が先住民に関わる法律を制定する際、先住民代表と協議するよう働きかける。
九、内務省とインディアン局長に各部族憲法の条項を十分考慮・尊重するように求める。
十、NCAI執行部は全国世論調査センターと提携し、インディアン局の政策に対する先住民の世論調査を実施する。(49)

先住民は第二次世界大戦中にアメリカ兵として従軍し、戦時動員されることによってアメリカ主流社会を体験した。そして、復員した若者たちが保留地に戻り、戦後の先住民社会と部族政府を担っていくことになる。NCAIはこのような部族政府の基盤を強化するために設立された。(50)

NCAIがまず着手したのが、十ヵ条にもあるインディアン請求委員会（Indian Claims Commission）の設立であった。当初からNCAIはこれを優先課題にしていたが、直接の契機となったのは、一九四五年初頭のショショーニ族の土地訴訟判決である。同年にNCAIはショショーニ族を請求裁判所（Court of Claims）において支援したが、既に条約交渉において譲渡済みであるとして数百万エーカーに及ぶ土地権が否定された。連邦最高裁判所に上訴したものの訴えは却下され、NCAIは再審理を申請したが、ショショーニの土地権の法的証明が不十分であるという理由で認められなかった。この判決は、ショショーニによる起訴から実に一五年を経ており、この経験から、NCAIはより効果的な先住民の土地訴訟手続きの必要を自覚するようになったのである。

先住民の土地請求の歩みは一九世紀に遡る。条約締結時代に個々の部族は外国とみなされ、合衆国政府は三七一の条約を交渉し、その結果、一八六八年までに連邦政府は二〇億エーカーの土地を入手した。先住民には一億四千万エーカーの土地が残されたが、多くの部族は、ミシシッピー以西の二〇〇余りの保留地にとどめられた。一八八七年の一般土地割当法は保留地を個別に割り当て、部族は残りの九千万エーカーを「余剰地」として所有するに至った。この過程において、各部族は合衆国と交わした条約を幾度となく破棄され、土地を併合されてきたのである。先住民は憲法において合衆国に対する訴訟権を認められていなかったが、一八五五年に設立された請求裁判所で部族ごとの訴訟を試みた。南北戦争中の一八六三年、一部の部族が南軍側についたためにこの措置は禁じられたが、一八八一年に部族ごとの裁判権法を制定した上での訴訟が再開され、先住民全体が合衆国市民としての法的地位を得た一九二四年以後は請求が増えていた。しかし、部族ごとの請求は時間と労力を要する一方で解決が困難であり、一八八一年から一九四六年までの間に二一九件の訴訟のうち、賠償が認められたのは三五件（補償金総額は約七七〇〇万ドル）のみであった。一九二八年のメリアム報告書は請求裁判所の非効率性を指摘し、独立した委員会の設置を説いた。コリアもインディアン局長在任中に数度にわたり委員会設立を試みたが、不況と戦時下の議会で法案が可決されなかった。

一九四五年にＮＣＡＩの法律部はインディアン請求委員会設立法案を作成し、オクラホマ州下院議員でチョクトー族のＷ・Ｇ・スティグラー（William G. Stigler）を通じて下院に提出した。法案では、請求の処理過程を監督するために任命される三人の委員の内、一人を先住民部族員にするよう規定し、先住民が告訴するまでに五年の猶予を与えていた。四ヵ月に及ぶヒアリングでＮＣＡＩ指導者の多くが証言を行い、連邦政府に対して条約と部族主権を尊重し、土地問題を解決するためにインディアン請求委員会設立の必要性を説いた。しかし、下院の審議では、元の法案にあった三人の委員の内の一人を先住民とする規定が却下され、妥協を迫られた。しかし、修正された法案を通すために、ＮＣＡＩは下院での投票前に政治家や改革団体、行政官に支持を訴える手紙を数千通送り、ＮＣＡＩ幹部会議をワシントンで三回開いてロビイングを展開した。その結果、当時のオクラホマ州知事やアメリカ女性クラブ連盟を始めとする多くの支持を得て法案は可決され、一九四六年八月にインディアン請求委員会設立法が制定されたのである。(51)

この法律はＮＣＡＩにとって勝利を意味し、条約と先住民の主権を支える機関としてインディアン請求委員会に期待をかけた。同委員会は合衆国議会の独立・準司法部として三二年間、実質的に裁判所として機能し、連邦政府に対する先住民の土地・賠償請求に判決を下していった。持ち込まれた訴えの大部分は土地問題であり、残りは合衆国政府による部族基金の不当処理についてであった。賠償を受けるには、部族の存在と土地権原を証明する必要があり、この賠償請求を通じて多くの部族が法的手段の知識と部族アイデンティティを強化していった側面がある。部族の土地権が証明されると、補償金額が計算されたが、そこでは基本的に地価の利子分が含まれず、それまでに政府が部族に対して支払った金額を差し引いた額で決定された。一九七八年に廃止されるまでに全請求の約五八パーセントに賠償が認められ、三四二件の請求に対して八億ドル以上の補償金が裁決された。これが部族に多大な経済的恩恵をもたらしたのは確かである。未解決の六八件の訴えは請求裁判所に委託された。中には賠償金よりも土地の返還を求める部族もあったが、インディアン請求委員会の決定はほとんどが賠償金支払いにとどまった。当時、多くの政治家は、委員会の役割を何よりも先住民部族との土地問題を解決し、終焉させることに見出していた。実際にその後、五〇年代に台頭してくる連邦管理終結政策との関わりで複雑な役割を果たすことになる。インディアン請求委員会は合衆国政府が先住民に対する過去の負債を清算することによって、連邦管理終結政策を促す側面も見られたのである。[52]

**連邦管理終結**

連邦管理終結政策は一九五〇年代になって本格化した。トルーマン政権下でインディアン局長に就任したＤ・Ｓ・マイヤー（Dillon S. Myer）は第二次世界大戦中に戦争移転局長として日系アメリカ人収容所の運営を指揮したが、戦後、先住民の同化と連邦管理終結政策を推進した。[53] マイヤーは信託関係による保留地システムをパターナリズムとみなし、先住民の隔離と貧困を招いていると批判した。そして、先住民の経済的・社会的地位向上にむけて連邦援助を行い、信託関係を廃止することにその解決策を見出した。いわゆるリベラル派の議員も、人種隔離を廃止して平等を促すものとして連邦管理終結政策を後押しした。局長のマイヤーや内務長官のエモンズは、黒人公民権運動での「統合」、「人種隔離撤廃」、「平等」といった言葉を用いて自らの政策を裏づけたのである。一方、連邦の政治的・経済的利害のために連邦管理終結政策を支持した政治家たちもいた。彼らは、連邦政府と先住民との歴史的な信託関係を廃止することで、いわば先住民に対する歴史的責務を解消し、先住民をアメリカ市民として合衆国に統合することを望んだのである。

アメリカ・インディアン問題協会（Association on American Indian Affairs, 以下ＡＡＩＡと略記）は、当時、ＮＣＡＩと並ぶ代表的な先住民権利擁護団体であった。白人の改革団体として設立されたＡＡＩＡは、作家のＯ・ラファージ（Oliver La Farge）が一九三二年より会長として機関誌 *Indian Affairs* を発行し、ＮＣＡＩ設立も支援した。非先住民のラファージは東部のエリート家庭の出身であったが、一九五〇年に先住民の「自決」について以下のように説明している。

アメリカ・インディアンにとって自決とは、合衆国の法律に従いながらも、個人や部族集団として、同化の方法や度合いを自ら決定し、先祖伝来のものや伝統を守る権利である。それは、インディアン個人や部族の所有者による同意や認可なくして、連邦政府が部族の土地や他の資産も処分・使用することができないことを意味する。そして、アメリカ・インディアンが他の合衆国市民と同様、連邦法の枠内で地方行政に参加し、自ら弁護人を選び、子供の教育方針を定め、日常生活や福祉に関わる他の事柄すべてにおける権利を有することを意味している。(54)

ここでは、先住民の自決が合衆国市民の権利とともに説明されている。しかし、ラファージは一九五六年に次のようにも書いている。

どのアメリカ人も「平等」が「同じ」を意味しないことを理解すべきである。わが国の栄光のひとつは、思想や信仰、嗜好の異なる人々が平等であるという点である。インディアンが平等でありながら、異なったままで、自らの方法で自己を理解する権利は積極的に擁護されなければならない。部族であるか、部族メンバーの個人であるかは選択の権利であって強制ではない。インディアンの地位を放棄するという選択の意味と結果を理解しているかぎり、個人にも部族にもそうする権利が等しくある。大部分の部族は、もはや特別な地位や権利、福祉を必要としない日を目指していることを理解している。そのときにインディアンとしての地位は終わるべきである。この国では、一部の人々を生まれながらにして優遇し、依存状態にさせておく政策は受け入れられない。連邦管理終結政策は相互の交渉と合意を経て後、正当となる。［中略］その手続きはパターナリズム的なものではなく、民主的でなければならない[55]。

このようにラファージは先住民の「異なる権利」を説きながらも、信託関係をあくまでも先住民がアメリカ人になるための過渡的なものとしてとらえていた。

一九五〇年代の連邦政府による先住民政策の三つの柱とは、連邦管理終結政策に加えて、民事・刑事管轄の各州への移管、そして移住政策であった。一九五〇年に中西部や西部の一五州の代表が集まって、インディアン問題の解決策として信託関係を廃止するよう連邦議会に働きかけることを協議した[56]。そして、一九五三年には両院共同決議（concurrent resolution）一〇八号と公法二八〇号が成立した。決議一〇八号は実際には法的効力を持たなかったが、先住民が連邦の管理下からすみやかに解放されるべきという内容であり、公法二八〇号は保留地の法律・法令に対する連邦管轄権を各州に移管させた。従来、先住民保留地は州の管轄下になく、連邦政府が信託関係を廃止すれば、州法と矛盾する部族法は無効となり、先住民の土地は州税を課されるはずであった。州政府は歴史的に保留地を州権力の下におくことを望み、今や連邦政府の信託責任という障壁が取り払われたのである。また、連邦管理の終結とともに、インディアン局は消滅して部族が解体され、先住民が個人としてアメリカ社会に同化すると期待された。一九五〇年代にウィスコンシン州メノミニー族とオレゴン州クラマス族を始めとする多くの部族が連邦管理を終結されたが、信託関係を絶たれたことで彼らは経済的・政治的に大きな打撃を受けた。連邦政府による林業の契約はなくなり、州税を払うために狩猟場や漁場を売却することになった。メノミニー族の病院は資金難に陥り、州の許可基準に見合わないという理由で閉鎖に追い込まれた。また、失業や病気が部族に広まり、クラマス族の間でも部族の紐帯が衰えたことによって犯罪や精神疾患が増加した。(57)

インディアン局は一九五二年に自発的移住プログラム（または雇用支援プログラム）を発足し、都市部に移住する先住民の雇用訓練、引越し、定住に対して資金提供を行った。これには教育・職業手当ても含まれており、一九六〇年までに三万五千人以上の先住民がプログラムを利用した。移住の目的は、先住民を都市に移住させてアメリカ社会に同化・統合し、保留地への援助を打ち切って連邦政府の財政負担を軽減することにあった。インディアン局にとって移住政策は、長年の「インディアン問題」への切札であった。これによってシカゴやミネアポリス、デンバー、ロサンゼルスなどの各都市へ五〇〇万人以上の先住民が移住した。先住民たちは保留地へ容易に戻れないように遠く離れた都市へ移住を奨励されたが、多くは受け入れ態勢が十分でない町で不安定な職に就き、貧困と差別の中で当初の期待を裏切られた。とくに一九五六年から五八年にかけて、不況により雇用が減少した。中には、部族との絆を回復するために保留地へ戻った者も多くいた。(58)

## 反対運動

NCAIは連邦管理終結政策に対しても組織的な運動を展開し、その後の政策変更に大きな影響を及ぼした。一九五三年に決議一〇八号と公法二八〇号によって連邦管理終結政策が制定された際、アリゾナ州フェニックスでのNCAI集会で五二部族が全会一致で反対決議を下し、部族の同意なしに連邦管理終結政策を強制してはならない、と声明した。元インディアン局長のコリアは先住民の権利が侵害されていると警告を発し、AAIAも連邦政府による法的責任の放棄を批判した。(59) 翌一九五四年二月二五日から二八日にかけて、NCAIは連邦管理終結政策に反対するロビイングを行うため、首都ワシントンで緊急会合を開き、二一州とアラスカ・テリトリーから約一八万三千人の先住民が集まった。AAIAの調査では、八〇以上の部族の約二五万人の先住民が連邦管理終結に反対した。(60) NCAI指導者たちは議会の委員会で証言し、連邦議会や内務省、他の政府機関のメンバーと会見して連邦管理終結政策へ反対を訴えた。一九五三年から六一年のNCAI理事を務めたオグララ・スー族のH・L・ピーターソン（Helen L. Peterson）は、エモンズ内務長官に先住民の歴史的な条約上の権利を尊重するよう訴え、信託関係を廃止することは先住民にとって危機的であると説いた。(61) 一九五五年五月、先住民個人の割当地の譲渡・売却を可能とする訓令にインディアン局長が署名すると、NCAIは同年九月の大会で反対決議を発表し、割当地が多い平原部族のオグララ・スー族（サウスダコタ州）やショショーニ・アラパホ族（ワイオミング州）も部族評議会で土地売却を防ぐことを決議した。その一方で、北シャイアンやオマハ、ブラックフィートなどの部族が土地を失い、AAIA会長のラファージは、内務長官に宛てて部族の苦境を数度にわたり手紙で訴え、各部族からも抗議が相次いだ。(62)

これらの運動は、結果的に政策を揺り動かした。一九五八年に土地売却について上院内務委員会が調査し、聴聞会を開いた結果、土地売却の際、外部者ではなく資金のある部族組織や相続人の購入が優先されることになった。

そして、内務長官F・シートン（Fred Seaton）は「強制的な連邦管理終結政策」を批判し、自らの在任中はこれ以上の部族を終結させないと発表して政策の転換をはかった。連邦管理終結政策が実施された時期は比較的短かったが、先住民にとって打撃は大きく、それを克服するには多くの時間を要した。一九四五年から六一年までの間に、一〇九の連邦承認部族がその地位を失い、一三六万六千エーカー近くの土地を持つ約一万三三六〇人の先住民が同化を促された[63]。後に、メノミニー族のある女性は、連邦管理終結がこれまでの連邦インディアン政策の中で最悪のものであるとして批判した[64]。

このように、一九五〇年代の連邦管理終結政策は先住民の法的権利と文化的アイデンティティを脅かし、彼らから激しい反発を招いた。そして、ＮＣＡＩは連邦管理終結政策への反対運動を起こし、この時期に自治と自決の概念を育んでいったのである。

本章で見てきたように二〇世紀前半の連邦先住民政策は、「同化」からインディアン再組織法による「自治」を経て、さらに戦後の連邦管理終結政策による同化、というように同化と自治の間を揺れ動いてきた。その過程で、先住民はアメリカ・インディアン協会に見られるように、インディアン局による保留地システムの限界が著しく、先住民が「インディアン」ゆえに搾取の対象となっていた時期は市民権による同化の戦略をとった。そしてＮＣＡＩの場合のように第二次世界大戦後のアメリカで同化主義が再興したときには、条約上の権利を主張することによって先住民固有の立場を守ろうとしてきたのである。とくに戦後、ＮＣＡＩはインディアン再組織法によって成立した部族政府代表から成る汎インディアン主義を展開することによって部族主権を主張し、連邦政府に政策変更を迫った。次章では、このような動きが一九六〇年代以降、いかなる展開を見せたのかを検討したい。

# 第II章

# 自決の模索

## ―一九六〇年代〜八〇年代―

内務省インディアン局の政策に抗議する先住民（1970-75 年頃）

一九六〇年代は、ケネディ、ジョンソン両大統領が先住民部族を支持する新たな政策を展開し、連邦政策が「自決」へと移行した時期である。しかしながら、連邦管理終結の動きが消えたわけではなく、議会では西部諸州の議員や内務省役人によって一部の部族に対する信託管理を終結する試みも起こった。公法二八〇号は一九六八年のインディアン公民権法（Indian Civil Rights Act）によって廃止されたが、ウィスコンシン州のメノミニー族への連邦管理を復活させた一九七三年のメノミニー回復法に至るまで、連邦先住民政策の伏流であり続けた。[1]したがって、六〇年代においても、全国アメリカ・インディアン議会（ＮＣＡＩ）と部族指導者は連邦管理終結につながる動きに警戒していった。

本章では、前章で論じたアメリカ・インディアン協会やＮＣＡＩによる汎インディアン主義の動きが、一九六〇年代以降、さらにどのように広がり、連邦政府に働きかけたのかを考察する。一九六〇・七〇年代は、今日に至る連邦政府の自決政策への転換期として、アメリカ先住民の現代史において重要な位置を占めている。この時期には、新たな先住民運動が高揚し、全国・ローカルレベルで政治活動やロビイングが行われた。運動が多様化する中、部族と合衆国市民としての権利はどのように追求されただろうか。各団体発行の機関誌や個人の手記を史料に、アメリカ先住民がいかなる歴史的記憶のもとに運動を展開したのかを探ってみたい。

まず以下の第1節では、一九六〇年代の「貧困との戦い」政策と先住民との関わりを考察する。当時の貧困対策は、アメリカ先住民のエンパワメントや自決意識の高まりとどのように関わっていただろうか。

# 第1節　先住民と「貧困との戦い」

## 一　コミュニティ・アクション・プログラム

### シカゴ会議

一九六〇年代初頭に汎インディアン運動を推し進める弾みとなったのが、アメリカ・インディアン・シカゴ会議（American Indian Chicago Conference）である。ＮＣＡＩは一九六一年六月一三日から二〇日まで開かれたこの会議を共催し、全国の九〇部族から約四六〇人の先住民が集まった。シカゴ大学人類学部の主催で開かれたシカゴ会議は、先住民代表のみでなく、政府官僚、学者たちを集め、ケネディ新政権にむけた包括的な先住民政策に関する戦略的提言を検討した。この会議を企画した人類学者のＳ・タックス（Sol Tax）は、先住民の自決を重視したコミュニティ・アクションの概念を研究し、Action Anthropology と呼んでいた。それまでに、部族、都市や保留地などの違いによって対話の機会を持たなかった全国の先住民がひとつに集って共通の問題を検討したことは、大きな歴史的意義を持っていたと言える。従来の先住民権利擁護団体とは異なって先住民のみが出席し、非先住民は公開セッションで傍聴人として参加した。(2)

会議の結果、先住民参加者は「インディアンの目的宣言」（Declaration of Indian Purpose）を起草し、後にケネディ政権へ提出した。宣言では、連邦管理終結政策の廃止、内務省インディアン局の組織的改革、連邦プログラム立案・運営への参加など先住民部族の自治を支えるための政策が提言されている。「自治（self-government）の権利、インディアンが白人到来以前に持っていた権利は決して消滅しておらず、連邦裁判所で繰り返し支持されてきた。［中略］我々がアメリカに求めるのは、慈善やパターナリズムではなく、善意でもない。我々の状況を理解し、政策と行動の基本に据えてほしいだけである。つまり、インディアンは、かつてこの土地を治めていた頃に享受していた適応の方策を現代のアメリカで回復するために、技術的・財政的支援を求める。[3]」ここには、先住民の歴史的記憶としての条約上の権利、つまり合衆国との信託関係の上に成り立つ自治を再確認しようとする姿勢が見て取れる。

同じく一九六一年には、各地の先住民が一九五三年の両院共同決議一〇八号に関連した他の決議に反対する電報をワシントンへ打ち、その結果、上院インディアン問題委員会は先住民の圧倒的多数が連邦管理終結に批判的であると報告した。[4] NCAIの執行部長を一九六一年から六四年まで務めたスー族のR・バーネット（Robert Burnette）も、先住民の土地の信託保有が廃止されかねないため、政府の社会プログラムには参加し難い、とジョンソン大統領に伝えた。NCAIはバーネットが執行部長に就任して以来、条約上の権利に基づく自決路線をより明確に打ち出すようになった。[5] 一九六三年には、NCAI会長のW・ウェッツェル（Walter Wetzel）が他の部族代表とともにケネディ大統領と会談し、条約で保障された権利を尊重し、連邦信託地を先住民と子孫のために守るよう訴えた。[6] 一九五三年の公法二八〇号は、前述のように州が先住民の同意なしに保留地の民事・刑事に介入できることを定めていたが、NCAIはあくまでも先住民の同意を必要とする修正法案を促した。[7]

一方、州レベルでは、連邦管理終結政策の一環として部族に対する州の権限拡大が試みられた。例えば、サウスダコタ州議会は、一九六三年に州内の保留地での民事・刑事事件に州法を適用しようとした。これに対して州内の九つのスー族政府は、W・ワールウィンドホース（William Whirlwind Horse）たちをリーダーとして、スー族連合（United Sioux Tribes）を結成し、二万人以上の反対署名を集めてテレビやラジオ、新聞を通じて広報活動を展開した[8]。その結果、一一月の州民投票で圧倒的多数により法案は否決された。この勝利は一部の白人から反発を招いたが、各地のスー族は連帯することで州の干渉に抵抗したのである[9]。

## コミュニティ・アクション・プログラム

一九六〇年代に連邦政府は、「貧困との戦い」政策の一環として先住民の福祉・経済開発に力を注いだ。ケネディ大統領は従来の連邦管理終結政策を否定し、先住民の自決を尊重しつつ貧困対策に着手したが、ジョンソン大統領も一九六〇年代半ばから連邦資金を大幅に投入し、コミュニティ・アクション・プログラム（以下、CAP）などの貧困対策を推し進めた。

一九三四年のインディアン再組織法は、伝統的な部族指導層に代わる部族評議会を各保留地に設け、インディアン局主導のもと、保留地における天然資源の運用によって経済開発を推進した。それまでに各部族は農業や牧畜などによって保留地で一定の自給経済の基礎を築いていたが、連邦政府は保留地経済の近代化・工業化をはかる政策をとり、その結果、これらの自給経済が一九五〇年代までには成り立たなくなっていった。保留地住民は大半の収入を土地のリース代や鉱物採掘業、連邦補助金に頼るようになり、かえって外部への経済的依存度は増大したのである。一九六二年当時のアメリカ先住民の一世帯あたりの年間平均所得は一五〇〇ドルであり、全国の貧困ラインとされた三千ドルの半分にすぎなかった。失業率は全国平均の約八倍であり、青少年の平均就学年数は八年で全国平均の三分の二であった。また、一〇人中九人の先住民が上下水道や暖房などの最低の衛生・安全基準を満たさない家屋に住み、乳幼児死亡率は一般の約一・七倍であった。平均寿命は全国平均より八年短く、高齢者の死因は結核や赤痢、他の伝染病であり、医療不備や栄養失調を反映していた。六〇年代を通じて、アメリカ先住民は合衆国におけるマイノリティの中で、もっとも貧しい状態におかれていたのである。[10]

一九六四年にジョンソン大統領が「貧困との戦い」を宣言すると、まもなくワシントンにて「貧困に関するアメリカ・インディアン首都会議」が開催された。会議には、内務省役人やＮＣＡＩ、数百人に及ぶ部族代表たちが出席し、先住民の貧困の実態と対策の必要性を訴えた。当初、連邦政府の反貧困政策において、先住民はさほど重視されていなかったが、この会議によって彼らの訴えは支持された。ジョンソン政権下の内務長官Ｓ・Ｌ・ユードル(Stewart L. Udall)は、インディアン局の回転基金(Revolving Fund)を二七〇〇万ドルから六二〇〇万ドルへ増やし、さらに先住民団体や個人に対する民間ローンとして一五〇〇万ドルの基金を設立するよう連邦議会に訴えた。[11]そして、同年には経済機会法第二条によって、先住民部族はＣＡＰ資金を受け取り、ヘッドスタートや職業訓練、レクリエーション、コミュニティ・カレッジ、法律相談などの各プログラムを立案し、実行できるようになった。オクラホマ州のコマンチ族出身のＬ・ハリス(LaDonna Harris)は、経済機会局(以下、ＯＥＯ)局長のＳ・シュライバー(Sargent Shriver)の顧問を務めた。[12]ＯＥＯにはインディアン担当部(Indian Desk)が設けられ、パインリッジ保留地出身のスー族教育家Ｊ・ウィルソン(James Wilson)が部門長を務めた。このインディアン担当部の職員は、全国の保留地や先住民団体のもとへ赴き、事業資金申請のための書類作成から実際のプログラム実行までを指導していった。

一九六五年には、ＣＡＰ補助金が全国の三〇以上の保留地に支給された。サウスダコタ州のオグララ・スー族のパインリッジ保留地は、当初から連邦政府による貧困対策の対象となっていた(図序-3参照)。当時、パインリッジ保留地は、全国の先住民保留地の中でも貧困が深刻であり、一世帯あたりの年間平均収入は九〇〇ドル以下であった。部族の主な収入源は借地代であり、住民の約半分がバラックやテントに暮し、電気や水道がほとんど使えなかった[13]。サウスダコタ州のインディアン問題に関して、元部族評議会議長V・L・アシュリー（Vernon L. Ashley）は、「職業訓練や大学、仕事で保留地を去るインディアンが増える中、保留地は常に取り残されている。保留地に残った住民の生活にサービスが向けられなければ、彼らは貧困層に陥り、イニシアティブも衰えてしまう。」と語った[14]。こうした中、一九六二年に連邦公共住宅局がパインリッジで初の公営住宅五〇軒を完成させ、翌年には平和部隊の国内版である全国奉仕部隊（National Service Corps）が技術支援を行った[15]。一九六五年三月には、OEOのコミュニティ・アクション条項の下、初の保健プロジェクトがパインリッジ保留地で開始され、一八人のスー族住民が保健士養成訓練を受けた[16]。隣のローズバッド保留地でもCAP予算として約五四万ドルが割り当てられ、貧困対策事業に取り組む三人の専門家と七二人のスタッフが住民から募集された[17]。モンタナ州の北シャイアン保留地でも教育を重視したCAPに二六万五千ドルが投入され、ヘッドスタートや保健教育、補習的読書、大学入学準備などのプロジェクトが手がけられ、一定の成果を上げた[18]。当時、NCAI執行部長であったV・デロリア（Vine Deloria, Jr.）は、先住民の雇用を伸ばすために、部族経営の工場で作られている製品を優先して購入するよう呼びかけた[19]。

一九六八年までにOEO基金全体は減ったものの、先住民向けの資金は二二〇〇万ドルに増え、全国一二九の保留地で六三のCAP事業が行われた。パインリッジ保留地とその隣のローズバッド保留地はそれぞれ約一〇〇万ドルの資金を受け取り、こうして各地の保留地で部族の活動事業と雇用が広がっていった[20]。「貧困との戦い」の初期には、先住民に対するOEO資金の大部分は保留地に支給されたが、徐々に都市の先住民コミュニティにも行き渡るようになった。全国インディアン機会評議会（NCIO）の評議員に任命された先述のハリスは、先住民の雇用を促すために各都市で先住民に対するヒアリングを行った[21]。そして、都市のインディアン・センターにおける職業相談や青少年カウンセリング、住宅、レクリエーション、経済開発の各プログラムを支援することによって貧困や社会問題を緩和し、先住民の経済的自立が促された。[22]

## CAPと先住民イニシアティブ

このような貧困対策プログラムは、先住民に様々な影響をもたらした。まず負の側面として、第一に、OEOからの補助金をめぐって先住民内部で新たな摩擦や対立が生まれたことがある。部族によっては、指導層による派閥対立や汚職、身内びいきが生じた。たとえば、サウスダコタ州のローズバッド保留地では、一九六七年の部族議長の選挙で落選した元NCAI執行部長バーネットが、部族のOEO職員によって選挙が不正に行われたと訴えた。[23]七〇年には、ローズバッド部族政府が、保留地住民の意見を聴取するために集会を設けたが、貧しい住民の間では、部族政府の方針や不安定なCAPに対する不満が募っていた。[24]さらに、OEO資金は当初、保留地により多く支給されたため、都市の先住民から一定の反発を招いた。

第二に、CAPによって先住民の貧困は大幅に改善されたとは言えず、長期的雇用は生まれなかった。かえってOEO資金によって連邦政府に対する先住民の経済的依存が深まり、短期的で不安定なCAPに左右されるようになった側面もある。資金を獲得した保留地では、部族評議会が連邦プログラムの管理・運営に追われるようになった。ローズバッド保留地では、OEO資金の受け皿として新たにローズバッド経済機会委員会を発足させ、従来の部族政府がより官僚的な組織に変わっていった。職業訓練やヘッドスタートをアメリカ主流社会への同化手段とみなし、警戒する先住民もいた。[25]「貧困との戦い」政策は、いわば先住民を主流の社会福祉体制にとりこみ、貧しいエスニック集団の一つとして相対化していく側面も持っていたと言える。

一方、正の側面として、CAPは保留地と都市の双方に暮す先住民に雇用の機会を与え、新たなリーダーシップとエンパワメントを促した。CAPで経験を積んだ先住民は一九七〇年代に部族指導者となり、先住民教育などの連邦政策に影響をもたらした。従来、職を求めて都市に移住した先住民もＣＡＰを通じて保留地に戻り、ヘッドスタートやカウンセリング、アルコール対策などの仕事に携わった[26]。さらに、先住民はＣＡＰを通じて自ら保留地の経済・教育問題に取り組み、プログラムの立案から実施までを手がけていった。「貧困との戦い」政策は、貧しいコミュニティの真のニーズに応えるために、行政機関よりも住民自らが計画を立て、実施するという「可能な限り最大限の参加」を掲げていた。ＯＥＯは当時、連邦機関の中で唯一、先住民と協議して計画を進めた点で画期的であり、多くの先住民の支持を得ていた。貧困対策のプロジェクトは当初から円滑に進んだわけではなかったが、徐々に部族メンバーが立案・実行に参画することで一定の成果をあげていった[27]。ＣＡＰによって先住民部族は、従来保留地を監督してきたインディアン局の干渉を受けずに、比較的自由にプログラムを実行できるようになったのである。部族がＯＥＯ資金によって部族員に雇用をもたらし、プログラムを管理・運営することによって、一定の自治が促された。

以上のように、ＣＡＰの影響は様々であったが、短期的には負の側面の影響が見られつつも、長期的には先住民コミュニティが活性化され、リーダーシップと自決意識が育まれたと言える。

## 二　オムニバス法案

### オムニバス法案の顚末

この時期に経済開発との関わりで先住民が自決概念を明確に打ち出したのが、一九六七年のオムニバス法案（またはインディアン資源開発法案；Indian Resources Development Bill）への反対運動である。連邦政府は先住民の経済的自立を促すために、保留地の資源開発を推進しようと試みた。一九六七年五月にユードル内務長官が連邦議会に提出した同法案は、五億ドルの基金設立を掲げていた。さらに、内務省の許可を得た上で、部族は法人を設立し、保留地の土地を売却または抵当に入れ、経済開発に利用できることになっていた。ユードル長官は議会聴聞会において、同法案が一九三四年の再組織法に匹敵する重要な法案であり、各部族の経済状況を改善し、自決を強化させると主張した。(28) しかしながら、結果的にこの法案は先住民側から激しい反対を招き、廃案になった。(29) 先住民が連邦政策に修正を迫り、成功を遂げたもう一つの事例と言える。

オムニバス法案をめぐる双方の対立は、先住民の自決に対するビジョンの違いに発していた。先住民がオムニバス法案に反対した第一の理由は、抵当に関する条項によって保留地内の土地のリースや売買が容易になり、また、先住民の土地相続を優先する条項が含まれていなかったため、部族の土地と主権が脅かされるという点であった。ユードル内務長官とインディアン局長でオネイダ族のR・L・ベネット(Robert L. Bennett) は法案が連邦管理終結ではなく、あくまでも先住民の自決を目指していることを強調した。(30) しかし、当時は、連邦管理終結につながる一九五三年の決議一〇八号と公法二八〇号が修正されないまま存続しており、先住民指導層は法案が部族の解体を招きかねないと警戒したのである。彼らは確かに、連邦政府による経済開発援助を支持したが、前述のように経済開発は自決の条件の一つにすぎず、部族の自治と保留地の存続が何よりも重要であった。政府は経済開発こそが先住民自決の鍵とみなしたのに対し、先住民側にとって自決はあくまでも連邦政府との歴史的な信託関係の上に成り立つものであった。

法案反対の第二の理由は、内務省が先住民との十分な協議を経ずに法案を作成したという点であった。既に一九六一年の「インディアンの目的宣言」において、先住民側は政策決定の過程で対等なパートナーとして連邦政府と協議することを要求していた。オムニバス法案は、一九六六年四月、ニューメキシコ州サンタフェでのインディアン局の会議でユードル内務長官が提案した。当時、インディアン局への警戒を強めていたＮＣＡＩは全国に呼びかけ、会場付近には六二の部族代表約二〇〇人が結集していた。彼らは会議への参加を断られたため、会場付近で抗議集会を開き、結果的に二人の先住民代表のみが傍聴を許可された。さらにＮＣＡＩは法案作成にあたり先住民の諮問委員を提案したが、これも受け入れられなかった[31]。後にインディアン局は法案の支持をとりつけるために先住民代表との会議を各地で形式的に開いたが、法案は既にインディアン局によって作成済みであった。さらに、オムニバス法案は全部族を対象とするプログラムという点でも、各保留地の状況に適合し得ないという問題があった。したがって、オクラホマ州の一一部族が法案を支持したのに対し、パイユートやユートなど他の部族は反対にまわった。インディアン局長ベネットは、部族ごとのニーズに合う法案が必要であることを自覚していたが、内務省や連邦議会が包括的プログラムを推進したため、実現できなかった。当時、ジョンソン政権下の「貧困との戦い」政策において、先住民は連邦補助金によって保留地での貧困対策プログラムの企画・実施に参加するようになっていた。それだけに、オムニバス法案の作成で十分な協議を経ないことは、先住民にとって期待を裏切ることになったのである[32]。自らの意向が反映されないという先住民側の不満は、公民権運動やブラック・パワー運動などによる連邦政策批判とともに高まった。

### 反対運動

当時のＮＣＡＩは汎インディアン主義の意識を強め、機関誌 *NCAI Sentinel* には、先住民全体の連帯を説く内容が多く見られる。例えば、一九六六年の論説は以下のように説いている。「我々は伝統的なインディアンの価値観に立ち返り、偉大な祖先を支えた美徳を取り戻さなくてはならない。［中略］我々は四〇〇年間続いてきた圧力を生き抜いてきたのであり、最上の伝統にしたがって生きていけば、さらに四〇〇年耐えていく力を自分たちの中に見出せる。我々は一つの民族、それぞれの部族であり、何に直面しようとも協力し合っていかねばならない。そうすれば、一つの民族として存続し、アメリカ大陸で最後に生き残る人間は〝インディアン〟となるだろう。[33]」また、他の論説には次のようにある。「いわゆる〝白人のバックラッシュ〟が条約上の権利と保留地に向けられたら、我々は賢明にも部族の違いを超えて団結できるだろうか？　残念ながら、これまではそうでなかったが、今こそそうすべきときである。[中略]インディアン問題とは我々自身の課題であり、そうあるべきだ。しかし、我々が自ら立ち上がらなければ、どうやって連帯できようか。[中略]一〇〇年前、我々は少なくとも立ち上がり、時に団結していたのだから。[34]」

ＮＣＡＩでオムニバス法案に対する反対運動を導いたのが、スタンディングロック・スー族のヴァイン・デロリア・ジュニアであった。デロリアは神学の学位を得てコロラド州デンバーの教会関係の教育慈善団体で働いていたが、一九六四年にワイオミング州シェリダンで開催されたＮＣＡＩ年次大会に出席した。当時のＮＣＡＩは大きな負債を抱えてまとまりを失い、会員数も減少していた。[35]デロリアはすぐに執行部長としてＮＣＡＩ立て直しの指揮をとった。そして、ここでの活動を通じて部族主権と条約上の権利をアメリカの法システムにおいて弁護する必要性を自覚し、一九六七年にコロラド大学法学部に入学する。その後もＮＣＡＩ顧問を務め、貧困救済の全国組織で活動した。[36]

一九六六年一一月のオクラホマシティでのＮＣＡＩ年次大会では、インディアン局長ベネットが部族尊重を演説で強調し、先住民側の疑いを晴らそうとした。ベネットは一〇月からミネアポリス、ビリングズ（モンタナ州）、首都ワシントン、スポケン（ワシントン州）、ジュノー（アラスカ州）、オクラホマシティ、ウィンドウロック（アリゾナ州）、アルバカーキ、ラスベガスなどの各地で先住民部族の指導者たちと会見し、先住民をとりまく諸問題や法案について話し合った。しかし、ベネットはオネイダ族でありながら、先住民の真のニーズを代弁しないと批判された[37]。そして、多くの部族評議会で、オムニバス法案に反対する決議がなされ、一九六七年二月二日、ワシントンに集った先住民たちは法案反対を発表し、再検討を求める声明をジョンソン大統領へ送ったのである。彼らは歴史的な信託関係を再確認し、連邦終結政策を無効とするよう要請した[38]。この頃になると、NCAIによる先住民連帯への呼びかけはさらに強くなっていった。

インディアンのコミュニティは、この受身の態勢からすばやく脱却しない限り未来が無いだろう。部族とその小さなコミュニティの状況は、急速に拡大するアメリカのコミュニティとともに長期的視野から考えねばならないからである。保留地で部族の資源開発が持続し、雇用をもたらすために、我がコミュニティはこの国の金融市場に統合されねばならない。［中略］我々はインディアンとしてどうしたら他のコミュニティと社会的、政治的、哲学的に融合し、調和するかを考えている。現代人として国家にどうやって適合するかを考えてこそはじめて、人類学者がずっと提起してきた「二つの文化」の問題から逃れることができるのだ。

これまで、我々は非先住民による「インディアン問題」の定義をそのまま受け入れ、自ら問い返してこなかったために、道を踏み誤ってきたのだ。この非先住民の問いに答えようとすると、我々は「誰が代表か」という問題に常にとらわれ、対立し合うことになる。こうして、我々が内輪揉めしている間に、非先住民の連邦執行官は一方的に「代表者」を決めてしまう。先住民ほど、代表の問題が巧みに利用されてきた集団はないだろう。こうして我々は自ら問題の本質をじっくり考えずに安易な答えを出す罠にはまるのである[39]。

そして、そこでは部族の主権を支える保留地の重要性が説かれている。

我々は、部族のために財産を守らねばならない。多くの部族が土地をもっており、大分失った部族もあるが、土地基盤を固めるのに遅くはない。先住民が現在所有している土地はすべて維持し、さらに多くの土地を買い集めるために資金が必要だ。我々のままでいて、優れた点を継承するためには拠点となるホームランドが必要である。平原地域の小さな町のまわりに散在する土地でも、先住民の住みかになり、借地にすれば部族に収入をもたらし、事業を営んで先住民を雇うこともできる。我々は土地を持たねばならない。代々、我々のもので、今後も引き渡されることのない居場所が必要である。[40]

後に、ローズバッド保留地の顧問弁護士M・J・ソノスキー（M. J. Sonosky）は、「いわゆる『オムニバス法案』が成立しなかった主な理由は、保留地の貧しい先住民のニーズに応えなかったからであろう。［中略］インディアンにとって一番の問題である仕事、住居、教育、余暇が何ら取り上げられていない。」と述べ、「インディアン問題」を先住民の地下資源開発によって解決しようとするものだと語った。[41] 前述の先住民による抗議運動は成果をもたらした。一九六七年七月一三・一四日に開催されたオムニバス法案に関する下院聴聞会では、ユードルとベネットの熱心な弁護にもかかわらず、この法案が結局のところ、連邦管理終結と保留地の解体につながるのではないかという指摘が相次いだ。[42]

以上のような経緯と背景のもとに、オムニバス法案は議会において不成立となったが、これは現代の先住民史において重要な意味をもっている。NCAIに代表される先住民は法案成立をくい止めたのみでなく、反対運動を通じて「自決」の意味をより明確に打ち出していった。彼らの自決概念には、信託関係の保持、政策決定過程での協議、経済的充足、という三つの条件が含まれていた。[43] 一つ目は、連邦管理終結の否定、つまり連邦政府の信託責任と保留地における部族の自治を意味していた。二つ目は、連邦政府の政策決定において、先住民を対等なパートナーとして扱うことを要求していた。先住民に関わる重要な政策において、連邦政府が事前に彼らと協議し、同意を得ることを求めたのである。そして、自決の三つ目の条件が経済的充足であった。先住民は依然として、高い失業率と深刻な貧困問題を抱えており、指導者は貧困対策と保留地の経済開発を望んでいた。しかしながら、この中で最も重視されたのが、第一の信託関係の保持であった。これは国家への頸木のようにもとれるが、合衆国の中で先住民固有の立場と保留地を守る重要な条件と言える。以上の自決概念は、インディアン再組織法以来の自治概念を否定するのではなく、それを強化するかたちで発展してきたと言える。

インディアン局長のベネットは、一九六九年のインタビューで次のように語った。「一般に、インディアンは政治的にこの開発の多くに反対してきた。それは、彼らの土地に対する姿勢が経済的関心のみではなく、それ以上のものだからである。つまり、彼らの伝統や信仰などと結びついているのである。[44]」それぞれの自決の条件は、いずれも先住民にとって重要だったが、オムニバス法案の不成立は、先住民が保留地と自治をもっとも重視し、経済的充足よりも優先することを明らかにした。すなわち、ここでも先住民としての固有性を打ち出したのである。このように、法案が不成立に終わった理由は、先住民と内務省にとっての自決概念の相違であった。この法案をめぐる先住民と連邦とのすれ違いは、その後の連邦政策の展開の予兆となった。

**連邦政府の対応**

以上のオムニバス法案をめぐる先住民の働きかけに対して、連邦政府はどのように対応しただろうか。一九六八年三月、ジョンソン大統領は、連邦議会に「忘れられたアメリカ人」というインディアン問題に関する特別教書を提出した。ここでは、先住民政策において初めて公式に「自決」(self-determination)という言葉が用いられている。

インディアン問題に対する新たな目標として、インディアン・プログラムの「管理終結政策」をめぐる従来の議論に終止符を打って自決を強調し、これまでのパターナリズム的な態度を改め、パートナーシップと自助を促すことを提案する。すなわち、目標とは、一、全国平均に等しいインディアンの生活水準、二、保留地での尊厳ある暮し、かつ技術を身につけ、都市で平等な尊厳ある生活を送る選択の自由、三、十分な経済的機会と社会的公正のもとでの現代アメリカへの社会参加、である。つまり、先住民に最大限の選択肢を与え、自助、自己発展、自決（self-determination）のプログラムを推進する政策を提案する。一九六九年度財政でこの目標を開始するため、先住民に対するプログラム基金として五億ドル——一九六八年歳入の一割増——を議会に提言する。(45)

この教書において、ジョンソンは連邦管理終結政策を否定して先住民の自決を支持し、先住民と連邦政府のパートナーシップを主張した。しかし、ここで重要な点は、先住民の自決が彼らの貧困対策、福祉充実の文脈においてとらえられていることである。ジョンソン大統領は、住居や衛生状況の悪さ、失業率が四割近く、全国平均の一〇倍以上であること、先住民生徒の過半数が高校卒業前に中途退学すること（全国平均の二倍）、文盲率や疾病率の高さ、都市移住者の雇用訓練不足、平均寿命の低さといった先住民を取り巻く一連の悪条件を挙げ、経済機会法、初等・中等教育法、人的資源開発訓練法などの新たな法律が先住民問題に取り組む契機になると述べた。さらに、大統領令によって全国インディアン機会評議会（ＮＣＩＯ）を設立し、政策立案において先住民のニーズを調査し、参加を促すことになった。(46) 前述のインディアン局長のベネットは当時、次のようにも語っている。「連邦政府とインディアンの間柄・関係では、完全なパターナリズムから脱却することがとても困難である。後見人と被後見人に基づく関係なのだから。こういう状況になると、パターナリスティックな姿勢が生じやすいのだ。(47)」

一九六〇年代のジョンソン政権による「貧困との戦い」政策においても、先住民は自治権を持つ独自な政治集団としてよりも、貧しいマイノリティ集団の一つとしてとらえられる傾向があった[48]。当初、教育や法律相談、職業訓練、健康改善といった貧困対策活動への補助金がOEOによって支給されたが、NCAIはインディアン局ではなく部族が補助金を管理できるようはたらきかけた。その結果、州のOEO支部や福祉機関を通じてではなくOEO本部から直接、補助金が部族へ支給されるようになった。OEOは連邦機関の中で唯一、先住民と協議して計画を進めた点で画期的存在であり、先住民の支持を得ていた。一九六八年の上院小委員会で、各部族議長たちは反貧困プログラムが保留地で評判を得ているが、それは主に先住民自身が運営しているからだと報告している[49]。しかし、この連邦政府による貧困対策の文脈において、先住民の自決とは条約に基づく主権という本来の意味よりも、先住民自身による基金とプログラムの管理という狭義の意味において解釈されていたのである。このように、オムニバス法案の論争を経た後も、連邦政府は依然として先住民の自決を経済的充足と結びつけてとらえていた。先住民と連邦政府が想定する自決概念のずれは、後の一九七五年に制定されるインディアン自決・教育援助法にも反映されていく。

## インディアン公民権法

一九六八年には、インディアン公民権法が制定された。ここでは、保留地における部族政府の権限と先住民個人の権利の関係性が問題とされていた。既に六四年に「インディアンの憲法上の権利に関する小委員会」が調査報告書を上院に提出し、先住民個人の人権を守る法案作成を促していた[50]。同年の首都ワシントンで開催されたNCAI幹部会議でも公民権法案が議論された。ミネソタ州上院議員のH・ハンフリー（Hubert Humphrey）が公民権法案について説明を行い、メスカレロ・アパッチ族評議会議長のW・チノ（Wendell Chino）やローズバッド・スー族のR・バーネットなどが法案を支持した。一方、クロウ族のJ・カミングズ（John Cummings）のように、公民権法案が部族の自治に影響をもたらすのではないかと疑問を呈する者もいた。[51] バーネットはその後、スー族の伝統派であり、メディスンマンのH・クロウドッグ（Henry Crow Dog）とともにアメリカ・インディアン公民権評議会（American Indian Civil Rights Council）を結成し、先住民個人の権利を守る公民権の必要性を首都ワシントンで主張した。保留地で部族政府の権力から部族員の投票権を守るために、先住民個人が部族裁判所から連邦裁判所へ上訴できる法律を制定し、インディアン局の腐敗を調査するよう連邦議会に訴えたのである。[52]

インディアン公民権法は、法案修正を重ねた後に、部族員の権利を守る一方で部族の自律性を維持するかたちで一九六八年に成立した。この法律は、論争を呼んだ公法二八〇号を廃止して保留地における州の管轄権を無効とし、連邦管理終結政策に終止符を打った。その上で、先住民の公民権を保障するために、部族政府に対して合衆国憲法の一部の条項を適用した。連邦政府と同様、部族政府に憲法上の一定の制限を課すことによって、保留地における先住民個人の権利を保障したのである。当初は、合衆国憲法の権利章典と修正第一四条をそのまま部族政府に課す提案がなされたが、伝統的な神政政治の継承を模索してきたプエブロや他の先住民からの強い反対に直面した。その結果、政教分離原則や共和制などの条件を除く修正を加えた上でインディアン公民権法は制定されたのである。しかしながら、同法は先住民に対する連邦裁判所の管轄を広げることになり、部族主権に複雑な影響をもたらしたという見方もある。[53] ここには、キムリッカの言う「対内的制約」（ある集団が自らの成員に対して行う権利要求であり、集団を内部の異論のもたらす不安定化から保護することを意図）と「対外的防衛」（ある集団が主流社会に対して行う権利要求であり、集団を外部の決定による衝撃から保護することを意図）に関わる緊張関係を見て取ることができよう。[54] 連邦管理終結にピリオドを打つ一方で、部族の自治をさらに合衆国憲法の一定の制限下においたという意味で、インディアン公民権法は新たなかたちで先住民を合衆国へ統合したと言える。

## 第2節　先住民運動

### 一　レッド・パワー

#### NCAIと社会運動

一九六〇年代のアメリカではマイノリティの社会運動が高揚したが、その中で先住民団体はどのような位置を占めていたのだろうか。NCAIは先住民の権利問題に取り組む一方、当時の他の社会運動には比較的無関心であった。黒人公民権運動については、先住民と黒人の立場の違いを強調し、運動に関わらない姿勢をとってきた。一九六三年のワシントン公民権行進には参加せず、一九六八年の「貧者の行進」も支持しなかった。[55] 黒人公民権運動と反貧困運動はともに合衆国内での法の下での平等や経済的機会、すなわちアメリカ社会への統合を目指していたのに対し、NCAIや先住民部族は合衆国の中で自治権を持つ独自の民族集団としてとどまることを志向してきた。雇用や福祉を求めながらも、部族として存続し、生活する権利を要求していたのである。このことは、上述のインディアン公民権法制定に対する先住民の複雑な反応と重なる。一九六五年のNCAI年次集会において、サンカルロス・アパッチ族でNCAI副議長のH・ポーター（Harrison Porter）は、公民権運動と先住民運動との立場の違いを認めたうえで、双方の連帯の可能性を会員に問いかけたが、NCAIの基本的立場はほとんど変わらなかっ

た。(56)

一九六八年五月初旬、南部キリスト教指導者会議（SCLC）の主催によって全国から数百名が首都ワシントンに結集し、連邦議会へ貧困問題を訴えた。彼らはリンカン記念堂近くに「復活の町」というテント村をつくり、数週間にわたって座り込みを続けて世論の注目を引いた。これには運動に共鳴した先住民たち約一〇〇名も参加した。これに対して、NCAIワシントン事務所は以下のような声明文を発表した。

NCAIメンバーは、アメリカ・インディアンと不利な立場にある他の人々との共通点を鑑み、この行進が今日の政治・経済・社会状況を起因とし、その究極の目標とねらいが正当であることをほぼ認める。しかし、参加者がワシントンでキャンプを続け、その不満が限界に達する前に満足のゆく結果がもたらされるとは、到底楽観できない。

連邦議会が十分な法案をつくるまで貧者はワシントンに居座るようだが、どのような法案であれば、行進をやめるかが定かでない。議会が彼らの要望を聞き入れて、法案成立に協力的かつ同情的であったとしても、明確な法案がつくられ、人々が納得できるか疑わしい。また、議会にはこのような議員ばかりでなく、敵対的な南部の議員や保守派もいる。［中略］

結論として、貧民運動の成功はSCLCが潜在的暴力をいかに抑制できるかにかかっているであろう。SCLCにはぜひこれを実践してもらいたい。もし成功すれば記念すべき勝利となり、社会問題に取り組むSCLCのリーダーシップが全面的に認められることだろう。白人や黒人、先住民やアジア系などすべての国民にとって、アメリカ生活における真の模範となるだろう。しかしながら、万事うまくいくとは限らず、完全な成功を遂げられるかは疑わしい。ゆえに、NCAIメンバーの多くは運動に対して全面的に支持することができないのだ。[57]

さらに、一ヵ月後には、NCAI会長のチノが貧者の行進に対するNCAI声明書を作成するために執行委員会を開いた。「NCAI執行部長のJ・ベリンド（John Belindo）によると、ワシントンで訴えられている失業や教育、住居、狩猟・漁業権をめぐる真の問題は、参加者の個人的感情や非難によって曖昧になっている。彼らが提起した議論を客観化するために、NCAIは連邦政府各省に対し、経済開発の長期計画に関する考えと勧告を示したい。」このように慎重な立場をとったNCAIは、行進に参加した先住民たちから「エスタブリッシュメント」として批判されたが、以下のように反論した。「新参者たちに同じ問いをつき返そう。『我々が必要としたときに、君たちはどこにいたのか？』と。通りで大騒ぎするのは単純で、判断力は要らない。日々、計画や法律問題に地道に取り組むこととはかけ離れている。いつの日か、インディアンが何とか結束し、影響力を持てるという信念と献身を要するのだ。[58]」NCAIは一九六八年のネブラスカ州オマハでの全国集会で、部族が連邦政府との信託関係を保つためにも、デモへの参加反対の声明を発表することを決議した。[59]

ベトナム戦争反対運動に関しても、NCAIや各部族政府は慎重な姿勢を保った。一九六七・六八年には、ニューヨーク市での反戦デモにローズバッド・スー族のグループが参加した。NCAIは先住民が反戦グループに利用されていると批判した。[60]一方、一九六九年には、ナヴァホ保留地で、サンフランシスコからのグループによるベトナム戦争や人種問題を批判した演劇が不道徳であるとして、ナヴァホ・コミュニティカレッジ学長が上演を中止させた。[61]戦後、インディアン再組織法下でつくられた部族政府の指導層となったのは、多くが第二次世界大戦の復員兵たちであった。そのような各部族指導層から成るNCAIが部族主義と矛盾しない愛国主義的側面を持っていたとしても不思議でない。また、アメリカ社会において先住民部族の権利を守り抜くために、合衆国に一定の忠誠を示すことが必要であり、また戦略であったと言える。

### 全国インディアン青年評議会

一方、一九六〇年代には先住民運動が戦略やゴールとともに多様化した。アメリカ・インディアン・シカゴ会議の終了後、参加者はニューメキシコ州ギャラップへ移動し、そこで一ヵ月後（一九六一年）に先住民の大学生一〇名を中心とする全国インディアン青年評議会（ＮＩＹＣ）が設立された。彼らは五〇年代に大学教育を受けるようになった新たな世代であり、キャンパスで先住民学生のクラブやワークショップを通じて、自らのアイデンティティやルーツを自覚するようになっていた。[62] 当時、デロリアは自分の経験を重ね合わせて次のように語った。「奇妙なことに、保留地から遠く離れたとき、都会の住民にはアイデンティティがないことがわかる。だから金に群がり、権力を求めるのだ。安心と自衛のために。けれど、彼らはルーツや土地、精神を失っている。[63]」

当初、シカゴ会議には招待されていなかった彼らは、会場で問題提起し、それは「インディアンの目的宣言」にも反映された。この声明は先住民が本来有する自治権を宣言し、先住民は「アイデンティティと存続を支えようとする他の小国やエスニック集団と同様、残された土地がほんのわずかでも、保持するつもりである。」と宣言した。さらに、「たとえ善意に満ちていてもパターナリズム」を拒絶し、「自らが知り、重んじ、愛する宇宙観」という土地に根ざした伝統的価値観を拠り所とした。そして、これがＮＩＹＣ結成の理念となったのである。[64]

先住民の権利と改革を求める草の根組織として、「教育と訴訟を通じて伝統的な部族の権利と価値観の擁護を促す」ことを目的としたＮＩＹＣは、デロリアによれば、学生非暴力調整委員会（Student Nonviolent Coordinating Committee, 一九六〇年代の黒人公民権運動団体）の先住民版であった。ＮＩＹＣが黒人運動のデモやシットイン（座り込み運動）を応用した非暴力直接行動は、その後のアルカトラズ島占拠、一九七二年の破られた条約の旅、七三年のウンデッドニー占拠、一九七八年のロンゲスト・ウォークといったレッド・パワー運動のモデルとなった。ＮＩＹＣはＮＣＡＩよりも革新的立場をとり、短期的な目標を定めた。ＮＩＹＣの若い活動家たちはＮＣＡＩや部族指導者たちをインディアン局に迎合的な「アンクル・トマホーク」や「アップル」（物乞い主義）と呼んで批判した[65]。

全国的なレッド・パワー運動は、世論を揺さぶった大規模なアルカトラズ島占拠（一九六九～一九七一年）から始まるが、その先駆けとなったのは、六〇年代のＮＩＹＣによる「フィッシュイン」（州の条例などに対抗して行う漁）であった[66]。当時、西海岸北西部では先住民各部族が保留地外での漁業権をめぐって州や連邦と衝突していたが、一九六三年一二月にワシントン州最高裁は先住民の漁業権の根拠となっていたメディスン・クリーク条約（一八五四年）を無効とする判決を下した。これに対して、まもなくＮＩＹＣは、漁業権を守るために非暴力直接行動をとっていくことを決定し、議長のＭ・トム（Melvin Thom）と幹部たちがテレビのインタビューでＮＩＹＣの立場を表明した[67]。一九六四年、ＮＩＹＣはワシントン州キラユート川にて最初のフィッシュインを支援し、オリンピアの州庁舎で行った州の漁業規制に対するデモには全国の約七〇部族から一万二千人以上の先住民が参加した。ＮＩＹＣ指導層のトムやＣ・ウォリアー（Clyde Warrior）たちは、サンフランシスコのベイエリアや全国から集った先住民とともに、ワシントン州内の部族評議会が組織した地元の先住民たちと合流した[68]。その後、フィッシュインは過熱化し、ときに逮捕者も出るようになったが、俳優のマーロン・ブランドやジェイン・フォンダ、黒人コメディアンのディック・グレゴリーなどが支援に加わってメディアの注目を集めた[69]。ＮＩＹＣによるフィッシュイン支援は、一九七四年の合衆国対ワシントン州の裁判判決で先住民の漁業権が確認されるまで続いた。ワシントン州地区連邦裁判所において、条約で保障されたワシントン州の先住民部族の漁業権は州によって制約を受けない、という判決が下されたのである。

NIYCは、フィッシュイン以外の先住民問題にも取り組んだ。一九六四年にワシントン州マカ（Makah）保留地で開かれたNIYC第四回年次集会では、一、ニュースメディアと直接行動を通じた世論喚起のための運動の促進、二、先住民の大学生のためのジェロニモ奨学金の設立、三、インディアン教育に関する調査報告書の出版、四、サウスダコタ大学インディアン研究所との合同会議開催、の四つのプロジェクトが計画された。(70) 翌年のモンタナ州フラットヘッド保留地での年次集会では、部族が連邦資金を直接受け取って保留地の福祉や開発を手がけられるようインディアン局の政策変更を要求し、連邦政府に部族との協議と信託責任を遵守するよう求めることが承認された。さらに、六六年にはインディアン局長ベネットが連邦管理終結政策を支持しているとNIYCは批判し、連邦上院インディアン問題小委員会へ報告するために、メノミニーやクラマスなど連邦管理を終結された四部族に関する調査を提案した。(71) その他、NIYCは一九六八年にカンザス州の部族間職業訓練校のハスケル学院で先住民研究の夏期講座を開催し、カーネギー財団からの九万五千ドルの補助金によって先住民教育の課題について一八ヵ月間の調査も行った。(72)

NIYCメンバーは主に先住民問題に取り組んだが、NCAIとは異なって黒人公民権運動にも関わった。南部への「フリーダムライド」や一九六五年のキング牧師によるアラバマ州モンゴメリへの行進、ベトナム反戦にも加わった。一九六八年には上述の首都ワシントンでの「貧者の行進」へ全国各地の先住民に参加を促したが、NIYCリーダーの一人トムは、逮捕されて一五日間拘置された。(73) 一九六五年のモンゴメリへの行進をNIYCメンバーの女性は次のように振り返っている。

デモやピケ、請願などの抗議は、アメリカ・インディアンの威厳を損なうと思い込んでいる人々にとって参加するのは無理だろう。けれどアメリカ市民として［傍点筆者］、我々や他のマイノリティの権利が侵害されたときは公然と抗議する権利があると感じるならば、参加すべきだ。途中で気が変わる者もいるだろうが、「どんな経験からも得るものがある」のだ。［中略］

モンゴメリで再び、我々は同様の演説にみなぎる力を感じた。これまでに経験したことがないくらいに人々は固く結束していた。このように重大な目標に向かってアメリカ・インディアンも結束できたら何てすばらしいことかと考えた。［中略］

アメリカ・インディアンが条約の尊重を求めるように［傍点筆者］、黒人もこの国で市民として尊重され、権利を侵害されたくないのだ。彼らが権利を勝ち取るのを我々は支援すべきではないだろうか[74]。

ここでは、アメリカ市民とアメリカ・インディアンの双方の立場から権利がとらえられている。NIYCは先住民の権利を求める上で、公民権の論理や公民権運動の手法を応用し、自らの運動にとり入れていったのである。NIYCにとって先住民の貧困問題は重要な関心事であったが、連邦政府によるパターナリズムに対しても敏感だった。一九六四年の機関誌において、トムは以下のように書いている。

敵かつ守護者によるもう一つの動きは「貧困との戦い」である。我々の生活状況に対する戦いが宣言された。しかし、我々の多くにとって、貧困は生活様式の一つである。惨めはいやだが、貧困であることで自分たちの生活様式を何とか維持してきたのだ。これは、我々をアメリカ主流生活に取りこむ目論見の一歩なのだろうか。

現在の「偉大なる白人の父」の基調となっているのは、平等な市民としての権利と責任、最大限の経済的自足、そしてアメリカ生活への全面参加にインディアンを導こうとする「新たなコース」である。これは大いなる援助とみなされているが、アメリカ生活により強制的に同化させることでもあるのだ。そこには、アメリカ市民として我々が責任を果たしていないという前提がある。否、自分たちは責任を果たし、約束を守ってきた。一方、善良な責任ある市民とやらが破った条約は、いったいどうなったのか。インディアンから奪い、自給自足の望みを絶った土地はどうなったか。この国の市民は責任について語る際、よく考えてみるべきだ。

さらに、どれだけのインディアンがアメリカ生活に全面参加したがっているだろうか。インディアンには自らの生活があり、それを発展さえできれば、豊かな意味深い生活を次世代に伝えられる。アメリカ一般の生活が同様のものを市民全員に提供できようか。(75)

NIYCが着手したレッド・パワー運動の進展において無視できないのが、都市に暮す先住民の役割である。NIYCメンバーの多くは、大学教育を受けた都市在住の若者だった。一九五〇年代の移住政策によって都会に残った先住民たちは、独自の汎インディアン・アイデンティティを培っていた。主流社会での差別に対して、先住民は部族や先住民同士のネットワークを発達させて都市生活に適応したのである。部族を超えた先住民同士の交流の場となったのが、都市のインディアン・センターであった。インディアン・センターでは雇用案内、食料配給、慈善活動などの各種社会奉仕やパウワウ、美術・工芸、サマーキャンプ、スポーツなどの文化活動も行われていた。例えば、一九五三年に全国に先駆けて設立されたシカゴのアメリカ・インディアン・センターでは先住民自身が運営し、部族ごとのクラブをつくって伝統的な歌や踊り、食事などを再現し、子供たちへ継承を試みた。(76) 彼らの間では、全国都市インディアン（National Urban Indian）やアメリカ・インディアン連合（American Indians United）などの先住民団体が結成された。このような都市での経験を通じて、部族の絆を保ちながら先住民としての共通のアイデンティティが育まれたのである。

また、都市の先住民は部族ごとに組織をつくり、保留地の政治や問題に関心を持ち続け、ときには故郷の部族政府と対立する場合も出てきた。[77] 一方、保留地の部族代表から成るＮＣＡＩは都市に暮す先住民の境遇に無関心だったわけではない。一九六八年の機関誌 *NCAI Sentinel* には、部族主権とともに先住民個人の権利を尊重し、都市先住民や連邦政府に認定されていない部族の権利・福祉を支援することが述べられている。「全てのインディアンが全国のコミュニティとして生活や仕事に関して意見を共有し、先住民全体のより多くの機会のためにいかに助け合っていけるか、ＮＣＡＩは未来に期待している。インディアン部族の主権を守って発展すべきという信念を固く持っているのだ。多くの者がインディアンを名乗ってきたが、そうではなく、我々は皆それぞれ部族メンバーである。ゆえに我々が最初にやるべきことは、部族を可能なかぎり力づけることである。部族を強化した上で、部族の人々を援助する更なる計画に着手できる。[78]」そして、部族評議会は部族の代弁者であるが、先住民個人は公民権を尊重されるべきとした。[79]

### アメリカン・インディアン・ムーブメント

都市の先住民を中心とした団体として、ＮＩＹＣに続いてさらに運動を先鋭化させていったのが、アメリカン・インディアン・ムーブメント（ＡＩＭ）であった。ＡＩＭは、一九六八年にオジブワ族のＤ・バンクス（Dennis Banks）とＧ・ミッチェル（George Mitchell）が都市の貧困居住区に暮す先住民の状況を改善するためにミネアポリスで設立した。[80] その後まもなく、オジブワ族のクライドとヴァーノン・ベルコート（Clyde & Vernon Bellecourt）兄弟、オグララ・スー族のＲ・ミーンズ（Russell Means）がＡＩＭに加わり、一九六九年のアルカトラズ島占拠、一九七二年の破られた条約の旅、一九七三年のウンデッドニー占拠といった主な先住民の抗議運動に関わっていった。当時のベトナム反戦とブラック・パワーの高まりの中で、レッド・パワーが全国で急速に広がった。

ミネアポリスでのＡＩＭ設立の背景と契機は、黒人運動の場合と同様、アメリカ社会での貧困と差別の体験であった。NIYCが先住民の大学生を中心に結成され、比較的高学歴の若者から成り立っていたのに対し[81]、AIMメンバーの多くは一般の先住民であった。一九三〇年四月一二日にミネソタ州北部のリーチレイク（Leech Lake）保留地で生まれたバンクスは、五歳のときに親元を離れ、ノースダコタとサウスダコタの先住民寄宿学校で学んだ。その後、ミネソタ州の軍学校に入り、徐々に部族語を忘れていった。一九五三年に合衆国空軍に入隊して日本と韓国に駐留し、六年後に除隊して保留地に戻ったが、職を得られず、酒におぼれて各都市をさまよった。一九六六年三月に小切手偽造と強盗容疑で捕まったが、拘置所で禁酒して読書に没頭した。そして、他の有色人種の場合と同様、先住民仲間との勉強会で権利運動に目覚める。この頃は、黒人公民権運動の高まりとともに、先住民が公民権団体と連帯する動きが現れていた。例えば、一九六四年、ミネソタのオジブワ族はアメリカ市民自由連合（American Civil Liberties Union）のミネソタ支部とともに、警官による一方的な暴力と公民権違反に対して告訴状を提出した[82]。当時の警察署も、ミネアポリスでの飲酒・暴力での逮捕において先住民の割合がかなり大きいことを認めている。失業率が高いため、執行猶予中の更正率も低く、一般のアメリカ人の再犯率が二六%であるのに対し、先住民の場合は四二〜四八%であった[83]。一九六八年五月に拘置所から釈放されたバンクスは、ミッチェルやミーンズ、ベルコート兄弟たちと知り合い、七月に公民権運動から示唆を得てAIMを設立し、まもなく、全国の保留地や都市に支部が結成された。一九六九年末の役員会では、NIYCのプログラムを支援し、協力していくことが全会一致で定められた[84]。

一方、AIMのもう一人の代表的な活動家であるミーンズはオグララ・スー族の出身である。一九三九年一一月一〇日にサウスダコタ州パインリッジ保留地で生まれたが、第二次世界大戦が勃発すると、ミーンズ一家はカリフォルニアに移住し、父はサンフランシスコ近くの海軍工廠の溶接工として働いた。地元の学校に通ったミーンズは人種差別を体験し、麻薬などの非行に走った。高校を出てからロサンジェルスに移住して麻薬は断ったが、今度はアルコール依存症になり、職を転々とした。一九六九年にバンクスを始めとする他の先住民活動家とともに、サンフランシスコ湾のアルカトラズ島占拠に加わり、バンクスとともに裁判にかけられたが、釈放された。その後、スー族のローズバッド保留地の部族評議会メンバーをしばらく務め、クリーブランドのインディアン・センター長になった。さらに、バンクスとともにＡＩＭの活動を続け、初代全国議長になった。[85]

ＡＩＭが当初、目標として掲げたのは、先住民に対する警官の暴力への抗議、住居や医療・雇用における人種差別の撤廃、条約によって定められた連邦との信託関係の遵守であった。彼らは都市生活に馴染み、アメリカ社会におけるマイノリティの政治や戦略に通じていた。ＮＣＡＩのロビイングを中心とした政治的手続きに満足せず、デモやシットイン、占拠などの直接行動を通じて急進的な先住民運動を展開した。ＡＩＭの場合も、公民権の観点から警官による暴力や人種差別に抗議し、福祉の必要を説いた側面がある。当時、ＡＩＭに加わったウィネバゴ族のＲ・スネーク（Reuben Snake）は次のように述べている。「Ｍ・Ｌ・キングが黒人の境遇について全国に訴える方法をメディアを通じて追っていた。キングのやり方からインディアンに何が必要か示唆を得た。黒人の訴えは我々と同じだったが、誰も気に留めていなかったから。黒人の主張と異なって、インディアンの場合は注目されなかった。我々も公民権や人権に関わる深刻な問題を抱え、それに取り組まねばならないと感じた。[86]」しかし、一九六〇年代に高まるマイノリティの社会運動において、キング牧師に代表される黒人公民権運動は人種隔離・差別撤廃によるアメリカ社会への統合を前提としていた。一方、先住民運動は、アメリカ社会の中で先住民固有の立場と権利を主張していた。黒人運動も六〇年代後半には、ブラック・ナショナリズムの興隆とともにその固有性を打ち出すが、先住民の場合は当初からそれを掲げていたと言える。一九七三年にＡＩＭ設立者の一人であるＶ・ベルコートはＡＩＭの本来の目的について以下のように語った。「ここ数年間、マイノリティ集団の公民権運動がアメリカ社会における中心問題となってきた。黒人によるシットイン、フリーダムライド、法廷闘争はよく知られているが、同様に重要なのは、インディアンの間でも平等と公正な扱いを求める関心と運動が高まっていることである。［中略］ＡＩＭはインディアンによるものであり、インディアンを対象としている。我々は『善意の白人や黒人』から忠告を請うし、歓迎もする。しかし決断し、行動方針を決めるのは我々である。(87)」ＡＩＭは、次第に都市における人種差別の問題から連邦政策へと批判を強め、先住民をとりまく問題について世論を喚起しつつ、先住民の歴史的記憶としての条約上の権利と自決の概念を打ち出していった。

## 二　アルカトラズ島からウンデッドニーへ

### アルカトラズ島占拠

黒人運動によって示唆を受けたレッド・パワー運動は、連邦先住民政策に働きかけるために、アメリカの世論を動かす手段として様々な直接行動に出た。一九六九年一一月二〇日から一九七一年六月一一日までの一八ヵ月間には、五六〇〇人以上のアメリカ先住民がサンフランシスコ湾の無人のアルカトラズ島を占拠した。それ以前、一九六三年に島の連邦刑務所が閉鎖されると、翌六四年三月にスー族の集団が数時間占拠したが、連邦保安官によって護送された。彼らは、連邦政府がスー族に領地を約束した一八六八年のララミー砦条約に則って自分たちの行動を正当化したのである。五年後のアルカトラズ占拠の直接の発端は、一九六九年一〇月、先住民に職業斡旋などのサービスを提供していたサンフランシスコのインディアン・センターが火災で消失し、先住民活動家たちがアルカトラズ島に新たなインディアン・センターをつくることを思い立ったことである。連邦政府の都市移住政策の結果、一九五二年から六七年の間、二〇万人の先住民が都市に移り住んだが、多くは定職に就けなかった。(88)サンフランシスコに暮す先住民の不満は、インディアン・センターの消失とともに火がつき、かつてのスー族のように、アルカトラズ島を再び占拠することを決心した。一六二六年の白人入植者へのマンハッタン島の「売却」をまねて、彼らは島買収のためにビーズや布で二四ドル分を政府に渡し、白人を「文明化」するためのBureau of Caucasian Affairsの設立を約束した。一四人の活動家が島に渡って一夜を明かしたが、翌日、沿岸警備隊によって護送された。一週間後、一一月二〇日未明、二〇以上の部族出身の八九人の先住民グループ、全部族インディアン（IAT）が島に上陸し、島の管理人が彼らに宿舎を提供した。占拠者たちは島を統治する議会をつくり、料理や洗濯、育児、警備などの役割分担をした。以後、数ヵ月にわたって、先住民の団結と権利主張のために数千人の先住民がIATに加わった。(89)

アルカトラズ島占拠を研究した歴史家のT・R・ジョンソン（Troy R. Johnson）は、先住民活動家とNIYCやアメリカ先住民連合（United Native Americans）などの公民権団体とのつながりを明らかにしている。(90)IAT代表者のR・オークス（Richard Oakes）は"We hold the Rock."（Rockはアルカトラズ島の通称）のスローガンをつくり、もう一人の代表でスー族のJ・トルッデル（John Trudell）はIATの主張を海賊版の放送局で放送した。政治家や映画スター、ロックバンドを始めとして、多くのアメリカ人が日用品や資金を島へ送った。しかし、占拠から一年半以上たった一九七一年六月一日に管理人宿舎と灯台、診療所が火事で焼け落ちると、活動家の多くが島を離れた。六月一一日に連邦保安官がついに島の手入れを行い、残った一四人を退去させ、占拠は終了した。(91)IATによる島の要求は実現しなかったが、占拠事件は世論を先住民問題に引きつけた。

サンフランシスコの動きは他の都市にも飛び火し、一九七一年には、ロサンジェルス、ミネアポリス、ギャラップ（ニューメキシコ州）、フェアバンクス（アラスカ州）で都市に暮す先住民がデモを行った。その結果、OEOは援助プロジェクトを発表し、これらの各都市のインディアン・センターを充実させ、そこでの福祉プログラムを支

写真 II-1　コロラド州デンバーの州庁舎前でドラムを打って抗議する先住民，1971 年

援する中央事務所をニューヨーク市に設立するために、八八万ドルの連邦補助金を投入することになった。[92] 当時はベトナム反戦運動の高まりの中で、他のアメリカ人と同様、徴兵を拒否する先住民も現れ、一九七一年に徴兵拒否で逮捕されたペノブスコット族の若者は、合衆国が先住民に市民権を強いて徴兵法に従わせ、外国との戦争で戦わせる権限は無いと訴えた。[93]

## 「破られた条約の旅」

アルカトラズ島は主に都市に暮す先住民の運動であったと言えるが、ＡＩＭは次第に都市における公民権から、保留地や部族に根ざした先住民の自決の権利も重視するようになる。この過程で都市に暮していた先住民の若者は、保留地で部族のルーツや「伝統文化」を再発見することで保留地住民と連帯し、新たなかたちの汎インディアン運動を模索していった。[94] ＡＩＭのリーダーの一人であったミーンズは当時を回顧して語っている。「我々はインディアンが保留地に戻るべきだと強調する方針を決めた。そして皆の範となるよう我々指導者が保留地に戻り、自分たちが何者でなぜそうなのか、どこを目指しているのかを見出すためにインディアンの儀式に参加することにした。[95]」

ミーンズやバンクスたちはＡＩＭで活動していく中で政治的関心のみでなく、先住民としての文化的絆の必要性を感じていた。彼らは会員たちに禁酒を説き、一九七一年にサウスダコタ州のパインリッジ保留地でスー族のサンダンスに初めて参加する。そして、保留地の先住民が抱える問題にも注目し、一九七二年二月にパインリッジ保留地の境界町ネブラスカ州ゴードンでラコタ・スー族の男性Ｒ・イエローサンダー（Raymond Yellow Thunder）が白人暴徒によって殺されると、ＡＩＭは先住民に対する人種差別を「公民権」の立場から告発して抗議運動を起こした。同年八月にはローズバッド・スー族の保留地でメディスンマンのＨ・クロウドッグが率いるサンダンスにも参加し、保留地住民と交流を深めた。サンダンスについては、第III章の第1節で詳しく論じるが、長年、都市に暮らしてきた彼らは保留地で伝統儀式に触れることによって、先住民としてのアイデンティティと歴史意識を育んでいったのである。従来のＮＣＡＩの自決概念は、条約上の権利の保持、政策変更に関する協議、経済的充足を主な条件としていたが、このＡＩＭによる「伝統文化」の再発見を通して、文化継承が改めて自決概念において自覚化されたと言える。そして、このことが保留地の先住民よりも、むしろ都市に暮す若い世代によって促されたことは意味深い。彼らにとって保留地の文化は先住民としての自己のルーツを確認するものとして、その重要性が一層認識されたのであろう。

一九七二年の「破られた条約の旅」は、このローズバッド保留地でのサンダンスの会場で提案された。前述のように、ローズバッド保留地出身で元ＮＣＡＩ執行部長のバーネットは、伝統派のクロウドッグとともにアメリカ・インディアン公民権評議会を一九六八年に結成し、スー族を率いて、ニューヨークや首都ワシントンでベトナム反戦デモや先住民の公民権デモを行っていた。[96]そして、一九七二年のサンダンスの場でバーネットは条約上の権利を主張するためにＡＩＭも含めてワシントンへデモ行進することを呼びかけたのである。

長年の間、同胞に対する暴言、差別、不正を正すために政府が行動を起こすよう、二〇〇名のインディアンを率いて首都で要求することを願ってきた。自分が生きているうちに、すべてのインディアンが誇りと尊厳をもって大地を歩み、連邦管理終結に迎合的な部族政府を恥じる必要がなくなることを夢みてきたのだ。

私は一人のインディアンとして「アメリカ・インディアンと同胞の会」(American Indians and Friends Incorporated)を代表し、すべての団体に呼びかけたい。「破られた条約の旅」の下、団結してワシントンに向かい、インディアンが真に求めているものを世界に示そう。

インディアン諸団体がこれに応じれば、かつてメディスンマンたちが予言したように我々はスピリチュアルな運動を実現することになる。アルコールやドラッグを禁止し、平和的交渉と宗教儀式を計画的に行うことによって、他の市民たちはインディアンが授かった力を理解するだろう。我々がグレイト・スピリットに導かれた人間であることを、先祖と神は万人に悟らせるだろう。このように一般市民を啓蒙し、大統領や議会に主張する努力をすれば、同胞らの役に立つことができる。規律を守って成功を遂げれば、我々にとって最上のときとなり、飢えた同胞に成果をもたらすだろう。(97)

こうして一九七二年一〇月の大統領選挙前に先住民の苦情を訴えるため、AIMやNIYCなど各団体の千人以上の先住民がキャラバンでワシントンへ向かった。(98) 四マイルの長さの車の隊列が、シアトルからサンフランシスコ、ロサンジェルス、カナダのウィニペグやオタワを経由して首都ワシントンへ行進した。これはアルカトラズ島占拠とともに、汎インディアン運動の展開において重要な局面であった。以下のバンクスの回想からは、先住民の伝統儀式が彼らにとってさらに重要性を帯びていった様子がうかがえる。

アメリカを横断する旅をしながら、私たちはインディアンが聖地としている場所に可能な限り立ち寄った。

そしてそこで祈りを捧げた。旅の日を重ねるにつれて、祈りの時がいっそう意味深い大切なひと時となっていった。

三地点からのキャラバンはどれもパイプと太鼓を携えていた。パイプと太鼓はインディアンの信仰になくてならない物である。パイプは母なる大地のすべての子供たち、二本足、四本足、翼を持つもの、水に生きるもの、木、花、草、が互いに連なりあって地球をなりたたせていることを象徴したものである。そして太鼓は大地のいのちの鼓動である。

毎朝、その日の道程を始める前に、私たちはパイプのタバコに火をつけ、まわしてのみ、祈りを捧げた。太鼓を叩いて唄を歌った。食事をする前には必ず誰かがインディアンの言葉で祈った。祈りを忘れて食べ始めてしまうこともあったが、そんなときには誰かが気がついて祈りだし、皆も食べるのを止めて祈りに加わるといった具合だった。そうした些細な、しかしきわめて重要な習慣を私たちは少しずつ自分のものとしていった。

旅はまた、インディアンの長老たち、祈祷師（メディスン・マン）たちを訪れ、彼らのアドバイスや私たちの行動の指針を求めた。

ＡＩＭの根源的な思想が「破られた条約の旅」の中で次第に成熟し、形をとり始め、表面に現れ始めた。その思想とはインディアンの宗教、インディアンの信仰、インディアンの精神性（スピリチュアリティー）である。

旅はまた、参加した者たちが他部族の者と知り合い、他部族の文化を学ぶ良い機会だった。ナヴァホ、パイユート、メスカレーロー、オジブワ（チペワ）、ラコタ（スー）、ショショニー、ユテ、モノ、テュラリブ。全く知識のなかった部族の言葉を耳にし、彼らの唄をきき、彼らの踊りを見ることは、かけがえのない体験だった。

多くの若者が「破られた条約の旅」に参加した。彼らの目は喜びで輝いていた。彼らの笑い声は希望と力がみなぎっていた。旅の中での日々、彼らはインディアンとしての誇りを心の内に育てていったのである。[99]

彼らは旅の目的地ワシントンで、連邦政府に対して政策変更を要求する二〇ヵ条の宣言書を政府役人と交渉するつもりだった。二〇ヵ条には、憲法上の条約締結権の回復、条約委員会の設立、連邦議会との合同会議の必要性、条約維持と違反を検討するための委員会設立などが含まれていた。この宣言は、連邦政府が先住民との条約義務を守り、先住民との信託関係を再確認することを要求していたのである。[100]

この旅を呼びかけたバーネットは、あくまでも非暴力直接行動を主張していたが、インディアン局が先住民との交渉を拒否すると若者たちの怒りは爆発し、ワシントンのインディアン局本部を占拠した。バーネットは統率力を失い、代わってＡＩＭが指揮をとった。六日間、活動家たちは建物内にとどまり、部族主権と占拠の無罪を要求した。インディアン局長のＬ・Ｒ・ブルース（Louis R. Bruce）は運動に同情的であり、辞任を覚悟で一晩、彼らとともに建物内で過ごした。先住民兵士が眠るアーリントン墓地で先住民の宗教儀式を行いたいという申し出も却下された。一一月八日に政府職員は占拠を無罪とし、帰宅のための援助を申し出ると、活動家たちはそれに応じた。二〇ヵ条宣言は連邦政府によって受け入れられなかったが、アルカトラズ島占拠の場合と同様、メディアの注目を集め、先住民の主張を世論に訴えることには成功した。一方、インディアン局本部に保管されていた部族や保留地の財産、連邦プログラムに関する重要書類や記録は持ち去られ、被害額は二〇〇万ドル以上にのぼった。[101] 占拠に対して当時の部族指導者の多くは、加害者たちが部族の方針とは一切無関係であると非難したが、一部には、連邦政策に対する先住民の不満を代弁するものであると擁護する者もいた。[102]

「破られた条約の旅」は、ローズバッド・スー族保留地からミネアポリスを経て発展したように、保留地の先住民と都市の先住民をつなぐ汎インディアン運動の性格を帯びていた。そして、ＡＩＭは都市の先住民を中心とした公民権のみでなく、保留地に根ざした条約上の権利をも主張する団体へと変わっていった[103]。ここでは条約上の権利が先住民の歴史的記憶と自決を支えるものとしてとらえ直されたと言える。このように、一九六〇年代以降の先住民運動における自決概念と意識には、先住民アイデンティティの原初的側面とともに政治手段的側面[104]を見出すことができる。

### ウンデッドニー占拠事件

先住民政策をめぐるＡＩＭの連邦政府への批判は、インディアン局がインディアン・ニューディールによって作り出した保留地の部族政治にも向けられることで、先鋭化していった。「破られた条約の旅」の翌一九七三年、サウスダコタ州のオグララ・ラコタ族のパインリッジ保留地において、ＡＩＭ活動家と連邦政府との衝突が起こる。当時、パインリッジでは、議長のＲ・ウィルソン（Richard Wilson）が独裁的な部族政治を行っていた。インディアン再組織法によって新部族政府がつくられたパインリッジ保留地では、戦後も優れた指導者が現れずに、インディアン局と癒着しながら汚職や賄賂、身内びいきが横行していた。とくに、ウィルソンは、暴力と金を用いて保留地の反対派を封じ込めようとした。貧困と抑圧の中で不満を募らせていた伝統派を中心とする住民たちは、改革のためにＡＩＭに支援を要請したのである。こうして、ＡＩＭはラコタ・スー族の部族内抗争に介入することになった。

一九七三年二月二七日、ミーンズやバンクスなどＡＩＭの武装した活動家がウンデッドニーの丘にある教会に立てこもり、連邦警察に包囲された。ここはかつて、スー族のゴーストダンス信者たちが合衆国軍によって大量に虐殺された跡地であり、連邦政府との衝突を象徴する場であった（図序-3参照）。第二次ウンデッドニー事件と呼ばれる七三年の占拠では、先住民の活動家とオグララ・スー族の伝統派[105]が、パインリッジ保留地における部族政府の腐敗を訴え、連邦政策に対して異議申し立てをした。占拠の間、一九三四年の再組織法の下で採択された部族憲法に抗議するために住民投票の実施を請願する署名が一四〇〇人分集められ、パインリッジ保留地の監督官に提出された[106]。スー族の伝統派や住民はインディアン再組織法以来、部族の伝統的な政治組織に代わってつくられた新部族政府を警戒し、距離をおいてきた。彼らは、部族政府が合衆国の傀儡と化し、真の自治を行っていないとみなした。一方、連邦政府はあくまでもこの部族政府を彼らの代表として扱い、伝統派はこれをボイコットする以外に術が無かった[107]。このように、ウンデッドニー占拠事件はスー族の部族内分裂の象徴となり、連邦政府のみでなく、スー族内部の問題をも抉り出すことになったのである。

七一日間に及ぶ占拠は、先住民改革派の示威を高めたが、連邦警察との間で銃撃戦が生じて三人の死者を出し、一九七三年四月、活動家たちは占拠を中止することに同意した。翌五月にニクソン大統領は、先住民が武装を解除することを条件にパインリッジ保留地の部族政府の腐敗を調査し、一八六八年のスー族とのララミー砦条約を検討するために連邦政府の代表を派遣することを約束した。そして、同年五月に先住民伝統派と連邦政府代表が会談を行った。スー族側は一八七一年以前のように部族主権の回復を主張したが、連邦政府は国内従属国としての地位を変更することは不可能であり、一九三四年のインディアン再組織法に反すると述べた[108]。占拠事件後、一九七三年八月にバンクスはＡＩＭ執行部長に選ばれ、腐敗した部族政府をもたらした再組織法を無効にし、インディアン局を廃止する運動に着手することを宣言した。ＡＩＭの集会では、先住民の伝統儀式が取り入れられるようになり[109]、まもなく発表されたＡＩＭ綱領には、連邦政府による先住民との歴史的な諸条約についての調査、それを遵守するための上院条約委員会の設置、インディアン再組織法の廃止、これまでのインディアン局による不当な政策に対する先住民への賠償、先住民自身が管轄する独立機関としてのインディアン局再編、が目標として掲げられていた。ＡＩＭ活動家は裁判を経て無罪となったが、その後ＦＢＩの監視が強まり、その活動は徐々に後退していった[110]。

ウンデッドニー占拠事件はＡＩＭとＮＣＡＩの立場の違いを明確にした。ＮＣＡＩは占拠の最中、ＡＩＭが既存の部族政府に干渉することによって部族の主権を侵害しているとウィルソン議長と部族政府を擁護したが、このことによってＮＣＡＩは他の先住民団体やリベラルな白人団体から支持を失うことになった[111]。また、ウンデッドニー事件が地元パインリッジ保留地にもたらした影響は大きかった。コミュニティではウィルソン派とＡＩＭ派が対立して治安が悪化し、保留地で工場開業を予定していた三つの企業は事件によって計画を取り消した。また、インディアン局本部占拠事件と併せて生じた損害は、各部族や連邦プログラム、インディアン局運営の学校、そしてインディアン局自体の予算を圧迫することになった[112]。Ｖ・デロリアも当時、事件が先住民にもたらした深刻なダメージについて否定的であった。彼は、一九七一年から新設のインディアン法開発研究所（Institute for the Development of Indian Law）所長を務め、法的手段によって先住民問題を解決に導こうと取り組んでいた[113]。

ウンデッドニー占拠後のパインリッジ保留地は、部族議長ウィルソンが力によって反対派を封じ込めようとし、数年間にわたり暴力による混乱が続いた。急進化したＡＩＭも徐々に保留地住民の支持を失っていった[114]。一方、部族の伝統派は、ウィルソンの圧制が一九三四年のインディアン再組織法の問題に発しているとして、伝統派による部族政府を認めるよう交渉を試みた。一九七五年九月に長老のＦ・フールズクロウ（Frank Fools Crow）を始めとするパインリッジ保留地の各地区の代表五〇名がワシントンを訪れた。フォード大統領との面会は実現しなかったが、インディアン局長や他の連邦職員に対し、パインリッジ保留地の窮状を説明し、連邦政府に一八六八年のララミー砦条約を遵守するよう訴えた。さらに、フールズクロウはサウスダコタ州民主党議員Ｊ・Ｇ・アブレック（James G. Abourezk）の導きにより、上院本会議の冒頭にラコタ語で祈祷を捧げた[115]。同行した伝統派の一人Ｌ・

レッドシャツ（Larry Red Shirt）は以下のように語った。

問題のすべてが解決される唯一の方法は、伝統的な政府に立ち返ることである。そこでは全権力が一人の人物や少数に集中して独裁をふるうことはなかった。集団的な意思決定を備えた伝統的な政府形態に戻らなければならない。かつては、人々が主体となって意思決定を行っていた。人々が決定を下し、族長や頭目、メディスンマンたちにその実行が委ねられたのである。インディアン再組織法と現在の部族政府は逆である。人々が底辺に置かれ、部族評議会が支配している。部族議長が定めることは全て法律となり、人々はそれに従わなくてはならない。

我々の伝統的な統治のしかたは、議会に参加する全ての者、ティオスパエ（tiyospaye）と呼ばれるそれぞれの親族集団の代表たちから成る。ティオスパエのみが保留地での諸問題を解決できる唯一の方策である。[116]

このように、アルカトラズ島からウンデッドニー事件へと至ったレッド・パワー運動は、連邦政府のみでなく部族政府に対しても批判を向け、改革を試みたのである。

## 三　自決の行方

### 自決政策へ

以上、先住民の自決概念を打ち出したレッド・パワー運動に対して、連邦政府はどのように対応したのか。一九六八年九月にネブラスカ州オマハで開催されたＮＣＡＩ年次大会でＲ・ニクソン大統領は、「アメリカ・インディアンの明るい将来」と題する演説を行い、「我々は、アメリカ社会で多くの異なる文化が調和しながら発展できることを認め、先住民が望むまま自らの環境で便利かつ豊かな生活を送れるようにすべきである。インディアンの自決権が尊重され、計画への参加が促されて自らの方針を定めることになろう。」と述べた[117]。前述のように、ジョンソン大統領は一九六八年の議会特別教書において、「自決」という言葉を用いたが、より明確に先住民の自決を打ち出し、連邦インディアン政策の転換を説いたのが、一九七〇年七月のニクソン大統領による議会特別教書である[118]。この教書において、ニクソン大統領は従来の連邦管理終結政策を否定し、先住民と連邦政府の信託関係を確認すると同時に、連邦のパターナリズムを廃して先住民による連邦プログラムの自己管理と経済開発を促すことを提唱した。「従来から連邦インディアン政策は、先住民の能力と洞察を認め、これを基礎としてきた。正義とより良き社会政策の観点からも、我々は先住民自身が長年主張してきたことに基づいて行動を開始せねばならない。いまや過去と決別し、先住民の将来が彼ら自身の行動と意思によって決定される新時代のための条件を作りだす時である。［中略］したがって、新たな連邦先住民政策の目標とは、先住民のコミュニティの意義を脅かすことなく、彼らの自治意識を支えることである。我々は、先住民が部族から離れることなく自らの生活をコントロールできるよう保障しなくてはならない。さらに、連邦政府の配慮と支援を受けながらも連邦の統制を免れることを彼らにはっきり示す必要がある。」そして、自決政策の具体案として、①連邦管理終結政策を廃止する同一決議、②部族に連邦プログラムの管理・運営権を与える法律の制定、③タオス・プエブロへの聖地ブルーレイクの返還、④先住民自身による先住民学校の管理促進と資金提供、⑤保留地の経済開発を促す法律の制定、⑥先住民の健康改善のための連邦資金の追加、⑦社会福祉・貧困対策プログラムによる都市在住の先住民への援助、⑧保留地の天然資源を守るインディアン信託財産弁護機関の設立、⑨内務省内の先住民問題担当の副長官配置、という九項目を挙げた。この教書自体は、あくまでも提案にすぎなかったが、その後の連邦政策を方向づけ、本格的な自決政策の到来を記す内容であった。

ニクソン政権期には、一九六九年のアルカトラズ島占拠、一九七二年の首都ワシントンでのインディアン局本部占拠、一九七三年のウンデッドニー占拠というように、先住民との政治的対立が次々と生じたが、連邦政府は迅速にこれらへ対処していく必要があった。ニクソンは、部族と合衆国政府との信託関係を維持しつつ、連邦政府のパターナリズムからの脱却を目指し、先住民政策は一定の前進をみた。タオス・プエブロの聖地ブルーレイクは返還され、教育や経済開発、連邦プログラムの管理における主導権が先住民コミュニティへ託された[119]。一九七一年には、全国部族議長協会（NTCA）が連邦からの財政援助とともに組織され、以後、連邦先住民政策や行政決定に対して直接働きかける先住民諮問団体の一つとなった[120]。

自決政策の潮流は、先住民にとって連邦政府との交渉窓口であるインディアン局の改革を促した。一九六九年にNCAIは幹部会議において、インディアン局が内務省下から独立し、別個の機関となることを推奨するポジションペーパーを採択した。インディアン局を廃止して他機関に吸収させるのではなく、独立させることで内務省内の他機関と基金をめぐって競合しなくなり、官僚的手続きの障害も取り除かれ、先住民にとって交渉が容易になるはずであった。インディアン局は内務省の一機関であり、内務長官が実質的に統括していたのである。NCAIはインディアン局の構造と機能、特に悪名高い財政管理の不備を調査する委員会を立ち上げ、さらに部族政府自体が許可・拒否権を持つ必要性を主張した[121]。このようなNCAIの働きかけの結果、翌一九七〇年には、インディアン局長でモホーク・スー族のL・R・ブルースがインディアン局再編を発表した。新たな方針では、インディアン局は従来のような管理機関ではなく先住民に技術的・財政的援助を提供するサービス機関となり、先住民の自己決定と自己管理の権利と能力を認め、政策決定過程において彼らの声をより反映することが期待された。従来のインディアン局監督官（agency superintendent）の名称は現地管理人（field administrator）へと変更され、全国の保留地に配置される六三名の現地管理人が先住民の経済的・社会的機会を促進するために助言することになった[122]。こうして、保留地で実施される雇用相談・訓練などの連邦プログラムでは、先住民のリーダーシップと自決が重んじられるようになったのである[123]。

しかし、インディアン局改革の試みはその後、難航することになる。ブルースは就任後まもなく、一七人の若い先住民を要職に指名し、インディアン局を先住民自決の機関へ変えるために改革を推し進めたが、次第に内部の守旧派職員との間で対立を強め、一万七千人の職員を抱えるインディアン局の統率をめぐって権力闘争が生じた。混乱を取り除くために守旧派のJ・クロウ（John Crow）が副長に指名されたが、若い先住民との間で衝突し、先住民コミュニティからも批判が沸き起こった。そこで、一九七二年にインディアン局は新たな方針を打ち出して確認し、分裂した局を立て直そうとした。そこでは、保留地ごとの経済開発、雇用援助プログラムの変更、水や土地などの資源保護、保留地の道路改善、先住民教育の部族による管理促進、の五点が謳われていた[124]。

しかし、まもなく一九七二年にAIMを中心とする先住民活動家が「破られた条約の旅」を組織し、六日間にわたってインディアン局本部を占拠すると、局長のブルースは解任させられた。約一年後、七三年一二月にアラスカ生まれの弱冠三四歳でアタパスカ族のM・トムソン（Morris Thompson）が正式にインディアン局長に任命された。トムソンは、一九六九年に内務長官W・J・ヒッケル（Walter J. Hickel）の副長官に任命された後、ニクソン大統領によるインディアン問題教書の作成に関わり、アラスカ先住民請求和解法（Alaska Native Claims Settlement Act）に対するニクソンの姿勢にも影響を及ぼした。長官就任後、混乱したインディアン局を改革するために、トムソンは先住民のニーズを採り入れることに尽力した。先住民の自決を強く支持するトムソンは、連邦政府の信託責任を確認するとともに、連邦プログラムの管理は部族に委ねられるべきと考えた。一九七六年までの任期において、部族政府の強化と保留地での教育システムの充実を促し、一九七三年のメノミニー回復法（連邦管理終結政策の実質的終焉)、一九七四年のインディアン融資法(経済開発のためのローン基金の設立[125])、一九七五年のインディアン自決・教育援助法の制定を促したのである。

### インディアン自決・教育援助法

一九七五年に制定されたインディアン自決・教育援助法(P. L. 93-638, 88 St. 2203)は、長年にわたる先住民の働きかけが実を結び、連邦政府の自決政策を象徴する法律となった。一九七四年五月に開催された下院インディアン問題小委員会での聴聞会では、NCAIやNIYC、NTCAなどの各先住民団体代表や部族指導者、コミュニティ・カレッジの教育家など多くの先住民が陳述を行い、法案への要望と期待を寄せた[126]。この法律はニクソン大統領が一九七〇年の議会特別教書で提唱した自決政策の主要項目を制定し、住宅・医療・教育・経済開発などの連邦プログラムとその業務を、先住民部族が契約によって自ら運営できることを定めていた。連邦政府機関との契約は変更することができ、しかも部族は連邦信託関係が打ち切られる不安を抱かずに済むはずであった。また、連邦政府は、部族語教育を発展させ、先住民のニーズに合った教育の機会を拡大し、進学援助を行うことが約束された。部族自決の根底にあった前提とは、部族員のニーズをもっともよく把握しているのは部族政府であり、これらのニーズに応えるための資源配分も部族政府が行うべき、というものであった。しかし、そのような手続きには内務長官や関連機関の認可が依然として必要であり、実質的に連邦政府が契約の条件や実行についての最終的権限を有していたのである。

また、この法律で使われている「自決」という言葉は、国際法上の自決概念とは関係がなく、あくまでも連邦プログラムを管理・遂行するうえでの先住民の自己裁量や自治という狭義の意味にとどまった。つまり従来、先住民が主張してきた歴史的な条約上の権利に基づく自決の意味合いは多分に捨象されていた。その意味において、自決法の「自決」とはあくまでも合衆国の枠内での準主権の意味合いであった。ＮＴＣＡや他の団体は、この法律を「現代におけるアメリカ・インディアンの主権の最終的承認」と称えたが、この法律が掲げる「自決」の意味解釈のずれは先住民の間でも混乱をもたらすことになった。そして、インディアン自決法の実施をめぐっても、第V章の1節で後述するように、引き続き課題が残されたのである。

### 先住民の国際運動

一方、先住民活動家の間では次第に条約上の権利の意識が高まり、合衆国政府に直接訴えることに限界を覚え、他国の先住民とともに国際連合などの国際的なレベルでも権利を問うことを模索し始めた。ウンデッドニー占拠の間、ウィルソンが率いる部族政府に対抗して、スー族伝統派の指導者たちはラコタ条約会議（Lakota Treaty Council）を結成し、これは一九七三年七月にオグララ・ラコタ・ネイション（Oglala Lakota Nation）として発足した[127]。同じ頃、各部族の八名の活動家が、ニクソン大統領に宛てて連名で電報を打ち、連邦政府が条約上の権利を尊重しないため、一九二四年のインディアン市民権法によって付与された合衆国市民権を放棄すると伝えた[128]。そして、翌七四年六月には、長老フールズクロウを始めとするスー族伝統派の長老の要請により、ＡＩＭ後援の下、サウスダコタ州のスタンディングロック保留地で国際インディアン条約会議が開かれ、九七部族から約三千人の先住民代表が集まった。そこで「独立継続宣言」（Declaration of Continuing Independence）[129]を採択し、アメリカ先住民が過去において合衆国と締結した三七一の条約による権利を国際的に訴える方法を検討した。その結果、国際インディアン条約評議会（ＩＩＴＣ）がニューヨークに設立され、国連で先住民の参加を確保し、南北アメリカと太平洋諸島の先住民の人権と自決を促すことを目指した[130]。チェロキー族の活動家Ｊ・ダーハム（Jimmie Durham）の主導により、ニューヨークの国連プラザに事務所が開設され、ロビイングが行われた。

先住民部族が国際的に働きかけたのはこれが初めてではなく、一九二六年には国際連盟へ、四七年に国際連合へそれぞれ先住民の権利を訴えようと試みた[131]。一九三〇年代には当時、唯一の人権機構であった国際労働機関（ＩＬＯ）が、先住民労働者に対する権利保障を検討し始めたが、一九四八年の国際連合人権宣言において、先住民は民族自決原則から除外された。一方、一九四六年に発足した国連人権委員会の差別防止・マイノリティ保護小委員会と七六年の国際人権規約は、民族自決原則を国際条約として明記し、少数民族の集団的権利について言及していた。七五年のインディアン自決・教育援助法制定は、先住民運動の国際化と無関係ではなかったと言える。また、合衆国の先住民は、従来から他国の先住民との連帯を育んでいた。六六年には、イロクォイ連合のタスカローラ族の若手指導者が南北アメリカ各地の部族代表とワシントンで会談を行い、先住民をとりまく社会問題について話し合った[132]。さらに上述のように、七二年の「破られた条約の旅」のキャラバンは、カナダのウィニペグやオタワを通過してカナダ先住民も合流し、首都ワシントンに向かった[133]。七三年から出版された先住民の権利に関する機関誌『ワサジャ（*Wassaja*）』には、カナダやラテンアメリカ、オーストラリアなど他国の先住民に関する記事がしばしば取り上げられている[134]。

一九七六年六月にサウスダコタ州ヤンクトン・スー族保留地で開かれたＩＩＴＣの第二回大会には、五〇〇人以上の先住民が集い、とくに先住民保留地における水利権や採鉱権など自然資源の管理をめぐる声明が検討された[135]。翌七七年に国連経済社会理事会のＮＧＯ諮問団体となったＩＩＴＣは、アメリカ先住民や他の先住民の条約上の権利・土地権の尊重を国際的に訴えることを目指した。同年の九月には、ジュネーブ本部で開かれた国連人権部の国際会議「南北アメリカ大陸における先住民差別に関する国際ＮＧＯ会議」に出席し、南北アメリカ一五ヵ国からの六〇以上の先住民部族とともに人権問題を訴えた[136]。ＩＩＴＣはインディアン法開発研究所とともに必要書類を準備し、法律・経済・社会・文化面での諸問題を部族代表や先住民の専門家が発表した。また、七八年二月のジュネーブでの国連人権委員会にてＩＩＴＣの国連代表としてダーハムが合衆国のみでなく世界各地の先住民の人権問題について演説した[137]。

先住民の人権に関する国際会議は一九八〇年代にさらに広がりを見せていった[138]。八〇年にオランダのロッテルダムで開かれた第四回ラッセル法廷（Russell Tribunal）では、ＩＩＴＣ代表が南北アメリカの他の先住民とともに、合衆国における先住民の人権問題について報告した[139]。翌八一年の国連での「先住民と土地に関するＮＧＯ会議」においても、ＩＩＴＣ代表が重要な役割を果たした。続いて、八二年九月には、カリフォルニア州デイヴィスに先住民のために設立されたD-Q大学にて、バンクスやミーンズらが中心となって第一回アメリカ・インディアン国際法廷を開催し、アフリカや中東、アジア・太平洋、南北アメリカからの先住民代表とともに、合衆国の政策による国内外の影響について議論した[140]。さらに同八二年、国連人権委員会の差別防止・マイノリティ保護小委員会にて国連先住民作業部会が設立され、以後ＩＩＴＣはジュネーブの国連欧州本部で開かれる部会へ毎年代表を送り、先住民の人権について検討した[141]。ＮＩＹＣやインディアン法資料センター（Indian Law Resource Center）といった先住民権利団体も、グアテマラやニカラグアなどラテンアメリカの先住民問題に関わるようになった[142]。八五年にはニューメキシコ州サンタフェで南北アメリカの先住民会議が開催され、約五〇〇名の先住民が参加した[143]。このように、合衆国内の部族を超えて形成された汎インディアン主義は、国内にとどまらずに他地域とつながり、先住民としての共通のアイデンティティを模索していった。

### バックラッシュ

一九七〇年代には先住民の弁護士が増え、権利闘争が裁判所に移ると、一九七〇年設立のアメリカ先住民権利基金（ＮＡＲＦ）やインディアン法開発研究所、インディアン法資料センターが裁判所での動きを後押ししていった。一連の漁業権・水利権闘争や土地回復訴訟を通じて、部族は主権を回復し、経済的自立をはかろうとした[144]。しかし、部族主権をめぐる裁判では、準主権を有する国内従属国家という部族の法的地位が再確認され、保留地内のみで部族自決が容認される判決が下された。一方、議会圧力団体としてのＮＣＡＩの影響力は相対的に弱まったが、水利権、漁業権、資源開発における部族主権の問題に取り組んでいった[145]。

一九七五年の自決法は、先住民に対するバックラッシュが起こる前に成立した。七〇年代後半には他のマイノリティと同様、先住民にも主流社会からの反動が西部諸州の議員や各団体を通じて高まってきた[146]。七七年、アブレック議員を委員長とするアメリカ・インディアン政策検討委員会（American Indian Policy Review Commission）[147]が、「先住民政策とプログラム改善のための報告書」を作成し、先住民にとっての自決政策を再確認したが、副委員長のＬ・ミーズ（Lloyd Meeds）たちの批判に直面した。報告書は、二年にわたる数多くの聴聞会や報告を経た検討の成果であったが、漁業権問題で揺れるワシントン州民主党下院議員のミーズは、報告書の前提となっていた部族主権を最終段階で否定したのである[148]。また、同年には連邦議会に先住民の漁業権や狩猟権、水利権、保留地での裁判権などを廃止する九以上の法案が提出され、インディアン条約やインディアン局を廃止すべきという連邦管理終結論が復活した。こうした中、革新派の先住民から批判されてきたＮＴＣＡでさえ、カーター政権下の先住民政策にはっきりと反対するようになった[149]。一方、ＡＩＭリーダーのバンクスは、これらの法案に反対するために、カリフォルニアで全国インディアン連合（National Indian Coalition）を組織し、一九七八年二月、カリフォルニア州サクラメントから首都ワシントンへ五ヵ月かけて徒歩横断するロンゲスト・ウォークを実行した[150]。

インディアンの祖先たちは常に七世代先の子供たちの時代を念頭において決定を下した。白人とのあいだに交わされた無数の条約もそうだ。私たちの祖先は目前の便宜のためではなく、七世代先の者にとって何が最も幸せかを考えて条約に調印した。その祖先の残した言葉を闇の中に葬り、灰としてしまおうとする反インディアン法の成立はなんとしてでも止めなければいけない。今、私たちが行動し闘わなかったら、これから七世代先の子供たちはどうなるのか。彼らは存在しないかもしれない。七世代先のインディアンが独自の文化と経済を花開かせて、豊かに暮らしていることを私は願ってやまない。彼らが歴史を振り返って、私たちの今の行動、「ザ・ロンゲスト・ウォーク」とその成果を誇りに思い、感謝してくれることを私は願ってやまない。[151]

アルカトラズ島での出発セレモニーでは、ラコタ族の長老がパイプとともに祈祷の儀式を行い、そのパイプをワシントンまで持参することになった。全国の八〇部族以上から二〇〇〇人以上の先住民が参加し、七月にワシントンに到着したときには非先住民を含めて約四千人に膨れ上がっていた。ワシントンでは、七二年の「破られた条約の旅」における二〇ヵ条を再確認する宣言文が読まれた。[152] このような先住民の働きかけの結果、連邦管理終結政策の復活は避けられたが、裁判所では部族の諸権利に否定的な判決が相次いだ。[153]

## 連邦予算の削減

連邦先住民政策は一九八〇年代のレーガン政権期において、さらに新たな局面を迎える。八一年にR・レーガンは先住民の自決促進を約束して大統領に就任したが、まもなく先住民関連の連邦予算を大幅に削減した。[154] 先住民の自決を民間部門の経済開発と結びつけて、部族政府が自治組織として財政的責任を負うことを期待したのである。その結果、連邦政府による雇用訓練プログラムは急減し、保留地の失業率は四割から七割へとはね上がった。八三年にレーガン大統領は「インディアン保留地経済に関する大統領委員会」を創設し、先住民部族の連邦補助金とプログラムへの依存を減らすために、保留地における経済開発を促進することを目指した。[155] 委員会は、保留地経済を活性化する上で支障となる連邦法や規制、手続きを検討し、民間部門の投資を妨げる州・自治体・部族政府レベルの問題を明らかにし、経済発展のための対策を先住民・非先住民に提案することになった。具体的には、レーガン政権は部族にカジノ事業設立を推奨したが、この新事業の広がりは、連邦政府のみでなく州との政治的関係に影響を及ぼした。八八年に制定されたインディアン賭博規制法（Indian Gaming Regulatory Act）により、部族は州が認可する種類の賭博業にのみ従事することになったのである。レーガンによる予算削減は、連邦が運営する先住民学校が閉鎖される危機も招いた。八七年にインディアン局は先住民学校をすべて各州へ移管する法案を提出したが、部族指導者が議会に反対を請願したことによって不成立となった。

一方、八〇年代には先住民の自決にとって若干の前進も見られた。八七年になるとインディアン局の管理不備による保留地の深刻な社会経済状況が指摘され、批判されるようになった。その結果、翌八八年にインディアン自決・教育援助法修正（P. L. 100–472）が制定された。インディアン局は部族が各連邦機関を経ずに直接、連邦補助金を受けとって管理する「部族自治実験プロジェクト」を発足することになった。このプロジェクトは、従来、連邦政府が直接管理していたプログラムなどの連邦補助金を部族の管理下におくことを定めた点で革新的な性格を持っていた。当該部族は従来どおり連邦機関と契約を結ぶことも可能であるが、自らプログラムを策定・実施し、そのための連邦補助金をすべて受け取ることが可能になった。部族は議会で説明責任を負うが、インディアン局や他の機関を通さずに部族のニーズに即したやり方でプログラムを進め、管理できた。連邦議会が事実上、部族に補助金の管理を任せたことは、一九七五年の自決法をさらに前進させることになった。部族の自決にとって八〇年代の連邦政策は、インディアン賭博規制法によって州政府による干渉を招きつつも、自決修正法によって部族主権を強化する、という両義的側面を持っていた[156]。

以上のように連邦政策は先住民の対応とともに変遷をたどってきたが、その後の一九九〇年代・二〇〇〇年代における動向については、本書後半の各章において論じていきたい。ただし、九〇年代にはクリントン大統領が先住民部族政府と連邦政府との対等な関係を再確認して自決政策を支持し、この姿勢は今日に至るまで基本的に引き継がれている。

これまでの、第I章と第II章では、二〇世紀の先住民政策に対して先住民がどのように働きかけ、今日の自決政策を導いてきたのか、またそれは合衆国の国民統合といかなる関係にあったのかを検討してきた。二〇世紀の先住民政策における重要な二つの節目は、一九三四年のインディアン再組織法と一九七五年のインディアン自決・教育援助法であった。端的に述べれば、前者は先住民の「自治」(self-governance)を公式に認め、後者は先住民の「自決」(self-determination)を促すことになった。しかし、双方において、自治と自決は限定的なものであった。いずれも、部族の一定の自律性を認めつつ、合衆国という国民国家の中に統合する側面を持っていたと言える。前者が改革者コリアの主導によって合衆国から付与された自治であるとすると、後者は限定されたものとは言え、先住民が六〇・七〇年代の運動を通じて自らのニーズを政策に反映させた結果であった。先住民は歴史的記憶である「条約上の権利」(treaty rights)とともに「アメリカ市民としての権利(市民権、公民権)」を主張することによって、貧困や差別を克服しようと試みた。また世界に共通する「先住民族(Indigenous Peoples)としての権利」を国際的な場で問うことで、合衆国内での運動の限界を乗り越えようとしてきた。この過程で、アメリカ市民であるとともに先住民であるという双方の立場から権利を模索し、アメリカ社会に働きかけてきたと言える。二〇世紀を通じて、「自治」や「自決」という言葉は先住民や連邦政府・議会・裁判所の間でそれぞれの解釈がなされ、異なる意味合いで用いられてきた。ときにその意味解釈のずれが両者の摩擦を生じたが、先住民の自決は政治・経済のみでなく、その文化とも深く関わってきたのである。次章では、これまでに見てきた先住民の自意識をさらに文化の文脈で探るために、二〇世紀初頭に遡って文化継承、とくに「伝統文化」の保持と新たな先住民文化の創造について考察したい。

# 第III章

# 文化的適応のかたち

## ―サンダンスとペヨーテ信仰―

パインリッジ保留地でのサンダンス，1950-60 年頃

本章では、第Ⅰ・Ⅱ章で見た現代の先住民運動を支えてきた文化的アイデンティティの系譜を、平原部族の「伝統文化」の継承と新たな文化創造の過程を通して検証する。

一九世紀末のアメリカ先住民の新興宗教「ゴーストダンス」については比較的知られている。ネヴァダに住むパイユート族の預言者ウォヴォカ（Wovoka; Jack Wilson）が創始し、先住民社会の回復を約束したゴーストダンスは白人進出に対抗する一八世紀以来の預言運動の一つであるが、本来は精神的救いを見出そうとする平和的な信仰だった。しかし、平原諸部族に広まるにつれて、連邦政府は警戒を強め、一八九〇年にパインリッジ保留地のウンデッドニーにて連邦軍が三〇〇人近いスー族の信者を虐殺するに至った(1)。

しかし、この新興宗教のゴーストダンスが急速に広がる以前、平原部族の間ではサンダンスという独自の儀式を伴う信仰が根付いていた。また、ゴーストダンス信仰が短期間で衰退した後に、平原部族の間にペヨーテ信仰というサボテンの一種を儀式で用いる新興宗教がオクラホマから入ってきた。サンダンス・ゴーストダンス・ペヨーテ信仰のいずれもが主流社会から規制を受けたが、その内のサンダンスとペヨーテ信仰は今日に至るまで先住民の間で継承されてきた。本章ではこの経緯と要因に焦点をあて、第1節で平原部族のサンダンスを取り上げ、ラコタ・スー族を事例にその継承と復興について分析する。次に、第2節において二〇世紀初頭に平原部族の新たな文化として創出されたペヨーテ信仰について考察する。これらを通じて、先住民の文化的適応の過程が過去の歴史的記憶とどのように関わっていたのかを明らかにしたい。なお、それぞれの歴史的背景を踏まえるために一部、一九世紀末の文脈にも遡って検討する。

# 第1節　サンダンスの軌跡

## 一　平原部族とサンダンス

今日、合衆国中北部に位置するサウスダコタ州には八つの保留地が点在し、約五万人の先住民が暮している。ラコタ・スー族の間では、毎年七月から八月にかけて保留地でサンダンス（Sun Dance）という儀式が行われる。彼らは他の部族同様、一九世紀後半以降、土地をはじめ多くのものを失ってきた。一八七〇年代までに平原部族の抵抗は鎮静化され、バッファローの減少や大陸横断鉄道の開通による白人入植者の増加によって、狩猟移動民族であったスー族は農業と牧畜業に基づく保留地生活に適応を迫られた。一九世紀末から二〇世紀初めにかけて勢いを増した同化政策のもとで、先住民の伝統的信仰はその文明化を妨げるものとして規制されていったが、中でもこのサンダンスは最も野蛮な儀式として禁止された。元来、サンダンスは平原部族にとって神聖な宗教儀式であったが、この時期、白人からの圧力によって多くの部族がキリスト教を受け入れ、サンダンスを始めとする儀式が途絶えていった。しかしながら、ラコタの間ではそれが受け継がれ、一九七〇年代以降は先住民文化復興の象徴となった。

従来、サンダンスに関しては主に文化人類学の分野で研究されてきたが[2]、近年では、部族文化のアイデンティティとの関わりに着目した歴史研究もいくつか現れている。例えば、P・J・パウエル（P. J. Powell）は、北シャイアン族でサンダンスが連邦政府によって規制された後、一九〇七年から三四年までの間に、どのように継承されたのかを検討している。また、F・W・ボゲット（F. W. Voget）は、インディアン再組織法後にクロウ族がショショーニ族の儀式を取り入れてサンダンスを復興していった過程を分析した。ラコタ・スー族については、C・ホラー（C. Holler）が、メディスンマンのブラックエルク（Black Elk）とキリスト教との関連でサンダンスの発展を論じた。(3)

ここでは、ラコタ・スー族におけるサンダンスに注目し、それが一九世紀末から連邦によって規制されながらも陰で継承され、後に先住民の集団的シンボルとして復興していった過程と要因を考察する。その際、主にサウスダコタ州南西部のパインリッジ保留地での状況に焦点をあてる（図序-3参照）。今日、約二万人のスー族が暮すパインリッジは合衆国の中で最も貧しい地域であり、保留地の各世帯平均年収は約二万ドル、失業率は高いときに八〇%に達する(4)（後出表V-4参照）。歴史的には、一八九〇年のウンデッドニー虐殺と一九七三年のアメリカン・インディアン・ムーブメント（AIM）の占拠の舞台となった。アメリカ先住民にとっての「伝統文化」と民族アイデンティティとの関わりを、パインリッジにおけるサンダンスの変遷を事例に検討する。

## サンダンスの儀式

一九世紀末からのサンダンスをめぐる状況について考察する前に、まずその儀式について概観しておく必要があろう。サンダンスとは元来、平原部族のシャイアン族が始めた儀式とされ、白人に発見される一九世紀初頭までに様々な形態が他部族の間で発展していた。(5)「サンダンス」とは白人がつけた名称で、それまでは部族ごとの呼び名があった。ラコタ語では「太陽を見つめる踊り」の意のウィワンヤンワシピ（Wi wanyang wacipi：“Wi” = 太陽、

“wanyang”＝見つめる、“wacipi”＝踊る、の意）と呼ばれ、聖なる儀式の一つとして伝えられている。[6] アメリカ先住民の儀式は、春分（三月二一日頃）、夏至（六月二一日頃）、秋分（九月二二日頃）、冬至（一二月二二日頃）といった季節の節目に行われることが多いが、サンダンスは通常、夏至の後、最初の満月をむかえる六月末か七月初めの四日間である。聖なる木ハコヤナギを中心とした半径一〇メートルほどの円を舞台に、太鼓と歌に合わせて複数の踊り手が足踏みのようなステップで踊る。円の外側には踊り手を見守る人々が控えるアーバー（日除け）が設けられ、さらに周囲には参加者たちが野営するテントやティーピーが張られた。聖なる香草のセージ（西洋ヨモギ）、スウィート・グラス（甘草）、シーダー（杉の葉）が浄化のために用いられ、セージで囲まれた円は聖化された結界の働きをする。

サンダンスの特徴は、踊り手がそれぞれ胸や背中の皮膚にペグというチョークベリーの小さな木串を浅く刺し、それを皮紐で中央の樹につないだまま踊る点にある。口には鷹の骨でできた笛をくわえ、太陽の端を見ながらリズムに合わせてそれを吹き鳴らし、時折、太陽に向かって手をかかげて踊る。儀式に参加するのは夢やビジョンによって啓示を受けた者であり、スウェットロッジで身を清めてから儀式に臨む。水や食事を一切とらずに夏の強い陽射しの下で夜明けから日没まで四連日踊るため、かなり衰弱するが、踊り手を励まして儀式を統べるのがウィチャシャワカン（Wicasa waken）と呼ばれるメディスンマンである。彼らは、ラコタの神に相当する大いなる霊ワカンタンカ（Wakan Tanka）やその他の精霊と通ずる特別な力を持ち、日頃から人々の病を治し、精神的導きをもたらす祈祷師の役割を果たしている。踊り手は、踊り以外のときは紐から外したペグをつけたまま過ごすが、儀式は最後の四日目に高まりを見せる。それぞれの踊り手が聖なる樹と結ばれた皮紐を引っ張り、自力で胸や背の皮を裂くのである。円の外側の参列者は静かにそれを見守り、無事に踊りが成就できたことを確認する。そして儀式の終了後、踊り手を称えながら全員で宴が開かれる。[7]

## サンダンスの特徴

以上のように、サンダンスとは第一に、平原部族の独自の世界観に根ざした、苦行を伴った祈願のための宗教儀式である。その意味で、部族を問わず全国のインディアンが衣装を着飾って踊りを披露し、技を競う祭りのパウワウ（Powwow）とは性格が異なる。ラコタの人々にとって、太陽は原初の存在であるワカンタンカに通ずる聖なるもの（Taku Wakan Kin）であり、自己の肉体の痛みという直接の犠牲を払って初めてその祈祷を届けることができる。平原部族の間では、四日間断食して山にこもり、啓示を得るビジョン・クエスト（Hanbleceya）、ドーム型の小さなテント内で焼いた石に水をかけて蒸気を出し、その熱に耐えつつ瞑想するスウェットロッジ（Inipi）、メディスンマンが自分の身体を毛布と紐で縛りあげ、暗闇の中で精霊と交信し、患者の治療法を探るユイピ（Yuwipi）など、サンダンス以外にも苦行を通じて祈願し、精神的再生をはかる儀式が共通して見られる。

第二に、これらの平原部族の宗教儀式の中でもサンダンスは特別な性格を帯びている。そこには、スウェットロッジやビジョン・クエストなどの儀式的要素の他、輪やメディスン・ホイール、生命の木、聖なるパイプ、四つの方角、などの独自のシンボルが集約されている。儀式では、伝説上の乙女ホワイト・バッファロー・カーフ・ウーマン（Ptehincala San Win）が部族にもたらしたと伝えられるパイプが祈祷で用いられ、祭壇の役割を果たす。また、ラコタ社会では、伝統的に夢や啓示が物事の予兆や行動規範として重視され、サンダンスには踊りや歌とともに夢の語りや祈りも取り入れられている。(8) ラコタの自然・精霊崇拝を体現する儀式として、サンダンスでは太陽が崇拝の対象であり、人々は太陽を通じて神に祈りを届けようとする。先住民の宗教は、一種の「万有内在神論」（pantheism）であり、神に相当するワカンタンカは全てに宿りつつ全てを包みこむ一つの大きな力とされている。また、サンダンスのグラウンド中央の聖なる木は頂で二つの枝に分かれているが、これは物事にすべて二重性（duality）が備わっているとみなすラコタの思想を象徴している。彼らの世界観では物事が必ず肯定的・否定的側面から成り、重要なのは善か悪かではなく、双方のバランスを保つことである。ラコタ語の「神」のワカンタンカ（Wakan Tanka）と「悪」のワカンシカ（Wakan Sica）にはいずれも「聖」の意のワカンという言葉が入っている。彼らの教えでは、善と悪が交錯する中、調和と均衡に努めて生きることが肝要であり、この善悪共存の考えは、儀式に登場するヘヨカ（Heyoka）というトリックスターにも反映されている。悪事をはたらくと同時に、治癒を施す聖人でもあるヘヨカは、存在の二重性とバランスを体現しており、ラコタ独自の世界観を象徴している。[9]

第三に、サンダンスは何よりも再生と復活の儀式であるが、それは踊り手のみでなく、部族のメンバーが大勢見守る中で行われるという点で共同体的意味を持つ。かつては戦士や狩人が勇気を誓い、その安全やバッファロー狩りの豊穣を祈ったが、保留地生活への移行とともに自らの生き方を探り、親族や友人の健康を祈って断酒の誓いをたてるというように祈願の内容も変化してきた。しかし、部族やコミュニティの安寧を願い、儀式を通じて人々が絆を確認するという点は、今日に至るまで一貫したサンダンスの特徴である。厳しい自然条件に左右され、保留地でも日々、貧困や疫病にさらされてきた人々にとって、この儀式は重要な役割を果たしてきた。一九七一年からラコタのサンダンスに参加したＡＩＭ指導者のバンクスは以下のように語っている。「サンダンスはイニシエーションの儀式でもなければ、勇敢さを競うショーでもない。部族員となるための儀式でもない。儀式で自ら痛みを引き受けることによって、友人や近親者の病気・苦しみを取り除くことができるのだ。自分を捧げて、愛する息子や兄弟が戦争から無事に帰還し、部族が存続するよう祈るのである。メディスンマンのジョン・ファイアー・レイムディアは私に語った。『白人のクリスチャンにとって受難はイエスが引き受けた。我々インディアンは自ら引き受ける。神であるワカンタンカに馬やタバコを捧げても、それらは既に神がお持ちのものにすぎない。我々には肉体だけしかないのだから、他に何を捧げられよう。[10]』」

今日でもラコタ社会の構成単位として重要な社会的機能を果たしているのが、ティオスパエ（tiyospaye）と呼ばれる親族関係を基盤とした村集団である。保留地に囲いこまれ、主流社会からの圧力に対してラコタとして統合をはかり、部族意識を発達させる以前、人々の生活で基本となっていた社会単位は、狩猟移動を共にしていたバンドであり、拡大家族が村レベルに発達したティオスパエであった。(11) 現在のパインリッジ保留地の各村も伝統的なティオスパエを基に発達した。元来、サンダンスもこのティオスパエという草の根レベルで行われ、参加者のほとんどが身内や遠い親戚同士であるという点で一体感は強かった。一方、白人との対立が高まるにつれて、サンダンスは次第に部族意識を確認する場へと変わっていった。一九世紀後半にはサンダンスがかなり大規模に行われていたことが、当時の記録からうかがえる。一八七〇年代にはパインリッジと隣の保留地ローズバッドで合同のサンダンスが開かれ、六人から一二人の踊り手たちが四〇組集まった。一八八〇年には族長レッドクラウドのもとに周囲九・六キロメートルのグラウンドの周りに七〇〇近いティーピーが張りめぐらされた。(12) 保留地生活に移行してからは、サンダンスは部族全体の行事として、複数のティオスパエが集って交流し、政治的絆と安定を築き、部族意識を高める場となったのである。

## 二　サンダンスの規制

### 先住民と「文明化」

ここで、サンダンスが合衆国によって規制されるに至った背景を一九世紀後半から振り返っておきたい。南北戦争後、合衆国政府は西部の平原部族を武力制圧して保留地へ囲い込み、キリスト教と農業を浸透させることで白人社会へ包摂する強制的同化政策を展開した。(13) 一八六九年にグラント大統領は先住民問題に関する行政を監督するためにインディアン委員会を創設し、宗教関係者をインディアン監督官に任命して汚職の多い監督官の質向上を図ろうとした。その結果、各教会が監督官を選出して七七のインディアン局出張所を管理するようになり、一三の各教派がそれぞれの管轄区で宗教教育を独占できるようになった。彼らが展開した「平和政策」は、保留地における先住民の定住、キリスト教への改宗、土地の個人割当、条約制度の廃止、年金支給の停止、同化教育を行う学校設立を掲げた。一八八七年の一般土地割当法（ドーズ法）は、先住民の間に土地の私有化を促すことで部族の解体を目指し、同化政策に拍車をかけた。同法によって先住民文化の基盤となっていた共同土地所有制は脅かされ、白人のさらなる土地取得が促されたのである。(14) パインリッジ保留地は当初、プロテスタントの監督派教会を割り当てられ、一八七五年より布教を独占することになったが、六年後に教派指定制が改められると、カトリック教会も参入するようになった。その結果、イエズス会修道士とフランシスコ会修道女からなるカトリック伝道団が到着し、八六年に隣のローズバッド保留地にセントフランシス・ミッション、八八年にパインリッジ保留地にホーリーロザリー・ミッションをそれぞれ創設した。(15) その後、これらの教会に続いて他の教派も進出したが、保留地において影響力を持ってきたのはカトリックと監督派のミッションである。(16)

平原部族のサンダンスの描写は既に一九世紀初頭から見られるが、先に述べたサンダンスに内在する重要な意味やシンボルは一九世紀の白人に理解し難く、多くは未開で野蛮な踊りという表象に留まった。(17) 当時、サンダンスを目にした宣教師や政府役人も、肉体に木串を刺して皮膚を引き裂くという苦行の儀式に驚いた。一九世紀末から一九三四年のインディアン再組織法以前の時期は同化政策の深化とともに、先住民の儀式が規制された時期である。スー族に対しては、一八七八年にシャイアンリバー保留地の監督派教会宣教師のH・スウィフトが伝統的なダンスの禁止を提言し、翌年には同保留地の監督官T・シュワンがインディアン警察を用いてサンダンスへの参加を阻止した。続いて一八八〇年にはロワーブルール保留地監督官のW・ダガティもサンダンスの禁止に乗り出し、部族の自治、族長制、一夫多妻制、あらゆる「迷信」的儀式の禁止を提唱した。スタンディングロック保留地ではJ・A・ステファンがサンダンスは若者に興奮を煽り立て、健康にも悪影響であるとして廃止を呼びかけた。パインリッジ保留地の監督官V・マックギリカディも就任時からサンダンスに反対し、同保留地では一八八一年に禁止された。

これらの動きを受けて、一八八二年までにスー族の間ではサンダンスが影を潜めるが、伝統派の先住民の間には根強い抵抗も見られた。サウスダコタの保留地を含む監督派教会の司教H・ヘアは、クリスチャンとなった先住民に伝統儀式をボイコットさせるなど土着信仰の排除を試みたが、容易に成果をみなかった。さらに規制を強化するため、一八八二年一二月、内務長官H・テラーはインディアン局長のH・プライスにサンダンスをはじめ、ギブアウェイ、一夫多妻制、メディスンマンの活動を禁じる措置を呼びかけた。その結果、一八八三年にインディアン違反裁判所が創設され、その規則によって、これらの伝統儀式を行い、売春やアルコールの売買をした先住民は一〇日から三〇日の間、食料などの配給を止められ、逮捕されることが定められた[18]。

### 不寛容と規制

このような規制を行った政府・教会関係者の動機として、第一にサンダンスを先住民の同化の障害ととらえたことがある。特にキリスト教化を先導した宣教師にとって、伝統儀式やそれを司るメディスンマンは先住民を無知蒙昧にとどめる原因であり、サンダンスは野蛮さの象徴に他ならなかった。また、サンダンスのために大勢の先住民が農作業を中断して移動し、野営することから、定住農耕生活が根着かないと考えられた。第二に、サンダンスは先住民の反乱や抵抗の温床とみなされた。現場には地元の先住民のみでなく、他の部族も加わって数千人規模になることもあったため、白人の目には脅威に映った。ゴーストダンス同様、先住民が大勢集うことで白人に対する不満が増大し、反乱を引き起こすと警戒されたのである。第三に、規制の背後には、何よりも先住民の宗教に対する不寛容がある。当時の白人のサンダンスに対する情報や知識は他の先住民の儀式と同様、かなり限られていた。一八七〇年代からデビルズレイクとスタンディングロック保留地に管理官として滞在したJ・マクラフリンは、「サンダンスはスー族の古い習俗の中でも最も有害である。」と記している。「デビルズレイクを離れる前（一八八〇年頃）に私はサンダンスを中止させたが、以来、そこでは行われていないと思う。［中略］インディアンは我々が輪の中に割り込んで中止させたとき、野蛮な儀式の真最中であった。止めるよう命令したときに彼らが従ったことは、服従を如実に示していた。もっとも、数年前であったらそのような侵入者の冒瀆行為は深刻な結果をもたらしかねなかった。[19]」

当時の保留地の白人にはサンダンスに一定の理解を示した人物もわずかにいた。例えば、ローズバッドのカトリック宣教師F・クラフトはモホーク族の血をわずかに引き、先住民文化に対して寛容で、ラコタ語を自由に操った。ロワーブルールの族長スポッテッドテイル（Spotted Tail）に養子として受け入れられ、インディアン名を授かったクラフトは、スー族の一員としてサンダンスの儀式に臨んだが、後に連邦政府と対立して保留地から追放された。役人の中にはスー族と友好関係を保ち、彼らの敬意を集める者もわずかにいた。二〇世紀初頭のJ・ブレンはスー族が気高い部族であることを理解し、彼らの誇りを傷つけることはほとんど無かったという。さらに、先住民の中で暮すことによって、彼らの伝統文化に関心と理解を示すようになった者もいた。J・R・ウォーカー（James R. Walker）は一八九六年にパインリッジに政府派遣の医師として赴任し、結核の治療に取り組んだが、地元のメディスンマンと交流するうちに、次第にラコタの信仰や民俗に関心を寄せるようになった。一九〇二年に保留地を訪ねた人類学者のC・ウィスラー（Clark Wissler）からニューヨークの自然史博物館にラコタの資料を送るよう依頼されると、本格的な人類学調査に乗り出した。ウォーカーはラコタの信仰について研究するために自らメディスンマンとして修行も行った。[20] しかしながら、当時、このような白人理解者はごく少数に限られ、この時期のサンダンス規制の流れを大きく変えることはなかった。

こうした動きの中で平原部族のサンダンスは一九世紀末までに少なくとも白人の目からは消滅していった。最後に目撃されたのは、クロウ族の場合が一八七五年、ラコタ・スー族が一八八一年から八三年にかけて、カイオワ族では一八九〇年頃である。以来、一九二〇年代にかけて、木串のピアシングを伴うサンダンスは禁じられ、アメリカ独立記念日や秋の収穫時のみに集会が許可された。しかし、バッファローダンスやケトルダンス、グラスダンスなどのピアシングを伴わない踊りは許容され、物資配給の前日に政府事務所の近くにキャンプを張り、夕方から夜にかけてパウワウが開かれた。

## 三　ラコタ・スーの対応

### キリスト教の受容

一八八〇年代以降は、政府による圧力のもとに、大部分の部族が毎年のサンダンスをとりやめるようになるが、代わりに彼らのもとに入ってきたのがキリスト教である。二〇世紀初頭までに、キリスト教布教と同化政策により、多くの先住民がプロテスタントやカトリックに改宗していった。特にカトリック教会は次第に影響力を増し、一九〇八年までにパインリッジでは保留地人口の三三%（約二三〇〇人）、一九四〇年までには保留地の約半数の七五〇〇人がカトリックに改宗していた。[21] この時期にカトリック教会が勢力をのばした背景として、布教当初から寄宿学校を運営し、多くの卒業生を送り出してきたことがある。監督派教会などのプロテスタントの場合は、公立学校に浸透し始めていたため、ミッション・スクールを設立しなかった。伝統的に家族の絆を重視してきたラコタの人々にとって、親子が引き離されることは耐え難かったが[22]、貧しさゆえ子供を扶養できない親たちは政府が運営する通学学校よりも衣食住を提供する寄宿学校を選ぶ傾向にあった。当時、これらの学校は先住民の教化と規律訓練を目的とし、教師たちは布教の手段として先住民の言語を理解しようとすることもあったが、生徒たちに部族の伝統を忘れ去るよう促した。そのような教育を受けた子供たちは、否定的な自己像を抱き、アイデンティティの葛藤を経験することもあった。ホームシックが募って病気になり、亡くなった子供も少なくない。主流社会の価値観を受け入れて敬虔なクリスチャンになったとしても、一般にキリスト教会内での先住民の地位は低いままであった[23]。

しかしながら、この時期、教会員となることは食料や衣服といった物質的恩恵を受け、白人社会の中で一定の承認も得られたため、いわば名目上のクリスチャンとなった者が少なくない。キリスト教と伝統的信仰との間で見られた適応が「二重信仰」であった。ラコタの伝統派フールズクロウは一九二〇年代からメディスンマンとしてサンダンス復興に大きな役割を果たすことになるが、自伝を残している。一九一七年、二五歳のときに司祭の熱心な説得に屈し、カトリック教徒として洗礼を受け、その後一九七〇年代になっても月に一、二度はミサに出かけたが、サンダンスをはじめとする伝統儀式を継続することに矛盾を覚えなかった。フールズクロウの叔父のブラックエルク（Black Elk）も一九〇四年にニコラスという洗礼名を受けてクリスチャンになる一方、それが結局、先住民の信仰と通じるものであり、自分たちは何ら変わる必要がないと自覚するに至った。彼らはときに、白人の理解を得るためにサンダンスの儀式をキリスト教的に解釈することも行った。フールズクロウは神に相当するワカンタンカと、それに続くツンカシラ（Grandfather の意）、そして精霊の関係を、キリスト教の三位一体にたとえた。そしてサンダンスにおける肉体の犠牲をイエスの苦難に、踊り手が儀式で被るセージの輪をイエスの茨の冠にたとえて説明した。[24]

キリスト教信仰が、目立たないかたちで先住民の伝統維持を支えていた側面もある。例えば、村ごとに建てられた教会は、礼拝に限らず会合や葬儀、記念式などの行事の場となることで、ティオスパエの絆を強めていった。一八九〇年には宣教師と先住民平信徒との間の年次集会であるカトリック・スー議会が発足し、毎年六月に四日間にわたってノースダコタ、サウスダコタから数千人規模でスー族が集まった。馬や馬車、後にはトラックで遠路やって来た人々にとって、この集会は宗教的な意味だけでなく、スー族同士の交流を支える重要な年次行事であった。[25]カーライル・インディアン学校で教育を受けたL・スタンディングベア（Luther Standing Bear）はかつてのサンダンスを回顧しながら、一九二〇年代に記している。「当時、我々こそが真のクリスチャンだった。ダンスが終わった後、皆が方々へ去り、大地は自由だった。しかし、後にその場所へ戻ると、布の切れ端をつけたサンダンスの棒がまだ立っており、我々は長い間、敬虔な気持ちでそこにたたずんでいた。なぜならそこは我々にとって聖地となっていたから。[26]」

このように一九世紀末以来、ラコタ・スー族の間にはキリスト教が進出し、彼らは主流社会と折り合いをつけていくためにキリスト教を部分的に受容したと言える。しかし、一般のラコタは伝統的信仰を陰で継承し、それを保持していた。一八八〇年代の規制を通じてサンダンスはいわばアンダーグラウンドの活動へ移行し、岩山のバッドランドや起伏に富む地形を活かして、連邦政府の監視が行き届かないところで密かに儀式が行われていた。フールズクロウは次のように回顧している。

サンダンスはパインリッジではほぼ毎年、ピアシングとともに行われていた。いつも人里離れたところで行われ、あまり人が集まって見つからないよう注意した。そうする必要があったのだ。サンダンスは我々の信仰で、神に敬意を払うもっとも厳粛な儀式であったから。だから我々は毎年の七月末、極秘に儀式を行った。わたしは、これらのダンスに大抵参加したものだ。繰り返すが、ピアシングをするサンダンスは隠れて行われたが、いつ逮捕されるかわからなかったからだ。インディアン警察に捕まるかもしれないと警戒し、踊り手は毎日、日の出とともに始め、日没とともに止めた。夜は帰宅し、次の朝戻るというように、これを四日間続けたのだ。(27)

各保留地では、インディアン局出張所近くで行われるサンダンスが一八八五年までに禁じられたが、保留地の辺境で行われる小規模な儀式には規制が徹底されなかったと言える。取り締まりにあたった先住民の警官はわずかだったため、広大な保留地では監視が行き届かず、有罪を言い渡す裁判所の機能も限られていた。ここで重要なのは、サンダンスがアンダーグラウンドの活動となるにつれ、徐々に自らの伝統、歴史的記憶としてラコタの間で自覚され、文化的シンボルとなっていった点である。そして、それを支えたのはラコタの草の根のティオスパエであり、その絆はサンダンスによって継承されたと言える。

## ゴーストダンス

一方、一八九〇年にはスー族の間でゴーストダンス信仰が急速に広がったが、このことはサンダンスと無縁ではなかった。むしろサンダンスが禁止されたからこそ、ゴーストダンスが勢いを得たと考えられる。(28)ネヴァダのパイユート族のウォヴォカは、前年の日食の最中に神から啓示を受け、ゴーストダンスの布教を始めた。その教えは、インディアン同士が慈しみ合い、正直に仕事に励んで白人と平和に暮らすべき、という内容だった。そしてゴーストダンスを踊ると、死者やバッファローが復活して豊かな昔の生活が戻り、死や病、老いのない幸福な世界が到来する、と信じられた。ゴーストダンスは神聖な木の柱を囲んで踊られ、サンダンスの儀式に通ずる要素が見られた。信者は歌に合わせてラトルを鳴らして踊り、トランス状態に陥ることもあった。銃弾を弾くと信じられたゴーストダンスのシャツもつくられた。

ゴーストダンスがスー族に広がった他の要因として、一八八九年のグレート・スー協定による土地喪失がある。合衆国議会は、一八六八年のララミー砦条約に反してスー族の十分な署名を得ないまま法律を制定し、スー族保留地の半分に相当する九〇〇万エーカーの土地を接収した。残った保留地は五つに分割され、監督官の許可なしにスー族は行き来ができなくなった。また、八七年に制定された一般土地割当法（ドーズ法）の施行によって、家長に三二〇エーカーの土地が割当てられ、スー族は農業や牧畜を奨励された。余剰地は公有地として扱われ、ホームステッド法によって払い下げられることになった。さらに、七七年のブラックヒルズ法第五条で保障されていたスー族への食料配給は農業奨励を名目に半分に削減された。しかし、イナゴの大群と旱魃によって保留地では作物が育たず、バッファローも数年前から消えたため、スー族は飢餓状態に陥った。[29]

このような中、一八八九年の秋と九〇年の春にスー族代表がネヴァダ西部に暮らすウォヴォカを訪ねてゴーストダンスの教えを持ち帰った。こうして九〇年の夏には困窮状態のスー族の間でゴーストダンスが急速に広がったが、連邦政府はゴーストダンスを通じてスー族が反乱を企てていると警戒し、保留地に陸軍を送りこんだ。そして、九〇年一二月にスタンディングロック保留地でゴーストダンス指導者のシッティングブルを殺害し、まもなくもう一人の指導者ビッグフットが率いる一団三五〇名以上をパインリッジ保留地のウンデッドニーで虐殺した。その後、オクラホマなどの一部を除いてゴーストダンスへの監視は続き、信仰は急速に勢いを失っていった。スー族には、アメリカ南西部に生えるサボテンを用いて儀式を行うペヨーテ信仰が間もなく伝わるが、第2節で論じるように、それも規制の対象となる。ゴーストダンスの広がりは、以上のようなサンダンスの禁止、土地喪失と生活基盤の破綻によって引き起こされたスー族の精神的危機を反映していたと言える。

### サンダンスの解禁へ

二〇世紀に入ると先住民の伝統文化をとりまく空気が微妙に変化した。人類学的関心の高まりや権利擁護運動によって、先住民の習俗に関心を示し、許容する風潮がアメリカ社会にわずかに広がっていった。当時、内務長官でカナダ生まれのF・K・レインは、先住民音楽の教師を任命する手紙の中で、以下のように書いている。「若いインディアンに祖先がつくり出した芸術すべてに対する敬意を育むことは賢明と思われる。この世代が祖先を誇りとし、健全な神話や土着芸術を継承していくよう我々は努力すべきだ[30]。」ただし、サンダンスとギブアウェイ[31]は特別であり、依然として奇異に映った。当時の記事によると以下のようにある。「サンダンスはおそらく、インディアンが熱中する中でももっとも野蛮なものであり、言語道断である。[中略]ギブアウェイの踊りは政府によって、サンダンスとともに極めて堕落的とされ、大部分の保留地で禁止されている[32]。」その一方で、寄宿学校の生徒がサンダンスについて作文で詳細に書き残しているように、儀式の記憶が途絶えていなかったことがうかがえる[33]。

第一次世界大戦中には、パインリッジ保留地のカイル村で戦争終結を祈るサンダンスが行われた。一九年には勝利を祝してポーキュパイン村で開かれたが、この際、四人が再びピアシングに挑んだ。一九二一年と二三年に内務省インディアン局長のC・H・バーク（Charles H. Burke）が通達（第一六六五号・同号補足）を出して先住民ダンスの規制強化を試みた。サンダンスやギブアウェイの儀式、ホピのスネークダンスなどは野蛮な習俗として処罰されることが確認された。しかし、先住民の宗教的自由を守ろうとするJ・コリアなどの改革者たちの反対に直面し、実現しなかった[34]。

サンダンスの維持は保留地における生活の変容とも無関係ではなかった。特に若者が第一次世界大戦に出征し始めた頃から、パインリッジに変化が見られるようになった。主流社会と接した若者は復員後、恩給をアルコールに費やし、農業に必要な家畜を白人に売却した。金銭の導入とともに人々の間に格差が生まれ、コミュニティの一体感が崩れていった。一九一五年以降、保留地には疫病が広がり、特に二〇年代に老若を問わず多くの犠牲者が出た。第一次世界大戦での貢献を認められて二四年、インディアン市民権法により先住民に市民権が与えられたものの、保留地では実質的にインディアン局の監督が続き、一般の先住民の声を反映することは難しかった。このように保留地での生活が変化する中、サンダンスが帯びる意味合いも変化していった。

一九二〇年代末には、ラコタのサンダンスにより複雑な状況がもたらされる。アメリカ社会が先住民の伝統儀式に対して、より寛容になる一方、[35]それが観光による好奇のまなざしで見られるようになったのである。パインリッジ保留地でも二七年、インディアン局出張所の役人が保留地を訪れる観光客のために、サンダンスをピアシングのないかたちで復活させることを思い立った。このとき、サンダンスの俗化を嘆いたフールズクロウは、平原部族の聖地ベアビュート（Bear Butte）に行って祈りを捧げた。ベアビュートはスー族に限らず、シャイアンやアラパホ、ブラックフットなどの諸部族が代々、ビジョン・クエストの瞑想を行うために訪れた聖地である。「わたしはそれを信じられなかった。白人は何年か前にサンダンスを禁止しておきながら、今度はチケットを買った人々の前で、歌って踊らせようというのだ。我々は、バッファロービルのサイドショーのようにロデオや野生動物を眺める観光客に取り囲まれて、もっとも重要で伝統的な聖なるダンスを真剣に行わなければならなかった。ワカンタンカ（神）からはこのような変化にスー族ができるだけ抗うよう啓示を受け、私はその回答を持ち帰った。[36]」このようなラコタの憂慮にもかかわらず、政府出張所は一九二八年にローズバッドで、二九年にパインリッジでそれぞれピアシングなしのサンダンスの披露に踏みきり、以後、この形式の儀式が毎年、公認で行われるようになった。二九年にパインリッジで指揮をとったのはスポッテッドクロウ（Spotted Crow）という長老だったが、そこでフールズクロウは指揮者を引き継ぐよう促され、儀式の詳細について教え込まれた。こうして、フールズクロウは一九七〇年代半ばまでに七五回以上のサンダンスを指揮することになる。彼はサンダンス本来の意味を取り戻すために、以後、幾度となくインディアン局本部や出張所の監督官に対してピアシングの実施を要請したが、許可を得たのは一九五二年になってからのことであった。[37] サンダンスが観光目的に解禁された事情に併せて、従来、ティオスパエという草の根レベルで行われていた儀式がインディアン局出張所近くで行うことで許可されたのはスー族にとって皮肉であった。

## 一九三〇年代

このようなサンダンスをとりまく状況は、その後のニューディールに伴う先住民政策の改革後も大きく変わることはなかった。二〇年代より先住民の宗教的自由を擁護してきたコリアは、インディアン局長に就任すると、一九三四年に従来のダンス規制を公式に撤回する通達「インディアンの宗教的自由とインディアン文化」（通達第二九七〇号）を出した。「インディアンの宗教生活や儀式には今後、一切干渉してはならない。インディアンの文化的自由は、他の集団とすべての点で平等とみなされるべきである。」として、各地のインディアン局員に先住民文化を尊重するよう説いた。[38] しかし、三〇年代の経済的苦境は保留地において著しかった。第一次世界大戦後に多くのラコタが農場主や農夫となったが、経済恐慌は保留地の生活にも大きな打撃を与えた。長引く旱魃と共にイナゴの大群が農作物を枯らし、家畜が死んでいった。農場を立て直すのに十分な資力もなく、ラコタは自らの土地を白人の農場主に貸し与え、以後、借地代に頼って生活するパターンが広がったのである。[39] 三四年のインディアン再組織法でコリアは近代的な部族評議会を発足させ、保留地全体をその管轄下におくことで経済的自立を促そうと試みた。この再組織法は部族の自治を促進する目的で制定されたが、新たに編成された部族評議会と伝統的なラコタの政治組織との摩擦を生じることになった。もともと各ティオスパエはナチャ（naca）という狩りや戦いの英雄である族長によって治められていたが、一八六八年の条約によって部族間の戦いに終止符が打たれ、狩りの収穫が政府支給の食料品にとって代わられて以来、実力主義の族長制は世襲制へと変化していた。再組織法の制定後、保留地では学校や病院が整備され、民間資源保存団（ＣＣＣ）や公共事業促進局（ＷＰＡ）などによる労働プログラムが導入されたが、監督・雇用担当官には英語の読み書きができる混血の先住民が採用され、伝統派は職を得るのが困難であった。こうして伝統派指導者と進歩派の部族評議会の間で溝が広がったのである。連邦政府は農業活性化のために保留地で融資を始め、コリアによって先住民の宗教的自由も促された。しかし、部族評議会が保留地での禁酒令を解いたため、この時期、アルコール依存者が増えて困窮度がさらに高まり、人々は無力感を強めていった。[40]

一方、フールズクロウは、ニューディールの動きがラコタに益をもたらさないことを察知していたようである。事態を危ぶんで他の伝統派のメディスンマンや指導者たちとともに何とか打開策を見出そうと試みた。この頃、フールズクロウは再びベアビュートを訪れてビジョン・クエストの儀式を行った。四日間断食を行い、保留地の状態が改善するよう祈りを唱えながら、ラコタの行く末を模索した。「ワカンタンカとツンカシラからは一九二七年に訪れたときと同じ啓示を受けとった。スー族は祖先から受け継いだ教訓に立ち返り、見つめ直すべきであると。我々の望みは、伝統的な生活に戻ることだけだった。それが我々に意味と目的を与えてくれる唯一の出発点だった。」[41]スー族のＬ・スタンディングベアも同じような境地に達していた。かつて先住民の市民権獲得を擁護し、自ら主流社会で生きることを選んだスタンディングベアは都市生活での挫折を経て、三一年にパインリッジ保留地に戻っていた。日々の食料にも困る状況を前にして連邦政府への批判を強める一方、部族の伝統を見つめ直すようになった。

そしてインディアンは踊ろうとする。踊ることで見えない力と交信して献身し、部族のアイデンティティを保つのである。ラコタは心弾ませて、太陽の温かい恵みを感じて踊った。狩りや追跡が成功すると興奮して踊り、孤独な父親や子供を失った母親は哀れな孤児に心を痛めて踊った。人生での喜びや興奮、感謝の念、生を導く神秘的な力への謝意、より良き生への願い、これらがみな偉大なサンダンスで高まったのである。［中略］先祖の音楽を忘れ、太鼓の音がもはや心に響かず、騒々しいジャズがフルートのメロディをかき消すとき、我々は死んだインディアンとなる。英雄の記憶を物語らず、白いバックスキンを脱ぎ捨てて工場製の安物の服を着るときも同様である。自分が持っているもの、自然の中で得たビジョン、無限の源からもたらされたものを失ったとき、本当の死んだインディアンになるのだ。スピリットは失せ、人込みの街を歩きながら、死人同然になるのである。［中略］もし自分にこれから人生を歩もうとする子供がいて、祖先の自然な生き方か白人の現代文明の生き方を選ぶとしたら、わたしは迷わずに、その子の幸福のため、祖先の道を歩ませるだろう。インディアンとして育てるのだ(42)。

一方、保留地に戻ったフールズクロウは長老たちに啓示を伝え、メディスンマンとしてサンダンスを始めとする伝統儀式の維持、再生に努めていった。

## 四　サンダンスの復興

第二次世界大戦後、多くの若者が戦地から復員すると、メディスンマンは第一次世界大戦の場合と同様、聖なるパイプとスウェットロッジを用いて傷ついた復員兵を癒した。これらの戦争を通じて、ラコタは伝統的な兵士としてのアイデンティティと戦いに関わる儀式を復活させていった。戦後は、連邦政府が都市移住政策を推進し、若い夫婦を都市に移住させて職や住居探しを援助したが、十分な教育や技術なしに都市生活へは適応できず、多くのラコタが保留地に戻ってきた。保留地に残った者は農業に従事し、ロデオやパウワウ、フェアに参加したが、サンダンス自体に大きな変化は見られなかった。[43] 今日、パインリッジ保留地ではほとんど英語が通じるが、第二次世界大戦や戦後の移住政策を通じて主流社会と接した結果、ラコタ語の話者は激減していった。

前述のように、一九四〇・五〇年代にかけてフールズクロウは度々、首都ワシントンへ赴き、本来のサンダンスを行う許可を得るためにインディアン局に請願した。その結果、五二年に政府からようやく許可をとりつけ、保留地で八人の男性参加者にピアシングを施したサンダンスを執り行った。以来、パインリッジでは毎年、儀式でピアシングを行い、[44] 一九五五年頃から保留地でのサンダンスはパインリッジ村の東端で行われるようになった。三四年以降、サンダンスを管理してきたオグララ部族評議会は、次第にサンダンスを観光用に変化させていった。ピアシングをする者は年々増えたが、見世物的性格を強めたのも事実である。保留地周辺にはブラックヒルズやバッドランドといった観光客を引きつける条件がそろい、サンダンスはもう一つの観光資源とみなされたのである。当時、サンダンスは四日間のうち、最初二日の午前中のみ行われ、残りの二日間はパウワウやロデオ、ソフトボール試合などの催し物が行われる場合がほとんどであった。[45]

### 伝統儀式の再発見

このような状況は一九六〇年代に入ってからも続いたが、各地で先住民運動が高まるにつれ、サンダンスは次第に伝統文化のシンボルとして政治的な意味を帯び、保留地での重要な儀式となっていった。[46] パインリッジ保留地では、インディアン局出張所と部族政府の監視下にあったため、七〇年頃から伝統派は、パウワウやロデオなどの催しとは別にサンダンスを行うことを検討し始めた。この動きは、AIMとの接触とも重なっている。第II章で論じたように、AIMの活動家たちは戦後の移住政策の中で長年、都市に暮してきた若い世代であり、故郷の部族文化や部族語に通じていなかった。オジブワ族のバンクスは、先住民寄宿学校から逃げ出して故郷のリーチレイク保留地に戻ると、祖母のオジブワ語を理解できず、話せなくなっていることに愕然とした。AIMを率いるようになった頃には、保留地のどこで部族の儀式が行われているのかわからず、オジブワ族のメディスンマンを探し出すこともままならなかった。「リーチレイクでは確かに儀式が行われていたのだが、当時は厳重に守られ、秘密裡になされていた。今日、アニシナベ（オジブワ族）の人々はオープンに精神的ルーツに戻り、古代の儀式を復活させているが、一九六九年・七〇年当時はそうではなかった。このような理由から、私はスー族の土地、ラコタの人々を訪れたのである。彼らの保留地は我々オジブワ族以上に貧しかったが、儀式が盛んに行われており、引きつけられた。そこは、まさに伝統儀式を探し求めている者たちにとっての場所だった。ラコタたちの間では、ほぼすべての家庭にスウェットロッジのリーダーや聖なるパイプの所有者がいた。AIMの精神的支えを提供してくれたのはクロウドッグ家であった。[47]」このようにAIMは先住民文化とルーツの探求において、スー族保留地でユイピやスウェットロッジ、サンダンスといった伝統儀式を再発見していった。バンクスは一九七〇年にローズバッド保留地のメディスンマンであるH・クロウドッグ（Henry Crow Dog）を訪れ、イニピと呼ばれるスウェットロッジを体験したときの様子を以下のように語っている。

初めてスウェットロッジに入ったときはとても不安で、どれだけ続くのか、どのくらい熱くなるのか、と疑問だった。最初、強烈な熱さを感じてパニックになり、身体がもたない気がした。当時は熱に耐えられなかったが、何年も経ってから、もっと熱い石を持ち込んで入れるようになった。熱を吸い、受け入れることができるようになった。自分にとって、スウェットロッジは焼けつくような地獄の場所から聖堂へと変わった。そして当初から、私はこれがAIMの必要としていたものだと悟った。当時の我々の生活には何かが欠けていて、それは精神的な結びつきだった。それを見出したとき、我々はそれに包まれた。精神的な結合がなし遂げられたかのようだった。(48)

AIMとスー族の伝統文化の橋渡しをしたのは、H・クロウドッグと息子のレナード（Leonard Crow Dog）であり、ローズバッド保留地や隣のパインリッジ保留地のメディスンマンに彼らを紹介した。(49) L・クロウドッグは父からメディスンマンとしての伝統を受け継ぎ、AIMの精神的指導者として運動に加わって、「破られた条約の旅」や、ウンデッドニー占拠に参加した。(50)

一九七一年にはバンクスやミーンズ、ベルコートなどのAIM指導者がパインリッジ保留地でのサンダンスに初めて参加する。ミーンズは当時の体験を次のように振り返っている。

私は長い間、祖先が感じとっていたように、生におけるバランスの大切さをもっと見出したいと願ってきた。それは、インディアンであることの一部であったから。サンダンスが何か洞察を与えてくれるとわかっていたので、酒を断ったとき、儀式に参加する決意をしたのである。［中略］（儀式の）後で我々は一列に並び、人々が握手しに聖なる輪に入ってきた。［中略］若者も白人も、教育のあるインディアンも皆、固く握手して、自分が何か男らしいことをやり遂げたかのように「おめでとう」、「よくやった」と言った。しかし、英語も片言の年配の女性や男性たちは涙を流して我々のところにやってきた。彼らは皆、「ありがとう」を意味する「ピラミヤ」と言ったのである。そのとき、自分はサンダンスの意味を理解した。それは、踊り手の誇りや栄光のためではなく、人々のためのものだったのだ。年配のインディアンたちだけがそのことをわかっていた。[51]

七二年のパインリッジでのサンダンスには、オジブワ族を中心とするＡＩＭの活動家が多く参加し、三〇人がピアシングを行った。[52]これに対してＡＩＭと敵対するパインリッジ部族評議会議長のウィルソンは二年間のサンダンス禁止を通告した。また第II章で述べたように、同年にローズバッド・スー族の保留地では、ＡＩＭのメンバーがクロウドッグによるサンダンスに参加し、伝統派との交流を深めて「破られた条約の旅」が発案された。このように伝統儀式のサンダンスは、それまで都市で活動していたＡＩＭと結びつくことによって、次第に汎インディアン主義のシンボルとなったのである。

## 伝統派の役割

フールズクロウは、一九七三年のウンデッドニー占拠の際、衝突を避けるためにＡＩＭと政府双方の代表と話し合って調停を試み、クロウドッグとともに立てこもった若者たちを癒すラコタの伝統儀式を行った。一九世紀末以来、途絶えていたゴーストダンスも一時的にクロウドッグによって復活した。[53]占拠事件後、それまで毎夏一度行われていたパインリッジでのサンダンスは保留地各地で行われるようになり、非公開の場合も出てきた。最も大規模なサンダンスはスリーマイル・クリークでフールズクロウの指揮のもとに開かれ、ＡＩＭのメンバーも参加した。従来の商業主義的な部族政府主導のサンダンスを改め、古来の形式を回復しようとの試みである。ポーキュパイン村の住民でＡＩＭに関わったＳ・ヤングベア（Severt Young Bear）は以下のように語っている。「ウンデッドニー占拠後、サンダンスは伝統的なかたちで復活し、かつての一八八〇年代以前のように行われた。多くの人々が戻って伝統的なラコタの信仰に回帰し、年配者の知恵や知識の重要さを確認した。サンダンスは広く他の部族でも行われるようになった。それまで長老たちの知識や知恵はほとんど理解されていなかった。我々は自分たちの中にある美しさに気づいていなかったのであり、ウンデッドニー占拠によってそのような認識が生まれたのだろう。[54]」占拠後、FBIの監視下でAIMの活動は次第に後退していったが、サンダンスなどの伝統儀式の復興にもたらした影響は大きいと言える。当時、八〇歳を過ぎたフールズクロウはサンダンスを指揮する後継者の指導に努めた。一九七〇年代のパインリッジは貧困、治安ともに全米最悪と言える状態であったが、僻遠の保留地ではまだラコタ語が残っていた。伝統派はラコタ文化の基盤であるティオスパエを尊重し、儀式を支えることで人々の道徳観や精神性、倫理的絆を強めようと試みたのである。

伝統派の人々は腐敗した部族政治の改革にも乗り出すようになった。一九七五年の部族評議会議長選挙では、私腹を肥やすためにインディアン局と結びつき、部族評議会を独占した元議長ウィルソンに対し、部族政治の改革を目指したA・W・トリンブル（Albert W. Trimble）が伝統派の支持を多く集めて当選した。これによって部族評議会の四分の三を伝統派が占めるようになった。[55]議長に就任したトリンブルは七六年にパインリッジでのサンダンスを部族政府公認とし、以後四年間は保留地中心のパインリッジ村から離れたポーキュパイン村でフールズクロウの指揮下で行われた。[56]同年、ラコタ族の聖なるパイプが保管されていたシャイアンリバー保留地のグリーングラスで行われたサンダンスには、三〇〇人の踊り手が集まった。ローズバッド保留地でも、七三年に結成された長老のメディスンマンの団体がティオスパエを通じたサンダンスの復興や、部族大学でのラコタ文化の継承に貢献した。[57]サンダンスの儀式が途絶えていた他の平原部族は、それを復興させようとラコタにその範を求め、サンダンスは次第に汎インディアン主義的な性格を帯びていった。

その後のパインリッジではティオスパエの絆を強めるために保留地各地でサンダンスが行われてきた。一九八七年の夏には、少なくとも一四のサンダンスがパインリッジ保留地で行われた。[58]伝統的な儀式の手順が重視され、アルコールの持ち込みを禁止し、見学料を徴収しなくなった。カメラやテープレコーダーは禁止され、儀式の神聖さが強調された。フールズクロウは、観光客ではなく、ラコタ自身にとってのサンダンスを発展させることによって、部族の精神性や倫理観を回復しようと試みた。踊り手の年齢は次第に若くなり、一〇代後半や二〇代の若者、女性も参加するようになった。子供たちも大人と共に儀式を見守り、サンダンスの手順と意味が新たな世代に継承されていった。サンダンスに参加した女性D・レッドシャツ（Delphine Red Shirt）は、以下のように語っている。

儀式が昔の流儀で復活し、参加することができたとき、思わず心が高ぶった。サンダンスの輪で初めて踊り、泣き出したい思いにかられたのを覚えている。本当に涙が頬をつたい、心に染み入った。あの偉大な輪の中で、万物において自分がどれだけちっぽけであるかを悟ったのである。いかに無知で、ツンカシラがくださったものを当然とし、神に感謝もせずに物事を受けとめてきたかを反省した。自分はこれまで、いかに傲慢で無知であったことか。母や祖父はそれがどういうことか、きちんとわかっていたのだ。[59]

ラコタのサンダンスは今日も保留地の各地で行われ、儀式では「これが我々の信仰である」と繰り返し唱えられる。

以上のように、平原部族の宗教儀式であるサンダンスは一九世紀末から一九三四年にかけて連邦の規制を受けた。しかし、ラコタは保留地監督官やインディアン警察の目を逃れて、ティオスパエの間で陰ながらサンダンスを継承していった。保留地で次第にラコタの生活様式や価値観が廃れる中、ティオスパエの絆はかえってサンダンスの行事を通じて保持された側面がある。人々はキリスト教を部分的に受け入れながらも、コミュニティを支える儀式としてサンダンスを維持し、そこに精神的依り所を見出していた。主流社会からの同化はかえってサンダンスの継承を促したのである。しかし、一九二九年に保留地でピアシングのないサンダンスが許可されたことで、従来とは異なる文脈が生じた。特に神聖な宗教儀式が観光客むけにインディアン局によって許可されたことは、サンダンスの継承にとって皮肉であった。また一九三四年には改革者コリアによって先住民の伝統文化として一定の理解を得ることになったが、ラコタにおけるサンダンスの復興は必ずしもこの時期と一致していなかった。ラコタ本来の「伝統」、つまり部族アイデンティティの象徴としてのサンダンスは、主流社会からの認知に関わりなく、彼らの文脈において意味を成したからである。一九五二年には儀式でのピアシングが許可されたが、部族政府による監視と観光化は続いた。しかし、先住民の自意識が高まった六〇年代にサンダンスは次第に伝統的なかたちで復興が試みられ、さらにAIMの参加によってアメリカ主流社会に対するカウンター・カルチャーとしての性格を強めていった。[60] それは、伝統文化を忘れかけていた若い世代をかえって引きつけたのである。

今日、サンダンスは先住民の伝統文化のシンボルとなる一方で、人々の信仰と保留地コミュニティを支える重要な行事となっている。サンダンスの儀式を通じて、先住民としてのアイデンティティとともに、ローカルなティオスパエの絆が確認されてきた。これらはサンダンスがラコタの人々にとって、一つの文化的資源となってきた過程を示しているであろう。「伝統文化」はその時々の社会や人々のニーズに応じて再構築され得るが、サンダンスもそれを映し出し、人々のアイデンティティの依り所となってきた。このように先住民自身によるエンパワメントの一つの事例として、サンダンスの継承は注目に値するであろう。

## 第2節　ペヨーテ信仰の生成

一九世紀末、保留地生活を送るようになった平原部族の間に、ある新興宗教が野火のように広がった。夜通しの儀式で信者が車座になり、ペヨーテというサボテンの一種を食べながら祈りと歌を繰り返して啓示を得るペヨーテ信仰である。既に一八七〇・八〇年代にメキシコから南西部やオクラホマに伝わっていたペヨーテ信仰は、一八九〇年のウンデッドニー虐殺事件によってゴーストダンス信仰が衰退すると、それと入れ代わるように北部の平原インディアンの間にも急速に広まった。ペヨーテとは本来、南テキサス、北東メキシコにかけてリオグランデ渓谷に生育するサボテンの一種であり、古くから万能のメディスンとして先住民の間で用いられていた。しかし、メスカリンという習慣性のない幻覚誘発剤が含まれているために政府にはこれが麻薬のように映り、一九世紀末以降、各州でペヨーテの使用を禁止・規制する動きが出てくる。ゴーストダンスが各部族で数年間盛り上がりを見せ、比較的短期間で消沈したのに対し、ペヨーテ信仰は政府や教会関係者からの規制にも拘らず、今日まで全国の先住民の間に根づいてきた。一九一八年にはオクラホマ州で部族を超えたネイティブ・アメリカン教会（Native American Church）が設立され、以来、各州でも教会がつくられ、信者を広げてきた。[61]

アメリカ先住民の文化的アイデンティティの生成において、ペヨーテ信仰はどのような意味を帯びているのだろうか。このペヨーテ信仰で興味深い点は、北部平原部族には本来見られなかったメキシコ先住民の土着信仰が、キリスト教的要素を取り入れながら変容し、広まったことである。[62]ペヨーテ信仰については、主にアメリカの人類学者がその伝播や儀式の様式を研究しており、代表的なものとして人類学者のスチュアート（O. C. Stewart）やラバール（W. La Barre）の著作がある。先住民史研究ではハーツバーグ（H. W. Herzberg）が二〇世紀初頭のアメリカ・インディアン協会との関わりでペヨーテ信仰について分析した。[63] 本節では、この一九世紀末から二〇世紀初頭に勢いを得て広がったペヨーテ信仰と州・連邦政府による規制の動き、そしてそれを通じたネイティブ・アメリカン教会設立の経緯をとくに先住民の対応に焦点をあてながら検討していく。その上で、ペヨーテ信仰が先住民アイデンティティや汎インディアン主義の動きとどのように関わっていたのかを考察したい。

## 一　形成と伝播

### オクラホマへの伝播

ペヨーテは、メキシコ先住民の間で古代から用いられ、民間療法や宗教儀礼で啓示を得るためにその根や芽が食されてきた。既に一六世紀、スペイン人入植者や宣教師がメキシコ北部の儀式で、ペヨーテが用いられているのを記録していた。一九世紀初頭にはメスカレロ・アパッチ（Mescalero Apache）族が病気治癒の儀式に使用し始め、ペヨーテはメキシコからアメリカ南西部へ広がった。しかし、合衆国でペヨーテが本格的に広がりを見せたのは一八七〇年代以降である。六七年の条約によってオクラホマにはカイオワ（Kiowa）、カイオワ・アパッチ、コマンチ（Comanche）の保留地が南西部に指定され、それと隣接してカドー（Caddo）、ウィチタ（Wichita）、デラウェア（Delaware）族の保留地も設けられた。七八年にこれらは一つの管轄区としてまとめられたが、ペヨーテ信仰が北米において最初に広まったのはこのオクラホマ南西部の保留地であった。[64] 当初、ペヨーテは病気を治すためにメディスンとして儀式で用いられるようになり、やがてペヨーテの儀式を司るロードマン（道師）が現れた。その代表的人物が、コマンチ族長のQ・パーカー（Quanah Parker）とカドー族のJ・ウィルソン（John Wilson）であった。

コマンチ族の指導者であったパーカーは、一八八五年頃に自らの病がペヨーテによって癒されたのをきっかけに、その薬としての効能に目覚め、それまでとは打って変わってペヨーテの熱心な支持者になった。[65] リパン・アパッチ（Lipan Apache）族から古い儀式を教わったパーカーはそれをハーフムーン派として確立し、ロードマンとしてカイオワ族などへ伝えていった。ハーフムーン儀式では、祭壇が三日月である他、部族の神話を祈祷に取り入れ、煙草を用いてセージを参加者の座席に敷き詰めるのが特徴であった。この儀式には、キリスト教の影響はほとんどみられないが、パーカー自身はキリスト教に対して一定の理解と共感を示していた。父はコマンチの族長だったが、母親は一二歳のときにテキサスでインディアンに捕えられた白人女性であり、パーカーが幼いとき、この母親を通じてキリスト教の教えに触れた可能性が高い。教育熱心なパーカーは、四人の子供をペンシルヴァニアのカーライル・インディアン寄宿学校に送り、コマンチ族保留地には、メソディストや長老派などのプロテスタントの他、カトリックのミッション・スクールもつくられた。[66] 一方、パーカーはサンダンスやゴーストダンスには反対した。オクラホマにもゴーストダンスが一八九〇年から九三年にかけて広がったが、コマンチ族の間ではパーカーの影響の下、信者が少なかった。しかし、このゴーストダンスの流行によってオクラホマの部族間で行き来が増え、ペヨーテの情報も交わされたのである。

もうひとつのペヨーテ信仰の儀式であるビッグムーン派を確立し、広めたのが、カドー族のウィルソンである。ウィルソンはカドー、デラウェア、そしてフランス人の混血であったが、カドー語のみを話した。一八八〇年、四〇歳のときにペヨーテのロードマンとなり、精神の導き手としてのイエスや個人の倫理意識を重視したキリスト教的要素の強い独自のペヨーテ儀式を生みだし、多くの信者を集めるようになった。カドー族の間ではキリスト教の布教活動が行われて久しく、ウィルソン自身、カトリックの信者でもあった。その入信体験もキリスト教的性格が強く、初めてペヨーテを食べて宗教的啓示を得たとき、イエスが幻覚に現れ、天国に至る道（road）を彼にむかって指し示したと伝えられている。[67] 一方、ウィルソンのペヨーテ信仰は先住民独自の側面も持っていた。例えば、白人のクリスチャンはイエスを殺した罪によって聖書を与えられたが、インディアンはこの罪に関わっておらず、聖書ではなくペヨーテのスピリットから直接、神の真実を学びとることができると説いた。他の多くのペヨーテ信者と同様、ウィルソンは、インディアンが聖なるものに触れることができる特別な存在であると宣言した。ウィルソンが確立した儀式は一般に、ビッグムーン派と呼ばれるが、後にウィネバゴ、スーなどの北部の平原部族に広がるにつれ、クロスファイアー派とも呼ばれるようになった。ウィルソンは、パーカーとは異なってロードマンとしての役割にとどまったが、オクラホマにゴーストダンスが伝わったときには大いに関心を示し、ペヨーテ信仰を保ちつつ、五、六年間、ゴーストダンスの指導者も務めた。[68]

ウィルソンとパーカーの儀式では、祭壇のかたちやキリスト教の影響といった違いはあったが、教義についてはほとんど共通していた。参加者は儀式を通じて、ペヨーテとの直接のやりとりから啓示を得ることができる。それを得られるかどうかは信者次第であり、集会の形式をとりながらも個人主義的性格が強いことがペヨーテ信仰の特徴である。神からもたらされたペヨーテは治癒力を持ち、善悪の見極めを可能にしてくれる。どちらの流派も禁酒を強く推奨し、ペヨーテによって飲酒癖を断つことができると説かれた。個人の生活倫理を重視する点は、ゴーストダンスのウォヴォカによる教えの影響も見られる。一般にペヨーテ集会は、病を癒し、悩みを解決する目的で土曜の晩から明け方にかけて開かれた。ペヨーテは精神を集中し、そこから啓示を得るために食され、幻覚や嘔吐は心身から悪がとり除かれる過程を示していると解釈された。[69]

オクラホマではパーカーやウィルソンなどの伝道師によってペヨーテ信仰が伝えられ、まもなく宣教師や政府役人によって干渉を受けたが、一九一〇年頃までには、チェロキー（Cherokee）、チョクトー（Choctaw）などの開化五部族を除いてオクラホマのほとんどの部族の中に浸透していった。一八八〇年代にペヨーテの供給地であるテキサス州ラレド（Laredo）とインディアン・テリトリーを結ぶ鉄道が開通すると、ペヨーテの入手や部族間の移動が容易になった(70)。

## 北部への伝播

一八九〇年代以降、ペヨーテ信仰はオクラホマ以外の各部族へも伝わったが、その伝播には部族の言語や慣習の近縁性が影響していた。とくに、オクラホマから北部の部族への伝播において仲介役となったのが、ネブラスカ北東部のウィネバゴ族であった。彼らは故郷のウィスコンシンの地を追われて中西部を転々とし、一八六三年にネブラスカの小さな保留地に定住していた。

ウィネバゴ族の最初のロードマンとなった**J・レイブ**（John Rave）は、かつてウィネバゴ族の他の儀式に参加した経験があったが、何ら啓発を受けなかった。その後、家出をしてアルコールにはまるなど、放蕩を尽くしたレイブは、一八八九年にオクラホマに行くとペヨーテ信仰に初めて接し、大きな啓示を得る。ペヨーテを体験した日、瞑想中にレイブはまるで自分の体内に別の生き物がいるような感じを覚え、次の日にはウィネバゴ族の神話の中で強大な破壊力の象徴である巨大な蛇と直面し、恐怖におののいたという。さらに角や鉤爪を持った奇妙な人間が槍を持って襲ってくる姿が現れ、レイブは祭壇のペヨーテに向かって救いを求めたところ、恐ろしい幻覚はようやく消え去った。過去の行いを悔い改め、ペヨーテに対する怖れを克服してそれを聖なるメディスンとして受け入れた途端、悪夢はみられなくなったのである。三日目にペヨーテを食べたときには、ついに神の姿が現れ、レイブは祈りを捧げて憐れみと導きを請うた。そして、これまでの人生で自分が何ら聖なるものに触れてこなかったことを自覚した。(71)

その後、レイブはウィルソンのビッグムーン派を発達させて、さらにキリスト教的影響の強いクロスファイアー派を確立し、広めていった。儀式では、禁煙・禁酒を誓い、ペヨーテを浸した水を新しい信者の額につける一種の洗礼を行って Jesus Christ や Lord, Our Heavenly Father といった聖書の言葉や賛美歌も引用した。さらに、レイブの弟子でウィネバゴ族のロードマンとなったA・ヘンズリー（Albert Hensley）は儀式に聖書を持ち込み、祭壇に開いた聖書の上にペヨーテを祀るようになった。ヘンズリーは一八八八年に自分を酷使する父親から逃れて、一六歳でカーライル学校に入学したが、度々、学校を飛び出しては数ヵ月白人のもとで働いた。一八九五年に卒業しないまま、ネブラスカのウィネバゴ保留地に戻ると、保留地の仕事について郡の地方行政官にも選出された。実務家であるヘンズリーは、宗教に限らず、政治経済面でのリーダーであったという点でパーカーと似ている。彼は土地相続や賃貸、白人役人による管理に抗議してしばしばインディアン局に手紙を書き送った。ペヨーテに関しては生涯、擁護にまわり、レイブに次いで初期の重要なペヨーテ伝道師となった。ヘンズリーのもとで、儀式はさらにキリスト教化され、レイブとヘンズリーはともに、クロスファイアー派を北部の部族へ伝えていった。(72)

その結果、ペヨーテ信仰は二〇世紀初頭にオジブワ、メノミニー（Menominee）、スー、ショショーニ（Shoshone）、ユート（Ute）など北部の部族に伝わっていった。一九世紀末のゴーストダンスの広まりと同様、ペヨーテ信仰の伝播は当時の部族間ネットワークの存在を示している。メキシコのペヨーテ信仰とウィルソン派の儀式にはカトリックの影響が見られたが、北部に広がるにつれ、プロテスタントの色彩が濃くなっていった。一方、ハーフムーン派はオクラホマのデラウェア、シャイアン、アラパホ、ポンカ、オトー、ポーニー、オーセージなどの各部族に伝わっていった。次第にウィルソンのビッグムーン派はクロスファイアー派、コマンチのハーフムーン派はティーピー派と呼ばれるようになり、クロスファイアーではキリスト教的要素が強くなっていった。しかし、これらの変化にもかかわらず、双方はペヨーテ信仰の共通点を持っていた。儀式は土曜の夜に始まり、歌や踊り、祈祷を交えてペヨーテが神の身体として食された。信者は心身を浄化して悟りを開くよう促され、抵抗ではなく忍従の精神と日々の生活への適応、そして生活全般における個人の責任が説かれた。信者は二つの流派の違いにさほどとらわれることなく、双方に参加し、同時にキリスト教会やサンダンス、メディスンマンの治療儀式などにも参加していた。

一九一〇年頃以降、ペヨーテ信者が中西部・西部の部族間に急速に広がり、一八年までには、アイオワ・カンザス・モンタナ・ネブラスカ・ニューメキシコ・ノースダコタ・サウスダコタ・オクラホマ・ユタ・ウィスコンシン・ワイオミングの各州に約一万二千人の信者が生まれていた。その受容のしかたは部族によって異なるが、保留地人口の三五〜五〇%が信者となったと言われている。ちなみに一九〇八年にウィネバゴ族には約三〇〇人のペヨーテ信者がいたが、一九一一年の二一歳から八〇歳までのウィネバゴ族男子を対象とした調査では、ペヨーテ信者三七%、ウィネバゴ族の伝統的信仰であるメディスンロッジのメンバー四一%、キリスト教信者二一%という結果であった。(73)

前節で注目したサウスダコタ州のスー族の間では、ペヨーテ信仰がどのように広がったのだろうか。スー族にペヨーテを伝えたのは、ウィネバゴ族とオマハ族であるとされている。最初にクロスファイアー派が伝えられ、後にハーフムーン派も広まると、スー族は双方の儀式に参加した。パインリッジ保留地では、一九〇四年頃、ウィネバゴ族によって儀式が紹介され、J・ブルーバード（James Blue Bird）やE・スパイダー（Emerson Spider）などのスー族によって普及した。

ペヨーテ信仰指導者となったブルーバードは一八九二年、五歳のときに父親がエピスコパル派の牧師となり、その教えを受けた。しかし、一九〇二年にオクラホマのキャラメットでパーカーの儀式に初めて出席してペヨーテ信者となる。一九〇四年から〇七年にかけてサウスダコタやミネソタ、ウィスコンシンをまわってペヨーテを布教したが、パインリッジ保留地で行われたクロスファイアー派の儀式にも参加した。その後、一一年までカーライル・インディアン学校に在籍し、再びキリスト教の影響を受けた。数年間ワイルドウエストショーに参加して保留地へ戻ると、一六年に再びネブラスカのレイブとヘンズリーの儀式にてロードマンになるための修行をした。そして、パインリッジ保留地のアレンにサウスダコタ州で最初のクロスファイアー派の教会を建て、信者を集めるようになった。ブルーバードはクロスファイアー派の儀式を広め、煙草の使用に反対した。スー族はペヨーテ信者の墓地を独自に発達させ、墓石にはペヨーテや鳥、十字架といった儀式に用いる道具の絵が彫り込まれた。当初、スー族のペヨーテ信者は決して多くはなかったが、(74) その発展において重要な役割を果たしてきた。実際、二四年にはネイティブ・アメリカン教会のサウスダコタ支部がつくられ、ブルーバードが会長を務めたのである。

## 二 ペヨーテ論争とネイティブ・アメリカン教会

### 規制の動き

前節で論じたように、一九世紀末から先住民の伝統儀式の一部は同化政策の下、規制の対象になった。そして、新興宗教であるペヨーテ信仰の場合も、その広がりとともに白人宣教師やインディアン局、州・連邦政府による干渉が強まった。彼らにとってペヨーテ信仰は先住民の同化を阻む不可解な土着信仰と映ったのである。一九〇〇年から一〇年にかけて、インディアン局は禁酒運動の一環としてペヨーテ信仰を批判し、キリスト教宣教師たちも布教の障害としてとらえるようになった。その後、反対論は次第に広がり、一九一〇年代から二〇年代にかけて、各州でペヨーテの使用が規制された。とくに、先住民団体や全国のキリスト教団体を巻き込み、連邦レベルで論争に発展したのは、全米で禁酒法が施行された一九二〇年からインディアン市民権法が制定された二四年にかけてである。後述するように、ペヨーテ信仰への介入は先住民への市民権付与と無関係ではなかったと言える。

ペヨーテ信仰の規制を試みた白人たちは、ペヨーテがもたらす幻覚を麻薬やアルコールによる中毒として強調する傾向があった。カイオワ・コマンチ保留地では早くも一八八八年にペヨーテ使用がインディアン局監督官によって禁止され、九九年にはオクラホマ・テリトリーで「メスカルの実（Mescal Bean）」としてペヨーテの使用や保持、売買を禁ずる法令が制定された。一九〇七年に三人のキカプー族（Kickapoo）の信者が起訴され、オクラホマで最初のペヨーテ裁判が起こった。当初、それぞれ有罪として二五ドルの罰金と五日間の禁固刑が科されたが、地方裁判所に上訴の末、ペヨーテはメスカルとは異なるという理由から却下された。しかし、その後も保留地監督官によるペヨーテ信者の起訴は続き、新たにオクラホマ州法としてペヨーテ禁止を定める動きが同年に現れた。[75]

## ペヨーテ信仰の擁護

これに対して、オクラホマの先住民信者はペヨーテの擁護を試みた。パーカーは牧草地を白人に貸し与え、鉄道会社の株を多く保有するなど、実務家でもあった。その人脈と巧みな交渉術によって白人宣教師や商人と融和をはかり、インディアンの伝統に根ざしたペヨーテ信仰を規制から守ろうとしたのである。その結果、ペヨーテが禁じられたカイオワ・コマンチ保留地において部分的許可を導いた。一九〇七年にはオクラホマの州憲法議会に出向き、ペヨーテが飲酒防止に役立っていることを強調した。「議会は個人の信仰に干渉すべきでない。また、健康回復に役立つものを奪うべきでない。［中略］ペヨーテはインディアンに飲酒をやめさせてきたのだから。[76]」翌〇八年にも南シャイアンやアラパホ、カイオワ、アイオワ、オーセージ族などカーライル・インディアン学校の卒業生を含む一六人のペヨーテ信者が議会で証言し、オクラホマ州でのペヨーテ禁止法の成立をくい止めた。[77] 前述のクロスファイアー派の儀式を発達させたウィネバゴ族のヘンズリーは、同年にインディアン局長に宛てた手紙で次のように書き記している。

州の新聞によると、インディアンが「メスカル（Mescal）」をどのように使っているか調査されるそうですが、できる限りお力になれたらと存じます。わたしはウィネバゴ族の「メスカル」信者約三〇〇名の指導者であり、この手紙で信者のためにも意見申し上げます。

お気づきでないでしょうが、「メスカル」という言葉は誤解であります。正しくはペヨーテ（Peyote）と言い、ニューメキシコやアリゾナに自生する植物です。ご存知ないでしょうが、我々は、メスカルやペヨーテではなく、敬意をこめて「メディスン」と呼びます。我々にとって、それはキリストの御身の一部であり、他のキリスト教会の聖餐式でのパンと全く同じなのです。

聖書ではキリストが聖霊の到来をお告げになっている箇所があります。はるか以前、白人には聖霊が訪れましたが、インディアンには神がようやくそれを聖なるメディスンとしてお遣わしになったのです。我々はまさに神を体験し、眼が見開かれたと理解しております。

科学者がこのメディスンを分析するなど、全く馬鹿げています。神の御身の一部を科学で分析できましょうか。白人はこのことをわかっておりません。ペヨーテは神から遣わされ、神の御身の一部として精霊が宿っているのです。インディアンのみに与えられたもので、白人がこれを理解せずにそのような馬鹿げたことをするのも神のご意志なのでしょう。ペヨーテのおかげで我々は心身ともに病が癒され、酒を飲まなくなります。私自身、恐ろしく忌まわしい病気が治癒しました。他の信者も同様に多くの大酒のみが堕落から更正しました。

　このような内容の証拠は尽きません。これだけお伝えしても、なぜこのメディスンが益々使われ、信者が増えているのか、おわかりいただけないでしょうか。[78]

　このように、ヘンズリーはペヨーテをキリスト教の聖体のイメージと重ね合わせつつ、インディアン独自の信仰として擁護した。しかし、とくにゴーストダンスの記憶がまだ新しかったため、インディアン局はこの平原部族の汎インディアン運動としてのペヨーテ信仰に警戒を解かなかった。また、宣教師などの教会関係者にはペヨーテ信仰におけるキリスト教的要素がかえって表面的流用と映った側面もある。多くのペヨーテ信者はクリスチャンでもあり、ペヨーテの儀式とキリスト教会の双方に参加する者が少なくなかった。[79]
　一九一〇年代にはインディアン局のみでなく、キリスト教宣教師や教育関係者、先住民権利擁護団体などがペヨーテ反対の全国的な運動を組織し始めた。第I章で取り上げた先住民団体アメリカ・インディアン協会は、一一年に設立後、まもなくペヨーテ反対の姿勢を打ち出した。同年には、インディアン局が通達第五九八号を保留地全体に送付し、ペヨーテの悪影響に関する調査に着手した。[80]
　こうした動きの中、ペヨーテ信者たちは弁護に立つ必要性を自覚し、行動を開始した。オーセージ族は首都ワシントンの弁護団を通じて、インディアン局長官に、ペヨーテが伝統的な宗教儀式と何ら変わらず無害であることを主張した。さらに一九一二年二月にはオーセージ族長のE・マッカーシーとR・ローガンが、ペヨーテ信者二一人の署名とともに、従来どおりペヨーテを入手して儀式が行えるようインディアン局長に請願した。ペヨーテ信仰がいかに先住民の心身の健康を促しているかを説明したパンフレットや書類も用意した。続いて、ネブラスカのオマハ族の信者代表団がワシントンへ赴き、インディアン局副長の前で信仰を弁護する証言をした。さらに同年七月には、シャイアン・アラパホ族代表団もワシントンを訪れてペヨーテ禁止法に反対し、先住民の宗教的権利をオクラホマ州議員やインディアン局に訴えた。

当時の人類学者の中には、アメリカ民族学局（Bureau of American Ethnology）の人類学者J・ムーニー（James Mooney）をはじめとして、ペヨーテに理解を示す白人もいた。「インディアンの間で近年、復活した他の慣習のように、このペヨーテ信仰は彼らの心理的状態を示しているのである。真の問題は、彼らの生活を占める極度の虚無感である。(81)」このように、ペヨーテをゴーストダンスなどのような先住民の宗教運動と関連してとらえる者もいた。

### ペヨーテ反対運動

一方、インディアン局は依然として、ペヨーテが先住民の心身に悪影響であるという見解を固持した。そして、ペヨーテをアルコール類に含めることによって禁止を試みたのである。すでに保留地では、先住民に対するアルコール売買・譲渡が一八九七年のインディアン禁酒法によって禁じられていた。そこで、一九一三年のインディアン歳出予算案で、アルコール取引の規制に関する条項に「ペヨーテ」という言葉を追加しようと試みた。これに対して、オクラホマ州内の先住民は請願書や代表団を送って州議員に働きかけたため、この試みは実現しなかった。(82)

政府役人や教会関係者からの反対が高まる中、前述のインディアン禁酒法を根拠にペヨーテを規制し、信者を逮捕する事件が相次いだ。一四年にはウィスコンシンでポタワトミ族のM・ネックが保留地にペヨーテを持ち込み、他の先住民に渡した罪で逮捕された。サウスダコタ州パインリッジ保留地では、一五年にW・レッドネスト、そして翌年にH・ブラックベアが起訴され、サウスダコタの地方裁判所で裁判にかけられた。当時、熱心なペヨーテ信仰の指導者だった二人は、一一年にC・レッドベアとともにインディアン局からペヨーテ使用の許可を得ようと試みていた。しかし、いずれの裁判でも一八九七年のインディアン禁酒法の対象がアルコールであり、ペヨーテは対象外という理由から告訴は却下された[83]。とくに一九一六年のブラックベアの裁判では、後のアメリカ・インディアン協会会長で弁護士のT・L・スローン（Thomas L. Sloan）や他の先住民弁護団がペヨーテ信者を擁護し、無実を主張した。一五年にはオマハ族の信者がインディアン局長C・セルズ（Catto Sells）に対して儀式でペヨーテを用いる宗教的自由を保護するよう請願書を提出した。そこでは五四名が署名し、七名がそれぞれペヨーテによってどのように酒を断って更生したか、ペヨーテ信仰がいかにキリスト教に近いかを説明した[84]。

このように、インディアン禁酒法やそれに伴うインディアン充当金法によってペヨーテを規制する試みが失敗し、先住民信者から反論が高まったため、ペヨーテ反対派は、本格的なペヨーテ禁止法を連邦レベルで制定する必要を自覚した。サウスダコタ州下院議員H・L・ガンディ（H. L. Gandy）は一九一六年、初の連邦ペヨーテ禁止法案を連邦議会に提出した。これは、先住民に対するペヨーテの販売、保留地への持ち込み、運搬といったペヨーテの取引を禁止し、違反に対して六〇日から一年の禁固刑または一〇〇ドルから五〇〇ドルの罰金、もしくは双方を科すことを定めていた。インディアン局の他、教会関係者や保留地の医師、薬剤師、全国インディアン協会（National Indian Association）が同法案を支持し、アメリカ・インディアン協会、全国インディアン学生会議、レイク・モホーク会議、YMCAなどの各団体による報告書も裏付けとなった。そして、このときも先住民信者はペヨーテ信仰を弁護した。一九一六年のガンディ法案の聴聞会では、オマハ族の三人の信者がペヨーテは飲酒防止に役立つ真の宗教であると証言し、オマハ族民族学者のF・ラフレッシュ（Francis LaFlesche）が通訳を務めた。結果的にガンディ法案は成立せず、一七年に提出された法案も同様に廃案となった。

連邦での規制が滞る一方、州レベルでは一九一七年にユタ、コロラド、ネヴァダの西部各州でペヨーテ禁止法が成立し、ペヨーテ規制の声は次第に強力になった[85]。レイク・モホーク会議では既に一四年、インディアン局職員や宣教師たちがペヨーテ反対の演説をし、連邦禁酒法がペヨーテにも適用されることを促す決議をしていた。インディアン権利協会（Indian Rights Association）も、一六年の年次報告書でペヨーテ規制の必要を説いた。スー族の場合は、サウスダコタ州のローズバッド部族評議会の二三名がペヨーテ反対にまわり、一七年にサウスダコタのミッチェルで開かれたカトリック教徒のスー族会議（Sioux Congress）にて、カトリック信者のスー族がアルコールとペヨーテに反対した。(86)

アメリカ・インディアン協会も当時、先住民の市民権取得を説く一方で、ペヨーテ反対の論調を強めていった。ペヨーテ反対の代弁者となったのが、協会設立に関わったヤンクトン・スー族のG・ボニンである。(87)ボニンは、ペヨーテがアヘンやモルヒネ、コカインと同様にインディアンたちを興奮させて道徳心を堕落させ、その迷信から教会の教えや科学的治療から遠ざけ、ロードマンが宗教を隠れ蓑にして信者たちから金を搾取していると批判し、ペヨーテの運搬・使用について連邦レベルで規制すべきだと主張した。(88)一九一六年に同協会はアイオワ州シーダーラピッズの集会で、ペヨーテに反対し、ガンディ法案を支持すると決議した。(89)同年の機関誌には、反ペヨーテ論者の記事が掲載されている。宗教家のL・アボット（Lyman Abbott）は、「読者に言うまでもないが、これは宗教であるどころか信仰心を促す傾向も見られず、むしろ逆である。真の誠実で正しい、情け深い敬虔な生活を送るという宗教観以外のものを連想させるからである。」とペヨーテ信仰を批判した。(90)しかし、アメリカ・インディアン協会には、ボニンに代表される反ペヨーテ論者とともに、ヘンズリーやスローンを始めとする多くのペヨーテ信者がメンバーにいた。結局、協会はこのネイティブ・アメリカン教会の問題とともに、部族の伝統儀式やインディアン局に対する立場をめぐって紛糾し、三〇年代初頭までに衰退することになる。(91)

## 一九一八年聴聞会

ペヨーテ規制の高まりを受けて、一九一八年にはアリゾナ州下院議員のC・M・ヘイデン（Carl M. Hayden）がペヨーテをアルコール類として先住民による使用を禁止する法案（H. R. 2614, 以下、ヘイデン法案と表記）を提出した。これに対してインディアン権利協会は、ペヨーテ問題について議論し、ヘイデン法案を支持することを決議した[92]。一八七五年以来、会衆派の婦人宣教師としてスー族の間で布教に携わってきたM・C・コリンズも、ペヨーテの悪影響を説いた[93]。ただし、ペヨーテ信者の宗教的自由について留保がなかったわけではない。例えば、あるインディアン権利協会員は次のように語った。「連邦議会の委員たちは、ここで言及されていない困難に直面した。合衆国憲法の存在である。問題は、その麻薬がどんなにひどいものであろうと、これらの者たちが教会を設立し、イエス・キリスト教会を名乗っていることである。キリスト教のシンボルと聖書を用いているのだ。信者によると、『長老派教会やローマカトリックと同様、このキリスト教会である一派を弾圧する権利はない。聖餐でのペヨーテ使用を禁ずる権利もない。キリスト教の慣例のひとつであるのだから。』このような主張に対してどのように対処したらよいだろうか[94]。」

ヘイデン法案に関する下院聴聞会[95]では、先住民・白人の改革主義者や宣教師、インディアン局、科学者たちがペヨーテ反対の証言をし、一方、先住民信者、人類学者、他の科学者たちがペヨーテ擁護にまわった。ペヨーテ反対派は、ペヨーテが有害な麻薬であって禁酒の効果はなく、ペヨーテの宗教儀式はペヨーテを用いる口実であり、多数の保留地監督官がそれに反対している、と主張した。インディアン局職員やインディアン権利協会代表、カーライル・インディアン学校校長のプラット大佐などの他、アメリカ・インディアン協会のボニンやイーストマンといった先住民も反対の証言を行った。

ヘイデン法案反対には、アメリカ民族学局の人類学者ムーニーの他、農務省の植物学者W・サッフォードなどに加え、アラパホ・シャイアン・コマンチ・オーセージ・オマハなど各部族のペヨーテ信者たちが証言に立った。ムーニーは一九世紀末以来、ゴーストダンスとともにペヨーテ信仰を詳細に記録し、儀式にも参加して理解を試みてきた。先住民の証人は多くがカーライル・インディアン学校の卒業生であり、ペヨーテによって飲酒癖が治ったと主張した。前述のスローンはオマハとウィネバゴの間でペヨーテ信仰がモラル向上に役立っていると述べた。当時、スミソニアン研究所で民族学者として働いていたオマハ族のラフレッシュは、ペヨーテ信者ではなかったが、以下のようにペヨーテを弁護した。

自分で言うのも変ですが、ペヨーテについては感謝の念をもって語らずにいられません。訳をお話しましょう。一八八四年にオマハ族の個人土地割当が実施され、まもなく先住民と取引していた白人隣人たちが「君たちはもう合衆国市民なのだから、好きなだけウイスキーを飲んでよい。」と告げました。［中略］インディアンは「白人らが飲んでいるのだから、我々も」と飲むようになりましたが、事態はどんどん悪化し、数年間、酒浸りの状態が続きました。しばらくして白人たちは夜間に保留地内の道を通るのを恐れるようになり、インディアン自身も酔っ払いに出くわすのを怖がりました。殺人やレイプが起こって無秩序状態となり、インディアンも途方に暮れました。保留地監督官やインディアン局、インディアン権利協会、宣教師たちもこの絶望的状況に気がついていました。けれど、彼らが何をしてくれたでしょう。何も、まったく何もしてくれませんでした。哀れな子供らは飲んだくれの母親を恐れ、父親が町から戻って殴るのを恐れて谷や茂みへ逃げ込んだのです。

しかし、この酒癖と無秩序状態が突如、和らぎました。わたしにはインディアンの間で働く妹がいますが、彼女は定期的にオマハ族の様子について手紙を寄こしました。そして、あるとき彼女は興味深げに書いてきたのです。「オマハ族で奇妙なことが起こっているよ。この信者たちは、飲酒をやめて新しい宗教に入信し、酒を断つらしい。意外にも彼らの祈りは理性的で、神やイエスだけでなく子供たちのためにも祈っている。酒を断って生活できるよう神に祈り、救いを求めているよ。」

彼女が意外に思ったのは、宣教師が来ても長年、インディアンが白人の宗教を理解できなかったからです。キリスト教は複雑すぎて彼らにわかりませんでしたが、この新宗教は伝わったのです。儀式ではペヨーテを一種の聖餐として用いて、ペヨーテのおかげで酒を断ち、神について省察するようになると彼らはいいます。盗みや嘘、酒癖、姦通、暴力、隣人の悪口などをやめるよう説かれます。ともに慈しみ合い、とりわけ子供たちを愛するよう諭されるのです。

ペヨーテを儀式で用いることに反対の人たちは、それが道徳に反するからと言いますが、わたしの意見は違います。信者のインディアンたちは誠実に日々をすごすよう努力しており、その徳性はこの国のモラルあふれるコミュニティに劣らないと思います。(96)

ここでは、ペヨーテ信仰の広がりが、一般土地割当法以降の苦境という先住民の歴史的記憶と重ね合わせて語られている。ラフレッシュは、一九〇〇年にミッション・スクールでの体験記(97)を発表して以来、連邦政府への批判を強めていた。当時のペヨーテ信者の告白には、このラフレッシュの証言を裏づける記述が多く見られる。例えば、ウィネバゴ族の男性S・ブロウスネーク（Sam Blow Snake）はアルコールに溺れ、殺人事件を起こして獄中生活を送ったが、釈放後、ペヨーテ信仰に入信し、敬虔な信者となった。儀式で初めて神の姿を感じ、ペヨーテ信仰の意味を知ったブロウスネークは深く感化された(98)。

このように聴聞会では、ペヨーテ支持者と反対者の見解が真っ向から対立した。支持者はペヨーテ信仰を古くから伝わる先住民の正当な宗教であり、治癒力を持つのみでなく、禁酒・節制を促すと主張した。一方、反対派はペヨーテが心身に有害な麻薬であり、モラルを低下させると説いた。それぞれの証言を英語で行った先住民の多くはアメリカ・インディアン協会会員、またはカーライル・インディアン学校の出身者であった。最終的に、ヘイデン法案は下院で通過したものの、上院で否決され、不成立に終わった。一九一三年のインディアン歳出予算案の場合と同様、オクラホマ州内の有権者である先住民がオクラホマ州上院議員に働きかけ、上院での否決を導いたのである。ここでは、二四年のインディアン市民権法制定以前に、既に市民権を得ていた先住民がそれを自衛のために用いたことがわかる。すなわち、一部の先住民は投票権を行使して信教の自由を確保しようとしたのである。

## ネイティブ・アメリカン教会設立

ペヨーテ信者たちは辛うじて連邦レベルでのペヨーテ禁止法の成立を阻むことに成功したが、聴聞会後、新たな対策をとる必要を感じていたようである。ペヨーテ指導者たちは、ムーニーなどの白人支持者による提案を聞き入れて、キリスト教会に倣った組織を信者の間でつくることを検討し始めた。ペヨーテ信仰が合衆国憲法の下で宗教的自由の保障を得るために、州認定の宗教団体をつくり、確固たる法的地位を確立するようムーニーは助言したのである。一九一四年には、ペヨーテ信仰指導者のJ・コシウェイ（Jonathan Koshiway）が、オトー族の間で“First-born Church of Christ”という名称のペヨーテ教会を設立した。一八年夏、ペヨーテ信仰の中心地であったオクラホマに信者たちが集い、コシウェイの提案によってペヨーテ信仰の教会組織を設立することを話し合った。この集会には、カイオワ族のペヨーテを調査するためにアメリカ民族学局より派遣され、オクラホマに滞在していたムーニーも参加した。(99)

その結果、一九一八年一〇月一〇日、シャイアン・オトー・ポンカ・コマンチ・カイオワ・アパッチなどの各部族代表から成るネイティブ・アメリカン教会（Native American Church）がオクラホマ州で結成された。明らかにキリスト教的な響きを持つ“First-born Church of Christ”よりも、先住民の共通性を示す名称が採用されたのである。設立定款には、この汎インディアン主義とキリスト教双方の特徴が表れ、ペヨーテという言葉がはっきりと用いられている。

第二条　この宗教法人設立の目的は、オクラホマ州における先住民部族の信仰と、信者間で行われているペヨーテの正餐を伴うキリスト教信仰を培い、発展させることにある。また、道徳心や禁酒、勤勉、慈善、健全な生活とともにキリスト教を教え、オクラホマ州の様々な部族を含む先住民の間に自尊心と友愛に満ちた連帯を育むことにある。(100)

ネイティブ・アメリカン教会本部の初代会長にはF・イーグル（ポンカ）、副会長にM・ハーグ（シャイアン）、幹事G・パイプステム（オトー）、会計L・マクドナルド（ポンカ）が就任し、オクラホマ州エルリノに本部が置かれた。当時、オクラホマ州内のネイティブ・アメリカン教会の会員は一二〇〇人から一五〇〇人であった。

ネイティブ・アメリカン教会の設立は、いわばペヨーテ信仰の自衛策であり、反ペヨーテ運動によって信者たちの団結はかえって強化されたと言える。当時の幹事・会計であるA・ウィルソンは、二四年に首都ワシントンでオクラホマ州議員にペヨーテ禁止法案や特別歳出予算案を連邦議会で阻止するよう働きかけた。その結果、ネイティブ・アメリカン教会は連邦レベルでのペヨーテ禁止法制定を防ぎ、オクラホマ州でペヨーテ禁止は試みられなくなった。(101)

一方、ペヨーテ反対運動は継続した。一九一九年にインディアン権利協会がペヨーテの使用と販売を禁じる法律制定を呼びかけてから二六年までの間に、連邦議会にはペヨーテを直接・間接的に規制する計九つの法案が連邦議会に提出された。しかし、いずれも宗教的自由の原則から不成立に終わったのである。例えば、一九年の上院インディアン問題小委員会で食品衛生健康局のH・W・ワイリーはペヨーテを麻薬とする証言を繰り返したが、議長は次のように問い返した。「博士、自分の参考までに伺いたい。インディアンは第一に、これが麻薬ではなく、他の植物と同様、神から授かった天然植物であると主張している。第二に、この植物を用いる目的は自分たちの教会、つまり無宗派の教会をつくることにあり、それはアメリカ市民の権利だと主張する者もいるのだが。[102]」ここで重要な点は、ペヨーテ信仰がネイティブ・アメリカン教会の名の下、市民権の立場から擁護されていたことである。一九二四年度のインディアン歳出予算案では、先住民による酒類売買を禁止した付帯条項の中に初めてペヨーテが挿入されたが、これはあくまでも付帯条項であるので強制力を持たなかった。

連邦レベルでの反ペヨーテ運動は後退していき、インディアン権利協会の年報でもペヨーテ問題がとりあげられなくなったが、ペヨーテをめぐる議論は続いた。[103] コリアに代表されるアメリカ・インディアン擁護協会（American Indian Defense Association）といった新たな改革団体は、ペヨーテ信仰を含む先住民の宗教的自由を守ろうとしたが[104]、州レベルでは一九一〇年代から二〇年代にかけてペヨーテの規制が進んだ。カンザス（一九二〇年）、モンタナ・ノースダコタ・サウスダコタ・アリゾナ（二三年）、アイオワ（二五年）、ワイオミング・ニューメキシコ（二九年）、アイダホ（三三年）など各州がペヨーテ禁止法を制定した。カンザスでは、ペヨーテ禁止法が成立して間もなく信者が逮捕され、二四年一月までに二六人が禁固刑に服した。もっとも、これらの州法は連邦の管轄である先住民保留地には直接及ばなかった。ペヨーテ禁止の州への郵送や運搬は連邦規則によって規制されたが、オクラホマからペヨーテを入手して持ち帰る信者を摘発することは難しかった。[105]

そして、このような州の動きに対応するかのように、オクラホマに続いて各州でネイティブ・アメリカン教会が設立された。ネブラスカ（一九二二年）、ノースダコタ（二三年）、サウスダコタ（二四年）、アイダホ・カンザス・

モンタナ（二五年）などの教会の定款と組織は似通っていた。しかし、サウスダコタやモンタナでは当時の反ペヨーテ世論を警戒し、定款でペヨーテという言葉を避けてキリスト教的理念が強調された。このように一九一八年から二五年にかけて反ペヨーテ運動が高まった時期に、各地でネイティブ・アメリカン教会の設立が相次ぎ、全国のペヨーテ信者は約一万三三五〇人を数えた。三四年にはオクラホマのネイティブ・アメリカン教会が州外の教会と提携し、全国組織として統合されるに至った[106]。

この時期のペヨーテ論争は二四年のインディアン市民権法によって、先住民をアメリカ市民として受け入れる過程でのアメリカ社会の反応の一つとしてとらえることができる。当時の連邦レベルでは、先住民の宗教的自由という観点からペヨーテ規制に歯止めがかかったが、州レベルではかえって干渉が強まったと言える。そして先住民信者の側も、宗教的自由という市民権の論理とキリスト教的な教会設立によって反対世論に対応したのである。第IV章で詳しく見ていくように、ペヨーテ信仰に対する干渉は二〇世紀後半においても続くことになる。

## 三　信仰の受容と意義

### ペヨーテ信仰の役割

以上のように、ペヨーテ信仰は、二〇世紀初頭にかけて、カドー族のウィルソンやウィネバゴ族のレイブ、ヘンズリーといったロードマンを通じてキリスト教的要素を取り入れつつ普及した。そして、一九一〇・二〇年代に信者たちは主流社会からの規制を妨げ、ネイティブ・アメリカン教会を設立することによって、その信仰を守り抜いた。そもそも、なぜペヨーテ信仰は平原部族の間で急速に受容され、信者を広げたのか。そして、このペヨーテ信仰は、先住民アイデンティティの形成にどのように作用したと言えるだろうか。

一九世紀末から二〇世紀初頭にかけてペヨーテ信仰が広まった時期は、政府による同化政策のもとで、サンダンスをはじめとする伝統儀式が禁止され、政府の支援を受けた伝道団や宣教師たちによってキリスト教が先住民の間に進出した時期であった[107]。一九世紀中頃から各保留地にはプロテスタント、カトリックの教会やミッション・スクールがつくられ、先住民たちはキリスト教の影響にさらされた。また、各部族の子供たちを集めて同化を目指したカーライル・インディアン学校をはじめとする寄宿学校でも規律とともにキリスト教が教えられた[108]。

当時、ペヨーテ信仰の熱心な信者となったのは、教育やキリスト教を通じて主流社会と接した先住民の若者たちであった。異なる部族出身で言語も異なる学生たちは、寄宿学校で新たに習得した英語という共通語を通じて部族の伝統文化についての知識を交換し合った。これらには平原部族の間で広まり始めていたゴーストダンスやペヨーテの情報も含まれていた可能性が高い。一九二九年にオクラホマ州のチロコ・インディアン学校（一八八四年創立）で寄宿生活をしていたチョクトー族の少女は寮での様子を以下のように語っている。

ポンカ族の子たちが部屋に戻り、私はたまたま寮に居たのですが、女子生徒が一〇人ほど入ってきました。学校へ行くのが遅れて寮に残っていましたが、個室ではなかったので、彼女たちはその部屋でペヨーテの儀式を始めたのです。それまで見たことがなかった私は、ただベッドの上に座っていました。すると、女の子の一人が私のところに寄ってきて、よかったら加わらないかと言ってきました。そこで、一緒に座ってどうしたらよいかもわからず、ペヨーテの芽がまわってきたので、一口かじってみました。青いオリーブのような味で、思わず「まずい」と吐き出しました。女の子たちは笑っただけで、お構いなしでした。彼女らはポンカ語で何をしていたのかわかりません。何か祈りと歌を繰り返していて、誰かが瓢箪のようなものを振っていました。

私にとってはなかなかの体験でした。[109]

このような寄宿学校の卒業生は大部分が保留地へ戻ったが、その後、部族の代表的なペヨーテ信者になった者が多く、カーライルの卒業生では、一〇〇人以上が信者となった。また、ペヨーテ信仰のロードマンはしばしば、部族のメディスンマンであるとともに、教育のあるクリスチャンである場合も多かった。元々、キリスト教の牧師や祈祷師であったインディアンがペヨーテの指導者になった例も少なくない。彼らは、白人のキリスト教会や宣教師を参考にし、ペヨーテの布教活動を展開していった側面もある。ビッグムーン派やクロスファイアー派の儀式に聖書やキリスト教的要素の影響が見られたのはこのような理由からであった。

しかし、ペヨーテ信仰の特徴は何よりも儀式でペヨーテを食べて啓示を得、心身を癒すという点にあった。当初、ペヨーテは万能のメディスンとして人々に受け入れられた。保留地では先住民が飢えや疫病、アルコール中毒に苛まれ、人口が急激に減少していた。当時の記録によると、ペヨーテの薬効によって病が癒されたという体験が入信の動機となった事例が多く見られる。ペヨーテの伝道師レイブは不治とされた肺結核や性病がペヨーテによって癒された例を同胞に説いてまわった。実際に儀式の中で患者がペヨーテによって手当を受ける場合もあり、儀式を経て、アルコールを断ったという事例もこれにあてはまる。このようにペヨーテ信仰は心身を治癒する宗教として信者を集めていったのである。[110]

また、ペヨーテがもたらす啓示やビジョンも信者を引きつけた重要な要素であった。J・ウィルソンの場合は、ペヨーテがもたらす宙を舞うような体験とビジョンに打ちのめされてロードマンとなった。信者は儀式でペヨーテを食べると独特な生彩ある幻覚を体験したが、彼らはそこに神のメッセージや啓示を読みとろうとした。ペヨーテはキリスト教の聖餐用のブドウ酒やパンと同じように聖なる力を体現し、信者は儀式での祈りと瞑想を通じて神と個人的に交信するとされた。この個人的な瞑想や啓示は、従来、神グレイト・スピリットへの悟りを開くビジョン・クエスト（幻視）という平原部族の慣習に根ざしている。平原インディアンの間では思春期の少年に限らず、成人男性が守護霊を得るためにこの儀式を行うのが一般的であった。丘の頂上や洞窟の中に四日四晩の間、断食をして独りでこもるこの苦行では、精霊からの啓示を受けて苦難を克服し、自らの道を見出すとされ、同様の特徴がサンダンスの儀式にも見られる。このように、ペヨーテ信仰はインディアンの土着信仰の性格も大いに受け継いでいた[11]。

そして、この啓示に大きく関わっていたのが、ペヨーテ信仰における個人的倫理、道徳観の重視であった。ロードマンは信者たちに、誠実さや正直、家族・兄弟愛、貞節、自主独立、禁酒といった生活信条、ペヨーテ・ロードを実践するよう説いた。ウィネバゴ族のレイブやブロウスネークの体験談からうかがえるように、保留地の生活の中で混乱と無力感に直面していた先住民たちは、ペヨーテ信仰に触れることによって癒しと倫理観を回復しようとした。キリスト教的道徳に通じるこれらの倫理は先住民の文脈に置き換えられて、アルコール依存からの脱却、そしてかつては敵であった部族も含めた同胞意識が育まれたのである。ペヨーテ信仰は先住民に精神的導きと個人的倫理を説くことで、保留地の生活での困難を克服し、希望をもたらしたと言える。この意味において、ペヨーテは内向的で現実逃避的な信仰にとどまらなかった。

### ペヨーテ信仰と汎インディアン主義

本節で論じてきたように、ペヨーテ信仰は元来、メキシコ先住民による儀式がキリスト教と融合して発達した独自の新興宗教であった。しかし、一九一〇・二〇年代に主流社会によってペヨーテ規制の動きが高まると、より自覚的な運動としての性格を帯びていった。先住民信者はペヨーテ信仰を擁護していく過程で、儀式における土着性やキリスト教的側面の双方を打ち出した。既述のように、一九〇八年のインディアン局長に宛てた手紙でヘンズリーは、ペヨーテ信仰の正当性を主張するために先住民本来の信仰であることを説く一方で、キリスト教との共通性を強調し、ペヨーテが飲酒防止などに役立っていることを主張した。ヘンズリーの擁護は、一九世紀末の土地割当制以来、苦境に陥ってきた先住民の歴史的記憶に裏打ちされていた。また、一八年以降、各地でつくられたネイティブ・アメリカン教会の定款においても、キリスト教との類似性を持たせることで規制を免れようとした。この段階で、先住民はペヨーテ信仰を守るためにキリスト教を脱文脈化し、自分たちの文脈に取り込んでいったと言える。連邦レベルでペヨーテが規制されかけた際、多くの先住民信者がペヨーテ弁護の証言に立ち、請願書や代表団、手紙によって議員に働きかけた。ペヨーテ反対の動きは、かえって信者の間で先住民としてのアイデンティティを強化していったのである。ネイティブ・アメリカン教会設立に至るこのペヨーテ信仰の擁護を通じて、部族間の差異を超えて一つに結束する汎インディアン主義が培われていった。その後、オクラホマを中心に始まり、平原インディアンの強い支持を得て発達したペヨーテの教会は、連邦政府によって都市移住政策が促進された一九五〇年代半ばに大きく発展した。アメリカ社会への同化が一層促された時期に、先住民たちはペヨーテ信仰を通じて、部族を超えた先住民宗教を模索していったのである。[112]

写真 III-1　コマンチ族のペヨーテ指導者，1920–40 年頃

以上のようにペヨーテ信仰は、一九世紀末から二〇

世紀初頭にかけて、同化政策のもとで伝統儀式が規制・抑圧されたときに、保留地での荒んだ生活から救いと希望を見出そうと広まった新興宗教であった。それは先住民の宗教心を満たすのに重要な役割を果たしたが、平原部族の伝統的信仰に完全にとって代わったわけではない。第1節で論じたように、サンダンスに代表される伝統儀式は二〇世紀初頭、陰での継承を余儀なくされていたが、一九二〇年代以降、部分的に復活した。この意味において、ペヨーテ信仰は伝統的信仰が疎外・抑圧された時期にその代わりの役目を果たしていたと言える。キリスト教的要素を取り込みつつ土着の要素を保持することで汎インディアン・アイデンティティを支え、伝統的信仰とキリスト教との隔たりも緩和していった。そして、次第に主流社会による同化の圧力に対する抵抗の手段ともなったのである。

このペヨーテ信仰は、文化のダイナミズムと複合性、すなわち二つの文化が複合し、混交していく過程を示している。先住民は伝統を維持・強化し、ときに創出しようとする一方で、外来のキリスト教的要素を先住民の伝統に重ね合わせ、ペヨーテ信仰という独自の文化形態を生み出していった。民族のアイデンティティは純粋な伝統文化の上に成り立つのではなく、むしろ伝統をその都度創出し、再構築する側面を持っている。従来、折衷や妥協としてとらえられる傾向にあった文化複合は、むしろ主流文化に完全に絡めとられることのない先住民の主体的で柔軟なアイデンティティのあり方を映し出していると言えよう。

本章では、平原部族のサンダンスとペヨーテ信仰の継承について分析を行ったが、一九世紀末に短期間に起こった新興宗教のゴーストダンスと併せて、その特徴をまとめておきたい。サンダンスが平原部族の間で長らく培われた文化的伝統である一方、ゴーストダンスとペヨーテ信仰は部族や地域を越えて広がった新興宗教である。儀式において、サンダンスの場合は皮膚にペグという木串を刺し、ペヨーテ信仰はペヨーテの実を用いた。サンダンス、ゴーストダンス、ペヨーテ信仰は、いずれも当時のアメリカ社会において一定の規制を受けた。ゴーストダンスが短期間で衰退したのに対して、サンダンスとペヨーテ信仰はその後も存続した。ゴーストダンスの衰退には、ウンデッドニー虐殺のインパクトが挙げられる。サンダンスの場合は新興宗教ではなく、スー族の間に根づいた伝統儀式であったため、規制されても陰で継承され、後に復興を見ることになった。一方、ペヨーテ信仰の場合は、ネイティブ・アメリカン教会というかたちで制度化を試み、信教の自由を主張していった。このような相違はあるが、三つの信仰はいずれも物心両面で先住民が苦境に陥った時期と対応していた。すなわち、サンダンスが一八八三年に禁止された後、九〇年にスー族の間でゴーストダンスが広がり、ウンデッドニー虐殺によってそれが衰退すると、まもなくペヨーテ信仰が受容されていった。このように一九世紀末から二〇世紀初頭にかけて主流社会から同化の圧力が高まった時期に、先住民は精神的救済を求めてこれらの宗教運動を生み出していったと考えられる。

そして、この時期のペヨーテ信仰をめぐる動きは、二つの重要なテーマを浮き彫りにした。一つは、部族を超えた汎インディアン主義の動きであり、二つ目はインディアンの市民権としての宗教的自由の権利である。先住民はキリスト教会を装いつつ、ペヨーテ信仰を通じて汎インディアン主義を発展させた。その一方で、一九二四年のインディアン市民権法制定以前から合衆国憲法の信教の自由原則に訴えることで、先住民アイデンティティのシンボルであるペヨーテ信仰を守っていったのである。

# 第IV章

# 文化継承の現在
## ——信仰と言語——

オグララ・ラコタ・カレッジ（パインリッジ保留地）

前章では、二〇世紀初頭から戦後にかけての平原部族による文化的適応のあり方をサンダンスとペヨーテ信仰の事例を通じて探ったが、本章においては、主に一九七〇年代以降の先住民文化の現在に焦点をあて、信仰と言語の継承について考察する。自決政策時代において、先住民の文化的権利はどのような状況にあり、合衆国の市民権や国民統合といかなる関係にあるのか。そして、今日の先住民による文化継承は、彼らの歴史的記憶とどのような関係にあるだろうか。

## 第1節　信教の自由と聖地

アメリカ合衆国は憲法において信教の自由と政教分離の原則を約束し、建国以来、宗教的多様性を支える寛容の精神を模索してきた。しかし、前章で論じたように長らくアメリカの「文化的他者」であった先住民は、その伝統信仰をめぐってアメリカ社会との摩擦を経験した。現在、合衆国の先住民は連邦政府公認の部族だけでも五〇〇以上を数え、その信仰形態やキリスト教の影響度も地理的・歴史的背景によって様々である。連邦政府によって同化政策がとられた二〇世紀初頭、クリスチャンになった者が少なくないが、多くの場合、部族の信仰は伝統派と呼ばれる人々によって各保留地で継承されてきた。(1) とくに、先住民としてのアイデンティティが模索された一九六〇年代以降は、部族の伝統を復興する気運が高まり、近年では多文化主義の動きの中、アメリカ社会で一定の認知を得つつある。しかしながら、依然として様々な摩擦や課題に直面しているのも事実である。

先住民の信仰に関わる問題は三つに大別することができる。第一に、主流社会の慣習や価値観と異なるために、宗教儀式が規制される場合である。前章で論じたペヨーテ信仰や動物の狩猟（鷲の羽根の使用、マカ族の捕鯨など）を伴う儀式、そして後述するように、刑務所で先住民同士が更生をはかるために行うスウェットロッジなどがこれに当てはまる。前章で論じたように歴史的には、一九世紀末に政府によって平原部族のサンダンスやゴーストダンスも規制の対象になった。第二に、先住民の儀式や聖遺物をめぐる宗教的プライバシーの問題がある。今日、先住民たちは、文化的に希少な宗教儀式や聖遺物を観光客などから守り、世俗化・商業化を防ごうと努めている。第三に、儀式を行い、信仰の対象となっている聖地をめぐる問題である。連邦所有地にある古来の聖地や埋葬地が地下資源採掘やダム・道路建設、観光事業によって損なわれる例が、これまで幾度となく繰り返されてきた。

本節では、これらの問題をめぐる先住民の取り組みとアメリカ社会の対応を、一九七〇年代以降の連邦レベルにおける立法・司法の動きを通して検討する。一九七八年のアメリカ・インディアン宗教自由法（ＡＩＲＦＡ）は、インディアン自決・教育援助法、インディアン児童福祉法などとともに、連邦自決政策時代の到来を記す法律として評価されることが多い。一九三〇年代のインディアン・ニューディールは先住民文化の尊重を促したが、その後も先住民は信仰をめぐって様々な課題に直面してきた。先行研究では、一九八〇年代までの動きに関する研究は若干あるが、その後の展開を具体的に論じたものが少ない[2]。とくに、上述の聖地に関わる第三の問題は解決が困難なため、これまで先送りにされてきたが、近年、連邦・州レベルで新たな動きが見られる。先住民の信仰をめぐる問題を検討するには、まず彼らにとってそれがどのような意味を持つのかを内在的に考慮することが必要であろう。合衆国が約束する信教の自由とは、先住民にとっていかなるものであったのか。彼らの信仰はアメリカ社会において、どのような問いを投げかけてきたのか。本節では、先住民による運動の展開に注目しつつ、多文化主義や環境運動との連動を探ることで、その信仰が持つ今日的意味を考察していきたい。

## 一　宗教的自由にむけて

### 宗教と不寛容

前章で論じたように、連邦政府は一九世紀を通じて、先住民の文明化を推し進めるためにその宗教儀式を規制し、主流のキリスト教的価値観に同化させせようと試みた。一八二四年の連邦インディアン局設立以来、それは歴代長官の見解に表れ、伝統的信仰を禁じる多くのミッション・スクールを含めて議会はキリスト教布教活動を財政的に支えてきた。とくに一九世紀末からは政府による干渉が強まった。一八八三年、インディアン局は各保留地にインディアン違反裁判所を設立し、他の犯罪とともに伝統儀式を規制するようになった。また九二年にはこれを強化するため、インディアン局長T・J・モーガンが各保留地に「インディアン裁判所規則」を発令し、宗教的違反者に対しては食料配給停止や投獄の刑を科した。前章にて論じたように、当時、平原部族のサンダンスやゴーストダンス、ペヨーテ信仰は反乱の温床として警戒され、とくに規制の対象となった。[3]

先住民政策における宗教的不寛容は二〇世紀に入ってからも続いたが、一九三四年にインディアン局長コリアが先住民の信仰・儀式に干渉しないよう命ずる通達を各保留地の出張所へ送付した。[4] これによって部族の信仰を陰で継承してきた先住民は保留地で儀式を再開できるようになったが、コリアのリベラルな改革は長く続かなかった。第二次世界大戦後にインディアン政策は再び同化主義へと転じ、連邦管理終結政策のもと先住民は都市への移住を促された。

しかし、第II章で論じたように、都市で貧困と差別に直面した先住民は一九六〇・七〇年代に先住民としての自覚に基づく社会運動を展開した。そして、その際に手がかりとなったのが、保留地に残る伝統文化や信仰であった。先住民運動を導いた多くの指導者は保留地で儀式や聖地の意味を再発見することで精神的支えを得、部族文化の復興に着手した。一九六七年にサウスダコタ州西部のブラックヒルズにある平原部族の聖地ベアビュートで伝統儀式に参加した先住民指導者は、宗教的自由の確立にむけて運動を始め、各地で集会が催されるようになった。七二年には、都市の若い急進派を中心としたＡＩＭのメンバーがスー族のパインリッジ保留地でサンダンスに参加し、伝統派指導者の支持を得た[5]。

この時期に、先住民独自の宗教・世界観をアメリカ社会に説いたのがＶ・デロリアであった。スー族出身の学者、著述家、政治活動家であるデロリアは、牧師の父を持つクリスチャンの家系であったが、神学を学ぶにつれて、次第に主流教会内の矛盾やキリスト教的世界観に疑問を抱くようになった。一九六〇年代に先住民の権利運動に携わるようになってからは、先住民問題に関わる法律の勉強を始め、以後、数多くの著作を通じて西洋文明・合衆国政府批判を行ってきた。とくに『神はインディアン』（一九七二年）は、西洋のキリスト教的世界観と知的伝統の限界を先住民の視点から論じ、『カスターは汝がために死せり』（一九六九年）とともにレッド・パワーの先導書となった[6]。

宗教的自由にむけた先住民の取り組みは一九七〇年代に大きな盛り上がりを見せる。コリアの通達にもかかわらず、先住民の信仰や習俗をめぐる当局の干渉や規制は依然として続いていた。一九四〇年には、内務省魚類・野生動物保護局がハクトウワシ保護法（六二年にはイヌワシも対象）を制定し、これによって多くの部族が鷲の羽根を伝統儀式や正装に用いることができなくなった。オクラホマ州では七四年に約三〇人の先住民が自宅から鷲の羽根を用いた儀式の道具や衣装などを押収された[7]。また、連邦所有地にある聖地は土地開発に直面し、立ち入りが制限された。埋葬地から掘り起こされた先住民の遺骨や埋葬物は博物館などで展示され、売買され続けた。刑務所では伝統的な長髪やスウェットロッジ、パイプの宗教儀式が許可されなかった。(8)

**ペヨーテの規制**

一方、ペヨーテ信仰も一九七〇年代までに連邦・州法によるペヨーテ規制が進み、ネイティブ・アメリカン教会は各州内でどのように信仰の自由を守っていくかを検討していた。第III章の2節で既に見てきたように、ペヨーテは歴史的にメキシコ先住民が儀式に用いたサボテンの一種であり、一九世紀末以降、アメリカの先住民にもペヨーテを噛んで夜通し祈りと歌を繰り返し、宗教的啓示を得るペヨーテ信仰が広がった。ペヨーテは儀式で用いる限り医学的に問題はなく、信者たちはその信仰と儀式がモラルを高め、アルコール依存からの更生に役立つと証言してきた。しかし、連邦・州政府はペヨーテ信仰を取り締まるために、禁酒法や麻薬取締法を適用しようと試みた。州でペヨーテが合法とされていても、先住民は当局から干渉され、逮捕されることがしばしばあった。その結果、先住民は一九一八年にオクラホマでネイティブ・アメリカン教会を設立し、「教会」の名のもとにペヨーテ信仰を守ろうとした。ペヨーテ信仰は、サンダンスなどの伝統宗教に対して政府の抑圧が強まった時期に、部族を越えて発達した新興宗教としての性格を持つ。

先住民保留地には州の規制が適用されなかったため、二〇世紀半ばまでにペヨーテ信者はアイダホやモンタナ、ノースダコタ、そしてカナダ西部の各部族へも広がっていた。四六年には、オクラホマのネイティブ・アメリカン教会は、全国組織として合衆国ネイティブ・アメリカン教会へ名称を変更した。五四年にはカナダのサスカチュワンにカナダ・ネイティブ・アメリカン教会が設立されたことから、翌五五年に北米ネイティブ・アメリカン教会(Native American Church of North America)へと改称した。(9)

しかしながら、ペヨーテ信仰に対する偏見は根強く残った。例えば、一九四四年にあるカトリック聖職者は次のように語っている。「スー族は真の宗教に向かって大いに前進を遂げてきた。異教の影響力は衰え、もはや人々の精神的支えや慣習となってはいない。だが、〝メディスンマン〟に頼り、兆候・ビジョン・亡霊を信じるなど、まだ迷信がやや残っている。キリスト教の神は、〝ワカンタンカ〟［グレイト・スピリット］として受け入れられている。我々にとって最もあるまじき異教の名残がペヨーテ信仰であり、ネイティブ・アメリカン教会という名称で穏健さを装っている。(10)」また、四六年には別の聖職者が次のように述べている。

宣教師が懸念するかぎり、問題の核心は、ペヨーテが先住民の信仰の中心となっていることである。多くの集団がペヨーテをインディアンの聖餐、神からの授かりものとみなし、信者たちはイエスがお遣わしになった「精霊」、「救済者」と敬意をこめて呼ぶのだ。ペヨーテを食べることはインディアンの道や真実、活力になるという。自らの罪を自覚して救いを見出し、罪が赦されるという。そのようなペヨーテは偽りの神であり、迷信である。北部インディアンの異教をキリスト教的要素と混ぜ合わせたものであり、インディアンの神による先住民版のキリスト教として説かれている。それゆえ、人種的誇りに訴えるのである。［中略］宣教師たちは、キリスト教会の神への愛がスー族すべての心を満たすのを祈るばかりである。(11)

第Ⅲ章で述べたように、第二次世界大戦前に中西部・西部の一〇州でペヨーテの所持が禁止されたが、戦後はカリフォルニア（一九五九年）、ニューヨーク（六五年）、テキサス（六七年）にも規制が広がった。ペヨーテに関する訴訟としては、六四年にカリフォルニア州最高裁が州の麻薬取締法に違反しないと判決し、先住民が宗教儀式でペヨーテを使用する権利を認めた。それ以前の六二年には同州の上位裁判所と上訴裁判所で、三人のナヴァホによるペヨーテ使用には信教の自由を定めた憲法修正第一条が適用されないという判決が下されていたが、それを覆す結果となった[12]。また六七年には、コロラド州の郡裁判所が同様に先住民の宗教儀式におけるペヨーテ使用を認める判決を下した。さらに同年、ペヨーテの重要な供給地であるテキサスでペヨーテ所持が禁止されると、北米ネイティブ・アメリカン教会は翌年の会合で、テキサス州知事と州議会にむけてペヨーテ禁止法の修正を促すことを検討した。一九の部族代表が集い、教会員の先住民がペヨーテを宗教上の目的で収集・輸送し、使用することを特例として許可するよう求める請願書に署名した。そして、教会役員たちから成る代表団がテキサス大学人類学者の協力を得て州議会に働きかけ、結果的に州内で上述の特例が認められた[13]。

一方、連邦レベルでも一般アメリカ人の間で幻覚誘発剤が広まると規制の動きが高まり、一九六五年の食品・薬物・化粧品法改正によってペヨーテは禁止された。また、七〇年には包括的薬物乱用防止規制法（Comprehensive Drug Abuse Prevention and Control Act）が制定され、他の薬物とともにペヨーテの生産・所持・流通を規制した。しかし、多くのネイティブ・アメリカン教会支部が権利侵害を懸念して連邦政府に抗議書を送り、ロビイングを展開した結果、ネイティブ・アメリカン教会員による宗教目的のペヨーテ使用は特例として同法の規制対象外となった[14]。

またペヨーテは、部族内での宗教的自由の問題も提起した。ペヨーテ信者は、どの部族においても一般的に宗教的マイノリティであった。とくに南西部の部族では、白人の干渉や部族政府の統制によってペヨーテが規制される場合があった。ナヴァホの場合は一九四〇年にナヴァホ部族評議会がペヨーテを違法としたが、信者は陰で信仰を保った。そして六七年にインディアン公民権法が制定されると、ナヴァホ政府は、保留地におけるネイティブ・アメリカン教会員による宗教目的でのペヨーテ使用を許可した[15]。

一九七〇年の時点で、ネイティブ・アメリカン教会員の多くは西部・中西部を中心とする一七の州に居住していたが、その内、五つの州がネイティブ・アメリカン教会員を問わずペヨーテを禁止していた[16]。その後、各州で連邦法と同様の薬物規正法が制定されたが、すべての州がネイティブ・アメリカン教会員の使用を特例として認めたわけではなかった。

## アメリカ先住民の聖地信仰

アメリカ先住民の宗教にとって他に浮上してきたのが、聖地とプライバシーの問題であった。先住民の伝統信仰は土地や聖地と深く関わり、多くの部族にとってある場所への崇拝が信仰の中心となっている。神聖視される土地とは、古来の遺跡や住居・岩絵、埋葬地など、祖先の足跡が残る場所である。また、特別な地形をした山や湖、滝など精神的啓示の源であり、儀式で用いる植物が自生する場所でもある。このような聖地はしばしば口承による部族の創世神話とも深く関わり、祈りや儀式のために定期的に訪れる巡礼地となっている。そして聖地で行われる祈りや瞑想、苦行、踊りといった儀式を中心としており、これらはたいてい決まった聖地で一定のプライバシーのもとに行われてきた。しかしながら、今日までに連邦所有地にある聖地は、国立公園や国有林として観光用に開放され、林業や鉱業、道路・ダム建設などの土地開発に直面してきた[17]。

先住民は部族の聖地を守ろうと長年、アメリカ政府に働きかけてきた。戦後、インディアン請求委員会は、各部族による土地請求権を連邦からの賠償金支払いによって処理してきたが、請求権を認められても、聖地であるという理由から賠償金を受けとらずに返還を求め続ける部族が少なくなかった[18]。聖地返還は大部分が実現していないが、数少ない成功例がタオス・プエブロのブルーレイクである。ニューメキシコ州のブルーレイクは古くからタオス・プエブロの信仰の地であったが、一九〇六年にカーソン国有林に統合されて以来、キャンプ場として使用され、儀式に集中できなくなった。部族文化の存続を憂えたタオス指導者はブルーレイクを取り戻すために、二〇年代以来、連邦森林局に対して交渉・政治活動を展開してきた。そして、一九七〇年、先住民自決政策を推し進めてきたニクソン政権下でついにブルーレイク返還法が議会で成立した。このブルーレイク返還は、後にヤキマやズニなど他の部族が聖地を回復する上で先例となった。(19)

## アメリカ・インディアン宗教自由法の制定

以上の動向を背景に一九七〇年代半ば、伝統派の宗教指導者が各地からニューメキシコに集まって信仰をめぐる諸問題に関する討議を行い、連邦法改正を促す提案をした。(20) そして、全国アメリカ・インディアン議会（NCAI）などの先住民団体によるロビー活動の結果、上院議員J・アブレックがアメリカ・インディアンの宗教的自由に関する法案を上院に提出した。法案は、連邦政府や連邦事務官による過去のアメリカ先住民に対する宗教的抑圧を改め、憲法修正第一条のもと、ハワイとアラスカを含む先住民の伝統儀式を尊重し、聖地を一方的な土地開発から保護することを定めていた。聴聞会では、先住民が証言に立ち、儀式の中断、儀式で用いる品の押収、聖地への立ち入り禁止といった宗教的権利の侵害を訴えた。

法案は上院で滞りなく通過したが、下院では抵抗に直面した。長年、土地問題をめぐって先住民側と対立してきた内務省連邦森林局が法案の聖地に関する条項を無効にするよう働きかけたのである。アリゾナ州出身の民主党下院議員M・K・ユードル（Morris King Udall）は妥協的説得を試み、法案が政策的声明であって、聖地保護条項は実効力がなく、具体的措置については改めて検討を要する、と主張した。その結果、ついに一九七八年に連邦議会でアメリカ・インディアン宗教自由法（AIRFA）(21) が制定された。AIRFAは連邦政府がこれまでの政策を改め、先住民の宗教的自由を尊重することを定めた法律として画期的な意味を持っている。ここでは、先住民の宗教的自由が合衆国市民の権利として、憲法に則して擁護されている。だが次項で見るように、その後の先住民の信仰をめぐる裁判は、AIRFA制定による期待を大きく裏切っていった。八〇年代に先住民が提訴した訴訟のうち、ほとんどが下級裁判所で敗訴し、ユードル議員の言葉どおり、AIRFAに実効力がないことが判明した。特に公有地における聖地の扱いについてAIRFAの規定は曖昧であり、聖地をめぐる訴訟では圧倒的に州や連邦政府の政策が是認されたのである。

## 二　最高裁判所判決

### リング判決

一九八〇年代のアメリカ社会では、マイノリティの権利主張に対する反動が目立ってきた。全国インディアン青年評議会（NIYC）は、とくに一九八二年から先住民の宗教的自由に重点をおいてアメリカ国内のみでなく国連でも運動を展開したが[22]、聖地に関わる訴訟は圧倒的に先住民側の敗訴に終わった。ダム開発による聖地水没に対するチェロキー族の訴訟（一九八〇年）やユタ州南部のレインボーブリッジを観光の被害から守るナヴァホの訴え（八〇年）、サウスダコタ州ブラックヒルズの聖地ベアビュートの観光開発に反対するラコタ・スーの訴訟（八三年）、アリゾナ州北部のサンフランシスコ・ピークスにおけるスキー場建設反対訴訟（八三年）などで、先住民側は次々と敗訴した[23]。中でもAIRFAの無効を決定づけ、以後の聖地保護の試みを阻んだのは、一九八八年のリング対北西部インディアン埋葬地保護協会訴訟をめぐる連邦最高裁判決（以下、リング判決と略記）である[24]。

この裁判では、カリフォルニア州北部のシックスリバー国有林にあるカロク、トロワ、ユロク族の聖地が争点となった。連邦森林局は、六〇年代末より林業開発とレクリエーション促進のため六マイルの舗装道路を建設しようと計画していたが、これらの三部族は伝統的に儀式を行ってきた聖地チムニーロックやドクターロックなどの環境が破壊されると反対してきた。シエラクラブなどの環境団体や先住民権利団体、文化人類学者も七〇年代から彼らを支援してきた[25]。カリフォルニア州北部の地方裁判所と第九巡回裁判所は、合衆国憲法修正第一条の信教の自由原則のもと、道路建設が付近の自然環境を大いに損ない、先住民の儀式に支障を来たすとして差し止め命令を出したが、その後、八八年に最高裁は五対三で判決を覆し、森林局を支持した。判決は、道路建設によって「先住民が実際に儀式を行えなくなる」事実を認めつつも、このことが信教の自由を著しく損なうものではなく、政府による信仰の積極的侵害や弾圧でないかぎり、修正第一条に違反しないと判決したのである。オコーナー判事は、「全市民の宗教的ニーズや希望を満たしていては、政府が機能し得ない」として、部族の信仰を連邦政府が支持すること自体が憲法の政教分離原則に反すると主張した。さらに、最高裁は七八年のＡＩＲＦＡを「政策的声明」にすぎず、「司法上、強制力を持たない」と判決した。ＡＩＲＦＡでは、「聖地へのアクセス」と「儀式と伝統的行事を通じて礼拝する自由」を含む先住民の宗教的自由の権利を「守り、維持する」ことが連邦政策として定められていたが、この判決ではその実効力が否定されたのである[26]。

前述のデロリアは、先住民の信仰に対するアメリカ社会の無理解がこの判決に表れていると批判した。各地に教会を建設するキリスト教と異なり、先住民の信仰には聖地で行う儀式が欠かせず、部族の絆とアイデンティティを確認する貴重な場所となってきた。主流社会では、土地や自然の持つ意味が資本主義経済において世俗化・相対化されがちだが、聖地は部族の記憶と霊性を取り戻す精神的砦である[27]。第Ⅵ章で詳しく論じるように、先住民は歴史を通じて、部族の土地やローカルな「場所」へのこだわりを示してきた。リング訴訟で対象となった場所は、最終的にカリフォルニア州が州の原生林として保護することになったが、リング判決後、先住民が連邦所有地の聖地を保護する際には、連邦歴史保存法や環境法という間接的な法律に依拠せざるを得なくなった。ＡＩＲＦＡと憲法修正第一条を根拠に訴える可能性は閉ざされたのである。

### スミス判決

一九八八年のリング判決に続いて、上述のペヨーテ信仰をめぐり先住民の宗教的自由を大きく後退させた判決が、一九九〇年のオレゴン州人事部雇用課対スミス訴訟における最高裁判決（以下、スミス判決と略記）である。[28]八三年、クラマス族のA・スミス（Al Smith）は同僚とともに、ネイティブ・アメリカン教会の儀式でペヨーテを使用したことから職場を解雇され、失業手当給付を拒否されたとして、オレゴン州を訴えた。オレゴン州法はペヨーテを麻薬として規制していたが、ネイティブ・アメリカン教会員の先住民による宗教上の使用を特に免除対象としていなかった。クラマスは一九五〇年代の連邦管理終結政策によって深刻な打撃を受けた部族の一つであり、スミスのペヨーテ信仰への入信はこの苦難の経験と無関係ではなかった。[29]

オレゴン州上訴裁判所は、失業手当の給付拒否は先住民の宗教的自由を侵害すると判決したが、九〇年、最高裁はこの判決を覆した。ここでは、リング判決と同様の判断、つまり、オレゴン州の刑法は一般に適用され、先住民の宗教的抑圧を意図していない限り、修正第一条に違反しない、という主旨であった。スカリア判事によれば、個人は信教の自由が保障され、政府はそれに干渉できないが、州のペヨーテ規制法は、その信仰を妨げて他宗教を強制するものではない。修正第一条が適用されるのは、信教の自由とともに言論や出版の自由といった他の権利侵害に関わる場合である。宗教における特定の薬物使用を禁ずる権限が州にはあり、また、ある宗教に対して法の適用を制限して特別処遇することは、政教分離の原則に反するとした。

この最高裁判決は、先住民のみでなく他の宗教マイノリティからも大きな批判を呼んだ。なぜなら、この判決では、一九六三年のシャーバート対ヴァーナー訴訟判決[30]で確立された、政府が宗教活動を規制する際の歯止めとして設けられた「やむにやまれぬ政府の利益」（compelling state interest）の基準が適用されず、政府権限を最小限にとどめ、宗教的自由を守る根拠が否定されたからである。スカリア判事は多様な社会で「やむにやまれぬ政府の利益」の基準を用いることは「混乱を招き」、民主的社会ではマイノリティの宗教すべてを保護することが「不可能な理想」であると主張した。政府の規制や刑法が直接、宗教的権利を侵害するのでなければ、すべて正当化され得るという点で、この判決は政府の権限拡大を意味したのである。

スカリア判事の意見には、八八年にリング判決を下したオコーナー判事も批判を表明し、「やむにやまれぬ政府の利益」基準の復活が必要であるとして、次のように語った。「今日の最高裁は、我々の政治システムの下、マイノリティの宗教が否定されても〝避けがたい結果〟であって、そのような宗教に関わる調整は政治的手続きをとるべきだとしている。しかし、修正第一条とはまさに多数派でなく、敵視されがちな宗教の権利を守るために定められたはずだ。」さらに、ブラックマン判事も、憲法修正第一条が先住民にとって「果たされないうわべだけの約束」であることを明らかにしたとしてこの判決を批判した。[31] 判決の翌九一年にオレゴン州は、州内での先住民による宗教上のペヨーテ使用を認める法律を制定した。

以上のように、一九八八年と九〇年の二つの最高裁判決において、ＡＩＲＦＡと憲法修正第一条は先住民の宗教的自由を守る根拠とはならなかった。複雑な土地問題が絡むリング判決ではＡＩＲＦＡの効力が否定され、スミス判決では宗教活動に対する政府の権限を最小限にとどめる従来の「やむにやまれぬ政府の利益」基準が適用されなかった。このことは他のマイノリティ宗派や宗教界全体にも波紋を呼んだのである。

## 三　調整と模索

### アメリカ先住民墓地保護返還法

一九七八年のＡＩＲＦＡは確かに強制力を持たなかったが、先住民の宗教的自由を守る第一歩として重要な意味を持っていた。八九年と九〇年には、ＡＩＲＦＡを根拠として先住民の信仰に関わる別の重要な法律が制定された。長年の先住民運動の結果、数々の論争と反対を経て、アメリカ・インディアン国立博物館法[32]とアメリカ先住民墓地保護返還法（ＮＡＧＰＲＡ）[33]が成立し、先住民の遺骨や埋葬品、墳墓の扱いに変化が見られたのである。

一九世紀後半、医学・人類学・考古学などの学問が発達する中、先住民の遺骨や埋葬品は「消えゆく民族」の研究資料として戦場や墳墓から持ち去られて地下室に保存され、博物館では動物の標本のごとく展示されてきた。また、蒐集家の間で先住民の遺物は高く売れたため、墓荒らしが後を絶たなかった。一九〇六年のアメリカ遺跡法と七九年の考古学的資料保護法は、違法な遺跡発掘や盗掘を禁じたが、アメリカ先住民の遺骨や文化財保護には効果がなかった。七〇年代以降、先住民側が宗教的見地から、祖先の骨や聖遺物に対する倫理的かつ人道的扱いを求めるようになった[34]。

先住民が部族の埋葬品や遺骨を管理できるようになったのは一九八〇年代になってからである。これらの運動に尽力したのが、アメリカ先住民権利基金（ＮＡＲＦ）の弁護士Ｗ・Ｒ・エコホーク（Walter R. Echo-Hawk）やＮＣＡＩのＳ・Ｓ・ハージョ（Susan Shawn Harjo）のような先住民指導者であった。ＮＡＲＦはポーニー族とウィネバゴ族のためにロビイングを展開し、八九年、ネブラスカ州議会が州立や州後援の博物館に先住民の骨や埋葬品を当該部族に返還させる法律を制定した。続いて、カンザス州も九一年に州法によって人骨を無闇に公開し、先住民の墳墓を荒らすことを禁じた[35]。

こうした動きの中で制定されたアメリカ・インディアン国立博物館法とＮＡＧＰＲＡは、部族や連邦所有地における先住民の墓地を墓荒らしから守り、遺骨や聖遺物のような特定の文化財の売買を禁じ、盗品についても返還するよう定めた。また、スミソニアン博物館と全米の連邦資金を受けている博物館や研究機関は、所蔵している先住民の人骨や埋葬品の目録を作成し、当該部族や遺族と交渉のうえ、それらを返還することを義務づけられた。これによって全国約八千の博物館のほとんどにＮＡＧＰＲＡが適用されることになった。アメリカ博物館協会やアメリカ考古学会は当初、先住民の遺骨や埋葬品の研究資料としての価値を説き、法案に反対したが、返還の対象となる文化財の種類を限定し、返還に際して厳重な法的確認を行うといった留保が加えられたことで、最終的に法案を支持した。支持者たちは、先住民部族と博物館・研究者との間でより相互理解が深まることを期待した[36]。

ＮＡＧＰＲＡは様々な波紋と論争を呼んだが[37]、一九九〇年代には各部族への返還事業が進んだ。ＮＡＧＰＲＡを導いたのは、遺骨や聖遺物の扱い・表象をめぐる先住民の宗教的見地からの異議申し立てであったが、これは、近年、ニューエイジなどの非先住民による宗教儀式の流用や商品化を文化的搾取として批判する声とも通じている[38]。ＮＡＧＰＲＡは、先住民死者の尊厳をめぐってアメリカ社会と先住民の間でなされた和解の一歩として、重要な意味を持っていると言えよう。

### 一九九〇年代の動き

九〇年代に入ると、先住民の宗教的自由をめぐって、さらに一連の動きが見られた。先住民団体は裁判所でＡＩＲＦＡと憲法修正第一条への期待が断たれたため、議会で七八年のＡＩＲＦＡを修正し、宗教的自由を強化することを目指した。九一年にデンバーで先住民指導者の会議が開かれ、そこでアメリカ・インディアン宗教自由連合

（ＡＩＲＦＣ）が結成された。議長にはナヴァホ族のＰ・ザーとフラットヘッド族のＰ・レフトハンドが就任し、同年にアルバカーキで第一回全国会議を開催した。ＮＩＹＣやＮＣＡＩ、ＮＡＲＦ、アメリカ・インディアン問題協会（ＡＡＩＡ）などの各先住民団体もこの会議に参加した。[39] 以後二年間にＡＩＲＦＣは、全国の部族と先住民団体、一般の宗教・人権・環境・法律団体の代表約百名を会員として成長した。前述のように、九〇年のスミス判決は信教の自由と国家に関わる問題を投げかけたため、先住民のみでなく他の国民一般の関心を集めた。特に他の宗教団体は、政府による干渉が高まって宗教的自由が脅かされるのではないかと危機感を強め、先住民の議会への働きかけに協力したのである。[40] こうして、九〇年代にスミス判決をめぐって、連邦議会は最高裁と対立することになった。

ＡＩＲＦＣは、ＡＩＲＦＡを強化する修正法案として、先住民の聖地保護、ネイティブ・アメリカン教会の儀式におけるペヨーテ使用、刑務所での先住民囚人の宗教的自由、鷲の羽根の使用許可などを連邦当局に保障させる草案を作成した。そこでは、政府が聖地に影響を及ぼすプロジェクトを進める際には、部族や先住民団体、伝統派指導者と協議することを課していた。また、九〇年のスミス判決で採用されなかった、政府の権限を制限する「やむにやまれぬ政府の利益」基準を裁判で復活させることを定めていた。[41]

ＡＩＲＦＣの運動の結果、一九九三年一一月、宗教的自由回復法（ＲＦＲＡ）が制定された。[42] この法律は、下院で全会一致、上院では三人のみの反対によって成立した。「やむにやまれぬ政府の利益」を明確に示し、最小限の制約を課す以外に、政府は個人の信仰を圧迫してはならないと定めた。さらに、宗教的権利が侵害されたときには、訴訟手続きをとる権利が与えられている。これは最高裁でのスミス判決に対抗して連邦議会で制定された法律であったが、先住民のみでなく他の宗教一般にも適用される幅広い内容であったため、その後、先住民団体は独自の宗教的自由法の制定も模索した。

上院インディアン問題委員会議長を務めていたハワイ州上院議員のＤ・Ｋ・イノウエは、先住民の伝統的信仰を守る目的で、一九九三年五月にアメリカ先住民信教自由法案（ＮＡＦＥＲＡ）[43]を提出し、全国でこれに関する聴聞会が九回開かれた。イノウエは、政府や上院インディアン問題委員会、ＡＩＲＦＣ、先住民指導者と部族の間でＮＡＦＥＲＡの調整をはかり、一九九四年に宗教とともに文化的保護を含む新たな法案「アメリカ先住民の文化保護・信教の自由法」を提出した。[44]この法案は、聖地をはじめ、ペヨーテの宗教上の使用、刑務所での宗教的権利、鷲の羽根や他の動物の儀式での使用を保障していたが、議会では否決された。とくに、聖地保護に関する条項が、内務省や司法省の天然資源に関する法律家や、鉱物採掘業など開発業者と結びつきの強い各州の議員たちの強い反対に遭遇したのである。

これに対して、ネイティブ・アメリカン教会と部族指導者、ＮＡＲＦの弁護士による連合は、聖地条項を外した別の法律を制定させる方策をとった。その結果、一九九四年一〇月、アメリカ先住民信教自由法（ＮＡＦＥＲＡ）が制定された。[45]ＮＡＦＥＲＡは七八年のＡＩＲＦＡを修正し、とくにネイティブ・アメリカン教会員によるペヨーテ使用と刑務所での先住民受刑者の宗教的自由を保障しており、ＡＩＲＦＡに実効力をもたせるために制定された。いわば、聖地問題が先送りされた妥協的法律であったが、この法律の意義は大きいと言える。ちなみに、刑務所での更正やアルコール依存症の克服に伝統儀式が及ぼす効果は従来から注目されていた。あるチェロキーの受刑者は以下のように体験を語っている。

服役して間もない頃、私の人生を変えることがおきた。年配のインディアン受刑者は、私がインディアンであると知り、やってきてこう言った。「どうして仲間たちと一緒にスウェットロッジに来ないんだ？」私はスウェットロッジに行ったことがなく、子供の頃、歌を歌ったこと以外、インディアンの伝統文化に関心を持ったこともなかった。彼にあれこれ尋ねたあげく、すぐにスウェットロッジの仲間に加わり、週に一度は参加するようになった。以前は、自分が罰を受けていると思う以外、神について考えたことがなかったが、すぐにあることに気づいた。太鼓と歌が私の心にしみ込んでいることを。太鼓をたたき、古風な歌を歌っている間、またスウェットロッジにいる限り、私の心は平穏だった。(46)

また、ペヨーテ信仰にとってNAFERAは勝利を記した。九〇年のスミス判決に対して、NAFERAは先住民によるペヨーテの宗教的使用が連邦と州の麻薬取締法に違反しないと定め、ペヨーテ信者への差別を禁じたからである。

しかし、まもなくAIRFC関係者は落胆することになった。一九九七年に連邦最高裁は九三年のRFRAを覆す判決を下し、連邦議会には憲法の修正第一条を法令によって拡大する権限はない、としたのである。(47)今日、ネイティブ・アメリカン教会には七〇以上の部族にわたる少なくとも二五万人の信者がいるが、こうして司法の場では、依然として九〇年のスミス判決が有効とされた。(48)

**聖地保護運動**

上述のように、一九八八年のリング判決以来、聖地問題は先送りされたが、西部における地下資源開発や環境問題の進展によって、聖地保護は先住民にとって益々緊急の課題となってきた。とくに九〇年代には、西部での核廃棄物埋立て計画によって環境的公正への意識が高まり、先住民による環境運動が活発化した。このような先住民団体からの働きかけに応じて、クリントン大統領は一九九四年にマイノリティ・低所得者の居住地における環境的公正を促す行政命令を出し、(49)続いて九六年には連邦諸機関に先住民の聖地取り扱いに関する方針を検討するよう通告した。[50] 土地管理人には、先住民が聖地を訪れて儀式を行えるよう便宜をはかり、聖地の損傷を防いで、先住民のプライバシーを守るために聖地に関する詳しい情報を公開しないよう命じた。もっとも、この行政命令は強制力がなく、裁判で聖地を守る根拠となり得なかった。

このような中、近年、調整がはかられた聖地の例としてワイオミング州のデビルズタワーがある。ここはラコタ・スー族やカイオワ族をはじめとする二〇以上の部族にとって信仰の地であるが、その独特の地形が多くの観光客を引きつけ、先住民の儀式が妨げられるようになっていた。また、ロッククライマーがピトンを打ち込み、岩肌を傷つけることに抗議する先住民もいた。国立記念物としてデビルズタワーを管轄する国立公園局は二年間、先住民やロッククライマー、環境保護運動家などと協議した結果、九五年に先住民が儀式やサンダンスを行うことが多い六月の間、一般人に対して登頂の自主的中止を呼びかける措置をとった。タワーのふもとに、訪問者はトレイルから外れて先住民の儀式を妨害しないよう掲示を設け、先住民にとってタワーが持つ文化的・歴史的重要性を説明する異文化教育プログラムを設けた。大部分の観光客が先住民の儀式を尊重して、自発的に登頂を中止したが、一部のロッククライマーがこの措置に反対し、国立公園局に対して訴訟を起こした。その結果、九八年、ワイオミング州の連邦地方裁判所は、国立公園局が部族の儀式や祈祷を外部から守るデビルズタワー国立記念物の登頂管理が合法であると判決した。[51]

一方、他の大規模な土地開発に直面している聖地の問題は棚上げにされてきた。今日、金や石油などの地下資源採掘や地熱発電、核廃棄物埋立てなどが計画されている聖地は、ズニ・ソルトレイク（ニューメキシコ州）、インディアンパスとメディスンレイク（カリフォルニア州）、ウェザマンドロー（モンタナ州）、ユッカマウンテン（ネバダ州）など四四ヵ所にのぼる。こうした中、聖地保護運動が新たな動きを見せてきた。二〇〇一年にはコロラド州で、聖地保護を検討するために、アメリカ先住民聖地フォーラムが開催された。連邦機関や大学、ＮＰＯ各関係者が先住民部族とともに聖地保護にむけた決議案をつくり、同年にワシントン州で開かれたNCAI年次大会にて採択された[52]。また、〇二年三月には、NCAIがNARF、セブンス・ジェネレーション基金、AAIAなどの非営利団体や各部族代表と提携して、先住民の聖地に関する四日間の会議を首都ワシントンで開催した。会議では、デロリアの講演に加えて、AIRFAやクリントン大統領の行政命令、歴史保存連邦法が聖地を守るのにいかに不十分かが各部族の聖地問題とともに討議された。この会議の場で、聖地保護連合（Sacred Land Protection Coalition）が結成され、新たな法律制定にむけて働きかけることになった[53]。

連邦議会では、二〇〇二年と〇三年に数回にわたって聖地保護に関する聴聞会が上院インディアン問題委員会にて開かれ、内務省や国防総省関係者とともに、各部族や聖地保護連合の代表者が証言を行った。彼らは軍事基地や政府主導の鉱業開発などによって、各部族の聖地が脅かされている現状を訴え、プロジェクト遂行にはあくまで部族との協議の上で臨むよう訴えた[54]。その後、聖地保護を説いた一九九六年のクリントン大統領による行政命令一三〇〇七号を法律として具体化する法案が議会に数度にわたって提出された[55]。聖地保護を進めるうえでの困難は、先住民が聖地に関する詳しい情報を開示し、それが部族にとって持つ意味を主流社会に説明しなくてはならないことにある。歴史的に主流社会の干渉から伝統的信仰を守ってきた先住民にとって、聖地について外部者に明らかにするのは容易でなく、部族の伝統もこれを認めてこなかった[56]。しかし、聖地保護に取り組むうえで先住民は決して受身にとどまらなかった。NARFの弁護士エコホークは、連邦政府が先住民部族に対して信託責任を負うかぎり、部族の主権を支える文化と信仰は保障されるべきであると主張する。中には、保留地でのカジノ経営などによって経済力をつけ、政治圧力団体として聖地保護を働きかける部族もある。例えば、〇二年にカリフォルニア州のケチャン族は知事や議員にはたらきかけ、州議会で聖地インディアンパスの保護法案を成立させようと試みた[57]。

先住民の聖地保護運動の中で近年、注目されるのが、環境運動とのつながりである。二〇〇一年にコロラド州で開催された聖地フォーラムの講演で、教育映画の製作を通じて聖地保護に協力してきたC・マクロードは、聖地保護とはたんに立ち入りを禁止するのではなく、むしろ先住民の価値観を理解・尊重し、土地への敬意を育むことこそ重要であると人々に説いた。[58] また、セブンス・ジェネレーション基金会長の先住民C・ピーターズは、聖地が先住民だけでなく、生態系全体にとってかけがえのないものであると語った。「我々は、古くからの教えや啓示によって、聖地と自然の力は人間だけに大切なのではなく、その聖性は先住民のみに限られないことを知っている。これらの場所や聖地は、他の宗教や哲学に見られる人間中心の世界観をはるかに超えるものであり、生物全体にとって、熊や鹿、モミやトウヒの木、地上の生き物すべてにとって聖なるものなのだ。もちろん、白人にとっても。いわば生態系全体にとっての聖地であり、生態系を維持するためにもこれらの場所を守っていくことが必要だろう。[59]」このように、聖地保護運動は、文化的多様性と共生のテーマを環境の次元でとらえなおすことで、新たな展開を見せつつある。近年では、聖地ベアビュートとサンフランシスコ・ピークスにおける新たな観光開発の動きに対して先住民団体が異議申し立てをしている。[60]

以上のように、一九七八年のＡＩＲＦＡ以降、先住民の宗教的自由は一進一退を繰り返したが、先住民は独自のネットワークと運動を展開し、アメリカ社会に働きかけてきた。先住民の信仰問題を通じて、合衆国におけるマイノリティ文化の処遇が問われてきたのである。ＡＩＲＦＡと修正第一条に基づく先住民の宗教的権利は八〇年代にリング判決とスミス判決によって後退したが、九〇年代にはＮＡＧＰＲＡやＲＦＲＡ、ＮＡＦＥＲＡなどの各法律によって改善がはかられた。スミス判決を通じて信教の自由と国家の関係という、先住民に限定されない問題が浮上してきたように、聖地保護はより広範な環境運動に影響を与えようとしている。

## 第2節　部族語と先住民教育

第Ⅲ章と前節では、主に信仰に焦点を当ててアメリカ先住民の文化継承を考察した。本節では、文化のもうひとつの要である言語を取り上げて近年の動きに注目していきたい。現代のアメリカ先住民にとって、部族語の継承は差し迫った課題となっている。長らく僻遠の保留地で保持されてきた部族語も、交通や情報の発達した今日では急激に話者を失い、消滅しかけている。子供たちは学校やテレビなどを通じて英語を身につけ、部族語を話すことができる高齢者たちの間では、伝統文化の継承への深い懸念が広がっている。

白人の入植前、北米には三〇〇以上の先住民言語が存在したと言われるが、今日残っているのは約二一〇語（合衆国一七五、カナダ三五）であり、合衆国で親から子へ家庭で継承されている言語は約二〇に限られている。アリゾナ州とニューメキシコ州を中心とした南西部の各部族語や、オクラホマのチェロキー語、ミシシッピ州のチョクトー語などは次世代へ受け継がれているが、北西部や太平洋岸の部族では話者がほとんどいなくなり、存続が危ぶまれる言語が数多く存在する。ハワイでは最近まで、ニイハウ島の住民約二〇〇人（うち子供の話者約三〇人）を除いて、七〇歳以下でハワイ語を話せる者は実質的にいなくなっていた。北米の先住民人口二五〇万人のうち、いずれかの部族語の話者は約三六万二千人であり、多くが高齢者である。ナヴァホ語の話者（ナヴァホ族人口約二五万のうちの一四万八五三〇人）が最も多いが、カリフォルニア州の小さな諸部族の言語は、実質的に消滅しつつある(61)（図Ⅳ-1参照）。

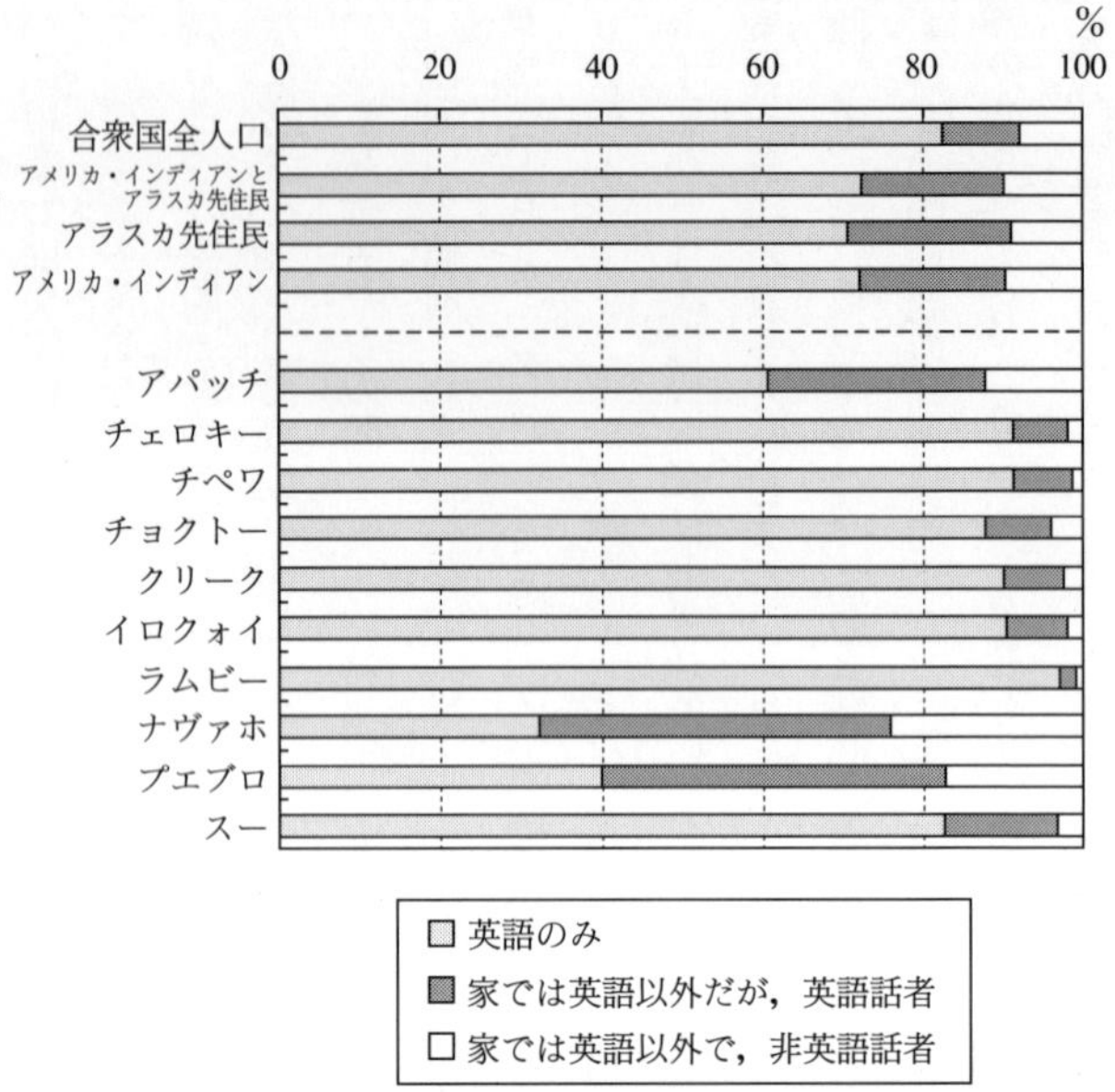


**図IV-1**　家庭で話す言語（部族別）2000年

出典）Stella U. Ogunwole, *We the People : American Indians and Alaska Natives in the United States,* U.S. Census Bureau, February 2006, 7より作成

そもそも文字を持たなかった先住民にとって、言語は世代を超えて部族の価値観や信仰、記憶を語り継ぐ文化的アイデンティティの源と言える。言語の発音やリズム、文法、言語構造には民族独自の世界観が反映されているとされる。一九五七年生まれのラコタ・スー族のある女性は以下のように語る。

私は本のない家庭で育った。まだ幼い頃、母がバッグに入れていた小さな聖書以外に本を見た覚えがない。この頃、自分や母、祖父は英語がわからず、わたしは本ではなく、叔父・叔母やいとこ、祖父母、大叔父・大叔母たちに囲まれて育った。彼らが私にとっての書物だった。よくラコタ語で昔話を聞かせてくれたが、それらを決して忘れることはないだろう。彼らの生涯が物語となり、わたしはそれを忘れることなく、自分の子供らや孫たちに語り継いでいく。［中略］子供の頃、わたしは創世神話について考え、「はじめに」あったのは意識だけ、というのがどんな感じか理解しようとした。昔、これらの物語が語られた頃、ラコタ語だけが話されていた頃はどんな風だったのか想像を膨らませた。ベッドで暖かい毛布にくるまり、叔母の傍らでこれらの昔話をラコタ語で聞きながら、それらの空想にふけった。暗闇の中で聞こえてくるのは彼女の声だけだった。わたしは、その言葉が発する明かりにしたがって想像をめぐらせた。叔母の暖かいベッドの中では不安が消えた。[62]

各部族語が消滅の危機に瀕している今日、先住民の間ではどのような取り組みが見られ、それは彼らの文化的アイデンティティといかに関わっているのだろうか。一九九〇年にはアメリカ先住民言語法（Native American Languages Act）が制定され、部族語の継承と振興が目指されてきた。九〇年代に入って言語学者や教育学者の間でも先住民の言語教育に対する関心が高まってきた。[63] マイノリティの権利について論じたキムリッカ（W. Kymlicka）は、民族マイノリティの社会構成的文化（societal cultures）における言語の重要性について指摘している。[64] その一方で近年、合衆国で勢いを増している英語公用語化の動きは部族語の継承にどのような影響をもたらしているだろうか。本節では、部族語と教育に焦点をあてて今日のアメリカ先住民による文化継承の試みについて検討していきたい。

## 一　先住民教育

### 歴史的背景

合衆国政府の先住民政策は一九世紀以来、紆余曲折を経てきたが、一九三〇年代のインディアン・ニューディール期を除いて、長らく教育においても同化主義が基調であった。そのような先住民の教育・言語政策で実質的転換がはかられたのは一九七〇年代以降である。一八八七年の一般土地割当法制定後、連邦政府は先住民教育を推進し、一九二〇年代にかけて教育が連邦政府による同化政策の柱となった。一八七九年にカーライル・インディアン学校を創設したR・H・プラット（Richard Henry Pratt）は、保留地外の寄宿学校での職業訓練教育を通じて、先住民の子供の同化を促進するよう提唱した人物として知られる。また、八五年から八八年にかけてインディアン局長を務めたJ・D・C・アトキンズも、インディアン学校に関する規則を発令し、英語による教育を義務づけた。やがて一九〇〇年頃から、インディアン学校教育長E・リールやインディアン局長F・ループなどによって、保留地内での教育が試みられるようになったが[65]、英語による画一的なカリキュラムを採用して文化的同化を推し進める一方、かえってアメリカ主流社会からの疎外を促すことになった。次第にこれらの学校は財政難から、十分な教育と職業訓練を維持できなくなり、生徒たちは最小限の読み書き・算数を習う他は、給食の準備や制服の縫製、校舎の修理といった学校の雑務に追われるようになった。二〇世紀初頭に学校に通った先住民児童は約半分であり、その八割がインディアン局運営の学校に通い、残りが教会運営のミッション・スクールで学んだ。

過去の連邦政策において先住民がしばしば批判してきたのが、寄宿学校での体験である。先住民の子供たちは、親元から引き離されてミッション・スクールやインディアン学校に送られ、同化教育を受けた。そこでは部族語が禁止されて、この世代を境に部族文化の継承が途絶えた例が少なくない。このような教育は、学校への不信感とともに先住民としてのアイデンティティに歪みを生じさせたと言われている。しかし、生徒たちは家族や保留地から切り離されても自分たちの間で支え合い、独自の学校文化を育んでいたようである。近年では、先住民の視点からの寄宿学校の経験に関する研究や、歴史展示も試みられてきた[66]。一九二〇年代にインディアン局運営の部族間学校であるハスケル学院（Haskell Institute）に在籍したショショーニ族のE・B・ホーン（Esther Burnett Horne）は次のように学生生活を振り返っている。

私たちは互いの文化を尊重し、慣習や伝統について多くを語り合った。生徒は自分たちの間でコミュニティの感覚を培い、相互に学びあったものだ。ハスケルは、インディアン文化を消し去ることを目指していたけれど、私たちは分かち合いや協力といった伝統的価値観によって文化を維持した。これらの学校はインディアンからインディアンらしさを消し去り、白人文化への適応を促そうとしていたのだが。［中略］ハスケルのコミュニティ感覚はとても強かったと思う。インディアンの間では、これがとても大切である。私たちは学校やチームを誇りとし、強い愛校心を抱いていた。ハスケルに通ったことを自慢し、インディアン寄宿学校の同窓生の大部分が、特別な仲間たちに誇りと帰属意識を抱き、連絡をとり合って拡大家族のようになっている。寄宿学校は子供らを家庭や家族、コミュニティから切り離したけれども、私たちは学校で自分たちのコミュニティをつくり上げたのだ。学業を修め、インディアン性を保持したことは誇りである。寄宿学校は先住民文化を破壊することが目的で同化政策の施設だったと批判する人もいる。確かに一般的にはそうだったろうが、自分にとって今やハスケルの生徒や教師たちは、アメリカ・インディアンであることと切り離せない存在となっている。そして、これからもずっとそうあり続けることだろう。(67)

このように、ホーンの回想には「誇り」という言葉が繰り返し見られる。ここでは、寄宿学校体験という先住民のある世代に共通する歴史的記憶が、当事者の視点から主体的に想起されている。

## 先住民教育改革

その後、インディアン学校はJ・コリアに代表される新たな政策者によって改善が試みられる。一九二八年に発表されたメリアム報告書は、インディアン局運営校の実情を明らかにして先住民の生徒が親元から通えるよう通学学校を推奨し、先住民の伝統文化に配慮したカリキュラムを始めとする教育改革を提唱した。インディアン局教育部長を三六年から務めたW・W・ビーティ（Willard W. Beatty）は、スー、ナヴァホ、プエブロの生徒のためにバイリンガルの教科書をつくり、バイリンガルの教員養成を試みた。しかし、第二次世界大戦の勃発によって、インディアン局のプロジェクトは大幅に資金が削減され、コリアのインディアン・ニューディール政策は後退した。やがて各州の教育庁はインディアン児童のための基金を他目的に流用するようになり、この傾向は一九七〇年代に改革されるまで続いた。

第一次世界大戦中のチョクトー語、第二次世界大戦中のナヴァホ語のように、アメリカ兵として従軍した先住民が自らの部族語を暗号に用いることはあったが、兵士や軍需工場労働者としてアメリカ主流社会と接した先住民たちは、次第に教育の必要性を自覚するようになった。各部族政府は義務教育法を定めて奨学金を設け、戦後のインディアン局運営校には復員兵や都市生活に適応しようとする成人たちも集まった(68)。こうして、先住民の就学率は次第に上がり、一九六〇年代半ばまでに大部分の生徒が教育を受けるようになった。先住民の間で自意識が高まった六〇年代には、教育における先住民の自治を確立する試みが生まれた。西部のいくつかの州立大学では部族語を教える授業が設けられ、経済機会局からの補助金によって、ヘッドスタート・プログラムや初の部族大学ナヴァホ・コミュニティ・カレッジ（一九六八年設立）が実現した(69)。

当時の教育改革に影響を与えた研究には、「インディアン教育に関する上院特別小委員会」が聴聞会での証言を元に一九六九年にまとめたケネディ報告書と、シカゴ大学教育学教授のR・J・ハビガースト（Robert J. Havighurst）を代表として一九七〇年に発表された先住民教育に関するハビガースト報告書がある(70)。一九六七年に設立された「インディアン教育に関する上院特別小委員会」は、聴聞会で先住民の意見を聴取し、問題点を調査した。当時、先住民生徒の中途退学率は全国平均の二倍であり、学習レベルも低く、学校にとどまっても学習が遅れる一方であった。とくにインディアン局運営の寄宿学校に批判が向けられ、プリンストン大学で人類学を教えていたサンファン・プエブロのA・オーティス（Alfonso Ortiz）は、寄宿学校では最も重要な成長期にある子供が家族からの精神的サポートを得られないと主張した。先住民たちはインディアン局運営校で先住民文化を尊重したカリキュラムを実現し、親の意見が学校に反映されることを望んだ。(71) 例えば、当時のナヴァホ保留地では学校の教員は大部分が非先住民であり、公立学校の教育委員会に部族員が含まれていることは稀であった。インディアン局運営校のPTAはナヴァホの親たちで構成されていたが、学校の運営に対してほとんど発言権を持たなかった。保留地の学校カリキュラムにはナヴァホ文化が考慮されてなく、当時のアリゾナ州法は、公立学校の教育で英語使用を義務づけていた。ハビガーストも全国三九の学校を対象として調査を行い、報告書にて先住民文化を尊重した学校カリキュラムの必要性と先住民による教育イニシアティブの必要性を説いた。

このような状況に対応して、一九七〇年代にはインディアン教育法（一九七二年）、インディアン自決・教育援助法（七五年）、教育修正条項第一一条（七八年）、部族コミュニティ・カレッジ法（七八年）といった一連の教育関連の法律が成立した。特に七五年のインディアン自決・教育援助法は、部族語教育を促進して教育機会の拡大・進学援助をはかるとともに、部族と教育局・内務省との協力体制を定めた。こうして、公立学校やインディアン局運営校の教育プログラムに、先住民の親たちも参加するようになったのである。また、部族は連邦政府との契約のもとに保留地のインディアン局運営校を管理し、部族大学の運営のために連邦補助金を受けることが可能になった。

以上の進展にもかかわらず、八〇年代にはレーガン政権下での連邦予算削減などによって、先住民教育は打撃を受けた。(72) 八七年にインディアン局は、現存するインディアン局運営校を部族運営または公立へと変えていくことを発表した。ハスケル・インディアン・ネイションズ・カレッジやサンタフェのアメリカン・インディアン美術学校、アルバカーキの南西部インディアン・ポリテクニック学校などで年間八〇〇ドルの授業料を徴収することが提案され、これらの学校を残して廃校が続いた。[73] その一方で、先住民は教育において徐々に主導権をとるようになり、先住民の教育者も活躍するようになった。二四の部族大学に加えて、ニューメキシコ州のズニ公立学校区のように公立学校におけるプログラムにも先住民が参画するようになった。[74]

## 先住民言語と教育

七〇年代から八〇年代にかけて注目されるもうひとつの動きがバイリンガル教育の進展である。バイリンガル教育は、英語が母語でない生徒に母語で教育を受ける権利を保障し、英語を学びながら数学や社会科など一部の科目を母語で教える方法であり、英語で学習できるまでの過渡的措置とマイノリティの民族文化の継承というふたつの目的を持っている。一九六八年に制定されたバイリンガル教育法は、英語を母語としないマイノリティの子供たちのために、公立学校で民族言語を使って授業を行うことを許可したが、この時点では母語の継承よりも英語能力の発達に比較的重点がおかれていた。しかし、七四年のラウ対ニコルズ判決（414 U.S. 563）によってバイリンガル教育は母語維持の観点からも支持された。この裁判では、サンフランシスコの統一学校区（教育委員会）で全体の五分の一を占める約三千人の中国系生徒の大半が英語を理解しないまま授業を受けていることは、平等な教育機会を保障した六四年の公民権法に違反するという判決が連邦最高裁によって下された。これによって、全国の公立学校は英語を母語としない子供たちに言語の壁をのりこえて授業についていけるよう英語の訓練とともに母語による教科指導が義務づけられたのである。

しかし、八〇年代に入るとバイリンガル教育への反動が高まり、英語を州の公用語と規定することを目指す団体

USイングリッシュ（一九八三年）やイングリッシュ・ファースト（八六年）が設立された。八六年には、カリフォルニア州で、州憲法を修正して英語をカリフォルニア州の公用語として宣言するだけでなく、実際に法律化しようとすることを定めた「提案六三」が一般投票で全体の七割の支持を得た。このような英語公用語化運動が高まる中、八八年までにバイリンガル教育法実施のための連邦予算は半分に削減された。一方、イングリッシュ・オンリーの立場に対抗して、多様な言語と文化を保護し、尊重することをめざすイングリッシュ・プラスの運動も展開された。八七年には、国民各自の歴史的、文化的、言語的多様性を憲法修正によって保障しようとする文化権利修正両院合同決議案（joint resolution）が提案された（H. J. Res. 232, S. J. Res. 114）。また八九年、ニューメキシコ州はバイリンガリズムを支持表明し、多言語能力は国益につながることを強調した。イングリッシュ・プラスの運動は、移民などのマイノリティが民族言語を維持する一方で英語習得が遅れるわけではないと主張した。

先住民にとって画期的な意味を持つ法律が、一九九〇年のアメリカ先住民言語法（P.L.101-477）である。この法律は、先住民が自らの言語を使用し、発展させていく権利と自由を保障し、合衆国は彼らの文化と言語の維持に責任を負うことを謳っている。連邦政府は部族語継承を促す政策をとり、各連邦局や州・諸施設にもこれを支援するよう定めた。具体的には、学校での指導言語として部族語の使用を促し、数少ない高齢の話者も教えられるよう部族語教員の資格制限を柔軟にした。また、州や地域の教育機関は先住民の親や教育者、部族評議会などと協同体制を確立し、連邦補助金を受けている学校での教育や部族の商業活動においても部族語を用いる権利を認めた。この法律は、部族主権を尊重する政策の一環であり、英語公用語化運動に対する先住民側の働きかけの成果であった。二年後の同法修正版（P.L.102-524）では具体的な資金援助の対象や手続きが決められ、言語の継承と保存をはかるために各部族や先住民団体に対する奨励金プログラムも定められた。

一九九〇年代までには、国や州、部族の各レベルで教育やメディアの分野に活躍する先住民が増え、彼らは独自のネットワークを形成していた。九〇年に連邦教育省によって先住民の教育問題について検討する特別専門委員会（Indian Nations at Risk Task Force）が組織された。従来のメリアム報告書（一九二八年）やケネディ報告書（一九六九年）の場合とは異なり、この委員会には一二人中一〇人の先住民が参加し、先住民教育家で前アラスカ教育委員であるW・G・デマート（William G. Demmert, Jr.）が前教育大臣T・H・ベル（Terrell H. Bell）と共同で指揮をとった。各地で聴聞会を開いた後に委員会は報告書を作成し、連邦政府に現代の先住民教育における課題を提言した。そこでは、先住民の教員養成や部族大学の充実化とともに先住民文化や言語を支える包括的な教育プランのあり方が説かれていた。(75) 九〇年代のクリントン政権下では先住民政策は好転し、部族尊重主義が広まってくる。九四年には、クリントン大統領がホワイトハウスで約三〇〇人の各部族指導者と懇談し、部族政府と連邦政府との対等な関係を確認した。

先住民言語については、一九九四年以来、北アリゾナ大学を中心に部族語継承に関するシンポジウムが開催され、報告書がまとめられてきた。ここでも、部族語が先住民の文化的アイデンティティと深く関わり、今日、その存続が緊急の課題であることが確認された。九四年のアメリカ学校改善法の第七条で改定されたバイリンガル教育法は、先住民言語の危機状況を鑑みて、学校や部族組織でのバイリンガル教育プログラム実施に連邦政府が補助金を支給することを定め、先住民を対象とした教材開発をさらに推進していくことになった。

一九九〇年代には教育問題を通して、先住民諸団体の連携も深まった。この時期に全国インディアン教育協会（NIEA）は他団体との協力体制をとり、九五年からNCAIや全国インディアン教育諮問評議会（NACIE）、NARFとともに先住民教育プランを作成してクリントン大統領に提出した。これを受けてクリントンは九八年の大統領令で、先住民教育の改善をはかるうえで部族主権を尊重し、先住民団体や部族との協議を重視するよう提唱した。クリントンはこの他、九九年にオグララ・ラコタ・スー族のパインリッジ保留地を訪問し、先住民と合衆国

料金受取人払郵便

千種支店
承認

5074

差出有効期間
平成21年10月
31日まで

郵便はがき

464-8790

092

名古屋市千種区不老町名古屋大学構内

財団法人 名古屋大学出版会 行

ご注文書

| 書名 | 冊数 |
| --- | --- |
| | |
| | |

ご購入方法は下記の二つの方法からお選び下さい

| A. 直 送 | B. 書 店 |
| --- | --- |
| 「代金引換えの宅急便」でお届けいたします<br>代金＝定価(税込)＋手数料200円<br>※手数料は何冊ご注文いただいても200円です | 書店経由をご希望の場合は下記にご記入下さい<br>＿＿＿＿＿ 市区町村<br>＿＿＿＿＿＿ 書店 |

# 読者カード

（本書をお買い上げいただきまして誠にありがとうございました。
このハガキをお返しいただいた方には図書目録をお送りします。）

本書のタイトル

ご住所　〒

TEL（　　）　—

お名前（フリガナ）　年齢

歳

勤務先または在学学校名

関心のある分野　所属学会など

Eメールアドレス　@

※Eメールアドレスをご記入いただいた方には、「新刊案内」をメールで配信いたします。

本書ご購入の契機（いくつでも○印をおつけ下さい）

A 店頭で　B 新聞・雑誌広告（　　　　）　C 小会目録

D 書評（　　　）　E 人にすすめられた　F テキスト・参考書

G 小会ホームページ　H メール配信　I その他（　　　）

ご購入書店名　都道府県　市区町村　書店

本書並びに小会の刊行物に関するご意見・ご感想

政府の対話の可能性を印象づけた。[76]

## 二　学校とコミュニティの取り組み

### 先住民教育の課題

一九六〇年代以来の教育改革にもかかわらず、今日、先住民生徒の教育水準は相対的に他のエスニック集団と比べて低いと言える。六〇年代半ばまでには大部分の先住民児童が就学し、七〇年代以降、高校中途退学率は徐々に減少しながらも、依然として全国平均の一・五倍であり、先住民の高校生の一〇人に三人がドロップアウトしていることになる。これは学業成績や非行・飲酒などの個々の要因や家庭環境のみによるものではない。マイノリティ集団の中でも先住民学生に見られる学力不振、中途退学の原因として指摘されてきたのが、学校を通じた主流社会との接触での摩擦、肯定的自己像を築けないことによる自尊心の欠如であるとされてきた。先住民の子供の場合は、家庭や地域と学校との間で隔たりを経験し、内的葛藤を抱えることがある。[77]

今日では、全国の先住民生徒の八二％が公立学校、八％がインディアン局運営校、そして三％がミッション・スクールに在籍し、インディアン局運営校の大部分がニューメキシコ、アリゾナ、サウスダコタ、ノースダコタの各州に集中している。二〇〇四年の国勢調査によれば、全国で最も自殺が多いのは白人人口であり、先住民は二番目であるが、一五歳から二四歳にかけての年齢層では、アメリカ・インディアンとアラスカ先住民の割合が最も高い。[78]とくに、貧しい保留地が点在する中西部の平原地域に暮らす先住民の若者の場合、白人の若者に比べて一〇倍以上の高さである。専門家によれば、自殺の要因は、薬物乱用やコミュニティのサポート不足、家庭崩壊など様々であるが、依然として人種的偏見も指摘されている。二〇〇五年六月には、サウスダコタ州の公立学校で先住民生徒に懲罰が集中していることが問題化した[79]。

家庭や地域と学校との間のギャップをなくす方法として、従来から学校での教授法やカリキュラムの見直し、生徒の内的葛藤に対処するカウンセリング・プログラムの充実化が要請されてきた。マイノリティの子供の教育においてしばしば重視されているのが、主流社会で体験する疎外やアノミーに対処するための集団アイデンティティに根ざした自尊心（self-esteem）の育成である。成長過程にある子供は、個人としてだけでなく、ある集団の一員として帰属意識を育む傾向がある。学校で疎外感を覚えても、自文化を拠り所に主流文化を学び、重ね合わせることが可能となる。とくに先住民の教員は、生徒が直面する問題をより深く理解し、ロールモデルとして学校での生徒の適応を導いていくことができると期待されている[80]。

**教育とコミュニティ**

このような集団的アイデンティティを尊重した教育のあり方として近年、注目されているのが、先住民コミュニティや地域に根ざした教育である[81]。これは個人としての自律心とともにコミュニティと自己との関わりを学習させていく試みである。生徒は地域の文化や社会・環境・福祉に関する問題を調べ、体験学習や住民インタビューなどを通じてコミュニティに対する問題関心を深める。それによって、生徒はコミュニティでの自己の役割を見出し、いかなる貢献ができるのか将来像を考える機会を得る。学校教育の知識を日々の生活や、コミュニティのエンパワメントに活かすことを学ぶのである。先住民の教育家V・デロリアとD・ワイルドキャット（D. Wildcat）によれば、アイデンティティとは、たんに肯定的な自己概念ではなく、自らの位置と役割をとらえることであり、「ある社会に貢献するメンバーとなる責任を引き受けることである」。先住民生徒への教育は、「西洋科学が描き出す無機質で無感情な世界」を提示するのではなく、保留地などの地域コミュニティを支える包括的内容であるべきだと論じている。[82]生徒の中途退学を防止するためにも、教育カリキュラムは個々に独立したものではなく、有機的まとまりを持つ必要がある。

しかしながら、生徒の学業を支えていくには、学校のみの対応では不十分である。カリフォルニア大学の教育学者J・U・オグブ（John U. Ogbu）によれば、生徒の学力向上には家庭と地域コミュニティの協力体制が不可欠である。マイノリティ生徒の高い中途退学率の要因の一つとして、コミュニティや仲間集団内で、個人的に学業を修めることが主流的価値観への同化として否定的にみられがちな背景がある。とくに先住民の場合、かつて政府やミッションが運営する寄宿学校を卒業後、保留地へ戻っても親やコミュニティとの間に言語や文化面でコミュニケーション・ギャップを経験することが少なくなかった。地域や家庭は学校教育が必ずしも子供の文化的アイデンティティの喪失につながるわけではなく、むしろコミュニティに貢献し、活性化していくことを認識し、積極的に学業を支援する環境をつくっていくよう期待されている。[83]

先住民が教育を通して支えようとするコミュニティとはいかなるものか。モンタナ州のクロウ族保留地の部族大学リトルビッグホーン大学の学長を務めたJ・P・プリティオントップ（Janine Pease Pretty on Top）は以下のように語る。

アメリカの多くが失い、無視してきた生活の質というものがある。私生活中心主義や個人主義は手に負えなくなっている。これらはコミュニティの質を蝕み、世界の人間生活にとって必要な思いやりや近隣関係を低下させている。しっかりした関係のコミュニティは、土地やすべての創造物に敬意を払う。けれども、アメリカの移動社会はその健全なコミュニティのあり方を損なってきた。人々は数年おきにチェスの駒のように移動しなくてはならないのだろうか。インディアンの暮らしの中にも分裂はあるが、我々は多くの人々が理想とするようなコミュニティの姿を保持している。コミュニティには、他人に耳を傾けるという慣習がある。あるコミュニティの真のメンバーであれば、他人の意見に耳を傾け、交流する。意見をはっきりと言い合わないコミュニティでも、分かち合う知恵がある。我々の小さな町、そしておそらく都会にも、何らかの知恵が備わっており、耳を傾ける慣習が残っている。我々はそれらに耳を傾け、学びとる必要がある。現代の世界経済は破綻をもたらすかもしれず、コミュニティを転々とするような生活には警戒すべきである。(84)

## 部族語教育

九〇年代以降、学校カリキュラムの中で生徒の文化的アイデンティティを支え、家族やコミュニティ、部族とのつながりを確認させるプログラムとして注目されているのが、部族語の教育である。部族語の話者が高齢になって亡くなる中、伝統文化の継承は焦眉の課題となっている。上述のように、八〇年代までの教育改革は主に学校に焦点をあてていたが、九〇年代以降はコミュニティ全体の文脈で教育をとらえなおすことによって家庭と学校の架橋を目指してきた。とくに部族語の継承では、社会学者J・フィッシュマン（J. Fishman）が指摘したように、学校が果たせる役割は限られており、家庭やコミュニティでの教育が重要である。その意味でも、学校と家庭、地域というコミュニティ全体での取り組みが必要になっている。(85)

早い時期から、この視点にたってコミュニティと大学間の連携を深めつつ部族語の継承を促してきたのが、アリゾナ大学のアメリカ・インディアン言語開発研究所（AILDI）である。一九七八年にユマ語族の話者と言語学者、教育者が先住民学校での教育改善のために結成したAILDIは、部族語教育用の教材やカリキュラム開発をテーマに毎年四週間の夏期講座を開いてきた。年ごとに参加者は増し、一九九六年には合衆国やカナダからベネズエラ、ブラジルまでの諸言語を代表する一一六人が参加した。これまでに部族語や文化の保存にむけた研究者、カリキュラム開発者、そして千人以上の先住民の親や教員がAILDIの講座を受講してきた[86]。AILDIのプログラム・コーディネーターであるR・シキエロス（Regina Siquieros）は以下のように部族語教育の意義を語った。

言語とそれに包まれた文化は、我々の力の源であろう。若者がうまくいかない理由はそこにあり、アイデンティティを支えれば、彼らはもっと成功するはずである。わたしは九年間、中学校で物語プログラムを実施し、教室に長老たちを招いて昔話を生徒に語ってもらった。若者が部族語を話すのを聞いて、長老たちは「気分が浮き立つ」と語ったが、もっとこのようなことがあってほしい。若者にも大いに役立っており、自尊心が高まり、出席率が上がる。自分が何者であるかというルーツを知ると目標が定まり、学習の機会がこの上なく高まると実感した。子供たちにはまず彼ら自身について教え、部族の歴史を知ったうえで他のことを教えることができる。わたし自身は、「自分が何者で、どこから来たのかを忘れるな。自分の言葉を話すのを誰にも邪魔させるな。」と常に祖父母から言い聞かされて育ち、言語や文化の継承にずっと関心を持ってきた。多くの人々と同様、寄宿学校の影響を自覚してきたが、言語や伝統を忘れずに、自分の子供も含めて関心を持つ人々に伝えてきた。物語プロジェクトを終えてから、私たちの伝統の多くが補強され、より多くの若者が部族語を話したがるようになった。［中略］言語はたんに私たちが話すものではなく、人々と交流する手段となり、伝統や歌、物語である。先住民にとって、言語は文化に等しい[87]。

スミソニアン研究所もユタ大学アメリカ・インディアン言語研究センターと提携してユタ州の先住民言語をビデオや本に記録し、保存に努めることになった[88]。オクラホマ州では、オクラホマ先住民言語協会が一九九六年からカンザス大学やオクラホマ大学の言語学者や人類学者による一連のセミナーを開催し、部族語の教員養成に努めてき

た。フロリダでも、クリーク語とミカスキ語のためのセミナーが専門家によって行われてきた。(89)

近年、合衆国のバイリンガル教育において注目されているのがイマージョン（immersion）方式である。これは基本的に学習対象である言語そのもので授業をすすめる方法であり、特に就学前の幼児や小学生の言語習得にはイマージョン形式の授業が効果的であることが指摘されている。米国教育長官R・W・ライリーも、二〇〇〇年三月のスピーチで、バイリンガル教育におけるイマージョン授業の重要性を説いた。先住民の部族語学習では、従来、一日の授業で一五分程が部族語用に割かれていたが、近年、この包括的なイマージョン・プログラムが採用されるようになっている。その際、言語学習のみに多くの時間が費やされて他の学科が遅れないようにカリキュラムが工夫される。

イマージョン・プログラムの模範としてしばしば挙げられるのが、ハワイ語のケースである。わずかな話者しか残っておらず、消滅が危ぶまれた一九八〇年代、ハワイ語が日常会話に残っていたコミュニティで、幼児にイマージョン教育を行う試みが着手された。一九八三年にNPOのアハプーナナレオ（Aha Punana Leo）が設立されて教材作成や教員養成に乗り出し、主に就学前の児童とその親たちを対象にした私立のハワイ語学校を開校した。一九九五年には学校が九つ、幼児は約一七五人にまで増えていた。その後、年長の生徒も対象にした特別のハワイ語学級が公立学校の中に設けられ、今日、このようなハワイ語のイマージョン教室は一〇以上を数え、千人以上の生徒が学んでいる。ハワイ語を中心に授業を行う認可校も二校あり、カリキュラムでは幼稚園からすべてハワイ語で授業を受け、五年生で英語の授業が導入される。以後は高校まで、英語が一日に一時間教えられるが、中学・高校では第三言語も選択する。長期の調査によれば、これらの生徒の学業成績は一般の学校に通う生徒と同等以上になっている。このようにハワイのイマージョン・プログラムは他の言語復興のモデルとなっており、今日でも教材やスタッフ養成、資金獲得の努力が続いている。(90)

## 部族の取り組み

アメリカ・インディアンの各保留地でも、イマージョン・プログラムを中心とした幼児からの部族語学習が行われてきた。ワイオミング州のウィンド・リバー保留地では、NPOの「アラパホ語ロッジ」の主導のもと、幼稚園児に対するアラパホ語のイマージョン授業が成果を上げているが、ハワイ語の場合と同様、家庭で部族語を用いて子供と接するよう親もレッスンに参加してきた。指導者のS・グレイモーニング（Stephen Greymorning）は、ニュージーランドのマオリやハワイ先住民によるイマージョン方式を手本に教授法を研究してきた(91)。また、フラットヘッド保留地では、幼児向けイマージョン・プログラムから大学の講座まで部族語教育が整い、伝統儀式に必要な言葉は実技を通じて教えられている。アリゾナ州フォート・ディファイアンスではナヴァホ語のイマージョン・プログラムが一九八七年に開始したが、このプログラムで学習した生徒は、英語と数学のテストで成績が上位であった。その他、モホークやチョクトー、ブラックフィート、コチティ・プエブロ、カリフォルニア諸部族でも、イマージョン・プログラムが行われてきた(92)。

ダコタ（スー）語も対策を講じないと、二〇五〇年までに消滅が危ぶまれている言語である。サウスダコタ州レイク・トラバース保留地では、戦前から先住民の権利に取り組んできたアメリカ・インディアン問題協会（AAIA）が、ダコタ語教育のためのダコタ・イアピ・プログラムを手がけている。プログラム・ディレクターと住民の長老四名が中心となって会話教室を開き、保育園や幼稚園を訪れて部族語教育をサポートしてきた。部族大学のシストン・ワーピトン・カレッジ（Sisseton-Wahpeton College）と共同で幼児学習用のCDや教材、カリキュラムも開発している。将来的には他のコミュニティにもプログラムを広げていくことが計画されている(93)。

同様に、サウスダコタ州のシャイアン・リバー保留地でも、部族語教育と継承について関心が高まっている。ラコタ語のイマージョン授業をヘッドスタートと初等学年にとりいれることについて、近年行われた住民調査では、八八人の回答者のうち八〇％以上が部族語教育に積極的であった。大部分は小学生から中学生の子供を持つ四〇代から五〇代の親たちで、部族語を日常会話として復活させるために、全学年でバイリンガル教育かイマージョン授業を実施すべきと答えた。自分の子供をイマージョン教室に通わせたいと答えた者も八〇％に及び、反対者は四％であった。しかし、実際に家庭で子供にラコタ語を教えている親は半数にとどまっていることから、学校でのラコタ語のイマージョンやバイリンガル教育への期待が高まっている。[94] 保留地の高校でラコタ語を教えるE・レッドベアによれば、シャイアン・リバー保留地でラコタ語を話す住民は三割以下にとどまり、その大部分が四〇歳以上である。レッドベアは、二〇〇五年にシタンカ大学（Si Tanka University）、シャイアンリバー・スー族、そしてオワンカ・ラコタ・バイリンガル基金プログラムと協同で五日間のイマージョン・キャンプを開催した。キャンプでは、ラコタ語と文化の授業が開かれ、部族語の教員養成のための指導も行われた。[95]

一方、プエブロのように言語が部族の伝統において神聖な意味を持ち、過去の同化教育の記憶からも、学校で部族の文化が直接教えられることをためらう場合もある。このような部族の間では、公立学校で部族語を取り入れるよりも、夏休みなどにコミュニティ内でイマージョン授業が試みられている。部族語が話せる大人が青少年を対象に伝統儀式やゲーム、歌、日常会話などを教えている。ホピの村でも、夏期に五〜一九歳の青少年に工芸とともにホピ語を教えるイマージョン・プログラムが実施されている。[96]

しかしながら、このように各部族がイマージョン・プログラムを維持・発展させるための資金は依然として十分でなく、財政的基盤の確保も課題である。カナダ政府は五〇〜六〇の先住民言語の教育に対して年間四七〇〇万ドルの支給を検討しているのに対し、合衆国は二〇〇の部族語教育に二〇〇万ドルを支給しているにとどまる。近年、W・K・ケロッグ、ラナン、グロット、フォードなどの各財団が部族語プロジェクトへの資金援助を行い、連邦議会もイマージョン・プロジェクトへの補助金増加を検討してきた。[97]

幼児や初等教育向けのイマージョン・プログラムが開発される一方、中等・高等教育機関での部族語プログラムも進展を見せている。アリゾナ州のロックポイント・コミュニティ学校では、一九六〇年にＥＳＬ（第二言語としての英語学習）の授業が始まり、六七年に維持型バイリンガル教育プログラムが着手された。生徒はナヴァホ語と英語双方の授業を受けたが、読解はナヴァホ語で指導を受け、その結果、英語のみで指導を受けた生徒よりも英語の標準テストで高い成績が報告された。

また多くの部族大学でも部族語の授業が開講され、語学教員が養成されている。一九六八年のナヴァホ・コミュニティ・カレッジ（現在のディネ・カレッジ）設立以来、部族大学が各地で創られてきた。一九七三年には、ナヴァホ・コミュニティ・カレッジ、シンテ・グレスカ・カレッジ、オグララ・ラコタ・カレッジ、Ｄ-Ｑ大学、スタンディングロック・コミュニティ・カレッジ、タートルマウンテン・コミュニティ・カレッジの六校でアメリカ・インディアン高等教育協会（ＡＩＨＥＣ）が設立され、相互間の支援を行った。そして、一九七八年には連邦議会に働きかけて部族コミュニティ・カレッジ法を制定させ、制度的基盤を築いた。二〇〇二年までに全国三三の部族大学・高等教育機関がＡＩＨＥＣに加盟している。[98]

これらの部族大学は、それぞれの部族の伝統文化の継承、発展を教育目標に掲げてきた。ディネ・カレッジ（ナヴァホ）、シンテ・グレスカ・カレッジ（ラコタ）、オグララ・ラコタ・カレッジ（ラコタ）、ハスケル・インディアン・ネイションズ大学は四年制の教員養成プログラムを持ち、部族間大学であるハスケルを除いて、部族語と文化の授業が教員養成で必修となっている。[99] また、部族大学では教材も作成されてきた。シンテ・グレスカの教員Ａ・ホワイトハット（Albert White Hat）はラコタ語の本を書き、サリッシュ・クートネー・カレッジではウェブサイトに語学教材を掲載した。リトルビッグホーン大学のＤ・オールドクロウ（Dale Old Crow）は部族語による教科書をつくり、朗読を録音した。[100]

ナヴァホ保留地に近い北アリゾナ大学のような部族大学以外の教育機関でも、部族語やバイリンガル教員養成のプログラムが設けられている。ハワイ大学ヒロ校は、一九七〇年代にハワイ語の指導を始め、八二年にハワイ語専攻の学士プログラムを設立し、ハワイ語の普及に力を入れている。他にニューメキシコ大学、コロラド州立大学、ミネソタ大学、ワシントン大学などでは先住民と協同で部族語の研究・教育を進めてきた[101]。

ニューヨーク州のモホーク族は一九九三年に「カナシオハレケ」という独自のコミュニティをつくり、イロクォイ連合の他部族も含む文化復興センターをつくった。ここでは、夏期にモホーク語のイマージョン授業が開かれ、コミュニティでの通夜や葬式、婚礼などの儀式でのスピーチを若者にも指導している。毎年異なるテーマの歴史文化ワークショップも開催して部族の創世神話や戒律、親族組織、儀式のサイクルなどについて講義し、人々のネットワークを広げている。センターのクラフトショップや宿泊施設は、プログラム運営の資金に還元されている[102]。

近年、多くの先住民コミュニティで注目されているのが、コンピュータやラジオ放送などのメディアを用いた部族語教育の試みである。今日ではこれらの通信手段を利用して、保留地の情報交換や遠隔教育がなされている。ホピのKUYI、ラコタのKILI、ナヴァホのKTNNなど、各部族のラジオ局は全国で三〇にのぼる。ローカル・ニュースを流すこのラジオ放送は、保留地の重要なコミュニケーション媒体だが、部族語放送をとり入れるなど言語保持の役割が注目されている[103]。オクラホマの非営利団体ワードパス協会も、州内の各部族語を復興するために、毎週三〇分の教育番組を地元テレビ局で放映している[104]。さらに、部族語教育に大きな役割を果たしているのが、コンピュータでのマルチメディア授業である。インディアナ大学を始めとする各地の大学で部族語の音声つき辞書データベースがつくられ、教材として利用されるようになっている。このマルチメディア教材は部族語話者がいなくても、個々に自分のペースで発音を確認しながら学習できるので大きな注目を集めている[105]。保留地の学校ではコンピュータ施設の整備も進んでいる。サウスダコタ州のパインリッジ保留地にあるカトリックのレッドクラウド学校は、インターネットを利用した学習の可能性に期待して、コンピュータ設備の充実と教員の技術トレーニングに力を注いでいる。また、同保留地の他の学校では、インターネットを利用したラコタ語の授業が行われている[106]。カンザス州ローレンスのハスケル・インディアン・ネイションズ大学も州内のプレイリーバンド・ポトワトミ族保留地との間でインターネットによる遠隔授業に着手した[107]。

これら一連の試みは、部族語の復興・継承を促しながら、先住民生徒の学習意欲を高めることが目指されている。部族語を通じた文化的アイデンティティの育成は、先住民の学力不振やアルコール・麻薬乱用などの非行、高い中途退学率といった諸問題に解決の道を開き、生徒のエンパワメントと学力向上に結びつくことが期待されている。シストン・ワーピトン・カレッジ学長のW・H・ローンファイトは、「我々の言葉を忘れると、若者は自分自身や居場所がわからなくなる。部族語には相互の接し方や、生き方の教訓が備わっている[108]。」と語る。子供たちが部族語を通じて自分のルーツを確認し、自尊心を育めば、非行が防止され、コミュニティも活性化すると考えられている。部族語を復興させるには、言語と文化のつながりを考慮して包括的なカリキュラムを用意し、学校をとりまく家庭やコミュニティの支援が必要である。日常に根ざした生活言語として部族語を日々の場面に採り入れ、新たな世代が部族語を継承していくような環境をつくりあげる努力が、先住民の家庭やコミュニティで続けられているのである。

## 三　英語公用語化の動き

### 英語と部族語

以上、見てきたように、一九九〇年代には先住民自身による教育改革とともに部族語継承の努力が見られたが、その一方で、マイノリティ言語に対する風当たりが強まってきたのも事実である。とくに九〇年代後半、メキシコ系移民の急増に危機感を募らせた西海岸・南西部の諸州を中心に英語公用語化運動が盛り上がりを見せた。全米でバイリンガル教育を受けている児童約三二〇万人のうちの四〇％の一四〇万人は、カリフォルニアに集中しているが、バイリンガル教育に伴うコストに悩んでいたカリフォルニア州では一九九八年に州法修正法案第二二七号が可決された。これは州内公立学校での教育活動を全て英語で行うことを定めており、法律上、バイリンガル教育の廃止を意味した。同州では、これ以前の一九九六年に州と公共団体による差別と優遇措置の禁止を求める住民提案二〇九号が可決し、アファーマティブ・アクションが廃止されている。六〇年代以降のマイノリティ運動の発祥地であり、長らくバイリンガル教育の実験場であったカリフォルニア州でこのような措置がとられたことは全米の注目を集めた。

このバイリンガル教育の廃止を導いたのは、シリコンバレーのコンピュータ実業家R・アンズ（Ron Unz）やUSイングリッシュなどの英語公用語化を目指す団体であった。全国に一八〇万人以上の会員がいるUSイングリッシュには、各界の著名人が顧問として名を連ね、皮肉にも会長は、チリからの移民で建築家のM・E・ムジカ（Mauro E. Mujica）が務めてきた。USイングリッシュは、これまでに各州における英語公用語化立法を支援し、インターネットを通じて寄付を募ってきた[109]。バイリンガル教育反対の主な論点は、コストの大きさと児童の英語習得が遅れるということであるが、国家の分裂を危惧する国民感情が多分に横たわっていると言える。直接のターゲットはスペイン語話者のメキシコ系移民であるが、言語の問題は必然的に他のマイノリティにも影響を及ぼし、とくに部族語の継承が緊急の課題となっている先住民にとっては打撃である。

カリフォルニアの動きは他州にも広がり、二〇〇〇年には全米の中でも多くの先住民人口を有するオクラホマ州やアリゾナ州で同様の提案が持ち上がった。アリゾナ州は一九八八年に英語を公用語と定めたものの、九〇年代に無効を求める訴訟が起こり、九八年四月にはアリゾナ州最高裁判所が言論の自由と法の下の平等な保護に反するとして違憲判決を下していた。二〇〇〇年にバイリンガル教育を廃止し、英語を強化する提案二〇三号が浮上したとき、州内の先住民は、部族語継承への打撃としてこれに強く反対した。ナヴァホ部族評議会は全会一致でこれに抗議し、二〇〇〇年九月、ナヴァホ部族評議会議長K・A・ビゲイ（Kelsey A. Begaye）が提案二〇三号をナヴァホ族の教育・言語をめぐる自治主権を脅かすものであるとして強く批判した。翌一〇月にはナヴァホ族が中心となってフェニックスの州議事堂で抗議集会を行った[110]。

これらの反対にもかかわらず、提案二〇三号は一一月に州民の六三％の支持を得て可決された。バイリンガル教育は廃止され、代わりに一年間の英語のイマージョン・プログラムが設けられることになった。アリゾナ州の一五郡のうち、四郡だけが反対にまわったが、そのうちの三つはナヴァホ保留地だった。可決後、ナヴァホ出身のアリゾナ州議員J・ジャクソンは提案二〇三号がナヴァホに及ぼす影響を司法長官に確認した。これに対して二〇〇一年二月、当時のアリゾナ州司法長官J・ナポリターノは、保留地内外の先住民の教育・言語の権利、部族主権はこの提案によって脅かされないという見解を発表した。すなわち、先住民言語法と自治権に言及して、部族学校や州・連邦の学校で彼らの言語や文化の教育が阻まれるようなことはないと保証した。しかし、ナヴァホは今後の見通しについてむしろ悲観的であった[111]。その後、アリゾナ州では二〇〇五年に再び英語を公用語とする法案が提出され、州知事となったナポリターノは州議会で可決後に拒否権を発動したが、翌〇六年には、ついに法案が成立し、アリゾナ州で再び英語が公用語として認められた。連邦レベルにおいても近年では、英語を合衆国の公用語と定めた英語統合法案（English Language Unity Act, H. R. 997）が連邦議会に提出されている[112]。

このように合衆国では英語公用語化運動による言語的同化が新たに広まっているが、全米人口の約一％の先住民は、他のマイノリティと連帯して主流アメリカ人から支持を得ない限り、多数派の世論には無力である。長らく先住民の部族語の保存について研究し、バイリンガル教育や多文化教育を模索してきた北アリゾナ大学のレイナー（J. Reyhner）は、現代の主流社会の中で自己を見失いがちな先住民の若者をつなぎとめるものは、祖先の言葉であり、伝統的価値に根ざした文化的アイデンティティであると記している[113]。言語や文化は、マイノリティにとって社会での疎外に適応していくための重要な手立てとも言える。

さらに、このようなアメリカ先住民が立たされている状況をグローバルな文脈でとらえ直していく必要があろう。今日、世界で話されている約六千の諸言語のうち、およそ半数はもはや次世代で話されなくなっていると言われている。二一世紀には、全体の九割の言語が消滅し、英語、スペイン語、中国語などの代表的な言語にとって代わられるという予測もある。そして、言語の多様性がかろうじて保たれているのは、パプア・ニューギニアやインドネシア、ナイジェリア、インドなどの生物多様性が集中しながらも、環境破壊など近代化や開発の歪みにさらされている地域である。資本主義経済が引き起こす急速なグローバル化の中で、人類共通の遺産である多様な言語・文化を今後、世界がどのように守り継承していくのか、合衆国におけるアメリカ先住民の事例は、未来を占う一つの試金石と言える。

第Ⅳ章では、とくに一九七〇年以降のアメリカ先住民の信仰・習俗・言語をとりまく状況を検討してきた。先住民は自らの文化的伝統を保持するために合衆国憲法の信教の自由に訴え、部族語の復興に取り組んできた。それに対して近年のアメリカでは、先住民の独自な文化的権利を認める各法律が制定される一方、裁判所判決などで限界も見られる。アメリカ先住民による文化継承の模索はこれらを背景にして依然として多くの課題に直面しているのである。

# 第Ⅴ章

# 経済開発と文化

## ―シャイアンとラコタ・スーの場合―

北シャイアン部族庁舎，モンタナ州レイムディア

## アメリカ先住民と経済開発

今日、アメリカ先住民が自治と文化を継承していくうえで、大きな鍵となっているのが経済活動である。保留地での平均失業率は三三・四%であり、貧困水準以下の家庭の割合は合衆国総人口では一二・四%であるが、アメリカ・インディアンとアラスカ先住民は二五・七%となっている（表V-1・図V-1参照）。先住民人口の半数以上が都市やその周辺に居住し、その内の約四分の一が失業中や貧困状態にある。もっとも失業率が高い保留地ではサウスダコタ州のローズバッドが一九九〇年代に九割以上に及んだ。乳幼児死亡率、平均寿命、失業率、平均所得、疾病率、教育レベルなどでは、依然として格差がある。とくに、アルコール・麻薬中毒は深刻であり、非行や自殺といった問題も目立つ（表V-2・図V-2参照）。

二〇世紀における合衆国の先住民政策は、同化と部族尊重の間を揺れ動いたが、一九七五年のインディアン自決・教育援助法以来、保留地は部族自決の実験場となってきた。今日、先住民の半数以上が都市に暮す一方で、彼らはエスニック・グループとしての移民とは異なる独自の民族的アイデンティティを保持している。自治政府を持つ保留地は、何よりも先住民が連邦政府と交渉する上での政治的・経済的・文化的基盤であり続けている。歴史的な諸条約にもとづき、信託責任を負う連邦政府から提供される医療や教育、福祉プログラムを自明の権利として受けつつも、各部族政府は保留地での経済開発を模索してきた。なぜなら、経済的自立の裏づけなくして政治的自決はあり得ず、連邦政府の干渉やコントロールを免れることができないからである。[1] アメリカ社会において、いわば貧困層に同化させられた先住民は、自立を目指してカジノから地下資源開発に至るまで独自の経済活動を試みてきた。一九七〇年代の石油ショックなどのエネルギー危機によって国内の地下資源開発は勢いを増し、その後、八

**表 V-1**　世帯・家族世帯の現金収入と貧困水準以下の人口　1999 年

| 人種およびヒスパニック・ラティーノ出身 | 平均所得 | | 貧困水準以下の人口 | | | |
|---|---|---|---|---|---|---|
| | 世帯（ドル） | 家族世帯（ドル） | 人数 | % | 男性の割合（%） | 女性の割合（%） |
| 全人口 | 41,994 | 50,046 | 33,900 | 12.4 | 11.2 | 13.5 |
| 白人 | 44,687 | 53,356 | 18,848 | 9.1 | 8.1 | 10.1 |
| 黒人 | 29,423 | 33,255 | 8,146 | 24.9 | 22.8 | 26.7 |
| アメリカ・インディアンとアラスカ先住民 | 30,599 | 33,144 | 608 | 25.7 | 24.0 | 27.2 |
| アジア系 | 51,908 | 59,324 | 1,257 | 12.6 | 12.5 | 12.7 |
| ハワイ・他の太平洋諸島先住民 | 42,717 | 45,915 | 65 | 17.7 | 16.7 | 18.7 |
| その他の人種 | 32,694 | 32,398 | 3,688 | 24.4 | 22.7 | 26.2 |
| 複数の人種 | 35,587 | 39,432 | 1,289 | 18.2 | 17.1 | 19.3 |
| ヒスパニック・ラティーノ | 33,676 | 34,397 | 7,798 | 22.6 | 21.1 | 24.2 |

出典）U.S. Census Bureau, Statistical Abstract of the United States： 2004-2005, American Indian, Alaska Native Tables from the Statistical Abstract of the United States： 2004-2005, No. 663, 676, 682より作成

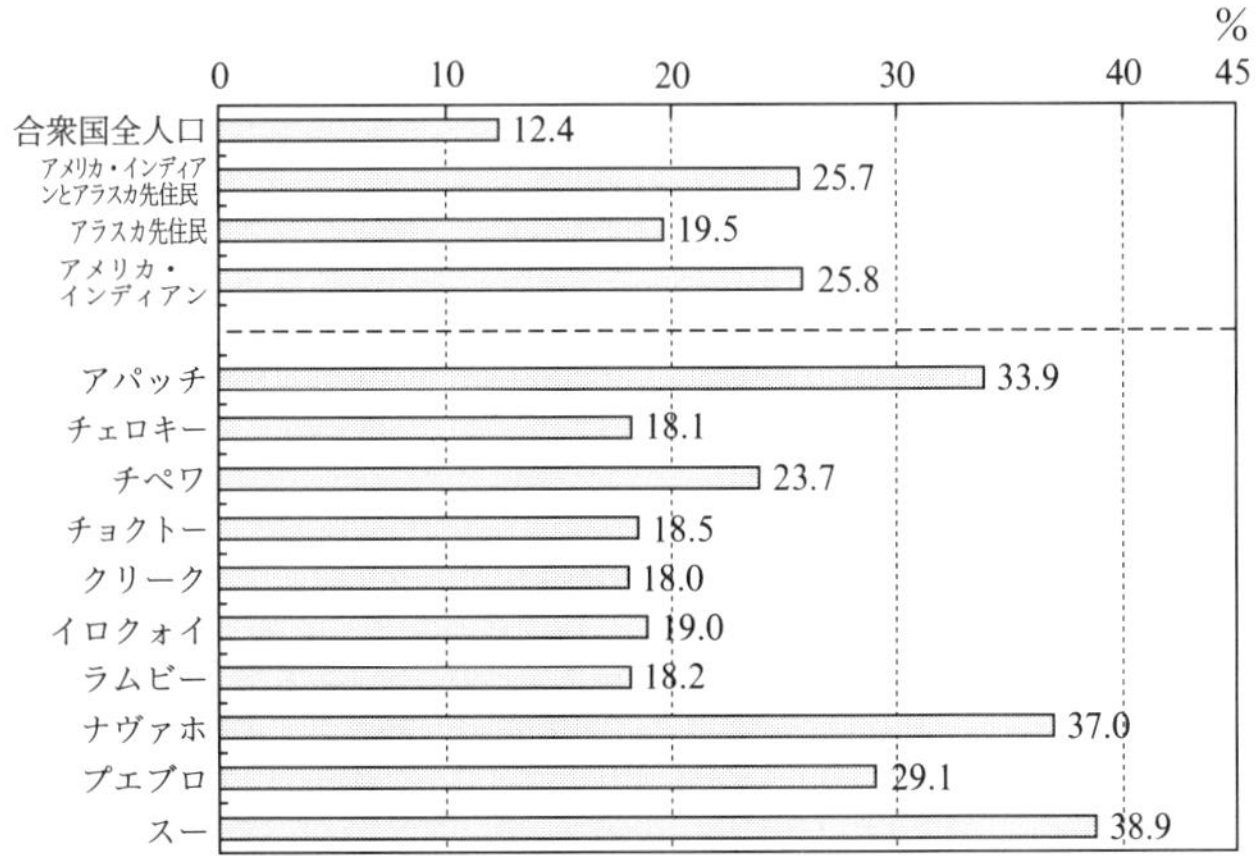


**図 V-1**　貧困率（部族別）1999 年

出典）Stella U. Ogunwole, *We the People : American Indians and Alaska Natives in the United States,* U.S. Census Bureau, February 2006, 12 より作成

表 V-2　教育歴の比較　1981 年・2002 年

| 教育歴 | アメリカ・インディアンとアラスカ先住民 (%) | 白　人 (%) | 黒　人 (%) | ヒスパニック (%) | アジア系 (太平洋諸島住民を含む) (%) | 留学生 (%) | 計 (%) |
|---|---|---|---|---|---|---|---|
| 1981 年 | | | | | | | |
| 短期大学卒業 | 0.6 | 82.7 | 8.6 | 4.3 | 2.1 | 1.6 | 100.0 |
| 大学卒業 | 0.4 | 86.4 | 6.5 | 2.3 | 2.0 | 2.4 | 100.0 |
| 大学院修士課程卒業 | 0.4 | 82.0 | 5.8 | 2.2 | 2.1 | 7.5 | 100.0 |
| 大学院博士課程卒業 | 0.4 | 78.9 | 3.9 | 1.4 | 2.7 | 12.8 | 100.0 |
| 専門職学位取得 | 0.3 | 90.5 | 4.1 | 2.2 | 2.0 | 0.9 | 100.0 |
| 2002 年 | | | | | | | |
| 短期大学卒業 | 1.1 | 70.2 | 11.3 | 10.1 | 5.2 | 2.1 | 100.0 |
| 大学卒業 | 0.7 | 74.2 | 9.0 | 6.4 | 6.4 | 3.2 | 100.0 |
| 大学院修士課程卒業 | 0.5 | 68.0 | 8.4 | 4.6 | 5.3 | 13.2 | 100.0 |
| 大学院博士課程卒業 | 0.4 | 60.9 | 5.4 | 3.2 | 5.2 | 24.7 | 100.0 |
| 専門職学位取得 | 0.7 | 73.0 | 7.2 | 4.9 | 11.9 | 2.3 | 100.0 |

出典）U.S. Census Bureau, Statistical Abstract of the United States : 2004–2005, American Indian, Alaska Native Tables from the Statistical Abstract of the United States : 2004–2005, No.28 より作成

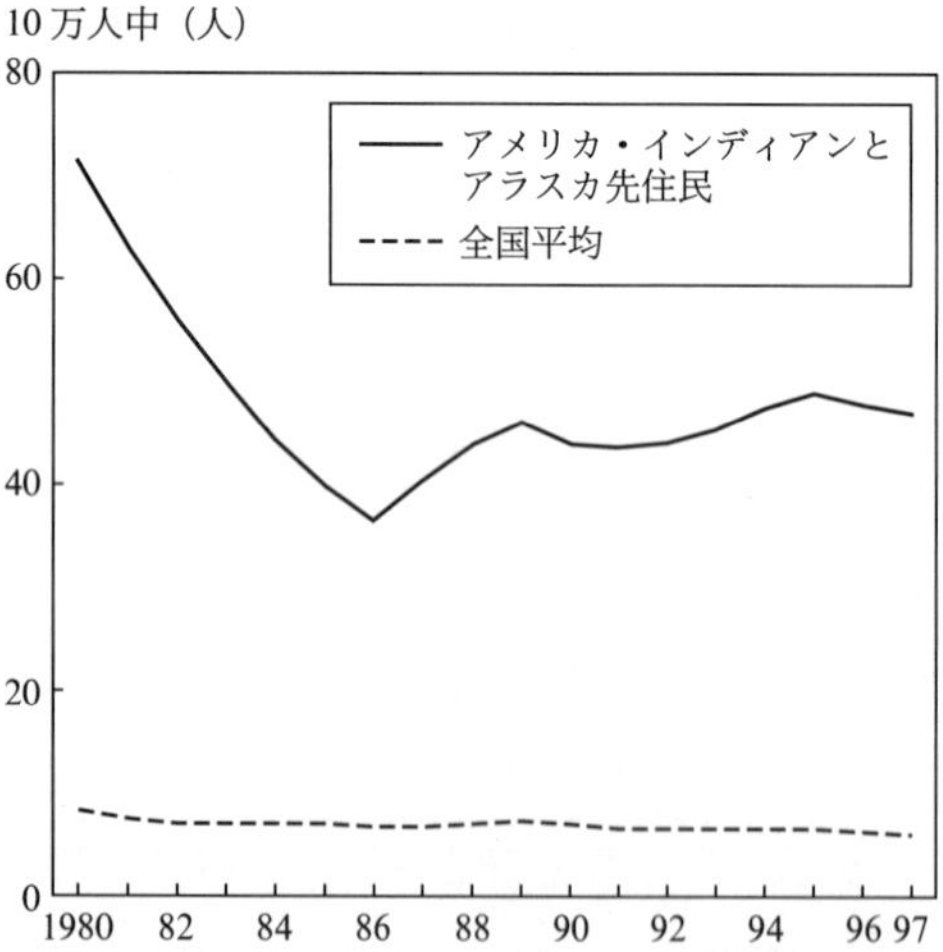


図 V-2　アルコール関連の死亡者数　1980–97 年

出典）U.S. Department of Health and Human Services, Indian Health Service, *Trends in Indian Health 2000–2001,* 100 より作成

〇・九〇年代の連邦政府による福祉予算の大幅削減によって各部族は自給自足を迫られてきた。しかし、保留地では高い失業率が慢性化し、部族政府は内紛が絶えず、経済的には連邦政府や州政府に大きく依存してきたのが実情である。これは、福祉依存体質と呼ばれる先住民内部の問題のみでなく、彼らや保留地をとりまくアメリカ社会の政治経済的な構造と関わりがあるのではないだろうか。そもそも、先住民の自決にとって経済開発はどのような意味合いを持ってきたのであろうか。それは彼らの文化継承や歴史的記憶とどのように関わっているのか。経済開発と自決との関係については、既に第II章にて、オムニバス法案をめぐる先住民の反対を通して論じたが、本章では、シャイアン族（モンタナ州とオクラホマ州）とオグララ・スー族（サウスダコタ州）の事例を通じてさらに詳しく考察したい。第1節では、まず、シャイアン族による経済開発の動向を踏まえた上で、インディアン自決法から三〇年以上を経た今日、先住民の「自決」がどのような課題に直面し、彼らがいかなる対応を見せているのかを検討する。

# 第1節　シャイアンと経済開発

## 一　土地喪失から連邦プログラムへ

### シャイアン族の背景

シャイアンは、一九世紀の西部における合衆国軍との衝突において、スーなど他の平原インディアンとともに最も根強く抵抗し、多くの犠牲者を出した部族である。今日、彼らは、主にモンタナ州東部の保留地に暮す北シャイアン（Northern Cheyenne）と、オクラホマ州西部を中心に暮す南シャイアン（Southern Cheyenne）の二つのグループから成る。人口は、北シャイアンが約七九八〇人、南シャイアンが約七五二〇人で、合計一万五五〇〇人を数える（二〇〇〇年統計）(2)。

元来、アルゴンキン語族に属するシャイアン族は、現在のミネソタ州レッドリバー付近で定住農耕生活を送っていた。一七世紀末にはヨーロッパ系入植者と交易を行うようになったが、やがて入植者との対立のみならず、他部族との摩擦が生じ、多くの部族が西部へ移動した。武装したオジブワとアシニボインとの衝突を避けるために一八世紀半ばにシャイアンも移住に加わり、白人が持ち込んだ馬と銃によって平原地帯でバッファローを追う生活を送るようになった。一八二五年頃には、ノースプラット川とイエローストーン川付近の平原にとどまる少数派（北シャイアン）と南部のアーカンソー川に移り住む多数派（南シャイアン）との二手に分かれたが、これは後者がタオスやベント砦での交易を行うためであった。彼らはコマンチやカイオワなどと馬や銃の交易を行って仲介者として勢力を拡大し、戦力を高めた(3)。

白人移住者や金鉱労働者がテリトリーを横断し、鉄道が進出すると、シャイアンによる襲撃は激化していった。合衆国と和平をとりなそうとする部族指導者たちと、可能なかぎり武力抵抗を試みたドッグ・ソルジャーズ（シャイアン族の戦士団）との間に分裂が見られるようになったのもこの時期である。一八五〇年代から七〇年代にかけて、サンドクリーク（一八六四年）、ワシタ（六八年）、サミットスプリングズ（六九年）などの合衆国軍による虐殺を経て、シャイアン族はオクラホマでの保留地生活を強いられる。中でも、一八六四年、コロラド南東部のサンドクリークで、白旗と星条旗を掲げたにもかかわらず、一五〇人以上の南シャイアン・アラパホが合衆国軍によって虐殺された事件は当時、東部で多くの批判を呼んだ。結果的に南シャイアンは、六七年のメディスンロッジ・クリーク条約で、今日のオクラホマ州を含むインディアン・テリトリーの保留地に南アラパホとともに定住させられることになった。一方、北シャイアンは七六年、スー（ラコタ）族のシッティングブルらとともにリトルビッグホーンの戦いでG・A・カスター（George A. Custer）の部隊を全滅させたが、その後敗北し、南シャイアン保留地に暮すようオクラホマへ連行された。南部の気候と土地になじめなかった北シャイアンは多くの犠牲者を出しつつモンタナへ戻り、最終的に八四年、モンタナ東部に北シャイアン保留地が設けられた（図序-3参照）。以上のように、シャイアン族は合衆国軍との激しい衝突を経て保留地生活へ移行したが、一九世紀後半の歴史的記憶は今日、彼らにとって部族アイデンティティの礎となっている。

## 南シャイアン

オクラホマ州西部に暮す南シャイアンは、一八六七年のメディスンロッジ・クリーク条約によって、南アラパホとともにインディアン・テリトリーに定住させられた人々の子孫である。連邦政府はシャイアン・アラパホ保留地を二年後に設立し、キリスト教や牧畜、農業、教育を彼らの間に普及させようと試み、この保留地では、一般土地割当法が早くも一八九二年に実施された。当初、連邦政府は多くの反対に直面したが、最終的に経済制裁を恐れて、アラパホのレフトハンド（ゴーストダンスの熱心な信者）をはじめとする指導者たちが土地分配を受け入れた。メディスンロッジ・クリーク条約で定めた署名数（土地割譲には男性の四分の三以上の署名が必要）が得られなかったにもかかわらず、保留地は分割されることになったのである。その結果、四三〇万エーカーあった保留地の八割以上が非先住民に開放され、シャイアン・アラパホには約五三万エーカーのみが残った。一九〇〇年までに農業に従事している者は一五〜一八%に過ぎなかった。さらに、〇六年に制定されたバーク法は、割当地を無条件相続地として売却可能と定め、シャイアン・アラパホの土地喪失に拍車をかけた。先住民の土地所有者は、政府役人と通じた土地相場師のターゲットとなり、土地を安く買い叩かれた。また、借地や土地売却の収入はインディアン局によってわずかしか還元されなかったため、残りの土地や農機具、家畜は借金の形になり、没収されていった。土地が縮小するにつれて農業の共同作業はできなくなり、大部分の南シャイアンが監督官を通じて安値で土地を貸し、指導者の割当地に身を寄せ合って暮らした。一九二八年までにシャイアン・アラパホは自分たちに残された土地の六三%をさらに失っていた。(4) このように、一般土地割当法によってほとんど土地を失わずに済んだ北シャイアンに比べ、南シャイアンの場合は実施の時期が早く、移住者による土地の需要も高かったため、オクラホマの他の部族同様、その打撃は大きかった。

南シャイアンの困窮は、一九三〇年代のインディアン局長J・コリアによる政治組織の改革によっても大きな改善を見なかった。オクラホマ・インディアン福祉法のもと、三七年にシャイアン・アラパホ部族政府が設立され、所有地が増加したが、信用貸しプログラムは資金不足によって滞り、インディアン局は土地リース料を十分に還元しなかった。また、干ばつのひどいオクラホマ州西部では農業が立ち行かず、州は福祉補助金の支給条件として割当地の売却を課したため、土地を手放す者が増加した。第二次世界大戦後には、政府の連邦管理終結政策によって都市への移住が促進され、一九五〇年代にはシャイアン・アラパホの半分近くがオクラホマやカンザス、テキサスなど各州の都市に暮すようになった。一九五五年にはインディアン請求委員会を通じて、連邦政府が一八五一年のララミー砦条約に違反したというシャイアン・アラパホの訴えが認められたが、当時、これらの都市在住者は賠償金の個人分配を望み、保留地の発展にさほど関心を寄せなかった。

今日、オクラホマのシャイアン・アラパホが所有する連邦信託地はさらに縮小し、約七万エーカーのみである（図序-3参照）。部族庁舎の敷地とコミュニティ・プロジェクトに使用する約一万エーカー以外に、聖地ベアビュート（サウスダコタ州）のわずかな土地を宗教上の目的で北シャイアンと共同所有している。[5] 事業としては、牧場やカジノ、ビンゴ・ホール、タバコ雑貨店を経営しているが、収入の多くは信託地から得る牧草地代や石油・ガス採掘料である。シャイアン・アラパホの主な仕事先は、コンチョに位置する政府事務所や直営のビンゴ・ホール、タバコ雑貨店のほか、地元の製造業、農業などであり、一九九〇年の一人あたりの収入はオクラホマ州民全体の五分の二にすぎず、彼らの六四%が食料配給切符の支給対象である。高校中途退学者は依然として多く、アルコールや麻薬中毒の問題も深刻である。[6]

### 連邦プログラム

南シャイアンの指導者は、連邦政府に対して一九世紀に交わした条約に則って土地権を尊重し、生活保障のサービスを提供するよう働きかけてきた。連邦政府との契約によるプログラムは、シャイアンとアラパホの各代表八人から成る実業委員会が管理してきた。一九八〇年頃の部族政府発行の新聞は、コミュニティ復興プログラムなどの様子を詳細に伝えている。(7) しかし、職業訓練や経済開発、住宅斡旋、ヘッドスタート教育、アルコール・麻薬防止対策といったこれらの連邦プログラムは、しばしば資金・運営面で問題に直面してきた。

一九七五年のインディアン自決・教育援助法は、先住民が保留地での連邦プログラム業務を自ら運営できると定めたにもかかわらず、実質的にはインディアン局やインディアン保健局が契約条件を定め、八、九割の連邦プログラム資金を管理してきた。とくに、インディアン局による運営と資金管理の不備は、長らく多くの批判を呼んできた。プログラムの中には人々のニーズに合致しないものもあったが、インディアン局は調整を怠ってその財政的責任を部族政府に帰してきた。

連邦プログラム資金はシャイアン・アラパホ政府の予算において約半分を占め、それ以外の収入である石油・ガス採掘料や土地賃貸料は、インディアン局による未徴収や出し渋りにより、本来の収入額を下回る。そのため、部族の福祉プログラムは毎年の連邦予算編成に大きく左右され、資金が削減されるとすぐに行き詰まった。例えば、レーガン大統領による一九八二年度予算の大幅削減は、シャイアン・アラパホ政府にも打撃を与えた。約八七〇〇人の先住民に雇用を提供してきた公益事業プログラムが廃止され、失業率上昇が懸念された。また、社会福祉事業費全体の四分の一が削減されて四〇近いプログラムがひとまとめに州の管理下におかれ、およそ七万五千人の先住民が児童扶養手当を受給できなくなった。さらに、教育費の二割に相当する三〇億ドルが削られ、とくに職業訓練教育が滞った。当時、全国の先住民保留地には約三万四千戸の低収入家庭用住宅があったが、連邦住宅プログラムの予算縮小によって家賃は収入の二五%から三〇%分上昇することになった。(8) こうして連邦プログラムが赤字で行き詰まると、シャイアン・アラパホ政府はインディアン局と部族員の板挟みとなり、内外の信用を失って弱体化した。シャイアン・アラパホ内の政治を分析したL・フォウラーは、不道徳で無能という部族政府の負のイメージが連邦政府やインディアン局の介入を正当化してきたと論じる。結果的に南シャイアンはいつまでも経済的自立をはかれず、連邦プログラムに依存し続けるという悪循環が生じた(9)。

もっとも、従来のシステムを改善する動きも見られた。部族側の働きかけにより、一九八八年にインディアン自決・教育援助法修正、九四年に部族自治法（P. L. 103-413）が制定された。これによって、部族は各保留地の状況に合ったプログラムを企画し、二年契約で運営と予算管理を行うことが可能となり、全国の大半の部族がこの形式で契約を結ぶに至った。さらに、インディアン局による信託資金管理の不備を改めるため、九四年にインディアン信託資金管理改革法が制定された。翌年には、合衆国上院でインディアン局の改革・縮小についてヒアリングが行われ、インディアン局が抱える諸問題が問われた。部族代表者たちは、インディアン局の縮小と部族政府への権限委譲を支持したが、廃止については議論しなかった。インディアン局は依然として先住民の重要な雇用先であり、信託資金を唯一管理してきたため、連邦政府による代替機関設立の案には慎重にならざるを得ない事情がある。

インディアン自決法の制定以来、三〇年以上が経過し、先住民部族は今や一定の自己責任と管理能力を問われるようになった。しかし、南シャイアンは他の部族同様、連邦の不合理な制度と不安定な財政のもとで存続をはかっていかねばならない。長年、インディアン局の改革が進まないのは、連邦政府の先住民政策に対する無関心にも由来していると思われる。自決の原則が、連邦政府によって歴史的な信託義務を免れるために先住民自身への責任転嫁に用いられるとしたら、皮肉な結果と言わざるを得ない。南シャイアンは、依然として厳しい政治力学の中で、政治的自決を支える経済的自立を模索していかねばならないのである。

## 二　石炭採掘と環境問題

### 北シャイアン

一方、北シャイアン保留地に定住するようになった人々は、インディアン局や宣教師から支給される最小限の物資、そして農場・牧場での低賃金労働に適応しながら、物質的・精神的困窮に耐えていった。大恐慌下の窮状を見かねた連邦政府は、一九三四年のインディアン再組織法によって北シャイアン指導層を「近代化」することを試みた。三五年に北シャイアン部族憲法が制定され、翌年、北シャイアン政府が設立された。しかし、従来の長老や宗教指導者に代わって、英語を話し、クリスチャンで混血の若者が評議員に起用されたことでこれらの進歩派と伝統派の違いが明確になり、北シャイアンの統合に影を落とすことになった。

一八八七年の一般土地割当法は、家長に一六〇エーカーの土地を与えることを定め、北シャイアン保留地では一九二六年に採択されたが、土地はほとんど部族員の手にとどまり、保留地のまとまりを保った。しかし、一九五七年には連邦管理終結政策の下、インディアン局によって部族の六〇区画の土地が売却された。部族政府は牛を売って部族の資金を補い、土地を買い戻そうとしたが、インディアン局の資金調達が遅れ、貴重な水源を含む広大な土地を失った。最も良い牧草地のビクスビー区画は二万二四五〇ドルで落札されたが、一年後に白人所有者が倍以上の価格で売り出し、北シャイアンは買い戻すことができなかった。[10] まもなく、北シャイアン政府はJ・ウドゥンレッグ（John Woodenlegs）議長の下で保留地の土地を守る措置をとった。ウドゥンレッグは一九世紀以来のシャイアンの歴史的記憶を思い起こしながら、以下のように記している。

北シャイアンにとって、土地は保留地以上のものである。土地は我々の故郷であり、だからこそ先祖らはオクラホマの監獄から脱走し、飢えて凍えながらも戦い、この北の大地へはるばる戻ってきたのだ。我々はこの土地を少しでも失いたくない。北シャイアン以外の手には渡したくない。

かつて、土地は部族全体のもので、幸いなことにシャイアンはそれを売ることができなかった。しかし土地が分配され、シャイアンの個人に割り当てられた。今日、シャイアンの子孫はとても貧しく、食料や服を買うためならば故郷の土地を売ることを神は許してくださるだろう。しかし、それは人々にとって良くない。食料を食べつくし、服を着古し、金をあっけなく使ってしまった後は施しに頼って暮らすことになり、コミュニティの一部が永遠に損なわれてしまう。

北シャイアンは、土地を少しずつ売るために分配してほしいと政府に頼んだ覚えはない。一九二六年当時、土地割当が何たるかを人々は知らなかった。土地が売却されて、その意味がわかった今日、この制度の廃止を我々は求める。[11]

一九五九年一〇月に北シャイアン政府は保留地の土地を五〇年間部族所有とし、部族以外への売却を禁止する計画を内務省に申し入れ、認められた。そして、売却済みの約六千エーカーの土地を徐々に買い戻していく資金として五〇万ドルのローンを連邦政府に申請し、六二年に承認された。[12] 部族の伝統的な祭司である聖なる帽子の守り手(Keeper of the Sacred Hat)はこの計画を祝った。

今日、北シャイアン保留地は西側をクロウ保留地と接し、約四四万エーカーの広さである。保留地内で非先住民が所有する土地は二%にすぎないが、それは長年、部族が保留地を守り、売却された土地を少しずつ買い戻してきたためである。北シャイアン部族憲法のもと、評議会を統括する議長は四年の任期で交代し、評議員は五つの地区から選出される。保留地にはガソリンスタンド、食料品店、喫茶店、修理店がわずかにあり、近年になってようやく現金自動支払機と銀行が設けられた。北シャイアンの部族員のうち、約六割が保留地や近辺に暮しているが、保留地での失業率は五、六割に達する。わずかな働き口として、部族政府や学校、警察、インディアン局出張所、インディアン保健局（ＩＨＳ）、道路作業などがある。保留地外では、鉱山会社や電力企業、製材会社での仕事の他、



**表 V-3**　モンタナ州北シャイアン保留地　2000 年

| 項　目 | 人 | % |
|---|---|---|
| 全住民人口 | 4,470 | 100.0 |
| 平均年齢 | 22.7 | |
| 人種 | | |
| アメリカ・インディアン・アラスカ先住民 | 4,029 | 90.1 |
| 教育歴（25 歳以上） | | |
| 高校卒業以上 | | 74.6 |
| 大学卒業以上 | | 13.5 |
| 家庭で話される言語 | | |
| 5 歳以上の人口 | 3,967 | 100.0 |
| 英語のみ | 2,905 | 73.2 |
| 英語以外 | 1,062 | 26.8 |
| 英語が流暢でない | 373 | 9.4 |
| 雇用状況 | | |
| 16 歳以上の人口 | 2,805 | 100.0 |
| 労働人口 | 1,567 | 55.9 |
| 就業者 | 1,261 | 45.0 |
| 失業者 | 306 | 10.9 |
| 1999 年　所得 | | |
| 平均世帯所得（ドル） | 23,679 | |
| 有所得世帯数 | 994 | 82.6 |
| 平均所得（ドル） | 28,584 | |
| 社会保障手当受給 | 253 | 21.0 |
| 社会保障手当平均額（ドル） | 6,936 | |
| 補助的保障手当受給 | 88 | 7.3 |
| 補助的保障手当平均額（ドル） | 5,591 | |
| 公的扶助受給 | 180 | 15.0 |
| 公的扶助平均額（ドル） | 3,009 | |
| 年金受給 | 95 | 7.9 |
| 年金平均額（ドル） | 8,997 | |
| 平均家族所得（ドル） | 24,534 | |
| 一人あたりの所得（ドル） | 7,736 | |
| 1999 年　貧困度（貧困レベル以下） | | |
| 家族数 | 379 | |
| 貧困レベル以下の割合 | | 39.3 |
| 個人 | 2,025 | |
| 貧困レベル以下の割合 | | 46.1 |
| その他 | | |
| 給排水設備なし | 43 | 3.6 |
| 台所なし | 41 | 3.4 |
| 電話線なし | 293 | 24.6 |

出典）DP-1： Profile of General Demographic Characteristics： 2000
Data Set： Census 2000 Summary File 1 (SF 1) 100-Percent Data
Geographic Area： MT-SD Northern Cheyenne Reservation and Off-Reservation Trust Land より作成
The American Indian and Alaska Native Summary File (AIANSF)
＜http://factfinder.census.gov/home/aian/sf_aian.html＞（2005年9月20日）

季節労働があるが、一年に二六週以上、仕事がない北シャイアンの成人は七〇％にのぼる。都市に働きに出ても職業訓練や教育の機会が限られており、疎外感からアルコールや麻薬に陥りがちである。部族政府の本部が位置するレイムディアには、幼稚園から高校までの公立学校やチーフ・ダルナイフ・カレッジ（一九七五年設立）があるが、保留地外の学校に通うシャイアンの生徒は多くが中途退学する。住民の大部分が連邦の簡易住宅に暮し、屋内に水道やガス、電気の通っていない家屋も残っている。乳幼児の死亡率は高く、北シャイアンの平均寿命は全国民平均の七七歳や先住民全体の七二歳に対して、わずか六〇歳である[13]（表Ⅴ-3参照）。

北シャイアンは保留地の貧困を克服するために、経済開発を目指してきた。二〇〇二年にはレイムディアに新たなカジノが開店したが、北シャイアン保留地は客を集めるのに立地条件が悪い。モンタナの中心地ビリングズから車で二時間ほど離れたところにあり、カジノによる収益は限られている。

## 石炭開発

一方、一九七〇年代以来、北シャイアンにとって懸案となってきたのが、石炭採掘である。合衆国の先住民保留地には、低硫黄石炭の全米埋蔵量の約三分の一、ウラニウムの半分以上、天然ガス・石油の五分の一が存在する。七〇年代にはエネルギー危機に伴い、西部の保留地で多国籍企業による石炭開発が進展した[14]。一九世紀に保留地が設けられたとき、連邦政府はその土地に膨大な地下資源が眠ることを予測しなかった。連邦政府のエネルギー開発計画は北シャイアン保留地内外に約四〇の石炭発電所を建設することを構想し、それまで静かだった保留地にインディアン局を介して民間のエネルギー会社が押し寄せた。当初、北シャイアン政府は石炭開発を経済活動の好機ととらえ、インディアン局が導くまま、一九六六年から七一年の間にピーボディ（Peabody）やアマックス（Amax）など六つのエネルギー会社と契約し、保留地の六四％の土地をリースした。

しかし、まもなく部族にとってこの石炭開発の弊害が明らかになった。第一に、内務省インディアン局は、信託責任のもとに部族の利益を管理するはずであったが、部族に十分な情報を提供することなく、企業に有利な安値で採掘権をリースしたのである。配当金は一エーカーあたり一二セントから九ドルであり、鉱区使用料は石炭一トンに対して一五セントから一七・五セントであった。しかし、一九七二年にコンソリデーション（Consolidation）社が鉱区拡張のために部族との直接交渉で提案したのは、一エーカーあたり三五ドルの配当金、石炭一トンにつき二五セントの鉱区使用料であった。こうして北シャイアン族はこれまでの連邦インディアン局を介した契約が、部族に極めて不利な安値で交わされたことを発見したのである。[15] 第二に、石炭開発に伴って浮上したのが、保留地における環境問題である。インディアン局は環境インパクトの報告を行わずにリースを促進した。石炭の露天掘りは景観を損ねるだけでなく、シャイアンの精神的拠り所である祖先の埋葬地や宗教儀式の聖地を荒廃させた。また、保留地の周囲には、巨大な露天鉱と石炭工場、貨物鉄道の線路、送電線が次々と建設され、噴煙による大気汚染が広がった。石炭採掘事業に伴って、約四万五千人の労働者が保留地に押し寄せると予測された。七一年に内務省は、モンタナやノースダコタ、ワイオミングなどの北部大平原地域の大規模な石炭開発を進めて発電所をつくり、各都市に送電する調査書を発表した。そこで提案された大規模な発電所四二基の内、半数以上がモンタナ州東部に集中していた。[16] 北シャイアンに限らず、多くの先住民部族が保留地資源を自主管理できなかったため、リース料は不十分で、開発による健康被害を受けることが少なくなかった。[17]

### 反対運動と環境保護

このような状況に対して北シャイアンは、一九七〇年代から一九八〇年代半ばにかけて石炭開発から保留地を守るための行動を起こし、先住民部族の中でも環境保護運動の先駆け的存在となった。石炭開発が保留地の環境に及ぼす影響を考慮し、連邦政府や企業による一方的な資源開発に対して異議を唱えるようになったのである。伝統派の長老や宗教指導者は、大地が神マヘオからの賜物であり、次世代にそのまま引き継がなくてはならない、と人々に説いた。[18] 北シャイアン部族評議会は次のように連邦政府や企業から譲歩を引き出してきた。

一つ目は、前述のようにインディアン局が仲介となった極端に安いリース料の石炭採掘契約の取り消しを求める内務省への異議申し立てであった。一九七三年に北シャイアン部族評議会は、保留地の石炭採掘許可とリースをすべて撤回するよう内務省に申し立てることを全会一致で議決した。部族は専門の弁護士を雇って六〇〇頁におよぶ訴状を内務省へ提出し、保留地の資源と土地を先住民のために守り、管理するという信託責任をインディアン局が十分に果たしていないと訴えた。インディアン局の仲介による石炭採掘契約の条件が、多くの点で連邦法に違反していることを明らかにしたのである。北シャイアン政府は、七四年三月にリース契約を一切無効とすることを決議した。[19] これに対して、内務長官は従来の契約を取り消さずに、環境への影響や法的問題が解決されるまで、保留地での石炭開発を中止することを決定した。翌七五年、部族は採掘権利益を連邦政府から守る目的で、保留地に地下資源を持つ他の二四の先住民政府とともに、エネルギー資源部族評議会（ＣＥＲＴ）を結成した。[20] 七七年には、隣のクロウ族保留地も石炭採掘の契約を取り消すことを決定した。[21] 北シャイアン族は問題のより明確な解決を求めて、モンタナ州上院議員を通じて連邦議会に働きかけ、ついに八〇年、北シャイアン保留地における従来の石炭開発契約を撤回する法律が制定された。議会はインディアン局が北シャイアンに対する信託責任を十分に果たさなかったことを認め、部族に土地・石炭資源の管理権を委ねることになった。北シャイアンは企業から一六年間にわたる採鉱分の慰謝料として約一千万ドルを受け取り、企業が買い取った七千エーカーの土地の管理権を得た。一方、企業は連邦政府によって以後の連邦所有地におけるリース契約の優先権を与えられた。[22]

この経験を踏まえて、北シャイアンはコンソリデーション石炭会社との契約交渉に参加し、石炭開発の影響をよく検討した上で、契約に踏み切らないことを決定した。契約すれば、約二億五千万ドルのリース代と雇用や経済効果、そして保留地に保健所をつくるための一五〇万ドルの寄付金を得られるはずであった。しかし、保留地の土地七万エーカーをリースして少なくとも一〇億トンの石炭が採掘され、四つの工場が石炭をガスに変えるために保留地の水を大量に使うことになった。このことから、部族の間では保留地の環境へのダメージが憂慮され、反対派が勝ったのである。以後、保留地では石炭開発が中止されてきた。

一方、部族はすべての地下資源開発を諦めたわけではなかった。連邦政府への依存を減らすためにも、部族は環境に配慮した経済的自立を模索していた。一九七九年に北シャイアンは、インディアン局の積極的介入なしに、アルコ（ARCO）社と石油・ガス開発契約について交渉し、部族に有利な条件で契約を結んだ。企業は保留地の環境や文化的区域を尊重し、部族員の雇用と訓練を提供する他、総生産の二五％を部族所有として年間の土地リース代を一三〇万ドルと定めたのである。このように、部族が交渉主体となることで経済的利益と環境・文化保護とのバランスをはかることが模索された[23]。この北シャイアンが手がけた合弁事業の形態は、他の部族にモデルとして連邦議会で推奨された。八二年にはインディアン鉱物開発法が制定され、部族政府が自主的に個々の条件に応じてエネルギー会社と契約できることになった。

二つ目に、北シャイアンは保留地北側の境界からわずか二〇マイル足らずのところにある町コルストリップでの発電所建設に対しても異議を唱えた。彼らの環境保護運動は、保留地内にとどまらなかった。ここでは、モンタナ電力会社が既に巨大な発電所を二基稼動させていたが、さらに二つの発電所建設の許可を連邦環境保護局へ申請した。これに対して、北シャイアンは大気汚染が及ぶことを憂慮し、一九七六年に環境保護局を通じて北シャイアン保留地の大気基準を従来のクラスIIからクラスI（国立公園や自然保護区と同レベル）へ引き上げた。最も厳しい基準によって環境規制を強化した自治体は、全国でも北シャイアンが最初であった[24]。さらに、保留地に関する環境インパクト報告には部族が参加することをモンタナ州政府に要請した[25]。次に、部族は保留地における新たな大気基準を盾にモンタナ電力会社に対して訴訟を起こした。その結果、北シャイアンは八〇年、発電所建設に妥協しながらも、電力会社から部族に有利な補償を引き出すことに成功した。コルストリップの煙突には五億ドルをかけて大気汚染防止用集塵器がとりつけられ、部族の大気監視プログラムに五年間で三七万五千ドルが資金提供されることになった。また、部族員には大学奨学金と雇用訓練、優先雇用が約束された[26]。

三つ目は、保留地の東・南側の「パウダー・リバーⅠ」と呼ばれる公有地での一九八二年の石炭採掘リース計画をめぐってであった。内務省による計画では、石炭輸送のために保留地の東側境界に沿ってタング川鉄道が敷設される予定であった。北シャイアンは、内務省が北シャイアン族に対する社会的・経済的・文化的影響を十分に考慮していないとして、同年に計画について異議申し立てをした。とくに、「パウダー・リバーⅠ」計画の環境インパクト報告に関し、部族が固有の文化集団（cultural entity）であることを無視していると主張した。保留地での環境アセスメントでは、環境破壊が先住民文化にもたらす「文化的影響評価」を検討するよう内務省国土局に要求したのである。内務省によって訴えが却下されると、北シャイアン族はリース売却の一週間前に訴訟を起こした。翌八三年には、ロビイングによって、北シャイアンはモンタナ州政府の石炭担当局へ環境インパクトに対応する補助金を申請し、受給できるようになった。八五年の判決では、北シャイアン族の訴えが認められ、内務省は部族への影響を考慮し、軽減する責任があるとして、当該リース計画は無効とされたが、内務省はリースを中止するにとどまった[27]。六年に及ぶ訴訟を経て、内務省はシャイアン族への影響と緩和策を検討するために環境インパクト報告を改定するよう判決を受け、その結果、改定版では、石炭開発がいかなる緩和策をもってしても、部族に多大なる負担をかけることは避けられない、と修正された。この環境インパクト報告改定版での結論と石炭価格の下落によって、リースの大部分は中止された。鉄道建設は認められたが、石炭採掘問題が決着するまで着工は見送られたのである。

## 部族のリーダーシップ

このように、北シャイアンは石炭開発の悪影響から保留地と文化を守るために、保留地での石炭採掘契約の取消し、保留地の大気汚染基準の強化、パウダー・リバーI計画での環境インパクト報告改定の請求において一連の勝利を収めてきた。では、なぜこのような反対運動が成功したのだろうか。当時は、もちろん環境保護と先住民問題に対して全国的な関心が高まっていた。七〇年代には先住民の自決政策が広まる一方で、一連の環境保護法が制定・修正されていった。連邦政府が保留地の環境保護政策においても次第に柔軟な対応を迫られたということがある。しかし、何よりも部族の運動を成功に導いた主な要因は、環境問題への取り組みにおけるシャイアン族のリーダーシップと他の環境団体との連携であった。

一九七〇年代に石炭開発への反対運動を促したのは、六八年から八四年まで一六年間、部族議長を務めたA・ローランド（Allen Rowland）である。彼は第二次世界大戦の復員兵でトラック運転手や守衛として働いた後、議長となってからは強力なリーダーシップを発揮した。北シャイアン部族憲法では、部族評議員は二年ごとに選出されるが、議長は四年を一期として再選に制限はなかった。ただし、副議長には議長の政敵がなる場合が多く、チェック＆バランスが保たれた。議長選挙では保留地有権者が直接投票し、部族にとって重要な議題を住民投票にかけるなど、比較的オープンな政治が行われてきた。ローランドは部族が財政難であった任期最後の二年間、腎不全の透析治療を受けながら無給で部族議長を務めた(28)。

ローランドが率いた北シャイアン政府は、石炭開発問題に対応して、部族計画室、石炭委員会、環境問題局といった新たな組織を部族政府内に設けた。また、部族の利益を守るために多大な資金を投入して弁護士や専門家を雇い、調査を行った。オーセージのG・クロスランドやシアトルの白人S・チェストナットなどの弁護士の他、モンタナ州の白人環境運動家も部族に協力した。そして、環境問題に対処するために北シャイアン調査プロジェクトに着手し、連邦基金によって全国の専門家を保留地に呼んだ。部族員のJ・ホワイトマン（Jason Whiteman）はプロジェクトで訓練を受け、部族の環境プログラムを手がけるようになった。また、一九七〇年代には若手指導者の養成に力を入れ、環境問題を学ぶユースプログラムを手がけた。シャイアンの青少年たちはバスでワイオミング州やナヴァホ保留地の石炭鉱山を見学し、その中には後に保留地を拠点としたNPO「ネイティブ・アクション」で活動するG・スモール（Gail Small）も含まれていた。スモールは七〇年代から保留地での環境保護に参加し、オレゴン大学で法学博士を取得後、帰郷して運動を再開した。年間予算約一〇万ドル、職員四人ほどのネイティブ・アクションは、北シャイアン保留地の環境をめぐる多くの訴訟や運動で勝利を導き、北シャイアンの環境保護を支えてきた。アメリカの環境運動は、集団ごとの差異をいかにのりこえて政治的連帯をはかるかが課題であるが、北シャイアンの指導者たちはネイティブ・アクションや、ビリングズを中心とした白人牧場経営者を含む環境団体の北部平原資源評議会（Northern Plains Resource Council）と協力し、タング川沿いの鉄道建設も中止させたのである。(29)

## 今日の課題

このように、一九七〇年代以降、保留地を乱開発から守ってきた北シャイアンであるが、その後の部族は新たな課題に直面した。ローランド議長が引退した八四年以降、エネルギー会社からの収入が減って部族の財政は急速に悪化し、部族プログラムに対する連邦補助金の大幅な削減がそれに追い討ちをかけた。八二年に六〇〇万ドル以上だった部族の歳入は、八六年に一〇〇万ドル以下になった。上述のように石炭に代わる資源開発として、七九年に部族はアルコ社と石油・ガス開発契約を交わしたものの、その後、市場価値のある石油・ガスは発見されず、契約が行き詰まった。もはや部族は、七〇年代のように弁護士や専門家を雇い、調査や訴訟を通じて部族の利益を守っていくことが困難になった。八四年以降は、多くの部族福祉プログラムが縮小された。また、八〇年のモンタナ電力会社との協定により、優先雇用されていた部族員も、一九八六年に発電所建設が完成すると職を失った。石炭開発に伴って地元の生活費は上昇し、保留地住民の間でも収入格差が広がった。北シャイアン部族政府は、ローランドの引退後、優れた指導者が現れず、保留地の開発派と反開発派の対立で揺れてきた。[30]

今日、保留地における貧困と失業率は依然として深刻であり、連邦政府や企業からの地下資源採掘の圧力は増している。この一帯の石炭は硫黄分が少なく、一九九〇年に改正された大気汚染防止法の基準を満たさない旧式の発電所でも使用できるため、需要が高まっているのである。ここでつくられた電力はミネアポリスや、ロサンゼルスなどの西海岸諸都市へ供給される。北シャイアンが新たに直面しているのは、保留地における炭鉱メタンガスの開発である。このガスは、大気汚染を引き起こさない良質な燃料として開発計画が急速に進んでいるが、ガス回収には大量の地下水を汲み上げる必要があり、塩分を多く含むこの水が地表の農作物や草木、土壌、河川にダメージを与えつつある。

近年、シャイアン族は連邦水質汚染防止法にのっとって、基準を強化するために水質管理プログラムに取り組んできた。連邦環境保護法の多くは、保留地の環境を尊重するよう改正されているが実効力がなく、環境法や環境局を設けている部族政府はほとんどない。環境運動の盛り上がりや科学的調査の結果、一九九四年にクリントン大統領は環境的公正（environmental justice）に関する大統領令を出し、マイノリティと低収入の住民に対して環境問題が健康に及ぼす影響を検討するよう連邦機関に通告した。これは連邦政府による環境的公正にむけた初の取り組みであったが、その後、州レベルでも環境的公正法が成立し、経済的・政治的弱者を企業から法的に守る措置がとられた。しかし、これらの新しい法律の実効性については定かでなく、州法の規制を直接受けない先住民保留地の場合はなおさらである。北シャイアンの場合も、連邦政府によって提供される環境保護プログラムの多くが一時的なものであり、財政難の中で結局、石炭会社と示談し、大気汚染監視に要する費用を引き出さねばならない。ネイティブ・アクションのリーダーであるスモールは、保留地で環境保護法を徹底させるために北シャイアン政府が直接、連邦補助金を管理すべきであると主張する。連邦議会が先住民各政府に割り当てる予算の大部分は巨大な官僚機構であるインディアン局や環境保護局にまわされ、保留地に届く額は限られている。(31)

今日、全米で保留地に地下資源を有する主な部族は三四あり、その多くが資源開発の主導権を得るに至っている。北シャイアンをはじめとして、多くの部族が企業側と交渉し、条件が合わない場合に契約を取り消すケースも出てきた。北シャイアンは保留地の地下鉱物資源の使用権を個人や相続人に分配せずに、部族全体で管理するに至っている。しかしながら、西部の貧しい保留地は、産業廃棄物や放射性廃棄物の一時貯蔵・埋立ての問題にも直面している。中には、環境破壊のみでなく、高いガン羅患率といった健康面で深刻な被害を受けてきた保留地もある。失業率が五割に達するほどの保留地は、先進国向けの地下資源開発を迫られる第三世界の小国のような立場にある。保留地における経済問題を解決する策として、北シャイアンの間では部分的な炭鉱メタン開発を進めるべきだという意見も一部あるが、大部分の部族員は保留地での資源開発に反対している。北シャイアンは連邦政府への依存から脱却するための経済開発と、部族の土地と伝統を守る環境保護との間で困難な選択を迫られているのである。

## 三　文化復興とコミュニティ

### 部族の絆

このような保留地内外をとりまく現実や諸問題を前に、シャイアン族の間でもアルコールや麻薬に逃避し、家庭内暴力、自殺に駆り立てられる者が少なくない。狭い保留地では、非難の矛先が同胞や近親者にむかい、指導層では派閥争いが横行する。しかしながら、これらの社会的ストレスを和らげ、人々に一体感をもたらしているのが、独自の伝統文化と価値観であろう。

同化政策が推進された二〇世紀初めにかけて、シャイアンの宗教儀式や信仰、言語などは連邦政府により規制を受けた。狩猟生活の中で発達したサンダンスはその苦行が野蛮であると禁じられ、平原地域に移住する以前の農耕時代から伝わるコーンダンスや、動物の踊り（Massaum）の儀式は一九二七年を最後に途絶えた。とくに土地の多くを失った南シャイアンにとって経済的・文化的打撃は大きかったが、その分、伝統儀式を維持し、人々をまとめあげようと努力してきた。シャイアン族の間で、サンダンスはときにウィロウ・ダンスやセージ・ダンス（儀式で柳やセージを用いたため）と称して、感謝祭やクリスマス、復活祭、独立記念日など、連邦政府の監督官が介入しない合衆国の祝日に行われた。第一次世界大戦中には、戦争義援金を募る愛国的行事とされ、住民同士で贈り物を分かち合うギブアウェイの儀式とともに行われた。ペヨーテ信仰もシャイアンの信者を集めた。オクラホマが州に昇格する際、儀式で用いるペヨーテが麻薬として禁止されかけたが、南シャイアンの指導者たちがロビイングを行って防いだ。さらに、一九一八年には連邦法によるペヨーテ規制を防ぎ、キリスト教会と同様の待遇を受けるためにネイティブ・アメリカン教会を設立した。これらの儀式は人々に相互扶助の価値観を呼び覚まし、一体感と精

神的支えをもたらしてきたと言える。(32)

一九六〇・七〇年代には、先住民運動の高まりとともに、シャイアンはサンダンスや聖なる矢の儀式を復活させた。サンダンスは第Ⅲ章で論じたように、ラコタやクロウなど他の平原インディアンにも見られる宗教儀式だが、今日、モンタナとオクラホマで毎夏、行われている。北シャイアン保留地では、七二年にサンダンスが復活して以来、毎年行われ、八二年にはピアシングをする伝統的なサンダンスも再開した。北シャイアンと南シャイアンの人々はサンダンスを通じて行き来し、双方の絆を確認してきた。他方、聖なる矢の儀式はシャイアン独自のものである。シャイアン語で Maahotse または Mahuts と呼ばれる四本の矢（二つが戦闘用、二つが狩猟用）はシャイアンの英雄スウィート・メディスンが聖地ベアビュート（サウスダコタ州ブラックヒルズにある山）で人々の安全と繁栄のために神から授かったとされ、今日、南シャイアンの守り手によって保管されている。毎年、夏至の頃にこの矢の包みを開き、矢尻を新たな腱で縛り直し、祈祷を捧げてきた。シャイアンのもうひとつの聖遺物、バッファロー・ハットは北シャイアンの守り手が保管してきた。ベアビュートでは、第二次世界大戦や朝鮮戦争、ベトナム戦争中、それぞれの戦争終結を願ってシャイアンが祈祷と断食を行った。(33) また一九六七年以来、南北のシャイアンが毎年巡礼に訪れ、ラコタなど他の平原インディアンと協力して環境保護運動を推し進めている。さらに、保留地で行われるパウワウやギブアウェイは、都市に暮らすシャイアンにとって部族のアイデンティティと絆を確認する機会となってきた。(34) 北シャイアン部族評議会は七二年から部族財政が悪化する八五年まで、伝統行事への参加者のためにオクラホマへの旅費を補助してきた。それとともに、古くは戦士団として機能していた男性の伝統的組織も七〇・八〇年代に復興し、儀式を支えてきた。(35)

シャイアン語の継承は今日、他の部族語と同様、大きな課題に直面している。一九七五年の北シャイアン保留地では、半分以上の者がシャイアン語を話すことができたが、二〇〇〇年には四割に落ち込んだ。若い世代でははるかに少ない。北シャイアン部族学校の生徒を対象とした調査では、シャイアン語で簡単な会話ができる生徒は五％以下、流暢に話せる者は二三〇人中わずか四人だった。二〇五〇年には話者がいなくなると危ぶまれる中、シャイアン語や伝統文化を教える試みが学校やカレッジを中心に続けられている。独自のプログラムを持つ北シャイアンのチーフ・ダルナイフ・カレッジには、オクラホマの南シャイアンの若者も多く入学してくる。[36]

近年、進展をとげているのが、歴史的記憶をめぐる合衆国政府との交渉であろう。これについては第Ⅵ章で主に取り上げるが、アメリカ先住民墓地保護返還法（ＮＡＧＰＲＡ）により、一九九三年と九四年、スミソニアン博物館に保管されていたサンドクリーク虐殺の犠牲者を含むシャイアンの遺骨が南シャイアンへ返還され、埋葬された。九六年と二〇〇〇年には、ブラックケトルたちが殺されたオクラホマ州のワシタ戦場跡地と、コロラド州のサンドクリーク虐殺跡地のそれぞれが国立史跡となり、保存が進められている。さらに〇三年、カスターと合衆国陸軍兵士のみを供養していたリトルビッグホーン戦場跡地に、シャイアンの兵士を含む先住民の慰霊碑がついに完成した。

このような動きの背景には、シャイアンの政治的・社会的指導者の活躍がある。南シャイアン出身のＳ・Ｓ・ハージョ（Susan Shawn Harjo）は、一九八四年から八九年にかけて全国アメリカ・インディアン議会（ＮＣＡＩ）の議長を務め、首都ワシントンで先住民政策に関するロビイングを行い、ＮＡＧＰＲＡや聖地保護運動を推進してきた。また、九〇年代の変化を導いてきたのが、コロラド出身の連邦上院議員としてインディアン問題委員会議長を務め、北シャイアンの血を引くＢ・ナイトホース・キャンベル（Ben Nighthorse Campbell）である。さらに、南シャイアンのＨ・マン（Henrietta Mann）は各大学でアメリカ先住民の歴史を教えながら、連邦教育政策や各先住民団体で活躍してきた。[37]

以上のように、今日、シャイアン族を取り巻く経済的・社会的状況は依然として厳しいが、彼らは伝統文化の復興と継承を通じて、アメリカ社会の中で足場を失わないように取り組んできた。近年、資本主義経済を中心としたグローバル化が途上国や世界各地の先住民に及ぼす影響が問われている。ローカルなシャイアン保留地にも多国籍企業による資源開発が迫り、グローバル化の波が押し寄せている。連邦政府が提供するプログラムは必ずしも有効に機能しているわけではなく、グローバル化の勢いから彼らを守りきるという保証はない。今後、文化継承と経済開発の間でいかにバランスを保ち、政治的自決と経済的自立を実現していくかが、シャイアンにとって大きな課題であり続けている。

## 第2節　ラコタ・スーの取り組み

前節ではシャイアン族における経済状況を検討したが、本節ではラコタ・スー族のケースを通じて、近年、部族によって取り組まれている経済開発の動向について光をあてたい。先住民の経済開発を検討していく上で、今日、重要な概念となっているのが文化的関連性（cultural relevance）、または、文化的適合性（cultural appropriateness）であろう。これまで先住民部族は様々な事業を試みてきたが、大半がうまく軌道に乗らないまま失敗を繰り返してきた。この要因には、保留地におけるインフラの不整備や投資不足、事業に対する部族員の経験の浅さ、などが挙げられるが、より根本的な問題として、経済開発の在り方が人々の価値観や慣習、コミュニティの生活と必ずしも合致していないという点があったのではないか。本章では、パインリッジ保留地におけるラコタ基金の足跡を検討することによって、先住民にとっての経済開発における文化的要素、「文化的関連性」について考察してみたい。[38]

### 一　パインリッジ保留地と貧困

#### パインリッジ保留地

一八八九年につくられたパインリッジ保留地は、オグララ・スー族の故郷として、サウスダコタ州南西部に位置する。二八〇万エーカー近くの広さの保留地には、約一万四三〇〇人のオグララ・スー族が暮している。[39] 一世帯当たりの平均年収は約二万ドルであり、住民の半分以上が貧困ライン以下の生活を送っている。たいていの人々が連邦政府から支給される福祉小切手と食料で日々を過ごし、連邦資金によって建てられた住宅に住んでいる。教育歴は、パインリッジ保留地出身者で高卒以上が六八・八%、大卒以上は一一・一%である（表V-4参照）。失業率は

**表 V-4**　サウスダコタ州パインリッジ保留地（スー族）　2000年

| 項　目 | 人 | % |
|---|---|---|
| 全住民人口 | 15,521 | 100.0 |
| 平均年齢 | 20.6 | |
| 人種 | | |
| アメリカ・インディアン・アラスカ先住民 | 14,304 | 92.2 |
| 教育歴（25歳以上） | | |
| 高校卒業以上 | | 68.8 |
| 大学卒業以上 | | 11.1 |
| 家庭で話される言語 | | |
| 5歳以上の人口 | 13,792 | 100.0 |
| 英語のみ | 10,258 | 74.4 |
| 英語以外 | 3,534 | 25.6 |
| 英語が流暢でない | 707 | 5.1 |
| 雇用状況 | | |
| 16歳以上の人口 | 9,255 | 100.0 |
| 労働人口 | 4,741 | 51.2 |
| 就業者 | 3,175 | 34.3 |
| 失業者 | 1,566 | 16.9 |
| 1999年　所得 | | |
| 平均世帯所得（ドル） | 20,569 | |
| 有所得世帯数 | 2,657 | 76.0 |
| 平均所得（ドル） | 28,770 | |
| 社会保障手当受給 | 741 | 21.2 |
| 社会保障手当平均額（ドル） | 6,445 | |
| 補助的保障手当受給 | 470 | 13.4 |
| 補助的保障手当平均額（ドル） | 6,586 | |
| 公的扶助受給 | 599 | 17.1 |
| 公的扶助平均額（ドル） | 3,033 | |
| 年金受給 | 256 | 7.3 |
| 年金平均額（ドル） | 9,672 | |
| 平均家族所得（ドル） | 20,477 | |
| 一人あたりの所得（ドル） | 6,143 | |
| 1999年　貧困度（貧困レベル以下） | | |
| 家族数 | 1,365 | |
| 貧困レベル以下の割合 | | 46.3 |
| 個人 | 8,140 | |
| 貧困レベル以下の割合 | | 53.4 |
| その他 | | |
| 給排水設備なし | 407 | 11.6 |
| 台所なし | 285 | 8.1 |
| 電話線なし | 777 | 22.2 |

出典）DP-1： Profile of General Demographic Characteristics： 2000
Data Set： Census 2000 Summary File 1 (SF 1) 100-Percent Data
Geographic Area： SD-NE Pine Ridge Reservation and Off-Reservation Trust Land より作成
The American Indian and Alaska Native Summary File (AIANSF)
＜http://factfinder.census.gov/home/aian/sf_aian.html＞（2005年9月20日）

多いときに五〇~八〇%に及び、全国で最も貧しい郡に相当する。比較的恵まれている層は、部族政府や連邦政府の定職についているが、フルタイムで働ける者はわずかであり、大部分が短期・不定期のパートタイムの職をかけ持ちの状態である。部族の主な財源は農業や借地代、そして教育や保健、部族政府のために支給される連邦プログラム資金である。保留地では産業や商業活動がわずかであり、部族員の収入の多くは保留地外の境界町で費やされてきた。(40) 保留地住民の間では、とくに合衆国政府主導の経済開発に対する強い警戒心が残っており、例えば、パインリッジ保留地は一九九〇年、企業の廃棄物処理場建設を拒絶した。しかしながら、近年では保留地での雇用創出のために経済開発や小規模ビジネスへの関心が高まっている。全国の先住民による代表的な事業は、サービス業、建築業、小売業であり、先住民の中小企業に対する中小企業管理局からの融資も増加している。(41)

オグララ・スー部族政府は主に六〇年代以降、様々な経済開発事業に取り組んできたが、弓矢製作工場、プラスチックのインディアン人形工場、釣り針工場、モカシン工場、土地耕作など、多くのプロジェクトが短命に終わり、失敗に帰した。(42) 近年の失敗例は、部族が経営するプレーリー・ウィンド・カジノ (Prairie Wind Casino) の拡張計画である。部族政府は、二〇〇二年八月に一八〇〇万ドルの総工費でこのカジノを改修することを決定した。一九九四年に創業したカジノは、年中無休でブラックジャックやスロットマシン、カードポーカーなどの娯楽を提供してきた。計画では、豪華ホテルや映画館、レストラン、会議室、他の文化施設などを収容する四万五千平方フィートの建物が構想され、失業率が八五%に及ぶ保留地に雇用をもたらすはずであった。しかし、その後、〇二年秋の部族評議会選挙で議員の多くが入れ替わり、カジノ推進派の人物が再選されなかったため、計画は行き詰まった。(43)

近年、保留地における経済開発にとって第一の課題として指摘されているのが、部族政府の構造である。パインリッジでは部族政府の選挙が二年ごとにあり、政府職員が大きく入れ代わり得る。長年、議員を務める者もいるが、二年ごとに再選されなければならない。この点は、長期プロジェクトを進めていく上で非効率であり、事業促進にとって大きな足かせになってきた。実際に、部族政府が交代するとプログラムが中断して一からやり直し、というパターンがこれまでにも繰り返されてきた。部族政府は財政的に逼迫しているため、様々な業務で対応に追われて問題に迅速に対処することができない。また、一八人の評議員は多くの職務を担当しており、部族ビジネスの詳細を扱いきれない。さらに、部族政府では派閥政治が横行し、有権者は職を提供してくれる候補者に投票する。部族政府は保留地における主な雇用先であり、公共部門職に親族や友人を優先する問題が生じている。このような環境はビジネスに適さず、長期のプロジェクトは成就しにくい。経済活動がローカル政治と結びつくことで、効率的で専門的なビジネスの成長が滞り、部族政府はこれまでにあらゆるビジネス経営に失敗してきた。(44)

このような諸問題に対し、近年では、部族憲法を修正し、評議員と議長の任期を四年にすることが提案されている。パインリッジ地域商工会議所も四年任期を支持しており、経済・ビジネス開発を監督し、促進する部族評議会とは別にビジネス協議会を設けることを検討している。(45)また、ビジネス関係者たちは、部族政府が保留地の各地区にもっと権限を移行し、自律性を持たせるよう提案している。パインリッジ保留地には九つの地区があるが、それぞれがローカルパワーを与えられることで、その特性をビジネスに活かし得るはずであった。(46)このように評議員や従業員のトレーニングを推し進め、議会の運営方法を改革して部族政府の安定化をはかることは、保留地のビジネスに投資を促し、経済活動を活性化するために重要な課題となっている。

経済開発にとって第二の課題は、保留地における銀行の不在である。保留地の内外を問わず、アメリカ先住民にとって事業融資を受けられるかどうかは経済発展を大きく左右するが、銀行家や投資家との社会的・個人的つながりは限られている。(47)保留地には銀行がなく、大部分の住民は遠く離れた保留地境界の町へ行かなくてはならない。しかし、これらの町は先住民に対する偏見と人種的緊張の長い歴史を持ち、先住民が融資を引き出すことは難しい。[48] 保留地住民が土地や家屋を担保にすることは手続きが容易でない。事業融資よりも消費者ローンの方が得やすく、部族や住民の資金は保留地外の店や企業で消費されて、保留地に利益や雇用をもたらさない。その一方で、コンビニエンスストアや観光案内、コンサルティング、農業経営など先住民の小規模経営者はさらなる融資を必要としており、保留地で利用できる金融機関を求めている。パインリッジ地域商工会議所も、保留地に銀行を設立するよう部族政府に働きかけてきた。中には、カジノ収益を用いて保留地に銀行を設立した部族もあるが、オグララ・スー族のカジノは収益が十分でなく、これまでのところ実現が厳しい。[49]

## 二　ラコタ基金

以上のような経済開発の課題を抱えるパインリッジ保留地であるが、これまでに成功を遂げた数少ない事業として非営利団体のラコタ基金（Lakota Fund）がある。保留地での個人経営の事業開始や拡大のためのアドバイスと資金提供を行い、コミュニティ開発金融機関としてパインリッジでの経済活性化に大きく貢献してきた。先住民保留地において初の小額貸付を行い、民間部門が主体となって草の根の融資を実践した成功例のひとつである。[50] 前述のように、部族政府が主導した事業の多くが失敗したのに対し、ラコタ基金は地域に根ざした小規模な民間部門での経済活動の可能性を示している。

一九五〇年代から七〇年代半ばにかけて、アジアやラテンアメリカの発展途上国では、当時の開発経済理論に従って、中央集権的な政府がつくられ、国家主導による経済発展が試みられた。しかしその後、これらの国営事業の多くは失敗し、限界が明らかになった。これに代わって、一九七〇年代後半から八〇年代に国家規制を最小限にして経済活動を自由化するアプローチがとられたが、これはかえって市場の混乱を招くことになった。その後、一定の国家規制や保護の必要性が見直され、健全な政府との連動によってこそ、経済活動が促進されることが明らかになっている。パインリッジ保留地での部族政府による経済活動の軌跡は、以上のような途上国での試みと無縁ではない。[51]

**ローン事業**

以下、ラコタ基金の歩みと事業内容に焦点をあてて、その役割を検討していきたい。ラコタ基金は一九八六年にヴァージニアを本拠とする先住民開発協会（First Nations Development Institute）のプロジェクトとしてフォード財団から四〇万ドルの初期ローン基金を受けて発足した。先住民開発協会は、「保留地の経済環境をローカル資源において持続可能で、先住民の知識と文化を尊重し、内発的発展を支えるものへと変える[52]」ために、部族や先住民とともに取り組んできた。一九八六年に始動するまでに一年半を費やしたが、ラコタ基金を育て上げたのは会長のE・ミークス（Elsie Meeks）である。[53]ラコタ・スー族のミークスは、保留地で夫と食料品店を経営し、牧畜業も営んでいるが、九九年には先住民として初めて連邦公民権委員会（U. S. Commission on Civil Rights）委員に任命された。基金が設立された当時、パインリッジには四〇未満の小ビジネスがあったが、大部分は非先住民が手がけていた。また、前述のように保留地には銀行がなく、最寄りの銀行では先住民が融資を受けにくかった。さらに民間部門の不足により、年間約七四〇〇万ドルが保留地外の近隣の町で費やされていた。[54]このようにラコタ基金はパインリッジ保留地の民間部門を支援することを目的として始められたのである。

ラコタ基金は先住民開発協会の会員として厳しい規則と監督下で活動後、一九九一年に独立し、保留地のカイル村に本拠を構える非営利の金融機関として再出発した。先住民開発協会から独立することによって、ラコタ・スー自身が基金運営のイニシアティブをとるようになったのである。九一年当時、ラコタ基金では外部の専門家一人を除いて、九人の役員と四人のスタッフの全員が保留地に暮す部族員であった。当初、彼らは金融貸付や組織運営の経験がなく、長期トレーニングを必要としたが、地域に根ざしたメンバーでスタッフと役員会を構成したことが事業を成功に導く鍵となった。先住民開発協会に加えて、新しい資金源として、全米コミュニティ開発協会ローン基金と企業機会協会との提携を進め、ミズ研究所女性経済開発協同基金や経済開発訓練研究所からも支援を得た。ボストンやサンフランシスコなどの大都市から社会的信用の高い投資家たちを集め、三％の利率で一年以上の融資も受けた。(55)

ラコタ基金は部族が計画した事業であったが、民間の独立した非営利組織である。コミュニティのリーダーが運営することで部族政府からは独立し、干渉を受けなかった。(56) 部族政府と協調しながらも、独立していることは重要であった。ローカルな運営と意見を実現するため、ラコタ基金の役員の多数は、部族政府メンバーではなく一般の部族員によって維持されてきた。

長らく事業経験者や役割モデルが不在のパインリッジにおいて、ラコタ基金は部族員に起業トレーニングや教育を提供し、主にサークルバンキング・プロジェクトと小事業ローンの二種類の融資を行ってきた。一件あたりの貸付限度額は一九八六年の開始時一千ドルだったが、九三年には二万五千ドルになり、総額三五〇万ドルを融資した。そして、二〇〇一年度には五一件の小規模事業と二七件の少額貸付を行い、貸付額が最高二〇万ドルに上げられた。新設のパインリッジ商工会議所によれば、〇二年に保留地では九三の事業が営まれ、その大部分が部族員によるものだった。これまで、ラコタ基金は二〇〇万ドル相当の約五〇〇件の融資を行い、二五〇人以上に起業トレーニングを提供し、また、一五〇〇人以上の手工芸小企業家にマーケティングのサービスをしてきた。(57)

ラコタ基金は、境界町にある銀行とは対照的に、保留地の社会資本ネットワークに基づくコミュニティ開発を支援してきた。雇用をもたらす民間部門を開拓して地元の商品やサービスを創出し、保留地での資金流通を支えてきた。その際、一般の銀行では考慮されないようなローカルな情報が活かされている。地元の情報を得やすいことから、借り手に対する管理も低コストで済み、保留地外の銀行よりも柔軟に対応できる。例えば、牧場の破産歴があるという理由で、これまで他の銀行で融資を受けられなかった場合、ラコタ基金は保留地の事情に通じているため、援助の相談に応じてきた。ラコタ基金は住民の生活を知っているために、保留地における唯一の起業融資機関として人々の信頼を得ているのである。(58)

ラコタ基金は、ローカル経済の担い手として女性も重視していることがもうひとつの特徴である。少額貸付の約八割、より大きな事業用の高額貸付の約三割を女性が占めてきた。保留地の中でも女性は低収入者が多く、担保や一定の収入を条件とすると融資を受けられない。結果的に、彼らの経済活動への参加を阻み、貧富の差が拡大する。よって、ラコタ基金は、担保や収入がないために一般の銀行から融資を受けられない小規模な起業家、とくに女性に融資しているのである。(59)

さらに基金は、土地所有権などの保留地独自の法的条件にも通じている。一般に、土地は担保として重視されるが、ラコタのほとんどの地主は、連邦信託地の割当地を所有しており、多数の相続人と土地権を共有している場合が多い。銀行では信託地も抵当の対象となり得るが、それに要する官僚的手続きが煩雑であるため、敬遠される。他方、ラコタ基金では、抵当の手続きがさほど複雑でない。高額融資の借り手には、連邦政府と部族の土地政策、および債務不履行の場合の手続きを明確に伝え、その返済能力を確かめる。部族の状況に通じたラコタ基金は、保留地の社会的、法的、文化的文脈に応じて担保の査定をすることができる。

さらに、保留地の住民にとって重要なのはラコタ基金の馴染みやすい雰囲気である。境界町の銀行ではしばしば先住民に対する偏見が見られるが、基金にはラコタ語を話すラコタ・スー族の職員もいて、住民に安心感がある。

コミュニティのメンバーが基金のスタッフであることから、事業に必要なノウハウの伝授においてコミュニケーション・ギャップが生じることが少ない。基金の事務所は、保留地中央の人口が多いカイル村にあり、住民のアクセスも容易である。[60]

こうしてラコタ基金は、保留地住民へ地道に働きかけてきた。少額貸付（千ドル未満）は一五％、それ以上の貸付については一一％を利息として個人に融資されている。ローンは五年以内の返済条件であり、再度の融資も可能である。担保は土地や家財からビーズ手工芸品に至るまで、様々である。この融資によって、ヘアサロン、ビデオレンタル店、手工芸品小売店、レストラン、電気工事や砂利運搬の請負、バッファロー農場などの各事業がパインリッジ保留地で始まった。[61] 一方、基金の全貸付プログラムにおける債務不履行の割合は約一〇％、ローン返済の滞納は一五〜二五％、ときに三五％になる。もっとも、これは高い失業率と貧困度を背景としたパインリッジの特殊事情を考慮する必要がある。[62] 商用事件に対処できるよう部族政府は債権回収法を制定して部族の裁判システムを改善した。

この貸し倒れと滞納を防ぐためにラコタ基金が取り入れたのが、起業トレーニングである。融資を受けるために、事業主は二年間の経済活動を示す詳しい会計帳簿を提供するか、基金スタッフによって行われる六週から一〇週のトレーニングを受ける義務がある。「トカタキヤ・イシスカンポ」（未来にむけての準備）というトレーニング・カリキュラムでは、部族政府の運営と財政、個人の目標設定、マーケティング、財務管理、金融、簿記、税金や免許情報、人的資源や家族経営など、小規模事業に役立つテーマが指導される。こうして一年に五〇人以上の借り手がトレーニングを受けた上で事業計画を準備し、申請書が審査される。そして融資後も、ラコタ基金は借り手の報告書とローン返済を管理し、事業計画や運営についてアドバイスする。その技術的支援は実際のビジネス運営において有用であると評価されてきた。[63] このようにラコタ基金は、保留地経済の活性化を促す一方で、それを支える人材育成にも努めているのである。

**その他の事業**

ラコタ基金が手がけてきた他の事業として、ビジネスに必要なインフラ整備がある。とくに、保留地中央のカイル村に商業センターを建設し、ビジネス関係の資料室を設けるなど、コミュニティにとって重要な拠点を築いた。保留地では従来、オフィスビルや商用スペースが不足していた。ラコタ基金は資金集めに奔走し、経済開発局から一〇〇万ドル、ブッシュ財団から約一九万ドル、サウスダコタ州のノルウェスト銀行から八万ドルの基金を取り付けた。一九九六年に完成したラコタ商業センターは、一万二五〇〇平方フィートの広さで新たな事務所・店舗スペースを用意した。センターには、ラコタ基金の事務所や会議室、部族ビジネス情報センター（連邦小企業局・インディアン局と提携）、手工芸品店のスピリット・ホース・ギャラリー、パインリッジ商工会議所事務所などが入っている。その他、新規ビジネス用のオフィス・スペースもあり、ここでは外に店を構えるまでの三〜五年間、試行的に営業できる。スピリット・ホース・ギャラリーでは、後述するサークルバンキング・プロジェクトで住民たちが作った手工芸品が展示・販売されている。ラコタ基金は手工芸品を売り出すマーケティング協同組合も支援してきた。部族ビジネス情報センターには、ビジネス関連の文献や出版物、ビデオ、コンピュータ施設が備わっている。ラコタ基金による起業家のためのトレーニングやワークショップ、カウンセリングなどもセンターで行われてきた(64)。

ラコタ基金は、住宅が不足している保留地のニーズに即して住宅事業も手がけてきた。住宅関係の専門知識を得ながら低収入家庭用の公営住宅プロジェクトを計画し、農業開発局のプログラムを通じて高齢者向けに賃貸モービルハウスを提供した。また、一九九七年に州・連邦の住宅開発局の基金によって、保留地のワンブリー村に公営住宅イーグル・ネスト・ホームを一〇棟建設した。これは増築されて、二年後に三〇棟になり、住民たちの住宅環境を改善してきた。この事業は保留地における住宅改善の成功例として、他の部族からも注目された(65)。

## サークルバンキング

これまで見てきたように、ラコタ基金の特徴は、できる限り保留地の実情や住民のニーズに即して経済活動を促進することである。そして、それをさらに示しているのが、少額貸付のサークルバンキングであると言える。一般の起業用ローンが千ドルから二〇万ドルであるのに対して、サークルバンキングは、他のメンバーに融資を払い戻すという条件のもと、一〇〇ドルから千ドルを仲間集団に融資してきた。

前述のように、当初、ラコタ基金は先住民開発協会の支援により、一九八七年まで個人を対象に小企業貸付金を融資していた。しかし、当時はビジネスの失敗率が高く、債務不履行によって事業は滞っていた。そのような中、ラコタ基金の職員G・シャーマンとF・ストーンがバングラデシュでグラミン銀行を視察し、サークルバンキングのヒントを得た。彼らは帰国後、基金の役員とコミュニティのリーダーを説得し、八九年にサークルバンキングを開始した。美術品や手工芸品を製作するラコタが多い中、仲間集団で事前トレーニングを行い、少額貸付を行うことによって、従来の個人むけ小企業貸付とはやや異なる方法を試みたのである。

サークルバンキングでは、コミュニティの四人から六人の仲間で一つのサークルをつくる。サークルとして承認を得るために、まず会員は小規模事業を営む上での基本的なビジネス手法と社会教育（薬物・アルコール依存対策など）を扱った五週間の入門コースを受講する。修了後、どの会員が最初に最高四〇〇ドルまでのローンを受けとるかをサークル内で決める。担保は必要ないが、サークル会員は共同債務者になる。会員は事業計画を提出し、一年目に四〇〇ドル、二年目に八〇〇ドル、三年目に千ドルまで借りることができる。ローンは年率一五％の利息で返済期限は一年以内であり、隔週で一七・四四ドルずつ返済しながら、個人の「準備金」に五ドルずつ追加し、貯蓄していく。また、ローンは申請額よりも二〇ドル多く渡され、それも返済することになるが、それはサークルが自由裁量で用いる「グループ内基金」になる。ローン額はラコタ基金スタッフの承認を必要とし、最初のローンを返済してサークルの打ち合わせに毎回出席することにより、ローンが追加できる。最初の借り手が三回の返済を完了後、二番目の会員が融資を受け、同じように各会員が順番に借りていく。

サークルバンキングのローン額は、通常の小企業貸付の一〇分の一程度にすぎないが、かえって事業の経験をほとんど持たないような底辺の住民たちにまで行き渡った。ラコタ基金の元ディレクターであるE・ミークスは、サークルバンキングの効果について語っている。ある五人の子持ちの母親はかつてアルコール依存症だったが、当初、二五〇ドルのローンによってビーズ細工のビジネスを始め、福祉から自立するに至った。酒を断ってサークルの長になり、支払い期限を守りつつ毎年売り上げを伸ばした。このように、サークルバンキングはビジネス・スキルを提供し、家計を助けながら小事業に取り組む契機をもたらしたのである。また、プログラムに事前トレーニングを組んで共同債務を経験することにより、より金額の大きい小企業ローンの準備段階として債務不履行を大幅に減らしていった。二〇〇三年には、九つのサークルが四〇近くの小規模ビジネスを営み、小企業ローンを借りていた事業家六〇人分と併せると、ローン全体の合計は約一八万ドルであった。貧困と失業率の高いパインリッジのコミュニティで、これらの事業が営まれるのは画期的であった[66]。

サークルバンキング会員の七五%以上は手工芸品を製作し、そのニーズに対応してラコタ基金は手工芸品のマーケティング・プログラムも設けた。米国やヨーロッパの買い手に手工芸品を卸売りし、製作者に生産委託や材料供給も行っている。従来、製作者のほとんどに商売感覚がなかったが、マーケティング・プログラムは、基本的なビジネス概念を導入してトレーニングを提供し、サークルバンキングによる資金運用から製品の販売方法までを指導している。[67]

このラコタ基金のサークルバンキングは、なぜ住民たちの間に浸透し、根づいてきたのだろうか。ラコタ基金の元ディレクターであるシャーマンによると、その理由は、サークルバンキングが伝統的なラコタ・スーの社会組織であるティオスパエ（tiyospaye）に合った形で、それを活かしながら経済活動を促したからである。例えば、手工芸品をつくる女性の場合、販売用のキルトだけでなくギブアウェイの儀式で贈るキルトも作るため二倍の材料費を必要とし、ローンを利用する。ラコタ・スーにとって「伝統的に、豊かさとはどれだけ貯蓄するかではなく、いかに分かち合うかで判断された」[68]からである。彼女は、収入の一部をローン返済にあて、残りをより多くの材料費購入にあてる。さらに、個人で利潤を追求する事業よりも、家族や親戚、友人などと協力しながらビジネスを発達させるサークルバンキングは、ラコタの文化的背景により即したものであると言える。このような伝統的価値観と現代の経済的ニーズの双方を満たし、バランスを保った事業として、サークルバンキングがうまく機能したのである。シャーマンは、「インディアンは、文化や環境を損なうものは受け入れなかったが、新たな概念を文化に合うよう作り変えてきた。[69]」と語った。このことは、本節の冒頭で挙げた先住民の経済開発における「文化的関連性」と関わっていると言えよう。

## 三　ティオスパエとローカル・エンパワメント

### 部族政府の形成

では、このサークルバンキングの成功の鍵となった、伝統的なティオスパエとは何であろうか。それは、ラコタの間で受け継がれてきた親族・血縁関係を基とした小規模なコミュニティ集団であり、今日でも、パインリッジ保留地での社会・経済活動の基礎となっている。そして、このティオスパエは、保留地の活性化において無視できない要素と思われる。ここで、部族政府とティオスパエの関係の背景を振り返りたい。

かつて一九世紀半ばまでラコタ・スーは、ひとつの部族というよりも、小規模な各バンド（ティオスパエ）とそれぞれの指導者から成る分権的社会を築いていた。人々はティオスパエごとに共同生活を送り、ティオスパエに帰属意識と忠誠心を抱いていた。各ティオスパエには、議会と集団生活を率いる指導者ナチャ（naca）とアキチタ（akicita）という警護団が存在した。議会はティオスパエにおいて尊敬を集める者たちから成り、ここでティオスパエの方針が定められ、指導者とアキチタが選ばれたのである。(70)

保留地生活に移行してからもしばらくはこの伝統が継承された。一八九一年にパインリッジ保留地でつくられたオグララ評議会（Oglala Council）は、各ティオスパエの代表たちから成っていた。月一回の集会は祈祷で始まり、各地区の指導者たちが演説をして部族の伝統的な議決の方法で進められた。保留地の土地や財産などに関わる重要な決定では、六八年のララミー砦条約第一二条に定めたように男性部族員の四分の三以上の同意を得ることが前提となっていた。

一九〇九年には、パインリッジ保留地の各地区から選ばれた一二人が常任議員となり、条約やブラックヒルズ問題について検討した。また、保留地で実施される法律・規則に関する苦情や意見を監督官へ手紙で書き送り、監督官は部族所有地のリースや登録、割当てなどを評議会に任せていた。一六年にはオグララ評議会の憲法がつくられ、監督官の承認を得た。各地区から選ばれた一〇人で評議会が構成され、従来どおり地区ごとに自治を認めて分権制を尊重した内容であった。

このオグララ評議会では、部族の慣習や自律性を重んじる伝統派の長老たちが多数を占め、二〇世紀に入ってからも彼らが影響力を持っていた。これに対して寄宿学校などで教育を受けた進歩派の若者は次第に反発し、双方の間で摩擦が生じるようになった。一九一八年にはオグララ評議会やブラックヒルズ評議会支部をめぐって保留地で派閥対立が起こった。すると新任の保留地監督官は、インディアン局に批判的なオグララ評議会を廃止させ、新たな評議会をつくらせた。各地区で二一歳以上の男性が投票して二年任期で三人の代表が選ばれ、議員は大幅に入れ替わった。しかし、監督官は新たな評議会による憲法を認めず、会議が定期的に開かれなかったため、この評議会は急速に衰退した。これに代わって、一九二一年にブラックヒルズ評議会の各地区代表七人で成る常任委員会が公式に部族問題を扱ったが、この間、伝統的なオグララ評議会は影で存続していた。二八年には再び選挙で七つの各地区から三人の代表が二年の任期で選ばれ、インディアン局公認のオグララ・ビジネス評議会が組織された[71]。しかし、部族の若者が代議民主制を支持する一方で、長老たちはララミー砦条約にある住民四分の三以上の承認と直接民主制を支持したため対立が生じ、投票を行うことになった[72]。三一年一月の投票では一五対四で代議民主制が選ばれたが、翌二月に長老たちが集まってビジネス評議会を無効とし、オグララ評議会を復活させる決議をした。長老たちは、同化教育を受けた混血の若者が地区評議会や自分たちと十分協議せずに、部族の政治を勝手に動かしているとみなした。エリートの若者たちがインディアン局と結託し、部族の自治を約束した条約を軽視していると反発したのである[73]。結局、八つの地区から一〇人の代表を選んで投票したところ、七八対二でオグララ・ビジネス評議会が廃止されることになり、全員一致でオグララ評議会の復活が支持された[74]。三一年一二月の総会で新憲法が採択され、純血と混血の双方から成る役員が三年の任期で選ばれた。議決は評議員が行ったが、部族の財産に関わる政府との取引や処理については、部族の成人の四分の三以上の同意を必要とした。評議員には各地区から五人の代表が選ばれ、その選出は従来どおり地区評議会に委ねられた。一九三〇年代に入っても、パインリッジ保留地には三〇のバンドが存在し、伝統的なティオスパエに基づいた各地区の評議会が機能していたのである[75]。このように、一九世紀後半から二〇世紀初頭にかけてパインリッジ保留地では伝統的な社会組織が再編を迫られたが、オグララ評議会が数度にわたって復活し、重要事項では部族の四分の三以上の承認を必要とする直接民主制が支持された(76)。この評議会はティオスパエに基づく各地区代表から構成され、スー族の政治的伝統を継承していたのである。

一方、インディアン局長のコリアは、一九三四年にインディアン再組織法によって全国の保留地に近代的な部族政府を設立することを目指した。ホワイトマウンテン・アパッチのような部族は伝統的に一人の強力な族長によって治められ、コリアの部族政府モデルと合致した。しかし、上述のような分権統治を長らく行ってきたラコタ・スーにとって、再組織法による部族政府は容易に馴染まなかった。この新政府に反対して、多数のラコタがインディアン再組織法の採択を問う投票をボイコットした。ラコタの文化では、投票しないことは反対に等しかったからである。しかし、この慣習は連邦政府に考慮されず、パインリッジ保留地では一一六九票対一〇九五票の僅差によって採択と判断された(77)。

当初、ラコタは経済的恩恵を期待してインディアン再組織法と憲法を採択したが、連邦政府に対する疑いと不満は解消されなかった。干ばつで菜園が枯れ、借地代収入が減った大恐慌期にインディアン局は配給と連邦余剰産物を提供して救援を行った。一九三三年以降、ニューディール・プログラムの一環として開始した民間資源保存団（CCC）のインディアン部門を通じて、ダムや道路、フェンス建設、井戸掘り、防火線・柵・電線整備などの仕事にスー族を雇用した。これによって経済状況は改善し、二、三年間は土地喪失が食い止められた(78)。しかし、新しい部族憲法は伝統的なティオスパエの自律性を後退させ、新政府は一般のラコタの間で支持されなかった。再組織法による新部族政府は個人の自由投票であったため、従来のように地区の代表が指導力を発揮することは難しかった。また、部族憲法の制定と修正には内務長官の承認が必要であり、憲法を従来のオグララ評議会の伝統に則って修正することは認められなかった。部族政府は名目上、自治を行ってきたが、あくまでも内務長官が部族評議会の決議に対して拒否権を持ち、部族の顧問弁護士を承認した。そして、部族の財政もインディアン局によって管理され、部族政府の権限は実質的に限られていた。こうしてティオスパエに基づく分権的な自治の伝統から切り離されて、一般のラコタ・スーの疎外感は強まったのである。[79]

さらに、再組織法による新部族政府は構造的問題も持っていた。立法・行政・司法の各部が独立していなかったため、チェック&バランスが機能せず、内務長官と保留地監督官のみが部族政府の権力濫用を監督する立場にあったのである。[80] 第二次世界大戦後、パインリッジの部族政府では次第に汚職やインディアン局との癒着が広がり、インディアン再組織法から約四〇年後、部族政府の問題が明るみになる事件が起きた。一九七二年の選挙で部族議長に選出されたR・ウィルソンは、賄賂と脅しによって票を買収したと非難されたが、就任後、すぐに経験あるスタッフを解雇し、親戚や友人を政府要員に雇った。当時の先住民運動の高揚とともに、若い改革家が伝統派の長老とともに、専制的なウィルソンに辞職を迫った。三人の評議員がウィルソンの弾劾を要求したが、判事はウィルソン自身が任命した人物であり、弾劾されなかった。これに対して部族の伝統派はアメリカン・インディアン・ムーブメント（AIM）の活動家とともに、部族政府とインディアン局に改革を迫って決起した。第II章で論じたように、これが七三年のウンデッドニー占拠となり、武装した伝統派が教会に立てこもって三〇〇人の連邦警察と七一日間にわたって対立したのである。事件後、一九七五年に伝統派の支持を集めた部族政府が成立したが、荒廃したパインリッジ保留地のコミュニティを癒し、復興するには時間を要した。[81]

その後、オグララ・ラコタ部族政府に対する保留地住民の不信は、二〇〇〇年のグラスルーツ・オヤテ（オヤテはラコタ語で「人々」の意味）による部族庁舎占拠事件となって表れた。一九九九年、部族評議会によって選ばれた出納官が農業給水プログラムの資金を買収に用いたことが明らかになり、部族員の怒りを買った。その結果、二〇〇〇年一月一六日にグラスルーツ・オヤテと称する三〇〇人近い保留地の伝統派や若者集団が部族庁舎を占拠し、部族政府の改革を迫ったのである。占拠は一八ヵ月以上続いたが、七三年のウンデッドニー事件の場合のような犠牲者は出さずに徐々に収束し、一年後に新たな選挙で、オヤテが要求した部族憲法改正を支持する候補者が選ばれた。オヤテのメンバーと評議員の合同委員が七つの憲法改正を考案したが、それは評議員の任期延長、司法部と行政部の分離、権利章典と倫理基準の制定を含んでいた。これらの規定はティオスパエの分権政治を回復するわけではないが、部族政府改革の一歩となるはずであった。これに対して、当時の部族議長のJ・イエローバード・スティール（John Yellow Bird Steele）と副議長のT・トゥーブルズ（Theresa Two Bulls）は、ティオスパエの自治復活は時代錯誤的で意味がないとコメントした。経済問題は部族政府の構造のみでなく、保留地の道路や鉄道・電話・上下水道施設などの不整備に原因があり、このようなインフラ整備を怠っている連邦政府に責任があると主張したのである。[82]

## ティオスパエとローカル経済

近年、保留地経済に関する研究では、部族政府の構造改革と保留地内のローカル経済の重要性が指摘されている。例えば、ナヴァホ保留地のカイエンタ（Kayenta）は、フォーコーナーズやモニュメントバレー、グランドキャニオンなどの観光地に近く、経済開発の期待が高かったが、商業発展に必要なインフラが欠け、開業許可を部族政府とインディアン局から得るのに多くの時間と労力を要した。しかし、一九八四年にカイエンタにタウンシップ制が実験的に導入され、九六年に正式に施行されたことで開業手続きが容易になった。その結果、多くの住宅がつくられ、より柔軟な経済開発が可能となったのである。このことはかえって部族のエンパワメントにもつながった。

このカイエンタをモデルにして、パインリッジ保留地でも部族政府のコントロールにとらわれないローカルな自

**写真 V-1**　夏のパウワウ（パインリッジ保留地）

治と経済開発の可能性が模索されている。地区評議会は地元住民の声とニーズを汲みとることができ、ティオスパエの伝統に即した自治が見直されている。[83] 先に論じたラコタ基金のサークルバンキングのように、パインリッジでは、部族政府主導の大規模な経済開発よりも、コミュニティに根ざした事業が成功を見ている。ティオスパエによるローカルな自治が推し進めば、住民参加や草の根意識が高まり、部族政府も改善されると期待されている。

　パインリッジ保留地の村々では、これまでにティオスパエの絆と相互扶助の精神を復活させる試みがおこっている。スリムビュート（Slim Butte）という保留地西部の村では、約二四人の地元住民が中心となってコミュニティの活性化に取り組んできた。とくに「スリムビュート農業開発プロジェクト」は一九八〇年以来、各家庭に菜園を広めてきた。保留地では食料品店がわずかで缶詰や冷凍品などの加工食品が多く、糖尿病患者が増える中、新鮮な野菜が必要とされている。また、九〇年代からは、オグララ高校の生徒たちとともに高齢者が暮らす家屋を修繕するボランティアも手がけ、生徒たちの職業訓練となっている。その他、車の修理、救急医療、水道や農業などの地域事業への資金集めも行っている。さらに、ブラックヒルズでサンダンスを毎年開き、ワイルドホース・サンクチュアリという文化イベントを開催してコミュニティの絆を保ってきた。このようにティオスパエの伝統に基づいて村の活性化が目指されているのである。[84] かつて、国際的な先住民の権利確立のために尽力したチェロキーのJ・ダーハムは、次のように記している。「保留地における開発は、コミュニティが管理し、人々が参加して協力し合うものでなければ、真に実現し得ない。これまで何千年もの間、我々はそれでうまくやってきたのだから。[85]」ラコタ基金に代表される先住民のローカルな経済開発の試みは、部族の経済的自立にむけた実験として大きな期待がかけられている。

本章では、シャイアンとラコタ・スーによる近年の経済開発の取り組みを考察してきた。双方の部族は、保留地における貧困を克服し、自治を支えるためにとくに一九七〇年代以降、経済活動に力を入れてきた。しかしながら、地下資源開発による環境問題や部族政府のあり方など、多くの課題に直面してきた。今日においてもそれらの課題は大きいが、保留地の条件に見合った形で先住民が主体となった経済開発のあり方が模索されているのである。

# 第VI章

# 記憶の継承にむけて

## ―平原部族を中心に―

リトルビッグホーンの先住民記念碑にて

## 記憶のポリティクス

近年、歴史研究では、合衆国の国民統合と国民化のプロセスを歴史的にとらえ直す研究が進み、国家や国民の公的記憶に関して、記念行事や記念碑、博物館における記憶の表象が問われてきた。[1] そのような中、マイノリティの記憶が公的記憶との関わりにおいてどのような位置を占めてきたのかを検証することは重要なことと思われる。とくに、アメリカ先住民に固有の歴史的立場と経験は、合衆国のナショナルな記憶のあり方を新たな角度から照射し、相対化することが可能になると思われる。

史跡や博物館などの公共の場でマイノリティの文化や過去がどのように表象され、語られているかは、その社会の文化・歴史観を探るひとつの指標と言えよう。内務省国立公園局が管理する国立史跡や記念物は、合衆国民の公的記憶を形成し、コンセンサスを反映するという点で文化的・政治的に重要な役割を担ってきたが、近年ではこれらが誰にとっての、何のための記念なのかが問われるようになってきている。一九世紀の西部開拓史上、合衆国騎兵隊が先住民と衝突した場所の中でも国立公園や国立史跡として指定されているものは、全米で二〇程度あるが、残りの多くは景観の中に埋もれてきた。[2] とりわけ虐殺が行われた跡地の表象と意味づけは複雑である。長らく先住民はこのような史跡を解釈する主体とされてこなかったが、一九六〇年代以降、先住民運動の高まりとともに、従来の歴史解釈や文化的表象に対して異議を唱えるようになった。一九世紀に合衆国と交わした条約、その後の軍事的支配、そして同化政策をめぐる「記憶」は、現代の先住民の間でいかなる位置を占めてきたのだろうか。彼らはなぜ自らの記憶をアメリカ社会の中で顕在化させようとするのか。

合衆国で暴力や悲劇の事件が起こった跡地の顕彰を分析したフット（K. E. Foot）は、その変容のパターンを、

「抹消」から「復旧」、そして「選別」から「聖別」への四つの段階に分類した[3]。これらは先住民の歴史的記憶の表象にどのように表れているだろうか。記憶は本来、過去と現在をどのように解釈し、どのような未来を目指すかを選択する際の起点となる。人は記憶を通じて現実を解釈し、個人や集団のアイデンティティを形成する。アルバックスが論じたように、個人の記憶は他者との関係性の中で、集合的な過程において形成される。歴史的記憶は現在を生きる者にとって、自らの位置を確認し、集団の物語を紡ぐリソースとなり得るのである[4]。

本章では、主に一九六〇年代以降のアメリカ先住民による記憶のポリティクスについて検討する。とくに、一九世紀後半にスーやシャイアンなどの平原部族が合衆国と衝突した四つの跡地（リトルビッグホーン、ブラックヒルズ、ウンデッドニー、サンドクリーク）を事例に、現代アメリカの公的記憶と先住民の記憶の関係について検討する。一八五〇年代にはロッキー山脈でゴールドラッシュが起こり、白人移住者と平原部族との間で摩擦が生じていった。一八六四年のサンドクリーク虐殺事件では、コロラド準州東部のサンドクリークにてシャイアン族とアラパホ族の約一六〇名が合衆国騎兵隊大佐J・シビントン（John Chivington）が率いる民兵団によって急襲され、殺害された。その後、合衆国は平原部族との和平交渉として六八年のララミー砦条約を交わし、スー族にブラックヒルズを含む二六〇〇万エーカーの地域を領地として約束した。しかし、七四年にG・A・カスター（George A. Custer）遠征隊がブラックヒルズで金鉱を発見すると、再びスー族との間に緊張が高まり、七六年から翌年にかけてブラックヒルズ戦争が起こる。そして、スーやシャイアン、アリカラなどの平原部族連合軍が現在のモンタナ州南東部でカスターが率いる騎兵隊を迎え撃ったのが、一八七六年のリトルビッグホーンの戦いである。最終的に合衆国軍はスー族を追い詰め、翌七七年にブラックヒルズを強制的に収用した。さらには一八九〇年に、スー族の間に広がったゴーストダンスを警戒した合衆国陸軍によって、指導者ビッグフットが率いるスー族を、パインリッジに避難する途上のウンデッドニーで虐殺する事件が起きる（図序-3参照）。

以上の事件をめぐって、長らく合衆国の公的記憶において、先住民の視点や見解が正面から反映されることはなかった。「虐殺」の記憶は抹消・忘却され、カスターの死は伝説化し、その後、フロンティア神話とともに「移民の国」という国家史像が定着していった。このような合衆国の公的記憶の制度化に対して既に二〇世紀前半から先住民は問い直しを試みたが、アメリカ社会において彼らの訴えを聞き入れ、記憶の景観に変化が生じてくるのは、一九六〇・七〇年代の先住民運動を経て後のことである。第II章で論じたように、レッド・パワー運動は伝統文化を復興し、過去の記憶を先住民共通の体験としてとらえることで、先住民アイデンティティや歴史観を肯定していったと言える。この頃には、アメリカ社会の歴史観に変化が生じ、先住民の記憶が宿る跡地の解釈に徐々に変容が促されていった。

以上の合衆国との条約や戦い・虐殺をめぐって、先住民はいかなる集合的記憶と歴史意識を育み、それらは今日、国家や公的記憶とどのような関係にあるだろうか。先住民との対話・交渉によって、西部史をめぐる記憶の景観（landscape）にどのような変容が生じているかに光をあてたい。ここでは、国家を枠組みとしたナショナルな「制度化」をも射程に入れて先住民の記憶を検討し、最後に、ローカルとトランスナショナルな文脈においてそれをとらえ直したい。以上を通じて、先住民にとって記憶の継承が合衆国における立場と自意識にどのように関わってきたのかを探っていく。

## 第1節 「抵抗」と「条約」の記憶

### 一　リトルビッグホーン

#### リトルビッグホーンの戦いとカスター神話

モンタナ州東南部のクロウ族保留地内に位置する「リトルビッグホーン戦場国立記念施設」は、一八七六年に合衆国陸軍が平原インディアンの部族と戦って大敗を喫した地として内外に知られ、毎年三〇万人以上の観光客が訪れる。一世紀以上にわたり、カスター中佐をはじめとする第七騎兵隊の英霊を悼み、陸軍への忠誠心を育む巡礼地であり続けたが、近年、その性格は変容をとげつつある。

リトルビッグホーンの戦いとは、一九世紀後半、西部の土地資源を求めて進出した合衆国の軍勢に対して、ラコタ・スーの族長シッティングブルたちの率いる平原インディアン連合軍が反撃を遂げた西部史上、稀な事件である。合衆国政府は一八六八年にワイオミング州ララミー砦で条約を結び、スー族の聖地ブラックヒルズ（現在のサウスダコタ州西端）を含む広大な土地をスー族保留地として約束した。しかし、まもなく七四年、ブラックヒルズで金鉱が発見されると、連邦政府は白人開拓者の移住を促し、ブラックヒルズの買収を申し出た。スー族はこれを条約違反として非難し、保留地内に拘束されることを拒んだため、両者の間に緊張が高まっていった。七六年春にシッティングブルの一団が部族の狩猟地であった現在のモンタナ州東南部パウダーリバー付近に移動したところ、シェリダン陸軍中将は、彼らを保留地に引き戻すために軍を派遣し、これに加わったのが約六〇〇人の士官・騎兵から成るカスター中佐の第七騎兵隊である。カスターは合衆国陸軍史上、最年少の二三歳で少将となり、南北戦争や他のインディアン討伐戦で有能な軍人として名を馳せていた。一八七六年六月二五日、カスターの部隊はリトルビッグホーンのインディアン集落の急襲を試みたが、二千人以上のスーやシャイアン、アラパホの部族連合軍に取り囲まれてたちまち全滅し、約二一〇人が死亡した。カスターの死は合衆国独立一〇〇周年に沸きあがる首都ワシントンに衝撃を与え、以後、一八九〇年のウンデッドニー虐殺事件に至るまで、平原部族に対する一連の武力制圧が行われた。(5)

その後のリトルビッグホーンの戦いをめぐる文化的状況は、事件がアメリカ人に与えた心理的インパクトの大きさを物語っている。戦場は一八七九年に合衆国陸軍省が管轄する国立墓地に指定され、二年後に陸軍犠牲者のための慰霊塔が建てられた。カスターの遺骨がウエストポイントの国立墓地に移されてからも、跡地は「カスター戦場」として陸軍兵士の英霊を称える巡礼地となっていった。カスターは生前から体験記を書き、インタビューを受けるなど大衆の人気を集めたが、死後、妻エリザベスが発表した伝記などによってカスター神話が定着していった。リトルビッグホーンでカスター部隊が先住民に包囲されて倒れる場面は、西部開拓史のエピソードで頻繁に語られ、数多くの絵画やイラストのテーマとなった。とくに、バドワイザーで有名なビール会社の広告ポスター「カスター最後の抵抗」は一九世紀末以来、全国の居酒屋や食堂を飾り、第二次世界大戦中には陸軍省が各地の軍兵舎に大量のコピーを配布して士気を高めるために利用した。二〇世紀の大衆小説や西部劇、映画もリトルビッグホーンの戦いを繰り返しとりあげ、「野蛮なインディアン」を制圧するために命を捧げたというカスターの神話を広めた。英雄カスターの悲劇は、荒々しいフロンティアを克服して国家統合を遂げた合衆国の栄光、マニフェスト・デスティニーの歴史観を支えてきたと言える。

## 先住民の異議申し立て

このように一方的な戦争解釈と表象に、先住民側の視点や声が入り込む余地は久しくなかった。一九二五年、跡地での五〇周年式典を翌年にひかえて、シャイアン族兵士の遺族であるトマス・ビーバーハート夫人が合衆国陸軍省に先住民兵士のための記念碑建立を請願したが、長年回答は得られなかった。跡地の名称は、一九四〇年に陸軍省から国立公園局へ戦場の管理が移ってからも「カスター戦場国立記念施設」としてカスターの名を冠していた。五二年に設けられた歴史博物館とビジターセンターではカスターや第七騎兵隊の奮闘を伝える展示内容が中心であった。犠牲になった合衆国兵士の手記や証言、遺品が並ぶ一方、先住民についてはシッティングブルについての短い説明と武器や衣装、装飾品以外に歴史的資料や証言の展示は無かった。戦勝地でありながら、カスター一色のリトルビッグホーンを訪れる先住民は少なく、スーやシャイアンの長老たちも、カスター信奉者や合衆国政府の圧力の下に戦いの記憶を公で語ろうとはしなかった。[6]

カスターを中心とした戦争史観と表象が揺らぎ始めたのは、一九六〇年代に先住民の自意識が高まり、主流の歴史解釈に異議を唱えるようになってからである。リトルビッグホーンの戦いで命を落とした約六〇人の先住民兵士は、戦闘後、仲間や親族によって部族の風習に従って付近の渓谷に弔われたが、これらの死者にも陸軍兵士と同様の名誉を与え、戦場跡地に慰霊碑を建立すべきだという声が先住民の若い世代を中心にあがるようになった。六七年にＡＢＣ放送が「カスター」を主人公としたシリーズ番組を企画したとき、全国アメリカ・インディアン議会（ＮＣＡＩ）は放送中止を求めてＡＢＣや議員に抗議文を送るよう会員に呼びかけた。「このカスターシリーズがＴＶで放映されたら、『まともなインディアンは死んだインディアン』という古い神話が蘇るだろう。つまり、英雄カスターが悪役のインディアンと戦うのだから、インディアンは本当の悪者にちがいないという神話である。また、インディアンが土地を活かして定住しないので土地を奪ってもよい、という言い分が復活するかもしれない。［中略］私にはカスターを称賛できる者が理解できない。このインディアン殺しを称えるには、歴史を全て書き替えなくてはならない。女性や子供たちを殺してワシタの『戦い』で『勝利』した男をどうして英雄視できるのか。[7]」一九六九年にNCAIはマスメディアに登場する先住民のステレオタイプを是正し、先住民のより正確な表象を目指す運動にも着手した。[8]

一九六〇・七〇年代の先住民運動を背景に新たに登場したのが、先住民抑圧のシンボル、マニフェスト・デスティニーの尖兵としてのカスターのカウンターイメージである。スー族の歴史家で法律家でもあるV・デロリアが六九年に発表し、先住民運動の先導書となった『カスターは汝が罪ゆえ死せり』（*Custer Died for Your Sins*）では、タイトルに聖書の言葉とカスターの名が象徴的に用いられた。[9] 対抗文化が高まる中、翌一九七〇年の映画『小さな巨人』では、カスターが白人文化の退廃を象徴する、傲慢で凶暴な軍人として登場した。

一九七二年にAIMの活動家たちは、合衆国政府に公正な先住民政策を求める抗議運動「破られた条約の旅」の一環として、先住民兵士の死を悼む慰霊銘板を跡地に据えようと試みた。そして、七六年のリトルビッグホーンの戦い一〇〇周年式典では、国立公園局が先住民側に配慮して、スー、シャイアン、アラパホ、クロウの各代表を招待したが、いずれも出席しなかった。当初の計画では、多くの人々が喝采する中、第七騎兵隊がスー・シャイアン兵士を演じるクロウ族の若者たちとともに登場し、カスターが戦いで敗北する再演劇が予定されていたが、当日は二〇台以上の車に便乗して到着した先住民活動家たちが記念行事を取り仕切った。AIM指導者のR・ミーンズは死者に祈祷を捧げた後に聴衆と記者に向かって演説し、従来の戦場解釈に対して抗議した。アメリカ大企業による先住民の土地への進出、石炭採掘などを批判した上で、国立公園局監督官に対して公園の名称変更と先住民兵士の犠牲者のための記念碑建立を要求した。他の先住民活動家も世論に広くアピールするために、戦場跡で先住民の苦悩のシンボルとして星条旗を逆さに携えてデモを行った。記念式典に居合わせたカスター信奉者にとって、これらの先住民活動家による式典の変更と戦場解釈に対する批判は侮辱に映った(10)。

## 合衆国独立二〇〇周年記念

一方、当時の先住民は国家の祝典には、どのように反応しただろうか。リトルビッグホーンでの一〇〇周年記念行事から間もない一九七六年七月四日は盛大な合衆国独立二〇〇周年記念祭が予定され、全国で愛国的風潮が高まっていた。合衆国政府は、七六年一月、首都ワシントンで全国の先住民指導者に記念行事への参加と協力を呼びかけ、先住民コーディネーターを指名した。さらに、六月には二〇〇周年記念局が「全国二〇〇周年エスニック・人種同盟」を設立してマイノリティの参加を促した(11)。先住民側の反応は概して消極的であったが、第二次世界大戦で部族語を暗号に用いて活躍したナヴァホの元兵士の場合は、同胞に次のように語りかけた。「我々は、自由と独立への道標としてアメリカの白人とともに二〇〇周年を記念することは確かにできない。しかし、今回の記念式がアメリカにとって『自由と独立と幸福の追求』を万人に広める新たな出発点、献身と決意の機会となるならば参加できる。おそらく次の記念式までに、我々は真に自由であると言えるだろう(12)。」このように、記念祭を支持した先住民は、アメリカの過去と軌跡を称えるよりも、先住民の存在をアメリカ社会において主張し、将来にむけて不平等是正の機会となることに期待をかけた。

一方、記念祭に対する先住民の批判は各地で起こった。ニューメキシコ州アルバカーキでは、二〇〇周年記念祭に反対して、ニューメキシコ大学の先住民学生や全プエブロ評議会などがデモを行った。二〇〇周年記念局はプエブロを記念行事に参加するコミュニティに指名したが、一九のプエブロから成る全プエブロ評議会が二〇〇周年記念に参加しない旨を決議し、八つの北部プエブロが合衆国政府に記念祭準備金を返還した。彼らにとっては、合衆国の過去を称える記念祭に参加を要求すること自体が同化主義の延長のようにとらえられたのである。カンザスシティでは、市の「エスニック遺産」を祝うパレードに先住民も参加することになっていたが、直前に先住民はコスチュームをまとってパレードに参加することを拒否した。自らの伝統儀式や踊りが観光の呼び物にされることに反対し、先住民は記念行事をボイコットすべきだという声が各地でおこった。さらに、ドイツのベルリンに駐留していた先住民兵士は、合衆国軍の記念行進がかつてのインディアン戦争を彷彿とさせるとして参加を拒否した。(13)

シアトルの先住民団体であるアメリカ・インディアン・サバイバル協会（ＳＡＩＡ）は七六年初頭、西海岸から首都ワシントンに向けて、キャラバン「自決の旅」（Trail of Self-Determination）を実行した。七月四日に条約破棄などを連邦政府に訴え、四年前の「破られた条約の旅」にて要求した二〇ヵ条に対する合衆国政府の回答を得ることが目的であった。ＳＡＩＡは西海岸で先住民の漁業権に長年取り組み、平和的行進によって先住民問題へ世論を喚起することを目指していた。しかし、キャラバンは終始警察に監視され、途中ワイオミング州フォート・ララミーでは州・連邦の警官が待機していた。当初、二〇人ほどで出発したキャラバンは各地をまわるうちに二〇〇人近くに増えた。キャラバンを組織した一人のＳ・ミルズ（Sid Mills）は、次のように語った。「我々はこのアメリカ社会のメルティングポットの一部には決してならない。我々には条約と土地があり、自分たちの政府もある。合衆国に搾取されることなく自らの運命を決めたい。我々自身のためでなく、子供やこれから生まれてくる子供たちのためにもそれが必要なのだ。」ミルズは漁をしていたときに州の警備員に殴られ、先住民に対する抑圧と暴力が彼をキャラバンへ駆り立てたという。(14) 五月末に、セントルイスに到着したキャラバンは記念碑ゲートウェイ・アーチの下でティーピーとテントを張り、合衆国による条約不履行に抗議して星条旗を逆さに掲げた。キャラバンの他のリーダーは、「アーチは白人が西部膨張を開始した地点であり、それによって我々は土地を失ったのだ。我々がここにいるのは象徴的であって正当なことだ。我々の土地なのだ。」と新聞記者に語った。[15]

ワシントンに到着するとキャラバン代表は記者会見を行い、一九七二年の「破られた条約の旅」以来、合衆国政府は先住民問題のみでなく自国の問題をも解決してきていないと批判した。七月四日には、首都ワシントンで一部の部族代表が先住民への待遇に抗議するためにデモ行進を試みた。七日には、インディアン局の庁舎に入ろうとした女性や子供を中心とした先住民四七名が警官と小競り合いになって逮捕された。彼らは首都ワシントンを見学後、インディアン局の建物内の見学を申し出たが、断られて立ち退きを命じられた。逮捕された先住民は翌日に釈放され、黒人学生の支援によってハワード大学がキャラバンのメンバーに食事などを配給した。ペンシルヴァニアでは州知事がキャラバンを迎え入れ、農産物フェアの建物にキャンプできるよう手配した。[16] 以上のように、一九七六年のリトルビッグホーンにおける先住民の抗議は、独立二〇〇周年記念をめぐる合衆国との記憶の隔たりも背景になっていたのである。

**戦場の名称変更へ**

リトルビッグホーンでは、先住民側としばしば対立してきた国立公園局がこれらの動向を受けて、カスター礼賛の跡地をより中立的な史跡へと変える姿勢をとるようになった。ビジターセンター内にある小さな歴史博物館は一九六〇年と八六年に改修されたが、よりバランスのとれた展示や案内が模索された。そして、カスターの名を冠する史跡名称の変更を検討し始めたが、リトルビッグホーン協会やカスター戦場歴史博物館協会といった全国に広がるファンの強硬な反対にあって、先住民記念碑と同様、議論が進まなかった。とくに七六年のＡＩＭによる抗議は、一〇〇周年式典を冒瀆したとして、かえって反感を招いていた。カスター・ファンの圧力のもと、当時ベストセラーとなった先住民抵抗史、Ｄ・ブラウン著『わが魂を聖地に埋めよ』（一九七〇）をビジターセンターで販売することもままならなかった。[17]

その後も戦場跡地の解釈をめぐるカスター信奉者と先住民側の緊張は続いた。一九八八年の一一二周年式典では、記念碑要求のために再び先住民が直接行動に出た。ＡＩＭのミーンズたちが跡地にのりこみ、国立公園局の許可なく、先住民兵士のための約九〇センチ四方の慰霊銘板を跡地のシンボルである陸軍兵士記念碑の付近に埋め込んだのである。そこには、「合衆国騎兵隊と戦って勝利をおさめたインディアン勇士の名誉を称える。彼らは女性や子供らを大量殺戮から救い、我々の領土、条約、主権を守ろうとした。」と刻まれており、この抗議はメディアを通じて幅広く報道された。陸軍兵士の霊に対する冒瀆として批判の声も少なくなかったが、独立二〇〇周年記念で愛国心が高揚していた七六年の場合と比べ、今回は先住民の訴えに耳を傾けようとする動きが世論に見られた。国立公園局はまもなくこの銘板をとりはずしたものの、先住民側の歴史観を示す資料として、ビジターセンター内に展示する措置をとった。跡地を訪れる観光客の多くは、慰霊銘板のメッセージと埋められた位置については疑問視する声が多かったが、先住民兵士の記念碑建立には共感した。緊張を和らげようと、国立公園局は八九年にユート族とチェロキー族の血をひくＢ・ブーハーを先住民初の施設管理者に任命した。ブーハーはカスター支持者からの圧力にもかかわらず、より中立的な戦場名称への変更と先住民記念碑の建立に賛同した。[18]

長年の対立と論争を経て、一九九一年、ついに戦場の名称変更と先住民記念碑建立にむけての法案が連邦議会に提出された。これを強く支持したのが、当時コロラド州下院議員（九三年より上院議員）であったＢ・ナイトホース・キャンベル（Ben Nighthorse Campbell）である。北シャイアンの出身で、リトルビッグホーンで戦った曽祖父をもつキャンベルは、以下のように語った。「今日、カスター戦場ではインディアンの視点がまったく反映されていない。［中略］歴史はたいてい勝利した側が記録していく。だから悲劇の跡地をめぐるインディアンの見解はおよそ異なっている。」従来の名称「カスター戦場国立記念施設」は、地名の「リトルビッグホーン戦場国立記念施設」に改めるべきであり、また、先住民記念碑は、自らの伝統と生活を守るために戦った先住民の姿を照らし出し、戦争の解釈に奥行きとバランスをもたらすはずだと主張した。[19]

カスター支持派は、先住民記念碑について「次に何が来る？　真珠湾に日本人の、アラモにメキシコ人の記念碑でもつくることになるまいか」と反論したが、名称変更についてはいっそうの抵抗を見せた。一九九一年六月にモンタナ州で開かれた上院聴聞会で変更反対派と支持派が議論を交わした。元施設管理者J・コートやカスター戦場歴史博物館協会、M・ワロップ上院議員などの反対派の主張は、「カスター戦場」という名称が一八七七年から使われており、それを変更することはカスターを冒瀆して「歴史を修正する」ことになり、観光産業にもマイナスというものだった。一方、西部史の歴史家R・アトリーなどの変更支持派は、国立公園局が管理する戦場として個人名を冠した「カスター戦場」は異例で、よりバランスのとれた歴史解釈を促すためにも地名リトルビッグホーンを採用すべきと主張した。また、カスターの名は戦場以外にもすでに地元の各地で使われていることから、観光への影響は限られていると反論した。[20] そもそも名称変更をめぐる論争がこれほど加熱したのは、名称に伴う歴史的記憶のヘゲモニー性に関わっていると言える。カスターの名を冠した戦場は、これまでおのずと主流の歴史解釈の優位性、戦争をめぐる記憶のコントロールを支えてきた。名称を変えることは従来の歴史観を修正し、解釈に変容を迫ることになる。しかし、コロンブスのアメリカ到着五〇〇周年を翌年にひかえ、先住民との和解を模索し始めた世論は、もはや一九世紀的な名称を支持しなかった。多くの論争を経て、キャンベルが提出した法案は一九九一年一二月、ついに可決し、跡地は「リトルビッグホーン戦場国立記念施設」へと正式に改称され、先住民の記念碑建立にむけて諮問委員会が組織された。

## 先住民記念碑

名称はただちに変更されたが、記念碑の実現には時間を要した。一九九四年に戦いに参加した各部族の代表を含む一一人の諮問委員会が設置され、記念碑のデザインと場所を検討することになった。当初、建設費は個人・団体による献金でまかなう予定だったが、宣伝不足もあって期待通りに集まらなかった。国立公園局は戦場への入場料値上げに踏み切ったが、その後、モンタナ州の代表団が連邦政府からの資金獲得のために議会にはたらきかけた。その結果、二〇〇一年、内務省予算の中に二三〇万ドルの記念碑建設費が認められて翌年に着工し、二〇〇三年の一二七周年記念日に約四千人が見守る中、除幕式が行われた。

五〇〇以上の懸賞作品の中から選ばれた記念碑のデザインは、「協調による平和」をテーマに、先住民の歴史的役割と犠牲を顧みる空間として、戦場跡地全体の解釈にバランスと和解をもたらす意味がこめられている。先住民記念碑は陸軍兵士の記念碑から北西に六八メートルほど離れたところに位置し、平原インディアンの円錐形住居ティーピーを模して古代様式の土塁で囲まれた円形空間である。東側の入り口から足を踏み入れると中央に儀式を行う赤土の円があり、北側の壁には馬にまたがって出陣しようとしているスーとシャイアン、アラパホの三人の勇士、そして最後の一人に盾を手渡す先住民女性の姿を象った像が跡地の風景を背景に立っている。内壁には第七騎兵隊の斥候を務めたクロウとアリカラも含めた各部族の犠牲者名と当時の様子を伝える慰霊銘板がとりつけられている。部族に関する説明や敵であった部族が共に称えられていることに先住民の間で必ずしも一致が見られないため、これらの銘板は当面のものである。南側の壁に設けられた門からは、ちょうど陸軍兵士の記念碑が視角に収まる構造になっており、そこを通じてかつて敵同士だったスピリットが交流するというイメージである。先住民の英霊を慰める一方で、合衆国との和解も示唆されているのである。(21)

リトルビッグホーン戦場跡地には、従来、カスターを中心とした合衆国軍兵士の記念碑・墓碑が存在したが、先

**写真 VI-1**　リトルビッグホーンの先住民記念碑

上：三人の勇士と女性の像
中：慰霊銘板
下：先住民記念碑より陸軍兵士の記念碑を望む

住民にとってそこは、跡地の変容過程における「聖別」ではなく、「抹消」に近い状態であったと言える。フットも指摘しているように、マイノリティにとっての跡地が「聖別」へと発展する場合は少ないが、リトルビッグホーンはそのわずかな例の一つである。今日、ビジターセンターでは、博物館での展示以外にパークレンジャーによる戦場解釈の案内、教育プログラムが実施されている。博物館の充実や史料保存の改善など課題を多く残しているリトルビッグホーン戦場であるが、先住民の記憶が景観に変容をもたらした一つの事例として注目されよう。

以上のリトルビッグホーン戦場における「景観」の変容に見られるように、長い間沈黙を守ってきた先住民は、AIMやキャンベル議員などの働きかけを通じて、自らの視点を公的歴史に反映させようと努めてきた。これは、先住民がその歴史的記憶を基点に、合衆国から尊厳の承認を得ようとする多文化主義的な企図の一つと言える。その結果、従来の史跡は徐々にその歴史的意義がとらえ直され、これまで公式な「景観」の中に埋もれていた先住民の記憶も徐々に顕在化してきた。よりバランスのとれた複眼的な文化の表象・史跡のあり方が模索されている。ただ、跡地の変容はまだ過去を表象・発信する側の動きであり、実際にこれらを受容・解釈する人々の間での認識の深まりには時間を要すると思われる。リトルビッグホーンにおける根強いカスター崇拝に見られるように、先住民の視点を国立史跡という公的記憶に反映させることには、依然として根強い抵抗があることも事実である。しかしながら、リトルビッグホーン戦場は複数の歴史的記憶をひとつの場所に収める実験場であり、アメリカ先住民と合衆国が衝突した跡地は今日、先住民の記憶を甦らせることによって、新たな対話と学びの機会をもたらそうとしている。過去をめぐる意味の対立や矛盾をありのままに提示し問いかけることで、より豊かな歴史認識と自己・他者理解に至ることができるのではないだろうか。今後、これらの地がそれぞれの記憶をめぐってどのような対話を促していくのか注目される。

## 二　ブラックヒルズ

### ブラックヒルズの収用

多文化主義的な歴史観が浸透しつつある今日、合衆国の公的記憶とアメリカ先住民のローカルな記憶との隔たりは徐々に埋められているように思われる。もっとも、そのような歴史をめぐる和解がすべて滞りなく進展しているわけではない。ここでは、今日、全米で最も貧しい保留地に暮らしながら、部族意識を強く保持しているスー族に焦点をあて、彼らが過去の出来事とどのように向き合ってきたのかを考察する。スー族にとってローカルな部族アイデンティティの起点となっている地のひとつが、パハ・サパ（Paha Sapa）と呼ばれるブラックヒルズである。サウスダコタ州西部の広大な平原に島のように浮かぶ緑豊かなブラックヒルズは大部分が連邦所有地であるが、全米有数の金鉱、観光地として長らく地元経済を支えてきた。一方、ここはスー族にとって約一〇の聖地を擁する神聖な土地でもある。一九六〇・七〇年代の先住民運動以降、合衆国では各地で土地訴訟が起こったが、スー族のブラックヒルズは、中でも最も長期化・複雑化している問題である。[22]多文化主義の動きは、より民主的な歴史観の構築にむけて個々の記憶に折り合いをつけていく和解の過程でもあるが、スー族の歴史的記憶とはいかなるものなのか。

スー族は一七七〇年代頃に現在のミネソタ州にあたる地域から西方のノースダコタ・サウスダコタ方面へ移住したとされるが、以後一世紀ほど続く平原部族の全盛期にブラックヒルズとの精神的・物質的つながりを深めていった。ラコタ・スーの神話では、ブラックヒルズは母なる大地、部族発祥の地であり、祖先プテ（Pte）は一万年前にそこの洞窟から生まれた。ブラックヒルズの北西に位置するベアビュート（Bear Butte）は、スー族が代々、啓示を得るためにビジョン・クエストの儀式を行ってきた霊山である。[23] しかし、このブラックヒルズに眠る豊かな鉱物資源が一九世紀半ば以降、スー族の行方を左右していった。

合衆国は一八六八年のララミー砦条約において、ダコタ・テリトリーの西半分と今日のネブラスカ、ワイオミング、モンタナの各州に相当する二六〇〇万エーカーの地域をスー族の領地として保障した。しかし、七四年にカスター遠征隊がブラックヒルズで金鉱を発見すると鉱夫や開拓者が流入し、スー族と摩擦を生じた。ブラックヒルズを買収しようと試みる合衆国政府とそれに応じないスー族の間にも緊張が高まった。前項で論じたように、一八七六年夏のリトルビッグホーンの戦いで、スー族はシッティングブルの指揮下、シャイアン、アラパホとの連合軍によってカスターが率いる第七騎兵隊を壊滅させ、合衆国建国一〇〇周年記念に沸き立っていたワシントンに衝撃を与えた。連邦議会は断固としてブラックヒルズ獲得を目指し、その後の戦いに敗れたスー族を兵糧攻めにし、ブラックヒルズ譲渡の最後通牒を突きつけた。六八年の条約ではいかなる土地譲渡においてもスー族男性の四分の三以上の同意署名を必要としていたが、七六年のブラックヒルズ協定（Black Hills Agreement）では十分な署名を得ることができなかった。そこで合衆国は、翌七七年に連邦議会でブラックヒルズ法（Black Hills Act）を制定し、強制的にブラックヒルズを収用したのである。合衆国は一八七一年に先住民部族との条約締結を廃止していたが、この条約を無視した手続きは、以来、スー族の間で連邦政府に対する不信となってくすぶり続けた。

スー族のヒードッグ（He Dog）は、一九二〇年に「インディアンは皆、ブラックヒルズを売り渡すどんな新しい協定の署名にも反対した。」[24] と語り、スー族指導者の一人L・スタンディングベア（Luther Standing Bear）も後年、一九三三年に出版した自伝で以下のように書いている。「ラコタにとって壮大な森と動物の群れは何物にも代え難いが、白人は金鉱以外に目もくれなかった。［中略］金儲け、という言葉に白人は何と無情になることか。ラコタはたとえ他の領地を手放しても、かけがえのないブラックヒルズだけは最後まで守るはずだった。だから嘘の条約と策略によってそれが奪われた時、人々は立ち直れなかった。[25]」

## ブラックヒルズ請求運動

合衆国に対する先住民の訴訟が本格化するのは二〇世紀に入ってからである。第I章で論じたように、一九四六年にインディアン請求委員会が設立されるまで、合衆国に対する請求は部族ごとに連邦議会で裁判権法を成立させた上で連邦請求裁判所に持ち込む必要があった。一九世紀末からのパインリッジ保留地における政治については、第V章の2節で論じたが、各地区の代表から成るオグララ評議会は伝統派の長老たちから成り、保留地における法令や条約問題をめぐって検討を重ねていた。一九〇二年にスー族はブラックヒルズが一方的に収用されたことを下院議員に訴えた。[26]そして一九〇八年四月には、パインリッジ保留地のオグララ評議会の議長C・ターニングホーク（Charles Turning Hawk）が保留地監督官のR・ロスに宛てた手紙の中で、部族の顧問弁護士を雇う旨を述べている。

オグララ評議会の議長として、私は次の告示を発表したい。数日以内にパインリッジ保留地において弁護士を雇うために二つの請願書を回覧して署名を集める。当保留地とローズバッド保留地のインディアン業務は、すべてこの弁護士を介して首都ワシントンのインディアン局と交渉することとし、もっとも多く署名を集めた弁護士が選ばれる、という主旨である。

さらに今後、保留地の管理官には、委員会や代表を名乗る非公式な団体・個人を受け付けないでいただきたい。管理官には、上記のことについて要請済みである。一般に保留地の利害に関わることはすべて、まずオグララ評議会が承認した上で、監督官の承認を得て合法とする。

また、インディアンの血を引くと主張する者には、親や祖父母がインディアンであることをはっきり証明する必要があることをご理解いただきたい。そして、まずオグララ評議会で審議・承認を経た上で、管理官に処理していただきたい。(27)

三年後の一九一一年には、ブラックヒルズ評議会のローズバッド保留地の長老とパインリッジ保留地のH・スタンディングベア（Henry Standing Bear）が、若い弁護士R・ケイス（Ralph Case）にブラックヒルズ請求について相談し、協力を依頼した。彼らは、一八七七年のブラックヒルズ収用がスー族の十分な合意を得ずに合衆国によって強制されたものなので無効だと主張した。(28) 当時のブラックヒルズ問題における中心人物の一人がカーライル・インディアン学校を卒業したスタンディングベアであった。スタンディングベアはブラックヒルズ評議会の幹事として活躍する他、イーストマンたちとともに一九一一年のアメリカ・インディアン協会の設立に関わった六人の先住民指導者の一人である。スタンディングベアは、この時期のブラックヒルズ問題において重要な役割を果たした。

第I章で見たように、アメリカ・インディアン協会やスタンディングベアは愛国的な呼びかけによって先住民にとっての「平等と正義」を説き、スー族が合衆国請求裁判所でブラックヒルズ裁判を起こす法案を支持するよう連邦議会や内務省に働きかけた。その結果、C・セルズ（Catto Sells）内務長官は先住民をアメリカ市民として同化するために過去の事件の清算が必要と考えるようになった。一九一四年、内務省はスー族の訴えを聞き入れ、合衆国請求裁判所でのブラックヒルズ請求訴訟を開始する法案を支持した。スー族はさっそく弁護士を雇い、スタンディングベアの一団はワシントンへ赴いてサウスダコタ州議員に法案を支持するようロビー活動を行った。当時、投票権を持っていたのは土地を私有地にした一部のスー族であったが、彼らは選挙の票で州議員に圧力をかけることも試みた。(29) 一九一五年六月のパインリッジ保留地でのブラックヒルズ評議会の集会では、議長のターニングホークやスタンディングベアなどが中心となり、請求裁判所への訴えのみでなく、連邦最高裁への上訴を可能とする法案を準備した。さらに請求問題を扱う別組織スー・ネイション大評議会（Great Council of Sioux Nation）も設立された。

しかし当時、連邦議会は第一次世界大戦の対応に追われて国内問題に無関心であり、スー族によって提出された法案は数年間、滞った。一九一八年四月、サウスダコタ州クロウクリークでスタンディングベアたちが再びブラックヒルズ評議会の集会を開いた。スー族各保留地とシャイアン族、アラパホ族からの代表がブラックヒルズ問題を検討し、以前と同じ決議をした(30)。彼らの申し立ては、一八七六年のブラックヒルズ協定が一八六八年のララミー砦条約の第一二条と矛盾するという内容であった(31)。一九一九年のミネアポリスでのアメリカ・インディアン協会年次大会に出席したローズバッド保留地のH・ホロウホーンベア（Henry Hollowhorn Bear）は、先住民の聴衆へ次のように語りかけた。

協会を見学し、集会に出席するのは初めてだが、参加させていただいてとても感謝している。あなた方に私は典型的なインディアンに見えることだろう。詳しくは語らないが、三〇年以上の間、ずっと考えてきたことがあり、いつもそれを気にかけてきた。今日、ここでそれを打ち明けたいと思う。私の父はもう亡くなったが、その老いた顔が思い浮かび、あきらめない決心をした。たったわずかな一歩でも踏み出そうと思う。この協会のことを聞いて、自分の目で直接確かめようと思ったのだ。

政府は我々の金を握っており、ブラックヒルズ請求がその一つである。長老たちは長年、どうしたら賠償を得られるか検討してきた。彼らは、ブラックヒルズに金が埋まっていて、不正に奪われたことを知っていた。今では、彼らは亡くなっている。残された仕事を我々はやり遂げなくてはならない。あなたがたは市民権について語っているが、私にはよくわからない。白人は、同じ法律の下で彼らと同じになると言うが、我々はそうではないとわかっている。白人に盲従すれば、彼らが溺れたとき一緒に溺れることになる。我々インディアンは異質だと、排斥する者もいる。我々にできる唯一のことは団結であり、我々はこの大地に生まれたのだ。白人と話すと、我々は見下されがちだ。私はあなたがたに協力する決心をした。ここには様々な部族の代表が集まっている。あなた方はまったく正しいし、西部の我々の主張も支援していただきたい。(32)

さらに、ホロウホーンベアは、インディアン局の政策に対して批判した。

かつて政府は条約に書かれてない事柄に我々の信託資金を当てるときは常に族長に確認していた。しかしその後、政府は信託資金の一部を充当し、思いどおりに使ってきた。インディアン局は我々が年をとって弱まり、金を必要としているのにそれを使い込んでいる。さらに、政府が農業に従事するよう望んだので、我々はそれに従って、農業に精を出した。しかし農業を始めた途端、政府は農地を取り上げ、残りを牧場にした。我々の農地はどうなっただろう。気まぐれなインディアン局の家畜に踏みつけられてしまった。こんな状況でどうやって農業ができようか。政府から我々が学びとるや否や、それを台無しにするのがインディアン局のやり方だ。実用的なことを教えて我々がそれを習得し、成功しかけるとそれを台無しにする。なぜ続けさせないのか。我々が子供で、何もわかっていないと彼らは言い張る。[中略] インディアン局に踏みつけられても私はまた立ち上がるだろう。ご清聴をどうも。(33)

一九二〇年には、パインリッジ保留地の指導者である**J・ホーンクラウド**（Joseph Horn Cloud）と**J・レッドクラウド**（James Red Cloud）も牧畜業者への土地リースについて反対する証言を連邦議会の聴聞会で行った。保留地全体の四分の三がリースされたが、牛が畑を荒らし、借地代も支払われていない、としてインディアン局を批判した。[34]

一九一九年半ばに連邦議会はようやくスー族の請求権を検討し始め、二〇年六月三日、ついに「スー裁判法」(Sioux Judicial Act；41 Stat. 738, 1920) が成立した。スー族のブラックヒルズ請求が認められた場合は、賠償金が一八七七年当時の地価で見積もられ、そこから一八七七年の法律により連邦政府がスー族に支払ってきた金額と出費を差し引くことが定められていた。スー族側はこの条件に満足しなかったが、ともかく裁判権を得たことでその後の可能性が開かれたのだった。この動きの背景には、第I章で見たように、第一次世界大戦における先住民兵士の貢献があった。二〇年に、連邦政府は他の多くの部族に対しても裁判法を成立させ、第一次世界大戦で亡くなった先住民兵士の遺族に対して賠償金を支払っていた。その後、スー族は、保留地で生まれた白人弁護士ラルフ・ケイスの協力を得て、二三年以降、合衆国請求裁判所にブラックヒルズを含む一連の訴訟を起こした。[35] 一八七七年の連邦政府によるブラックヒルズ収用は、一八六八年の条約、および私有財産を保障している憲法修正第五条に反すると訴えたが、訴訟の道のりは険しかった。請求裁判所は一九四二年、ブラックヒルズ収用をめぐる賠償金を決定する権限が請求裁判所にはなく、スー族の訴えは道義的訴えにとどまるとして却下し、翌年の合衆国最高裁判決も同様の判決を下したのである。[36] スー族が行動を起こした頃、地元サウスダコタではブラックヒルズのラシュモア山に大統領像を彫り、「民主主義の殿堂」とする企画が持ち上がった。[37] 一九二九年には国立記念物として二五万ドルの連邦補助金を得て、ワシントンとジェファーソン、リンカン、T・ローズベルトの顔が彫られることになったが、スー族にとっては屈辱であった。[38] 三七年までに、合衆国に対する先住民の賠償請求額は、五九件で総額二〇億ドルに達し、中でもスー族による約八億八千ドルの請求が最大であった。[39]

## 一九八〇年最高裁判決への道のり

第二次世界大戦後、インディアン請求委員会の設立に伴って、再びブラックヒルズ訴訟が起こったが、一九五四年に同委員会は証拠不十分により訴えを却下し、二年後の請求裁判所でも同じ結果であった。スー族は高齢なケイスに代わって新たにA・ラザラス・ジュニア（Arthur Lazarus Jr.）他二人の白人を弁護士に立て、インディアン請求委員会に再審を申請して受け入れられた(40)。しかし、ブラックヒルズ問題が本格的に検討されるのは、一九六〇・七〇年代にインディアン主権回復運動が高まりを見せてからである。この時期にはいくつかの土地訴訟が決着し、ブラックヒルズ裁判も進展するかに見えた。六五年までに、インディアン請求委員会に持ち込まれた請求は八五〇件以上にのぼり、そのうちの約三五％が裁決され、二億五〇〇〇万ドル以上の賠償金が認められた(41)。

一九六二年にスー族は部族弁護士を通じてインディアン請求委員会に再び提訴し、ようやく七〇年にワシントンの同委員会で聴聞会が開かれた。スー族の弁護人が一八七七年のブラックヒルズの時価は、金などの地下資源を含めて、二六九〇万ドルと見積もったが、これに対して連邦政府は四七〇万ドル相当であると証言した。時価について一致は見なかったが、同年九月にインディアン請求委員会は、ヤンクトン・スーとテトン・スーがノースダコタ、サウスダコタにおける約一二五〇万エーカーの土地の所有者であったことを認めた(42)。そして、一九七四年にはついにインディアン請求委員会が、合衆国によるブラックヒルズ収用が正当な補償をしなかったため、財産権を定めた合衆国憲法修正第五条に反するという決定を下した。そしてスー族への賠償金を、一八七七年当時の土地と金の時価一七五〇万ドルおよびその五％の利子分と定めたのである。合衆国政府はこの決定を不服とし、請求裁判所に上訴した。一方、ブラックヒルズ・スー・ネイション評議会は、賠償金を受け取ってブラックヒルズを売却する意図はないとまもなく発表した。そして、首都ワシントンに代表を送り、連邦議会で法案を成立させるまで、インディアン請求委員会と請求裁判所に処理を一時停止するよう要請した(43)。

そして一九七四年一二月から翌七五年一月にかけての一一日間、ネブラスカ州リンカンの合衆国地方裁判所で一八六八年のララミー砦条約の有効性と解釈をめぐって一連の聴聞会が行われた。前年のウンデッドニー占拠で逮捕された六五名の先住民が、条約によって主権を保証された保留地内で合衆国は刑事上の管轄権を持たない、と訴えたからである。五〇人以上のスー族の伝統派指導者が歴史家や学者、著述家たちとともに、ララミー砦条約の意義とスー族の主権について証言した。スー族の歴史家・法律家V・デロリアは、一八六八年に条約を締結したにもかかわらず、一八七〇年代初頭に金が発見されたため、連邦政府がスー族からブラックヒルズを収用したと証言した。ウンデッドニー占拠事件による逮捕者の弁護士も一八六八年の条約を根拠に、合衆国裁判所はスー族の土地内で起こった事件に対する裁判権はないと主張した。これに対して、連邦政府側には歴史家のJ・キャッシュ（Joseph Cash）が証言に立ち、一八六八年の条約で保障された土地は、スー族が東部から移り住んで他部族との抗争によって得たものであると述べた。一方、領土内でスー族の管轄権を条約で保障しながら、一八七七年に合衆国がスー族成人男性の四分の三以上の署名を得ずにブラックヒルズを収用したという点でスー族側の主張を認めた。[44]ラコタの人々にとって、約一世紀を経て主権の問題が裁判所で取り上げられ、条約の意味が問い直されたという点で、この聴聞会は重要な意味を持っていた。AIMの全国事務所からW・ミーンズ（William Means）は次のように語った。「多くの伝統派たちが裁判所でのこの日をずっと待ち続けてきた。［中略］この聴聞会では、西半球の先住民に正義をもたらそうとすべての人種が結束して努力しており、極めて歴史的でスピリチュアルな経験となるだろう。[45]」

しかし結果的に、一九七五年一月一七日の判決では、スー族の完全な主権は否定された。一九二四年のインディアン市民権法を含む現代の連邦法によってスー族の主権は対内的な限られたものになっており、連邦裁判所は保留地で起こったウンデッドニー占拠事件に対しても管轄権を有するという判決だった。そして、今後のスー族の主権問題は裁判所では最終決定できず、連邦議会や合衆国政府によって検討されるべき、とされた。[46] こうして、判決では部族の国内従属国家としての地位が確認されたものの、ブラックヒルズ問題は持ち越されたのである。

一方、合衆国政府が上訴した請求裁判所においても、一九七五年、既に結論は一九四二年に出ているという既判事項（res judicata）を理由に、インディアン請求委員会の決定が覆された。この判決では、ブラックヒルズ収用が憲法修正第五条に抵触しないとして、賠償請求が棄却されたのである。しかしながらその後、スー族側の弁護士ラザラスたちは最後の可能性として連邦議会に働きかけ、[47] 七八年三月、「既判事項」の制限に拘わらず請求裁判所に訴えを再審させる異例の措置を認めさせた（92 Stat. 153, 1978）。これを受けて請求裁判所はブラックヒルズ訴訟を再審し、七九年、五年前のインディアン請求委員会の決議を是認した。そして翌一九八〇年六月三〇日、最初の訴訟から五七年を経て、最高裁は連邦政府のブラックヒルズ収用が財産権を定めた憲法修正第五条に反する「最も長期にわたる極めて不名誉な扱い」として、一億五〇〇〇万ドルの賠償金を裁決したのである。[48]

## 賠償金の受け取り拒否

合衆国によるブラックヒルズ収用の非を認め、インディアン土地訴訟の中でも最高額の賠償金を認めたこの判決は、明らかにスー族側の勝利であった。しかし、一九二〇年代以来、訴訟を支えてきたブラックヒルズ・スー・ネイション評議会は判決から間もなく、賠償金を一切拒絶することを決議し、スー族保留地の各部族評議会もこれに続いた。[49] ときに八、九割に達する高い失業率や貧困問題を抱えるスー族が賠償金受け取りを拒絶したために、このことは世論の反響を呼んだ。その背後には、スー族のブラックヒルズをめぐる歴史的記憶へのこだわりがあり、長年の訴訟を通じて、ブラックヒルズは部族アイデンティティのシンボルになっていたことが考えられる。伝統派と呼ばれる部族の長老たちは早くから聖地としてのブラックヒルズの重要性を主張したが、白人弁護士による訴訟は土地返還ではなく、賠償金獲得を目的としていた。前述のように、スー族は一九七四年のインディアン請求委員会の決定に対して賠償金受け取りを拒否し、一九七六年二月にもブラックヒルズ・スー・ネイション評議会が賠償金によるブラックヒルズ売却に対して反対を決議した。同年六月にはラコタの伝統派指導者フールズクロウを含む七人のラコタの代表がワシントンへ赴き、賠償金ではなくブラックヒルズの返還を再び求めた。(50) 九月には、内務省の内務・島嶼問題小委員会において次のように演説した。「ラコタの民にとって、ブラックヒルズは神聖である。我々の信仰において聖なるパイプとブラックヒルズは切り離すことができない。ブラックヒルズは我が教会、礼拝所なのだ。埋葬地でもあり、祖先の骨があそこに埋っている。［中略］条約によって、我々はブラックヒルズや他の土地に対する所有権と、連邦管理終結によって州の管轄下に入ることなく、部族がネイションとして存続していく権利を認められたのだ。［中略］本日、ブラックヒルズはどんなことがあっても売却できず、またされないことを再び声明したい。我が同胞と聖なるブラックヒルズ、そして我が土地を守るために私はここに出席している。(51)」

一九六〇・七〇年代における先住民運動の盛り上がりは、スー族の意識高揚をもたらしていた。一九七八年のアメリカ・インディアン宗教自由法を導いた伝統的信仰のリバイバルは、若い世代に部族のアイデンティティの拠り所である「スー族の聖地」ブラックヒルズの重要性を自覚させた。ラコタに古くから伝わる聖なるパイプの守り手であり、伝統儀式の担い手であるA・ルッキングホース（Arvol Looking Horse）は、次のように語った。「今我々は、自らの文化や生活様式、家族、社会基盤を同胞たちに再確認させることで聖なる輪を取り戻そうと試みている。私がもっとも恐れるのは、政府が何らかのかたちで我々の信仰を阻み、聖地を破壊してしまうことだ。(52)」一九七九年には、サウスダコタ州ラピッドシティにて、ブラックヒルズ連合（Black Hills Alliance）が、ブラックヒルズの開発をめぐる問題について会議を開催した。鉱物資源の豊富なブラックヒルズを企業や政府による開発から守るために、三〇〇人近くが参加したが、その大部分が先住民だった。(53) さらに、AIMは先住民と合衆国との関係をとらえ直す視点をもたらしたと言える。リーダーの一人、バンクス（Dennis Banks）は自伝で次のように語っている。「『公民権』とは現存する立法・政治制度を改善する努力を通してインディアンも白人並みの公民権を獲得するという概念だ。しかし私は『条約権』の立場に立った。この立場はアメリカ合衆国とインディアン国（ネーション）との間に交わされた何千・何百もの条約（この条約のほとんどを一方的に合衆国が破った）の履行を主張し、インディアン国を再興するということだ。インディアンの自治権、自然権、すなわち漁業、狩猟、聖なる山・川・海で儀式をあげる権利。AIMの最終目標は『条約権』の獲得にあり、『公民権』ではなかった。[54]」これは、黒人やチカノの運動と連携しながらも、アメリカ先住民が合衆国内のエスニック集団としてではなく、独自のネイションとして自らをとらえ直していったことを示している。

このように先住民の歴史的記憶、すなわち部族主権に基づいた条約上の権利（treaty rights）の発想によって、スー族はブラックヒルズの土地そのものの回復を目指したが、請求裁判所や最高裁を通じた司法手続きでは賠償金支払いのみが検討された。それはロードアイランド州のナラガンセット族、メイン州のパサマコディ族とペノブスコット族のように土地権を一切放棄することを意味していた。[55]土地権の回復には議会で立法手続きをとる外に方法がなかった。一方、ラザラスを始めとする顧問弁護士は、スー族による土地自体の請求は非現実的であるとして、一九七八年に再審法が成立すると請求裁判所に再審の手続きをしたのである。これによって彼らは、勝訴した際の賠償金の一割の報酬を目当てに行動しているとスー族側から批判されたが、一九八一年、実際にその弁護料を受け取るに至った。[56]このように既に七〇年代半ばから白人弁護士とスー族の間に乖離が生じていた。受け取りを勧める者は、賠償金によって保留地の生活を改善し、ブラックヒルズを買い戻すことも可能だと提案したが、[57]一億五〇〇万ドルの賠償金を一部でも受理すれば、ブラックヒルズの請求権を永久に放棄することになった。この過程でブラックヒルズ問題はスー族による聖地回復運動、合衆国に対する異議申し立てとしての性格を強めたのである。

## ブラックヒルズの行方

この頃にはスー族の内部で新たなイニシアティブが現われ、一九八〇年以降のブラックヒルズ返還運動には、スー族出身の弁護士やロビイストが活躍するようになった。スー族とメキシコ人の血を引く弁護士M・ゴンザレス(Mario Gonzalez：Nantan Hinapan)は、地元サウスダコタで育ち、七〇年代末からグレイイーグル協会というラコタ伝統派の長老組織の顧問としてブラックヒルズ訴訟に関わるようになった。最高裁判決以前に、ゴンザレスはブラックヒルズへの権利放棄に対して警告し、賠償金受け取りを拒否する運動を部族に広めた(58)。判決からまもなく、ゴンザレスはオグララ・スー族顧問弁護士として、ブラックヒルズ裁判をやり直すことを試みる。まず、七八年に三二年間の作業を終了して廃止されたインディアン請求委員会にはもはや頼れないことから、サウスダコタ州ラピッドシティの合衆国地方裁判所に、連邦政府と市町村、個人を相手取り、ブラックヒルズの返還と一一〇億ドルの賠償金を請求する訴えを起こした(59)。連邦政府によるブラックヒルズ収用は財産権を定めた憲法修正第五条のみならず、宗教的自由を保障する憲法修正第一条にも反するという主張だった。しかし、地方裁判所は土地自体の返還を裁判所ではとり上げることはできないという従来の判決を繰り返し、訴えを却下した。翌年、ゴンザレスは第八巡回上訴裁判所に訴えを持ち込んだが、ここでもインディアン請求委員会のみが訴訟を扱う権限があるとされ、最高裁も上訴を棄却した(60)。

合衆国内の司法手続きに行き詰まったゴンザレスたちは、ブラックヒルズ問題を国際的な世論に訴えようと試みた。第II章で見たように一九七〇年代後半にアメリカ先住民は国際運動に乗り出す。八〇年には、オランダでの第四回ラッセル法廷で南北アメリカ先住民の人権が検討されたが、スー族代表はブラックヒルズ問題を条約や議会資料とともに訴えた(61)。翌八一年にはヨーロッパ各地で演説し、先住民の現状を説明した。また八三年には、ジュネーブの国連差別防止・マイノリティ保護小委員会に陳情し、国際司法裁判所でブラックヒルズ問題をとり上げるよう、オーストリア・スイス政府に請願した。このような中、AIMは八一年、ブラックヒルズでイエローサンダー・キャンプを組織し、連邦政府によるスー族との条約破棄の不当性を訴え、ブラックヒルズ返還を求める抗議活動を行った[62]。

その後、スー族は土地返還の権限を持つ議会に働きかけ、一九八三年からは部族政府の方針を代弁するブラックヒルズ運営委員会(Black Hills Steering Committee)顧問としてG・クリフォード(Gerald Clifford)がロビイングを開始した。パインリッジ出身のクリフォードは、ロサンゼルスで技術者として成功を収めながらも、都会での主流生活になじめず、六〇年代末に保留地へ戻って自らのアイデンティティを再確認したという。七〇年代にはインディアン教育における自治権拡大にむけて全国レベルの運動を起こして議会に陳情し、ウンデッドニー占拠事件後、政治的に分裂したパインリッジ保留地の再建に手腕を発揮した[63]。

クリフォードは、かつてバスケット選手としてパインリッジ保留地を訪れたニュージャージー州上院議員のB・ブラッドレー(Bill Bradley)に働きかけ、その結果、一九八五年にスー・ネイション・ブラックヒルズ法案(S. 1453)を議会に提出させた[64]。法案起草にはゴンザレスが携わり、利子分を併せた賠償金とともに、ラシュモア山と連邦政府の採鉱権・水利権・森林借地権を除くブラックヒルズの連邦所有地一三〇エーカーの返還を求めた。非先住民は聖地を除く土地を保障されるが、新たに設立されるスー・ネイション評議会(Sioux National Council)の管轄に入ることが条項に含まれていた。八六年夏にこの法案に関する聴聞会が上院インディアン問題小委員会で開かれ、翌年、ブラッドレーは再び同様の法案(S. 705)を上院に提出した[65]。八八年にはハワイ上院議員D・イノウエ(Daniel Inouye)を始めとする一八人の民主党議員の支持を得るに至ったが、サウスダコタ州議員や知事による強硬な反対に直面した。さらにブラッドレー法案はブラックヒルズのみでなく、サウスダコタ州全体の非先住民からも批判を招いた。部族政府の下で暮らすことへの反発に加え、ブラックヒルズがスー族の所有となれば、州財政が大いに落ち込むと危ぶまれたのである。ブラックヒルズの鉱業、農業、観光業は今やサウスダコタ州経済の支柱となり、年に六億ドルもの歳入を州財政にもたらしていた(66)。

一九八八年、ゴンザレスはブラッドレー法案を修正して新たな法案をつくり、それは九〇年にカリフォルニア州下院議員M・マルティネス（Matthew Martinez）によって議会に提出された(67)。マルティネス法案は、返還される土地の内、聖地を含む二〇％の土地をスー族の居住地とすることに加え、一八七七年のブラックヒルズ法の第五条、八条で保障された給付金の賠償についても定めていたが、これは土地返還によって連邦政府から支給される給付金への権利を失わないための措置であった。しかしブラッドレー法案以上の要求を含んだこの法案は、議会で支持を得ずに聴聞会は開かれなかった。

法律制定が滞る中、一九九〇年代に入っても、スー族は土地返還を求める基本姿勢を変えなかった。クリフォードは議会に働きかけたが、サウスダコタ州上院議員のT・ダシュル（Tom Daschle）は地元でオープン・ヒルズ協会などの反対勢力を組織した。W・ミーンズが議長を務める国際インディアン条約評議会（IITC）は、国連先住民作業部会やヘイグ国際司法裁判所にブラックヒルズ問題を訴え続けた。九六年になると、スー族の一部に賠償金をめぐって動きが見られた。サンティー・スーとフォートペック・スーが部族政府の財政難を理由に、ブラックヒルズ訴訟（74-B）と対になっていたララミー砦条約土地訴訟（74-A）の賠償金の受け取りに傾きかけたのである。しかし、パインリッジ保留地のオグララ・スーを始めとする残りのスー族の強硬な反対に遭い、賠償金の一部支払いの法案（H.R. 3595）は無効となった。一九九八年の時点で賠償金は、利息分を合わせて訴訟事件74-Aが約六七〇〇万ドル、74-Bが約四億七三〇〇万ドル近く、合計約五億四千万ドルに達した(68)。

このようにブラックヒルズの事例は、過去や記憶をめぐるスー族と合衆国との間のせめぎ合いを浮き彫りにした。スー族は既に二〇世紀初頭からブラックヒルズ訴訟に取り組み、裁判所や議会、国際世論に働きかけて土地回復を目指してきた。そして合衆国からの賠償金と引き換えに聖地と部族の過去を精算することを拒んできた。従来の土地訴訟ではインディアン側が勝訴した場合、賠償金が支払われることで土地権は帳消しとされたが、スー族は、賠償金を拒否して土地返還を追求してきたのである。それは、歴史的記憶をめぐるスー族のこだわりと抵抗のかたちと言えよう。これらの運動を通してスー族はブラックヒルズを部族の記憶の聖地としてとらえ直すことで、合衆国政府に対する異議申し立ての政治的シンボルへと変えてきたと言える。

ブラックヒルズをめぐるスー族の軌跡が示しているのは、和解という名のもとにナショナルで一元的なものに絡めとられまいとする彼らの試みであろう。一世紀以上前の条約を持ち出して土地返還を主張する彼らを非現実的な時代錯誤者とみなし、その強固な民族主義に見られる「本質主義」的アイデンティティの問題性を指摘することは可能である。しかし、これらは依然として合衆国が主体となった和解に甘んじて自らの過去を精算しないためのスー族の歴史的記憶のかたちなのである。長年、合衆国との非対称的関係に立たされてきた彼らは、今日、あえて自らを相対化することなく、独自の記憶や過去を呼び覚まそうとする。それは、過去にとらわれているというよりも、合衆国と新たな関係を築くために、過去を通じて未来を開こうとする試みであると言えよう。

# 第2節「虐殺」の記憶

## 一　ウンデッドニー

### ウンデッドニー虐殺事件

今日のスー族の歴史的記憶を探る上でもう一つの手がかりとなるのが、ウンデッドニー（Wounded Knee）虐殺跡地をめぐる動きである。スー族は、聖地ブラックヒルズ返還を追求する一方で、一九九〇年のウンデッドニー虐殺百周年を控えて、八〇年代半ばから賠償運動を進めてきた[69]。サウスダコタ州南西部に位置するオグララ・スー族のパインリッジ保留地内にあるウンデッドニーは、一八九〇年の虐殺と一九七三年のＡＩＭ占拠事件の舞台として、二度にわたりスー族が連邦軍と衝突した場所である（図序-3参照）。スー族と合衆国の関係史において、連邦によるブラックヒルズの収用はウンデッドニー虐殺の遠因となった。一八七七年のブラックヒルズ法とともに合衆国へ七三〇〇万エーカーに及ぶブラックヒルズを明け渡したスー族は、第III章で論じたように一八八九年のグレート・スー協定（Great Sioux Agreement）によって、さらに九〇〇〇万エーカーの土地を喪失した。この絶望的状況の中でスー族の間に広まったゴーストダンス信仰に合衆国陸軍は警戒を強め、九〇年のウンデッドニー虐殺が引き起こされたのである。一九世紀末、パイユート族のウォヴォカ（Wovoka）によって創始されたゴーストダンスは伝統的生活基盤を奪われて絶望状態にあった平原インディアンの間で急速に広まり、九〇年にはスー族にも浸透した。ゴーストダンスは戦闘色のない、魂救済の信仰だったが、それを反乱の兆候と受けとめた陸軍が兵士を送り込み、まず一二月一五日にスー族のゴーストダンス指導者シッティングブルを捕えて殺害した。そして、同月二九日には、もう一人の指導者ビッグフットとその一団をパインリッジに避難する途上のウンデッドニーで虐殺した。死傷者は約三五〇人から三七五人とされている。[70]

パインリッジ保留地で医師として働いていたスー族のC・イーストマンは、事件の夜、負傷者を徹夜で治療した。翌朝、吹雪の中を他のインディアンとともに救助隊を組んで現場に駆けつけると、既に倒れたまま凍った遺体があたり一面に広がっていた。「インディアンの仲間たちがほとんど皆、泣き叫び、死の歌を口ずさみ、興奮と悲しみに暮れる光景を前にして、平静を保ってはいられなかった。[71]」犠牲者の半分近くが女性や子供であり、遺体はウンデッドニーの丘に掘った大きな墓穴にまとめて埋められた。まもなく合衆国政府は兵士たちに二〇の名誉勲章を与え、スー族の屈辱を煽った。一八九一年に事件後の混乱で受けた被害を賠償する法律（The Sioux Depredation Act, 26 Stat. 851）が定められたが、当の生存者たちは「敵対者」（hostiles）として、政府から補償を受けなかった。イーストマンは事件の不当性、役人によるスー族賠償金の横領を告発しようとしたが、パインリッジでの医師の職を追われた。後年、スー族のメディスンマンのブラックエルクは語っている。「今、こうして、老いの丘の高みからあの頃のことを思い返すと、あの曲がりくねった峡谷に沿って、いたるところに折り重なり、散らばっていた女たちと子供たちの虐殺された体が、若かったときの目で見たのと同じ姿で、ありありとまぶたに浮かんで来る。そして、あのとき血にまみれた泥の中で死に、雪嵐の中で葬られたものは、彼らだけではなかったのだと、今こうして見ると分かる。一つの民の夢が、あそこで死んだのだ。それは、美しい夢だった。[72]」

### ウンデッドニー賠償運動

事件に対する賠償運動はスー族の草の根の運動として起こった。生存者や遺族たちは、一九〇一年にビッグフット請求評議会を組織し、慰霊碑建立の寄付を募り、共同墓地の上にささやかな墓碑を建てたが、そこには犠牲者の家長の名前しか刻まれなかったため、全員の名を刻んだ本格的な碑を建てることが長年の願いであった。一九一四年にサウスダコタ州ラピッドシティで開かれたアメリカ・インディアン協会第四回年次集会では、スー族のC・イエローローブ（Chauncey Yellow Robe）が、インディアンに酒を煽り、野蛮人として見世物にするワイルドウエストショー[73]や映画を批判しつつ、ウンデッドニー虐殺について言及している。「一九世紀の終わりに恐ろしい犯罪がこの偉大なキリスト教国でなされた。［中略］女性や子供を含む非武装のスー・インディアンの一団が虐殺されたのだ。［中略］『インディアン・メシア』という新宗教を興したという理由だけで、負傷した者は合衆国軍によってウンデッドニーに手当てを受けることなく放置され、死んだ。これは交渉なしの卑劣な犯罪行為であった。二三年後、同じウンデッドニーの地で『歴史的保存』のために悲劇が映画で再現され、『スー族の最後の大決戦』と呼ばれた。現場での再現内容はまったく誤っていたが、政府は公認した。インディアンにとって、これは恥辱かつ不正である。[74]」

一九二〇年には合衆国政府に賠償を求めるためにウンデッドニー生存者協会（WKSA）が結成された。第二次世界大戦前では、一九三七年にサウスダコタ州共和党下院議員F・ケイスが事件の犠牲者と生存者に一人千ドルを賠償する法案（H.R. 2535）を提出し、翌年聴聞会が開かれたが、合衆国陸軍の抵抗に直面して失敗に終わった。[75]陸軍による事件の正当化は、その後も賠償運動において大きな壁となった。一九七三年のAIMによるウンデッドニー占拠はメディアを通じて全米に保留地の窮状を訴える契機となり、七五年、オグラ・スー族議長のJ・ホーリーロック（Johnson Holy Rock）に促されてサウスダコタ州上院議員J・アブレックが一人三千ドルの賠償金を支払う法案（S. 1147）を提出した。聴聞会にはＷＫＳＡメンバーたちとともに歴史家たちも出席し、事件の発端と解釈が焦点となった。陸軍関係者は、最初に発砲したのが一人のインディアンであり、それがきっかけとなって部隊は銃撃を始めたことが当時の資料から明らかであると主張し、西部史家Ｒ・アトリー（Robert Utley）も事件を「虐殺」として位置づける史料は存在しないと証言した。これに対し、生存者・遺族側は軍が自衛ではなく虐殺を意図していたと主張した。自らの体験や身内の証言によって、軍隊があらかじめ武器を没収した上で逃げ惑う女性や子供まで容赦なく殺したことを説明した。しかし結局、この聴聞会でもウンデッドニー事件を「虐殺」ではなく突発的「事故」とみなす陸軍の見解が優勢になり、法案は不成立に終わった。[76]

### 事件の問い直し

このように合衆国に対する賠償請求は実現しなかったが、ウンデッドニー虐殺はスー族に限らず、アメリカ先住民にとってアイデンティティを支える象徴的な過去の記憶となっていった。一九七〇年には、母方にスー族の祖先を持つウィネバゴ族のＲ・スネークがサウスダコタ州ラピッドシティで一三人の事件生存者を称える儀式を行った。[77] 八四年六月には、大陸横断中の一一部族を代表する先住民走者たちがウンデッドニー跡地に立ち寄り、一八九〇年と一九七三年の犠牲者を慰霊した。[78] また一九八六年以降、スー族は犠牲者の霊を追悼するために「ビッグフット記念行進」（Sitanka Wokiksuye）を毎年行ってきた。一二月の厳寒の中、スー族の遺族たちを中心にビッグフットらがたどったルートを乗馬で二週間かけてたどり、最後にウンデッドニーの丘の共同墓地で祈りを捧げ、部族の記憶と絆を確認した。[79]

こうした中、度重なる敗北にも拘わらず、一九八五年にはＷＫＳＡを復活させ、一九九〇年一二月二九日の一〇〇周年までに合衆国政府から公式謝罪を得て本格的な記念碑をつくろうとする動きが出てきた。協力を依頼されたスー族の弁護士ゴンザレスは、ブラックヒルズ訴訟のみでなくウンデッドニー賠償運動にも尽力することになった。WKSAは一九八八年より法案の作成と見直しを重ね、①遺族への賠償金支払い、②スー族に対する合衆国政府の公式謝罪、③ウンデッドニー国立記念碑および公園の設立、④記念事業への連邦補助金支給、を含む法律制定を目指した。ゴンザレスはまず、サウスダコタ州上院議員のT・ダシュルと下院議員T・ジョンソン（Tim Johnson）に働きかけたが、当時、ブラックヒルズ法案をめぐってサウスダコタ州は警戒を強め、連邦財政赤字もあってウンデッドニー賠償に対して消極的であった。そこで、ゴンザレスは上院インディアン問題特別委員会に聴聞会を要請し、一九九〇年九月にWKSAメンバーを率いてワシントンに出かけた。七五年のアブレック法案の場合に続いて、ウンデッドニー賠償をめぐる三度目の聴聞会であった。

当時のインディアン問題特別委員会議長はハワイ州民主党上院議員D・イノウエがつとめ、サウスダコタ州議員のダシュルも委員として出席した。メンバー代表はウンデッドニー事件の歴史的重要性を説くとともに、起草した法案を基に合衆国政府による謝罪と賠償、記念公園の建設を訴えた。同席していたサウスダコタ州知事のG・ミッケルソン（George Mickelson）は、一九九〇年が同州にとってインディアンと白人の「和解の年」となることを期待し、国立公園設立を支持すると表明した。こうして聴聞会はウンデッドニー記念にむけての第一歩となった。しかし、州知事が唱えた「和解」という言葉が、スー族側に空虚に響いたのも確かである。聴聞会は、事件を合衆国の不正な「虐殺」としてとらえるスー族と、突発的に生じた「悲劇」や「交戦」とみなす委員たちとの溝を明らかにした。また、サウスダコタ州はブラックヒルズ問題に関しては依然として沈黙を守り続けていた。訴訟を行ってきたゴンザレスは当時を振り返って次のように記している。「北部平原地域に暮す白人は皆、虐殺や窃盗、抑圧の歴史を認める代わりに、インディアンと『理解』し合って『和解』することで、その過去から逃れられると思っている。［中略］『和解』という言葉は、意見を調整し、受け入れて妥協をはかると同時に、事態を修正し、改善・是正していく、という意味も帯びているのではないか。［中略］ウンデッドニー虐殺を共に顕彰して和解するのであれば、条約に反して奪った土地をインディアンにどのように返還していくか州は我々と話し合うべきである。［ブラックヒルズの］窃盗こそが事件の主な発端であるのだから。[80]」

聴聞会後、ゴンザレスたちは法案の中の謝罪と記念碑、賠償をすべて同時に成立させることは難しいと判断し、とりあえず一二月の一〇〇周年記念日までに、少なくとも謝罪決議を議会で成立させることを目指して草案をまとめた。その結果、一九九〇年一〇月に連邦議会にてウンデッドニー虐殺に関する両院共同決議が成立した。しかし、決議文でのわずかな修正がすぐにゴンザレスとWKSAを落胆させた。彼らが起草した文章「ここに合衆国を代表して犠牲者ならびに生存者の子孫、そして各部族コミュニティに対して深い遺憾と心からの謝罪の意を表わす。」の中の「心からの謝罪（sincere apology）」という言葉が抜け落ちていたのである。[81] しかしながら、決議文は虐殺事件の歴史的重要性を認め、犠牲者を記念する公園設立を支持していたため、WKSAはこれを受け入れた上で、今後、記念公園を実現し、完全な謝罪を追求していくことになった。

一九九〇年一二月には、一九八六年以来のビッグフット記念行進が遺族を含めて数百名の参加者とともに実行された。スー族の聖なるパイプの継承者であるA・ルッキングホースが指揮をとり、ビッグフット一団の逃避行ルートをたどって犠牲者が偲ばれた。[82] 一二月二九日にウンデッドニー共同墓地で行われた一〇〇周年慰霊式では、参拝しようとしたサウスダコタ州知事ミッケルソンをAIM指導者ミーンズが遮る一幕もあり、記念行事は、事件から一〇〇年を経てもなお合衆国との真の和解に踏み切れないスー族の境地を映し出していた。

### 記念公園計画

和解への道のりは、ウンデッドニー記念公園の実現においても滞った。当初、WKSAは合衆国からの謝罪として犠牲者の霊を鎮めるための記念碑や公園を目指していたが、次第にプロジェクトが広がって具体化すると、運営・管理や用地などの問題とともに記念の内容や意味が問われるようになった。実地調査の結果、内務省や国立公園局が提示した記念公園案は、WKSAの期待から大きく外れたものだった。彼らはベトナム戦争記念碑のような一人一人の犠牲者の名を刻んだ碑を思い描いていたが、そのような碑は提案されず、虐殺跡地としての性格も相対化されていた。ウンデッドニーを顕彰するために、国立公園局と協調していくこともスー族にとっては難しかった。従来、国立公園局は連邦森林局とともに、自然保護を目的に掲げながら、先住民古来の土地や聖地を取り上げて管理し、スー族とも対立してきた。全米初の国立記念物となったデビルズタワーはその典型であり、スー族の聖地は今や観光開発に揺れていた。一方、国内の史跡や記念物の管理を通じて合衆国の歴史観を形成してきた国立公園局は、スー族のみでなくアメリカ国民一般に通用するウンデッドニー史観を打ち出す必要があった。(83)

スー族にとって一番の問題は、ウンデッドニー跡地が国立公園となることによって連邦の直轄になるということだった。ウンデッドニー跡地はパインリッジ保留地の南中央部に位置し、国立公園化は保留地への介入やさらなる土地収用を招くのでは、という不安を住民に募らせた。国立公園局はそのような警戒を和らげるために、記念公園のモデルとして、一九八八年に成立したズニ＝シボラ法下の国立歴史公園「借地協定」を提示した。それによると、ズニ族は国立公園局に約八〇〇エーカーの土地を九九年間無償で貸与える代わりに、公園の計画や運営、教育プログラムに参加し、職業訓練によって優先的に雇用されるというものだった。跡地を部族所有のままにして連邦に貸与えるという形式は、将来、公園が消滅しても土地所有権は先住民側に残ることから、スー族にとって一つの妥協案ではあった。しかし、プロジェクトが具体化するにつれて、WKSAや保留地住民は次第に、ウンデッドニー記念公園が連邦レベルで思わぬ方向に進み得る、という警戒を強めていった。一九九一年四月三〇日、ウンデッドニー記念公園に関する上院特別委員会の聴聞会がダシュル議員の司会のもと、パインリッジで開かれた。ここで、オグララ・スー部族評議会代表は公園設立を基本的に支持しながらも、国立公園局が跡地を管理し、運営主体となることに強く反対した。また、記念碑には大量虐殺の事実を明記し、公園従業員には先住民を優先して雇用するよう主張した。とくに九二年にオグララ・スー部族評議会議長に就任したJ・イエローバード・スティール(John Yellow Bird Steele)は、国立公園局主導の記念公園設立を強く批判し、法案成立を遅らせることになった[84]。G・H・W・ブッシュ大統領は九二年をアメリカ先住民との和解の年と宣言し、先住民部族との対等な政府間関係を再確認したが、福祉予算削減などの政策から先住民の批判を呼んだ[85]。

このようにウンデッドニー記念公園計画は次第に、土地の国立公園化や商業開発に対する保留地住民の警戒を浮き彫りにしたが、それは従来、保留地が受けてきたダメージを考えれば不思議ではない。第二次世界大戦中、爆撃訓練場として戦争局に収用された保留地北西のシープ・マウンテン付近の土地(保留地全体の八分の一相当)は、戦後長らく返還されないままだったが、一九七〇年に豊富なウラン鉱床が発見されると、住民の反対にもかかわらず、連邦政府は一方的に採掘権を確保した。ウラン採掘は、保留地の河川や地下水を汚染し、放射能後遺症を住民に引き起こした上に、九〇年代には国立の核廃棄物埋め立て場を設ける計画が浮上した[86]。観光・商業開発の面でも住民は慎重にならざるを得なかった。第III章で論じたように神聖な宗教儀式であるサンダンスは、五〇年代に白人観光客への呼び物と化した。部族資金を獲得するための妥協策として始まったカジノ経営は、部族の財政を潤す一方で、管轄権や合法性をめぐって州の干渉を伴うようになった。さらに、アルコール禁止のパインリッジ保留地の境界外には非先住民経営の酒屋が立ち並び、住民のアルコール依存症を助長してきた。一九九九年には、これらの店に対する抗議と暴動が起こった[87]。スー族にとってこのような一連の経験が、記念公園設立に対する保留地の反応を支えていたのである。

## 国立部族公園計画

記念公園設立法案は一九九二年（S. 3213）と九三年（S. 278, H. R. 2435）に議会に持ち込まれたが、あくまでも部族による公園の管理運営を強調する部族評議会議長スティールや、九〇年頃につくられたウンデッドニー土地所有者協会（Wounded Knee Land Owner's Association）などの反対に直面し、法案は行き詰まった。九三年六月、意見調整のためにゴンザレスは会合を設け、パインリッジとシャイアン・リバー双方のWKSA、ウンデッドニー地区議会、AIM、そして国立公園局それぞれの代表が討議した。その結果、新たに「ウンデッドニー国立部族公園設立法案」が起草されるに至り、そこではウンデッドニー虐殺跡地のみでなく、ビッグフット一団が辿ったルートも含む広域の記念公園が構想された。その特徴は、国立公園局との協同体制を保ちつつも、部族の役割を前面に出したという点であった。公園用地については、部族の所有地を連邦が信託管理するという点で、ズニ＝シボラ公園と大差ないが、公園の運営・管理には、シャイアンリバー・スーとオグララ・スー両部族があたることになっていた。記念碑の企画・デザイン・建造は、内務省が公園諮問委員会と協議して進めるが、この委員会はWKSA議長を含む両部族によって選ばれた一七名から成り、両部族議長が委員長を交代で務める予定であった。その他、公園管理では、ビジター用施設を整備する一方で、跡地周辺を商業開発から守ることが方針とされた。また、文化センター兼博物館ではスー族の歴史教育プログラムを実施し、公園施設における部族メンバーの雇用・研修を促すプランも含まれていた。この法案は、記念公園の担い手を合衆国ではなくあくまでも部族とするスー族の意向を尊重し、これまで先住民が犠牲となった地を顕彰してこなかった国立公園局に対して初の国立部族公園を提案したという点で、一定の意義を持っていたと言える。

しかし、この法案は一九九五年二月、サウスダコタ州議員によって議会に提出された後[88]、具体的な進展を見なかった。部族国立公園計画であるために、公園建設費と運営費を連邦には期待できず、財政的に逼迫した部族政府には資金調達の見込みが立たなかった。また公園設立には地元住民の立ち退きが必要であり、土地問題をめぐる住民の反対も続いた。[89] 連邦議会がスー族側の要望を受け入れ、また記念公園設立に対する保留地住民の警戒なしに大規模な記念事業に踏み切るには、時期尚早であったと思われる。

**写真 VI-2**　ウンデッドニー犠牲者の共同墓地への埋葬，1891 年 1 月 1 日

**写真 VI-3**
現在のウンデッドニー墓碑（パインリッジ保留地）

一方、ウンデッドニー虐殺事件で持ち去られたゴーストダンスのシャツや、乳児として奇蹟的に生存した女性ロスト・バードの遺骸、イギリスで亡くなったスー族の族長ログ・ウルフの骨などは一九九〇年に制定されたアメリカ先住民墓地保護返還法によって部族に返還されてきた。[90] 今日、三五〇人以上の犠牲者が埋まったウンデッドニーの共同墓地には、ささやかなアーチ形の門とフェンスに囲まれて古い墓石がひっそりと佇んでいるのみである。付近には第一次・第二次世界大戦で合衆国兵士として戦死したスー族の質素な墓が点在している。ウンデッドニーは現在、旧来の墓碑を備えながらも国立部族公園が実現していないという点から、フットが分類した、「抹消」から「復旧」、「選別」から「聖別」へという跡地の変容過程において、「聖別」への途上の「選別」の状態にあると言える。しかし、賠償と顕彰を求める長年の運動の果てに、敢えて国立部族公園という大規模な顕彰に踏み切っていないスー族の歴史的記憶に思いをはせてみる必要があるのかもしれない。当初、遺族が求めてきた完全な公式謝罪と賠償は今日まで実現していない。

ウンデッドニー賠償運動の過程は一つの事件をめぐる合衆国とスー族の記憶の隔たりを明らかにしてきた。一〇〇年前の出来事が、意図的な「虐殺」であったのか、突発的「事故」であったのか、どちらを公的記憶とするかをめぐって双方が対立した。そしてウンデッドニーを、記念公園というかたちでより広い合衆国の文脈に位置づけようとする試みは、スー族に一種のディレンマをもたらした。公的記憶の景観の中に虐殺跡地を組み込み、反映させていくには、国立公園局が代表する連邦側に歩み寄る必要があったが、そもそも部族が主体となった記念公園でなければ、彼らにとって意味を成さなかった。保留地の観光化や連邦の介入に対する懸念が生まれる一方、法案は再考を重ねて国立公園局が提示したモデルよりもさらに運営・管理面で部族の主体性を打ち出した国立部族公園という新たな形に行き着いた。しかし、この計画もその後、様々な課題に直面して滞っている。このように、今日のアメリカ先住民にとって、合衆国との歴史的和解には依然として多くの困難が伴っていることがうかがえる。

## 二　サンドクリーク

### サンドクリーク虐殺事件

先住民の史跡をめぐる近年のもう一つの動きとして注目されるのが、サンドクリーク虐殺地の国立史跡としての顕彰である（図序-3参照）。一八六四年一一月二九日に現在のコロラド州東部のサンドクリークで起こった虐殺は、犠牲となったシャイアン族とアラパホ族の間で世代をこえて語り継がれてきたが、合衆国の公的歴史では長らくとりあげられることがなかった。リトルビッグホーンがカスター戦場として、一九世紀末から国立史跡として扱われたのに対し、サンドクリークは長年、慰霊碑もないまま「景観」に埋もれてきたという点で対照的である。サンドクリークは合衆国が近年、顕彰にむけて取り組み始めた虐殺地の先例として重要な意味をもっている。

コロラド・テリトリーにおける白人移住者と先住民の対立は、各地で発生した状況と似通っていた。一八五八年にゴールドラッシュが起こると大勢の開拓者が移住し、農業や放牧、商業活動に着手したが、まもなくバッファローなどの狩猟経済に依拠する先住民の生活と衝突するようになった。一八六四年にJ・エバンズ知事は、南シャイアン族とアラパホ族に保留地と引き換えに彼らの狩猟場を明け渡すよう要求し、合衆国騎兵隊大佐J・シビントンに指揮を依頼した。議員当選を目指していた元牧師のシビントンは、インディアン討伐に乗り出し、鉱山労働者からなる民兵団を率いてシャイアンの集落を襲い、ライオン砦近くに移住するよう命令した。ブラックケトルは指示どおり、約五〇〇名から成る彼のバンドを移動させ、砦から四〇マイル離れたサンドクリークに落ち着いた。ところが、一一月二九日早朝、シビントンは約七〇〇名の民兵を引き連れて集落を急襲し、ブラックケトルの星条旗と白旗を掲げた休戦の意志表示にもかかわらず、虐殺を開始した。その結果、約一六〇名の先住民がサンドクリークの川岸で亡くなったが、その三分の二は女性や子供であった。事件後、シビントンの一団は一〇〇人以上の先住民の遺体から剝ぎ取った頭皮を勝利の証として掲げながらデンバーの町を行進したという。後にこの事件は、その周到さ、残忍性が東部に伝わって非難を呼び、シビントンは連邦議会で尋問を受けたが、すでに事件前に軍の任務期間が切れていたという理由から罪に問われなかった。一方、事件を目撃してシビントンを告発した兵士のひとりはまもなく暗殺された。連邦政府は一八六五年のリトル・アーカンソー条約でシャイアンとアラパホの遺族に賠償を約束したが、これは果たされなかった。サンドクリーク虐殺から辛うじて逃れたブラックケトルらも、四年後の一八六八年一一月、オクラホマ・テリトリーのワシタ川で、カスター中佐が率いる第七騎兵隊によって殺害された。(91)

**世論の変化**

跡地は長らく、過去の負の記憶を消し去るかのように一〇〇年以上にわたって周囲の景観の中に埋もれてきた。すなわち、フットの定義による、事件の痕跡が消された「抹消」の状態である。一九五〇年に地元の市民がサンドクリーク虐殺跡地を見下ろす崖にささやかな石碑を建てたが、映画『ソルジャー・ブルー』(一九七〇年) がサンドクリーク虐殺を当時のベトナム戦争のイメージに重ね合わせて描いた後も、地元で事件が問われることはなかったという。虐殺地の大部分は私有地だったが、先住民の骨や骨董品目当ての侵入者がたびたび跡地を掘っては荒らしていった。これらの遺物は考古学的価値があり、マニアや一部の博物館などに高値で売れたからである。(92) しかし、一九八五年にはシャイアンとアラパホの間で、跡地に犠牲者のための慰霊碑をつくろうという動きが出てきた。従来の小さな石碑には「サンドクリーク戦場 (Battleground)」と刻まれていたが、遺族たちは「虐殺 (Massacre)」が正しいと主張したのである。(93)

二〇世紀初頭に生存者協会が結成されたウンデッドニーの場合と比べて、サンドクリークの場合はなぜ長い沈黙が続いたのだろうか。記憶の想起について検討する際、留意すべきものとして、悲劇の語り得なさというものがある。先住民が過去の記憶について語り始めるには、トラウマをのりこえる一定の時間を要し、記憶をむしろ自身の間にとどめ、ときに忘却したいという思いも確かに存在したと思われる。先住民が過去の記憶について敢えてアメリカ社会に主張する以前には、このような癒しと沈黙の過程を経る必要があっただろう。

一九八〇年代に入ってサンドクリーク虐殺地の顕彰が検討されていった背景には、先住民の墓地や遺骨の扱いをめぐる世論の変化があった。第Ⅳ章で論じたように、七〇年代以来の先住民側の働きかけにより、八九年にアメリカ・インディアン国立博物館法、翌九〇年にアメリカ先住民墓地保護返還法（NAGPRA）が成立した。これにより、全米の博物館にコレクションとして保管・展示されている先住民の骨などを要請があり次第、部族や遺族に返還することが定められた。九三年、シャイアン族の遺族は、スミソニアン研究所自然史博物館にサンドクリーク虐殺地から持ち去られた遺骨が残っていることを知り、祖先の遺骨返還を求めた。これらの骨は、軍医や兵士が虐殺地から持ち帰って陸軍医学博物館に標本として収めたもので、その後、カンザスやコロラドなどで集められた他のシャイアンの骨とともに自然史博物館に保管されていた。返還の対象となった一八人の遺骨のうち五人がサンドクリークでの犠牲者のものであった。自然史博物館を訪れたシャイアン族の代表は、祖先の霊を鎮める儀式を行って遺骨をオクラホマ州へ持ち帰り、南シャイアン族本部近くの墓地に多くの参列者が見守る中埋葬した。このような遺骨返還事業は、先住民が犠牲となった歴史的事件や跡地にアメリカ市民の目を向けさせることになった。(94)

これを裏づけるかのように、一九九六年にはメソディスト教会がデンバーでの全国集会で、アラパホ族とシャイアン族に対してサンドクリーク事件に関する公式謝罪を行った。虐殺を指揮したシビントンがメソディストの平信徒牧師であったためである。この全国集会で、オクラホマ州のシャイアン族とアラパホ族の間でメソディスト牧師を務める先住民のA・ディアは、シャイアンの親たちが今日でも子供たちに虐殺について語り継いでいる事実を指摘し、過去の過ちを直視していく必要性を説いた[95]。

### 鎮魂の地へ

シャイアンとアラパホの遺族たちはこのような遺骨返還事業とともに、サンドクリーク虐殺地の顕彰にむけてロビイングを展開し[96]、一九九八年、その第一歩として、国立史跡としての適合性を調査する法律が成立した。これを積極的に後押ししたのが、かつてリトルビッグホーン戦場の法案を促したシャイアン族の血を引くB・ナイトホース・キャンベル上院議員だった。キャンベルは当時、上院における唯一の先住民議員としてインディアン問題委員会の議長も務め、先住民に関わる諸問題に取り組むようになっていた。とくにサンドクリーク虐殺は地元コロラド州で起こり、キャンベルのシャイアン族の祖先も犠牲となっていることから、虐殺地の顕彰に積極的であった。国立公園局はシャイアン・アラパホの遺族や部族代表、地元の土地所有者とともにプロジェクト委員会を結成し、考古学的・歴史的調査を開始した。一八ヵ月にわたる調査の結果、多くの証拠が発見されたため、跡地の保護を目指し、二〇〇〇年七月にキャンベルは、サンドクリーク虐殺地を正式に国立史跡とする法案を提出した[97]。

同年九月に開かれた上院聴聞会では、北シャイアン遺族会の代表とコロラド歴史協会の研究者が証言を行い、キャンベルはコロラド州の民家で見つかった二通の古い手紙を引用した。それは、シビントンの民兵団に加わった二名の兵士のもので、一方は事件を告発したことで後に暗殺されたS・S・ソウルの手紙である。手紙はシビントンらの周到な準備とともに、現場での凄絶な光景を伝えている。虐殺は六時間から八時間続き、「インディアンの男女、子供は頭皮を削がれ、指輪をとるために指を切断された。」「文明人と称している兵士が跪いた幼い子供の頭を叩き割っているのは見るに忍びなかった。［中略］ある怪我した女性は手斧で止めを刺される際、腕をあげて身を守ろうとしたところ、片腕をたたき切られ、もう一方の腕をつかまれて頭上に斧を振り下ろされた[98]。」捨て身で抵抗した男たち、絶望の果てに子供を殺して自殺した母親、勝利の証として遺体の一部を切り取る兵士の姿などが伝えられている。聴聞会でキャンベルは声を震わせて手紙を読み上げ、事件を「前代未聞の残虐行為」と呼んだ。

二〇〇〇年一一月七日、遺族やキャンベル議員の訴えがかない、サンドクリークの一万二四八〇エーカーの跡地の確保を進め、国立史跡とする法律が成立した。法制定に尽力したキャンベルは次のように語った。「不名誉ながらアメリカは、長年にわたり過去の過ちから目を逸らしてきたが、今ようやくそれを直視してサンドクリークの犠牲者を顕彰する勇気を得た。我々はひとつの国民として不寛容を許すべきでない。罪なき人々の血に染まった跡地を国立史跡にしても過去はとり戻しがつかないが、現在の癒しの象徴となるだろう[99]。」法律の冒頭では、サンドクリーク虐殺地が、合衆国にとってフロンティアの軍事史・先住民史上重要な跡地であり、先祖代々の土地で自らの生活様式を守ろうとした先住民の苦闘の象徴であることが確認されている。跡地を今後国立史跡として発展させ、虐殺事件について一般市民に理解を促す過程で、コロラド州とともにシャイアン・アラパホと協力していくことが約束された。特に、犠牲者の遺族やその部族が跡地で行う伝統儀式を尊重し、また、遺骨や遺品の再埋葬に彼らの意見を重視することが定められている。遺族らは入場料を免除され、儀式のプライバシーを守るために跡地の一部は当面非公開にされる[100]。このような配慮は、九八年から跡地調査のプロジェクト委員会に遺族などの先住民メンバーが加わり、国立公園局に提言してきた結果と言える。こうして翌二〇〇一年九月にサンドクリーク虐殺地は正式に国立史跡として登録された。連邦政府は跡地の私有地買収のために三〇万ドルを準備し、国立公園局の人類学者をサンドクリーク国立史跡プロジェクトのマネジャーに任命した。

二〇〇二年一一月の一三八周年慰霊式では、コロラド州庁舎前の退役軍人記念碑の下にサンドクリーク犠牲者のための慰霊銘板がとりつけられた。記念碑と古い記念銘板はサンドクリークを含む一九世紀のインディアン掃討戦や南北戦争で戦った民兵を称えていたが、元上院議員B・マルティネスの働きかけで古い銘板をとり変えることになったのである。しかし、シャイアンとアラパホの遺族はあえて古い銘板を残すことを望んだ。その下にとりつけられた新しい銘板には「記念碑は事実を誤って伝えた」という言葉とともに、サンドクリークの犠牲者を悼むメッセージが刻まれている[101]。

その後、元私有地であった用地の買い取りが合衆国政府と南シャイアン・アラパホによって進み、二〇〇七年四月には正式にサンドクリーク虐殺国立史跡として開所式が行われた。サンドクリークは、ウンデッドニーの場合と異なって跡地が保留地外にあり、跡地が比較的確保しやすかったと言える[102]。シャイアン・アラパホは定期的に跡地を訪れて慰霊の行事を行ってきた。まだ新しい記念碑などはなく、虐殺の痕跡が消された「抹消」の段階から、私有地としての「復旧」を経て、国立史跡となった「選別」に至った状態と言える。今後、国立公園局は遺族や部族と協議しながら史跡をどのように発展させていくのかを検討していくことになっている。リトルビッグホーンと同様、近い将来、犠牲者のための慰霊碑が建てられ、「聖別」へと移行するのかもしれない。

以上のサンドクリークをめぐる一連の動きは、アメリカの歴史観に奥行きをもたらすひとつの重要な兆しと言えよう。サンドクリークは犠牲者の鎮魂の地であると同時に、合衆国に歴史的教訓を呼び覚ます地となりつつある。ウンデッドニーとサンドクリークに共通しているのは、いずれも合衆国が遺族などに対して賠償をすることなく、記念公園設立という比較的実現しやすい方法によって記憶の和解をはかることを試みてきた点である。

## 第3節　記憶の行方――ローカル／トランスナショナル

### 公式謝罪決議案

近年では、これまでの連邦政策について先住民に公式謝罪する決議案が連邦議会で検討されてきた。すでに、合衆国議会は一九八八年に第二次世界大戦中の強制収容について日系アメリカ人に対し、そして一九九三年に王朝転覆をめぐってハワイ先住民に公式謝罪をした。アフリカ系アメリカ人の奴隷制に対しては、二〇〇〇年に決議案が提出されたが、まだ謝罪は実現していない。同年には、インディアン局副長K・ゴウバー（Kevin Gover）がインディアン局設立一七五周年記念式典において、過去のインディアン政策における過ちを陳謝したが、それは合衆国政府としての謝罪ではなかった。国外では、九八年にカナダ政府が先住民に謝罪し、和解に着手するための基金を設けた。今日、先住民の票の力は、サウスダコタやアラスカ、アリゾナ、ニューメキシコ、ネヴァダなどの各州で無視できない存在となってきている。アラスカでは有権者の一六％を先住民が占め、また二〇〇二年のサウスダコタ州上院議員選挙では、州内の先住民の票がT・ジョンソン（Tim Johnson）の当選を左右したと言われている。このようなことから、先住民との和解を推し進めることが地元の政治家にとっても課題になってきた。

カンザス州共和党上院議員S・ブラウンバック（Sam Brownback）が二〇〇四年に提出した両院合同決議案(103)は、NCAI会長のT・ホール（Tex Hall）や他の部族指導者とともに数ヵ月をかけて起草したものであった。ブラウンバックは、カンザス州内の保留地を訪れた際、先住民の歴史的記憶に接し、和解にむけた公式謝罪の必要性を感じたという。キャンベル上院議員やD・イノウエ上院議員の支持を得て上院に提出された決議案は、これまでに合衆国がアメリカ先住民に対して行ってきた歴史的な過ちに対して謝罪し、過去と現在における先住民に敬意を表している。そこには、「条約破棄や、虐殺、連邦管理終結、強制移住、都市移住政策、伝統的信仰の禁止、聖地破壊などの多くの誤った連邦政策」が挙げられ、またサンドクリークやウンデッドニーでの虐殺に対する謝罪も含まれている。ただし、合衆国に対する先住民の請求を認め、解決するものではないという但し書きがあり、何ら賠償を約束するものではないことが明記されている。サウスダコタ州民主党上院議員で委員のT・ジョンソンも謝罪決議案を支持し、上院インディアン問題委員会において全会一致で可決された。

この決議案は当初、二〇〇四年九月の首都ワシントンでのアメリカ・インディアン国立博物館（National Museum of the American Indian）開館[104]と併せて、謝罪が実現することが期待されていた。しかし、同年六月のNCAI会議で、部族代表たちは謝罪が何らかの実効性を持つのかに疑問を呈した。アラスカのトリンギット・ハイダ族中央評議会議長でNCAI副会長のE・トーマス（Edward Thomas）は、「諸問題を解決しないまま謝罪を推し進めても不十分である」と述べ、また、NCAIオクラホマ東部地区副議長でチカソー族副議長も、賠償金が支払わなければ謝罪は無意味であると主張した。そして、代表者たちは、部族主権への介入や連邦プログラムの資金不足、信託管理の不備といった諸問題を挙げ、これらが解決されない中で、謝罪とは紙の上でのことにすぎないと指摘した。また、決議案が検討されていた同じ頃、西ショショーニ族の土地賠償法案が議会で可決され、賠償金と引き換えに部族の土地権が一方的に帳消しになりかかっていたことにもNCAIは強く反発した。このような理由から、NCAIは少なくともこの時点で謝罪決議案に対して懐疑的であった[105]。一方、G・W・ブッシュ政権は、謝罪によって先住民に対する財政的負担がさらに増すのではないかと懸念した。これに対してブラウンバックは、決議が「合衆国に対する請求を認め、清算するものではなく、先住民が依然として直面している諸問題を解決するものでもない」と説明した[106]。結局、二〇〇四年の謝罪決議案は十分な支持を得ることなく廃案となった。

二〇〇五年四月にブラウンバックは、NCAI会長のホールたちの支持を得て、再び同じ両院合同決議案を上院に提出した[107]。その際、ブラウンバックは次のように声明した。

多くの条約がこの共和国とアメリカ・インディアン諸部族との間に交わされた。議場の同僚たちもご存知のとおり、条約は紙に書かれた文章以上のものだった。条約とは約束であり、相手政府との条約は軽視されるべきでない。不幸にも、合衆国は先住民諸部族に誓った責任をあまりにも果たしてこなかった。わが政府は先住民に対する誓いを何と多く破ってきたことだろうか。わたしが今週提出した決議案は、家族を守るためにインディアン諸部族と果敢に戦ったアメリカ兵の勇気を忘れるものではないことを上院議員の皆様にことわっておきたい。また、様々な戦いの責任をどちらか一方に帰するものでもない。この決議案は、今日に至るまでのわが国における先住民の役割を認めて敬意を表するものであり、わが政府が誓約を無視し、しばしば誤った痛ましい選択をしてきたことについて公式に先住民へ謝罪するものである。これは、謝罪と和解の決議文である。長らく我々を分断してきた痛みを癒す第一歩であり、部族政府と連邦政府との建設的関係にむけた新たな時代の基礎となるのだ。分断されたわが国を和解させ、ひとつの国民としてまとまるのは今からでも遅くはない。和解するためには、承認と懺悔が必要である。関係を維持するには、理解がなくてはならない。この決議は、合衆国に対する請求を認めて解決するわけではなく、先住民たちが直面している多くの問題を解消することにならないだろう。しかし、先住民に対する様々な誤った連邦法や政策の否定的影響を認めることになる。さらに、過去の過ちを認め、それらを悔い改めることになるのだ。M・L・キング牧師は、和解の真の探求者として、かつて次のように語った。「最終的に和解、贖いがもたらされ、大切なコミュニティが築かれるだろう。」

この決議は最終的なものではない。しかし、分裂を終わらせる端緒となり、大切なコミュニティをつくり上げる最初の灯、成果の第一歩となるであろう。[108]

二〇〇五年五月二五日に上院インディアン問題委員会で開催された聴聞会では、決議文の発起人であるブラウンバック上院議員、NCAI会長のホール、副会長のトーマス、オクラホマ州ユーチー族のN・ビッグポンドが出席した。ホールは、「謝罪決議が可決されれば、長年のインディアン部族との交渉における不正に対する連邦政府初の公式謝罪となる。」と述べ、九三年の合衆国政府によるハワイ先住民への謝罪、また九八年のカナダ政府による先住民への謝罪について触れた。また、ビッグポンドは、「過去の非道を認め、この国の先住民に赦しを請うことは、和解への一歩として必要である。」として、先住民は進んで謝罪を受け入れ、和解に乗り出すであろうと証言した。一方、トーマスは決議案に対しては懐疑的にならざるを得ないとことわり、理由として、インディアン信託資金の不正使用や部族との協議不足、連邦プログラムの財政削減、裁判所判決での部族主権の軽視などを挙げた。そして、長年にわたる先住民への誤った政策を修正し、補償する「積極的行動」がとられなければ謝罪は意味がない、と述べた。これに対し、上院インディアン問題委員会議長でアリゾナ州上院議員のJ・マッケイン（John McCain）は、決議案への支持を表明し、謝罪によって先住民問題への一般の関心が高まり、積極的変化に結びつくだろうと期待した。彼は、日系人の強制収容に対する謝罪を引き合いに出し、先住民への謝罪が一般アメリカ人にとって先住民との歴史的関係を振り返る機会になると述べた。[109] 聴聞会後、委員会は全会一致で決議案を可決し、上院議場での票決を待つことになった。二〇〇五年一一月のオクラホマ州タルサで開かれたNCAI年次集会でも、決議案への支持が決定された。[110]

以上のように、一九六〇・七〇年代以降、先住民は自らの記憶をめぐって、合衆国の公的記憶や歴史観に異議申し立てをしてきた。それに対して、合衆国は徐々にではあるが、記念碑建立や国立史跡化、公式謝罪といった手続きによって、他のマイノリティと同様、先住民の記憶との和解を試みてきた。とくに九二年のコロンブス到着五〇〇周年を機会に世界的に先住民との歴史的和解の動きが広がってきた。この合衆国の動きは、ともすると先住民の記憶をめぐる新たな「制度化」の過程として、とらえることも可能であろう。近年の研究では、マイノリティの対抗的記憶が、公的記憶の修正によって国家へ「包摂」され、形骸化していく側面が指摘されている[111]。例えば、キャンベル議員やブラウンバック議員の声明のように、先住民のための法案を議会で成立させるために「ひとつの国民」という愛国的言説に訴える場合も見られた[112]。これは、マイノリティが自らの記憶を主張していく際に直面する課題であると言えよう。ただし、先住民にとってこのような手続きも、合衆国において尊厳を回復し、エンパワメントをはかる戦術の一つとなってきたことは確かである。元来、部族の自治や保留地は合衆国との歴史的な信託関係に基づいており、先住民は国家の制度と不可分な関係におかれてきた。ここには明らかに先住民にとって記憶と和解のポリティクスが存在するのである。

### ローカルな記憶

以上のようにアメリカ先住民は過去の記憶をめぐって、長らく合衆国による謝罪や補償、承認という論理を追求してきた。しかしながら、その一方で、ナショナルな制度化の手続きを経ずに、自らの間で記憶を継承することも模索している。

第一に、アメリカ先住民は部族の記憶を絶やさぬようローカルな記念行事を支えてきた。このような試みは、記憶の言説がナショナルな次元で一人歩きし、彼ら自身の文脈から乖離することを防いできたと言える。例えば、合衆国との和解を拒んできたブラックヒルズでは、聖地ベアビュートにてスー・シャイアンなどがサンダンスやビジョン・クエストなどの儀式を定期的に行っている[113]。また、リトルビッグホーンでは、一九七六年の合衆国独立二〇〇周年記念祭を前に六月二五日から二七日に北シャイアンがリトルビッグホーンでの勝利一〇〇周年を記念する儀式を行った。祖父がカスターと戦った北シャイアンのA・トゥームーンズ（Austin Two Moons）は、自らの牧場にスー族など他の部族も招き、勝利の踊りとともに祖先の記憶を分かち合った[114]。

さらに、サンドクリークでは一九九九年から毎年、虐殺の起こった一一月二九日にシャイアンとアラパホの遺族らによる記念マラソン「サンドクリーク・スピリチュアル・ヒーリング・ラン」が開催されてきた。サンドクリーク虐殺跡地とコロラド州デンバー間の約一〇〇マイルを二日間かけて走り抜くこの行事は、犠牲者の霊を慰め、過去の悲劇を想起する試みである。出発前には祈りとともに、シャイアンの族長ホワイト・アンテロープが死に際に口ずさんだという「旅立ちの歌」が捧げられ、若者や子供たちに部族の記憶を語り継ぐ機会となっている[115]。

ウンデッドニーの場合は、前述のように一九八六年以来、毎年一二月に「ビッグフット記念行進」（Sitanka Wokiksuye）が行われてきた。ビジョン・クエストを行ったメディスンマンC・キルズリー（Curtis Kills Ree）の提言により始まったこの行事では、犠牲となったゴーストダンス指導者ビッグフットたちがたどったルートを厳寒の中、二週間かけて乗馬でたどり、約一世紀前に起きた悲劇に思いを馳せる。スタンディングロック保留地のシッティングブルが暮し、殺された地から出発して、バッドランドを経由し、最終目的地であるパインリッジ保留地のウンデッドニーへ辿り着く。そして一二月二九日の記念日に、犠牲者が眠るウンデッドニーの丘で追悼の儀式を行って終結する。記念行進はキルズリーの教えに従い、鷲の羽根を携えて行われてきた[116]。

この行事でも犠牲者の遺族や子孫のみでなく、部族の若者が多く参加してきた。彼らは、乗馬や祈りの儀式、集団行動を通じて、ラコタの文化や伝統に触れる。ときに吹雪に見舞われる厳寒の中、先祖がたどった苦難を追体験することで達成感と自信を回復し、アルコール依存症から立ち直った者もいる。このビッグフット記念行進が定着するとともに、保留地ではビジョン・クエストやサンダンス、名付けの儀式などへの参加が増えてきたという[117]。当初、四年連続の慰霊行事として始まったこの行進は、九〇年代にウンデッドニー記念公園計画が滞っても、部族のローカルな記憶を絶やさぬよう続けられ、今日に至っている。スー族が死者の霊を癒すとともに、部族の若い世代に歴史的記憶を継承し、指導者を育てる機会となっているのである。以上のように、先住民はナショナルな文脈ではなく、自らの間で部族の記憶と文化を支える活動を行ってきた。

### トランスナショナルな記憶

一方、アメリカ先住民のローカルな記憶は、どのような広がりを持ってきたのだろうか。最後に、その語りのいくつかを取り上げながら、歴史的記憶のトランスナショナルな側面に触れておきたい。アメリカ先住民はマイノリティの中でも合衆国軍への入隊率が高く、しばしばその部族主義と矛盾しない愛国主義が指摘されることもあるが、内面的葛藤や疑問から自由であったわけではない。

とくに一九六〇年代以降は、ベトナム戦争や他の先住民の境遇などを通じて国外の動きに敏感になっていった様子がわかる。当時、ベトナムを七回訪れたイロクォイ連合のW・マッドベアは、「サイゴンの街を歩いていると、人々が兄弟姉妹のように見える」と語った[118]。また、ベトナム戦争から復員後、AIMのメンバーとして一九七三年のウンデッドニー占拠に参加したブラックフィート族のW・キップ（Woody Kipp）は、ウンデッドニーで連邦軍にとり囲まれたときの心情を次のように回顧している。

今や自分は北ベトナム人だった。自分の腕の刺青を見たあるベトナム人に、「お前も同じベトコンだ」と言われたことがあるが、彼は確かにお見通しだった。まったくそのとおりだったのだ。この良きアメリカ、民主主義の伝統の国、自由で勇敢な者たちの国、自分のホームランドであり、七年間敵と戦って守り抜いた国、ケンタッキーフライドチキンやビュイック、金髪美人の国、七年生のときに独立宣言を信じ込んだ国、我々が署名した条約は国家間の協定書であると宣言した国、その国が今や自分を捜し求めて照明弾を打っていた。[119]

ベトナムで白人兵士の人種的偏見を目の当たりにしてきたキップは、ウンデッドニーで自らの立場をベトコンと重ね合わせていた。[120]

さらに、一九六〇年代のレッド・パワーを導いた全国インディアン青年評議会（ＮＩＹＣ）は、六九年末の機関紙論説において、先住民読者へ呼びかけている。

我々は、ウンデッドニーやサンドクリーク虐殺事件当時には生まれておらず、ナヴァホの強制移住やチェロキーの「涙の旅路」も経験していない。しかし、政府がインディアン問題に「最終的解決」を果たさずに先祖に割り当てた砂漠や不毛な土地で我々は育ったのだ。過去に行われた暴虐は我々の一部となっている。

南ベトナムのソンミ村虐殺が明らかになったとき、インディアンはぞっとしたが驚きはしなかった。ライフ誌で血だらけのバラバラ死体を見ると、そう遠くない昔にこの国で起こった出来事の記憶がよみがえる。インディアンは虐殺と無縁ではない。インディアンの虐殺があったからこそ、この国で凡愚政治がはびこるようになったのだ。[121]

続けて、ＮＩＹＣはアメリカ・インディアンの虐殺の記憶を他国の先住民と重ね合わせている。

さらに恐ろしいことに、ブラジルでは政府公認のもとインディアンが大量虐殺され、隷属状態におかれていることが最近明らかになった。一〇万人のインディアンが既に殺され、何千人もがプランテーションの奴隷労働を強制され、売春宿へ追いやられている。一九八〇年までにブラジル国内のインディアン絶滅が危ぶまれるほどである。

また、ボリビアやペルーでも多数を占めるインディアンが大量虐殺されているという報告をNIYCは受け取っている。

現代の世界で、政府に公然と殲滅されている者は、インディアンぐらいであろう。

あるプエブロの男性は、ブラジルからの写真で、インディアン女性が数人の白人男性に乱暴されているのを見て涙を浮かべ、女性がまるで自分の姉妹のようだと言った。

しかし、これらのインディアンは我々と人種的に近いばかりか、同じような文化に属し、同様の生活様式を維持しようとしている。

ブラジルでインディアンが脅かされているとき、アメリカでインディアンは安全であり得るのだろうか。何百万ドルもの資金をブラジルの白人将校へ送り、同胞を殺させている政府を本当に信頼できるだろうか。

アメリカは異質なものに対して圧倒的な恐怖を抱く国なのだ。［中略］

我々は滅ぼされぬよう自らの組織と生活様式を築き、自衛せねばならない。インディアンであれば、自問すべきである。ブラジルで同胞たちが大量に虐殺される中、いったいアメリカで安らぐことができるのかと。(122)

ここには、ベトナム人やブラジル先住民の境遇に自らの記憶を重ね合わせるアメリカ先住民の姿勢が表われていると言えよう。一方、先住民指導者V・デロリアもかつて次のように語った。

政府はアメリカ・インディアンの考え方や望みを理解しないかぎり、アングロサクソン文化以外の人々を理解できないだろう。［中略］インディアンをアングロサクソンの主流文化に同化させ、「遅れた」人々を世界の主流にとりこもうとすると、いつも大きな過ちを犯すことになる。我々を彼らの型にはめようとするかぎり、国際面でも同じことを無自覚にやってしまうのだ。外交政策は一貫して失敗するだろう。

アメリカが国内で先住民に対して同じような態度である限り、外交でも行き詰まると思われる。インディアンを理解できたとき、対外的に展望が開けるかもしれない(123)。

以上のように、先住民は部族に根ざしたローカルな記憶をトランスナショナルな文脈で切り結んでいたことがわかる。さらに、第II章で論じたように、アメリカ先住民は国外の先住民との交流や連帯を通じてもエンパワメントをはかってきた。とくに一九七〇年代以降、次第に他国の先住民と共通課題を見出しながら、国連などを通じた先住民族（indigenous peoples）としての人権保障を探求し始めた。アメリカ先住民が国際的に働きかけたのはこれが初めてではなかったが、七三年のウンデッドニー占拠後、スー族伝統派の指導者たちは先住民が過去において合衆国と締結した三七一の条約における権利を国際的に訴える方法を検討した。その結果、七四年にＡＩＭ後援の下、国際インディアン条約評議会（ＩＩＴＣ）がニューヨークに設立され、二年後には国連経済社会理事会のＮＧＯ諮問団体となり、国連を通じた先住民の権利保障を目指した。一九八二年、国連人権委員会の差別防止・マイノリティ保護小委員会にて国連先住民作業部会が設立され、以後ＩＩＴＣはジュネーブの国連欧州本部で開かれる部会へ代表を送り、先住民の人権について検討してきた(124)。

一九九〇年には、国連第五回先住民作業部会に集まった各地の先住民が九二年のコロンブス到着五〇〇周年記念に反対する宣言文を発表し、国連に対して九二年を国際先住民年と定め、先住民の人権を保障するよう要求した(125)。これはスペインやイタリアなどの反対により実現しなかったが、代わって九三年が国際先住民年と定められた。さらに国連は、一九九五年から二〇〇四年までを「世界の先住民の国際一〇年」と定め、先住民の権利問題に取り組む姿勢を示した。この一〇年間は各国政府の取り組みが滞り、先住民の権利問題が進展してこなかったという批判があるが[126]、二〇〇〇年には、経済社会理事会内に国連先住民族問題常設フォーラム（Permanent Forum on Indigenous Issues）が設置され、先住民族の権利宣言草案を検討してきた[127]。

二〇〇七年九月には、国連総会で「先住民族の権利に関する宣言」が圧倒的多数で採択された（賛成一四三ヵ国、反対四、棄権一一）。四六条から成る宣言は、自決権、土地や資源を管理・所有する権利、固有の文化を実践・復興する権利など、個人と集団の両面から先住民族の人権と基本的自由を初めて包括的に保障している。ただし、宣言に法的拘束力はなく、政治的分離・独立など国家の主権や統一を損なう行動を認めないことを明示している。しかし、先住民の自治権拡大を懸念するアメリカ合衆国、カナダ、オーストラリア、ニュージーランドの四ヵ国は反対にまわった。一九八二年の国連先住民作業部会設立以来、各国から同意をとりつけるまでに実に二五年を要したのである。いずれにせよ、先住民族の権利を尊重する潮流が世界で広がっていることを示しているだろう。

これらの過程で、植民地主義による土地や資源の喪失、迫害や虐殺の経験、独自の文化や言語の抑圧などが世界の先住民に共通の記憶として確認されてきた。アメリカ先住民は、先住民としてのアイデンティティを国内にとどまらずに国外においても模索することによって、合衆国のナショナルな記憶を相対化してきたと言える。

本章において見てきたように、アメリカ先住民は自らの記憶を合衆国において主張し、一般アメリカ人との共有と継承をはかるために、国家による謝罪と補償、国立史跡化や記念碑建立を追求してきた。既存の記憶の制度化に対して異議申し立てをした上で、公的承認を得るという手続きが新たな「制度化」であるとすれば、先住民は合衆国のポリティクスにおいて一定の制度化を必要としてきたと言える。その一方で、先住民の記憶のローカリズムとトランスナショナリズムは、彼らにエンパワメントをもたらすとともに、記憶の脱ナショナル化を促してきた。自らの間で儀式や記念行事を支えることで部族の記憶を継承し、そのローカルな記憶を国外の犠牲者や先住民と接合することによって、合衆国による記憶の包摂を回避してきたと思われる。その歴史的記憶に根ざした他者への想像力は、合衆国内の多文化主義を国外の文脈に開く視座をもたらした。これは国家に回収されないアイデンティティ構築のあり方、記憶の越境と共有化の方向性を示しているであろう。

# 終章

本書は、現代のアメリカ先住民がいかなる歴史的記憶のもとに文化継承を模索し、アメリカ社会に働きかけてきたのかを、合衆国の国民統合と多文化主義、トランスナショナリズムを射程に入れて考察した。主に、二〇世紀後半の各先住民団体と平原部族の動きに焦点をあて、①連邦政策への対応、②信仰・言語などの文化継承、③保留地における経済開発、④歴史的記憶の現在、の四つの観点から検証した。これらを通じて、自己のエンパワメントに向けたアメリカ先住民の政治・文化戦略のかたちを探った。彼らが探求してきた部族主権、自己決定権とはいかなるものだったのか。先住民作家でカイオワ族のN・S・モマディ（N. Scott Momaday）は次のように簡潔に述べている。「主権とは結局のところ、自らに責任を持ち、その運命を自分でコントロールする権利であり、これは、部族にも個人にもあてはまる。つまり、己を定義する権利である」(1)。以下では、各章の内容をまとめたうえで、現代のアメリカ先住民の軌跡が持つ歴史的・今日的意義について検討したい。

## 一　連邦政策と先住民の対応

第I章・第II章では、二〇世紀初頭からの先住民運動を歴史的に概観し、連邦政府による同化政策から自決政策への移行において、先住民団体が果たした役割を分析した。部族の違いを超えて連帯する汎インディアン運動は、植民地時代から存在したが、二〇世紀においては、一九一〇・二〇年代のアメリカ・インディアン協会や戦後に活躍した全国アメリカ・インディアン議会（NCAI）、そして一九六〇・七〇年代のレッド・パワーを支えた全国インディアン青年評議会（NIYC）やアメリカン・インディアン・ムーブメント（AIM）などによって展開した。これらの団体は、それぞれの時代背景と先住民のニーズに即して、アメリカ社会に働きかけてきたと言えよう。

一九一一年に結成されたアメリカ・インディアン協会は、初期の先住民全国団体として同胞の啓蒙を促し、アメリカ市民としての権利獲得によって先住民全体の地位向上を目指した。協会メンバーは寄宿学校を卒業した教育歴のあるエリートであり、保留地におけるインディアン局の不正を見抜いていた。彼らは保留地システムによる搾取と支配の悪循環を断つためにも、先住民がアメリカ市民と対等の権利を得る必要を説いたのである。先住民の歴史的記憶として条約上の権利を重視しつつも、同化主義が優勢な時代に先住民が存続していく方策を模索していた。そのため、第一次世界大戦での戦争協力や愛国心を説き、アメリカの建国理念に訴えることで、インディアンの市民権取得を促した。彼らは「平等」や「権利」といった、いわば「近代」の言葉によって先住民がおかれた境遇を解釈し、自衛を試みていた。一方、保留地の住民たちは州への納税義務などが生じる市民権を積極的に得ようとはしなかったが、このようなアメリカ・インディアン協会の働きかけが先住民の国民統合を促す側面があったことは確かである。しかし、ここで重要なのは、このような同化と統合の過程がかえって先住民としてのアイデンティティを創出し、強化していった側面である。

連邦先住民政策は第二次世界大戦を境に、インディアン・ニューディールによる自治重視から再び同化主義的な連邦管理終結政策へと移行した。一九四四年に設立されたNCAIは、先住民の全国組織であったが、インディアン再組織法によって確立された部族主義に則っていた。部族の自治と条約上の権利を守り抜くためにＮＣＡＩは連邦管理終結政策に対抗してロビイングを展開し、中止させるに至った。この過程でＮＣＡＩは部族主権の概念を強化していったのである。

第Ⅱ章では、第1節において、一九六〇・七〇年代の連邦政策と先住民運動の動きを考察した。六七年のオムニバス法案は、貧困対策の一環として保留地における資源開発を先住民との協議なしに推進しようとした。これに対して、ＮＣＡＩや多くの部族が保留地の保全と部族主権を重視して法案成立を阻み、連邦政府に対して政策決定過程での先住民との協議、従来のパターナリズムからパートナーシップへの移行を主張した。この過程で先住民の自決概念はより明確になっていったのである。しかし、ＮＣＡＩは黒人公民権運動やベトナム反戦デモなどの社会運動には消極的であり、他の先住民団体やマイノリティ集団との連帯の可能性を閉ざしていった。

一方、一九六〇・七〇年代に都市在住の若い先住民を中心に組織されたＮＩＹＣやＡＩＭは、黒人運動などから示唆を得て、デモやシットイン、占拠といった直接行動によって抗議活動を展開した。フィッシュインやアルカトラズ島占拠、「破られた条約の旅」、ウンデッドニー占拠事件に見られるように、彼らは貧困問題と先住民に対する差別撤廃を訴える一方で、先住民の歴史的記憶としての条約上の権利、部族の自決も同時に主張した。レッド・パワーはメディアや世論に先住民の問題を訴え、伝統文化のシンボルを運動に取り入れながら、先住民アイデンティティや歴史観を肯定することに貢献したと言える。

第2節では、以上の先住民運動を受けて、連邦政策では七〇年代以降、どのような対応が見られたか、また先住民の自決はその後、どのように展開したのかを検討した。長年の先住民による自決の模索は、一九七五年のインディアン自決・教育援助法をはじめとする七〇年代後半の各法制定によって結実した。レッド・パワーの行き詰まりも、七〇年代後半から国連で先住民の権利を問う動きや裁判による権利確立の探求につながった。八〇年代以降、連邦補助金を大幅に削減される中、七五年の自決法も万全でないことが明らかになったが、今日に至るまで連邦政府は自決尊重を政策の基調としてきた。この変化は、インディアン・ニューディールによってもたらされた部族の自治を基礎としながらも、一九六〇・七〇年代に先住民が運動を通じて連邦政府に働きかけた結果と言える。

以上のように、第Ⅰ章と第Ⅱ章では、現代の汎インディアン主義に根ざした先住民運動を概観することによって、彼らがいかに合衆国の中で部族や先住民個人の権利を守り、自決概念を発展させてきたのかを明らかにした。それは同化と自治の間を揺れ動く不安定な連邦政策に対応する中から、つまり合衆国との関係を通じて培われ、強化されてきたのである。

## 二　文化継承の模索

第Ⅲ章・第Ⅳ章では、前章までに見た一連の先住民運動を支えた自意識、文化的アイデンティティを探るために、二〇世紀初頭から現代にかけての先住民の信仰・言語をめぐる適応と継承の試みについて考察した。

第Ⅲ章では、サンダンスとペヨーテ信仰という二つの宗教儀式をめぐる先住民の動きを探った。前者が平原部族の伝統に根ざす信仰であるのに対し、後者は一九世紀末から新たに興って急速に平原部族の間に信者を広げた儀式であった。

サンダンスは、一九世紀末から二〇世紀初頭にかけて先住民の儀式の中で最も野蛮とされ、連邦政府から規制を受けた。しかしながら、ラコタ・スー族の場合は、インディアン局監督官の目の届かないところでサンダンスを継承していった。一九二〇年代にはピアシングのない形で儀式を行う許可を得、五〇年代にはピアシングを許可されるが、観光の呼び物としての性格も加わっていった。そのような中、一九七〇年代にはレッド・パワーの高揚によってサンダンスが先住民文化のシンボルの一つとしてとらえなおされ、伝統的なかたちで復興が試みられてきた。このように、サンダンスは先住民が自らのアイデンティティを再編・強化していくうえで一つの文化資源となっていた。

ペヨーテ信仰の場合は、元来、メキシコ先住民に伝わるペヨーテを用いる儀式が、キリスト教的要素を取り入れつつ一九世紀末以降、平原部族の間に広がった。これはサンダンスなどの伝統儀式が禁止され、ゴーストダンスもウンデッドニー虐殺によって衰退した後の時期に重なっている点で、当時の先住民の精神的疎外を埋め合わせる役割を果たしていたと考えられる。しかし、連邦政府や州政府によってペヨーテは麻薬であるという疑いをかけられ、この儀式も二〇世紀初頭から規制の対象になりかけた。これに対して、信者や指導者たちはペヨーテ信仰におけるキリスト教的要素を強調し、心身の健康に役立っていることを主流社会に訴え、信仰を守ろうとした。あるときは政府や議員へ嘆願書を書き送り、また議会で証言に立った。このペヨーテ信仰を擁護する過程で、先住民信者の間には部族を超えた先住民共通の意識が広まり、一九一八年にネイティブ・アメリカン教会を設立するに至った。これは、教会組織という形式をとることによって合衆国憲法による宗教的自由の保障を得、ペヨーテ信仰を守ろうとする措置であった。この時点で、ペヨーテ信仰は汎インディアン主義の一つのシンボルになったと言える。

以上のサンダンスとペヨーテ信仰には、ともに自らの伝統を途絶えさせることなく継承し、ときに創造・復興していった先住民の文化的ダイナミズムを見ることができる。

第Ⅳ章では、先住民自決政策が浸透する一九七〇年代以降の先住民の信仰と言語をめぐる動向を分析し、アメリカ社会におけるマイノリティの権利について多文化主義の文脈とともに考察した。

第1節では、一九七八年のアメリカ・インディアン宗教自由法（ＡＩＲＦＡ）の制定と、その後の宗教的自由をめぐる訴訟や論争を通じて、自決政策以降も先住民が直面してきた問題を検討した。ＡＩＲＦＡが制定される必要が生じたのは、インディアン・ニューディール後も先住民の儀式が規制され、干渉を受ける場合が生じたからである。とくにペヨーテ信仰の場合は、第Ⅲ章で見たように、ネイティブ・アメリカン教会を設立したにもかかわらず、州や連邦レベルでペヨーテが麻薬規制の対象となって使用が禁止され、信者が逮捕されるケースが生じた。さらに、先住民の聖地や墓地の保護、刑務所でのスウェットロッジの禁止といった他の問題も浮上していた。ＡＩＲＦＡは先住民自決政策の一環であったが、一九八〇年代には主流社会からのバックラッシュが起こる。先住民の聖地保護をめぐる八八年のリング判決では、ＡＩＲＦＡが実質的に無効となり、ペヨーテ信仰に関わる九〇年のスミス判決も先住民の宗教的権利を大きく後退させた。これら二つの最高裁判決において、ＡＩＲＦＡと憲法修正第一条は先住民の宗教的自由を守る根拠とならなかった。九〇年代にはアメリカ先住民墓地保護返還法やＡＩＲＦＡを強化するアメリカ先住民信教自由法が制定されて調整がはかられたが、聖地問題は依然として多くの課題に直面している。このように先住民の信仰問題は、合衆国に対して信教の自由とマイノリティ文化の処遇をめぐる問いを投げかけてきた。

先住民の文化的アイデンティティにおいてもう一つの重要な要素である部族語の継承を先住民教育のあり方とともに論じたのが第2節である。今日、部族語の話者は急速に減少しているが、これを復興しようとする試みが先住民の間でなされてきた。歴史的に、先住民教育においては英語の習得が重視され、保留地内外の学校では部族語が禁止される場合が少なくなかった。インディアン・ニューディールの下、一九三〇年代に部族語と英語のバイリンガル教育が試みられたときもあったが、第二次世界大戦が勃発すると大幅な資金削減によってインディアン局のプロジェクトは中途で挫折した。しかし、一九六〇・七〇年代の先住民教育改革とともに、保留地には部族大学が設立され、部族語や部族文化に関する授業も設けられるようになった。さらに、この時期にはバイリンガル教育が進展し、部族語と英語の双方を学ぶ機会も開かれた。八〇年代のレーガン政権下での連邦プログラム予算の大幅削減は、先住民教育にとって打撃であったが、一九九〇年にはアメリカ先住民言語法が制定され、部族語継承の重要性が公認された。今日では、各州立大学や部族大学において部族語のプロジェクトが手がけられ、夏期講座などが設けられている。また、保留地でも年配の話者が幼児に部族語のみのコミュニケーションを体験させるイマージョン・プログラムが実施され、ラジオやインターネットなどのメディアを利用した部族語保存の試みが続けられている。その一方で、近年の各州でのバイリンガル教育廃止と英語公用語化の動きは、部族語継承に影響をもたらしている。部族語の将来は、合衆国がいかに文化的多様性を認め、受け入れていくかにかかっていると言える。

## 三　経済開発の課題

第V章では、保留地における経済的側面に焦点をあて、部族文化の継承と自治の課題がどのように関わり、いかなる問題に直面してきたのかを平原部族であるシャイアン族とスー族の例を通して検討した。シャイアン族は、一九世紀に南北に分かれ、今日、モンタナ州とオクラホマ州に暮らしている。北シャイアンは、一般土地割当法によって部族の大部分の土地を失った南シャイアンに比べてモンタナ州の保留地を守ってきた。財政難と貧困に苦しむ北シャイアンにとって、一九六〇年代以降に保留地で加速した石炭開発は部族の経済発展を推し進める大きな機会であった。しかし、それが保留地の環境を汚染し、部族の生活を脅かすことが明らかになると、北シャイアンは連邦政府や企業を相手取って訴訟を起こし、石炭開発を中止に導いた。こうして、北シャイアンは全国の中でも先駆けて保留地の環境問題に取り組んだ部族となった。しかし、近年では低硫黄の天然ガス開発も検討され、慢性的な財政難と貧困の中で北シャイアンは厳しい選択を迫られている。一方、南シャイアンの場合は土地喪失が著しく、地下資源も有していない。南アラパホと合同のシャイアン・アラパホ政府は、一九六〇・七〇年代に経済機会局によるコミュニティ・アクション・プログラムの下、ヘッドスタートや職業訓練などの教育や医療・福祉プログラムに積極的に取り組んだ。しかし、一九八〇年代の連邦補助金の大幅削減によってプログラムは滞り、雇用率も伸び悩んだ。不安定な連邦予算の下で、南シャイアンはコミュニティ開発のイニシアティブを十分に発揮することができなかったと言える。これはインディアン局による連邦予算の管理不備や不合理な官僚機構に因っており、抜本的とは言えないが徐々に改革が進められている。このように困難な経済問題を抱えるシャイアン族であるが、彼らはサンダンスや聖なる矢の儀式などの伝統文化を継承することで部族のアイデンティティと絆を保ってきた。また、元コロラド州上院議員のB・ナイトホース・キャンベルなど全国で活躍する指導者も輩出されている。

第2節では、ラコタ・スー族の保留地で展開されてきた「ラコタ基金」による経済開発の取り組みと、伝統的なコミュニティ単位であるティオスパエとの関連について論じた。今日、先住民保留地の経済開発では「文化的関連性」が重視されているが、草の根の人々の経済活動を活性化し、エンパワメントを促すために、部族の伝統的な価値観や社会ネットワークを考慮した経済活動が求められている。一九八六年に発足したラコタ基金はパインリッジ保留地におけるコミュニティ開発を目指し、保留地住民に事業を起こすための資金を融資してきた。その際、ビジネス運営のためのトレーニングを提供し、商業センターや公営住宅も建設してきた。とりわけ、ラコタ基金の事業で注目されるのがバングラデシュのグラミン銀行にヒントを得た少額貸付のサークルバンキングである。四〜六人の会員が一つのサークルとなって順番にローンを受け取り、協力し合うこのシステムは、伝統的なラコタの社会組織であるティオスパエのネットワークを活かしながら人々が経済活動に参加することを促し、効果を上げてきた。パインリッジ保留地ではインディアン再組織法の下でつくられた中央集権的な部族政府が長年うまく機能してこなかったが、その要因の一つに、ティオスパエに根ざした分権的な自治の伝統があった。以上のシャイアンとラコタ・スーの経験は、経済開発と文化的価値観とのバランス、そしてローカルな次元でのエンパワメントの重要性を物語っている。

## 四　先住民と歴史的記憶

最後の第VI章では、先住民にとっての歴史的記憶を手がかりに、合衆国との関係をめぐる彼らの文化的アイデンティティや歴史意識について考察した。とくに、一九世紀後半に合衆国軍と衝突した歴史的跡地がどのようにとらえられ、また、合衆国の公的記憶においてそれらが今日、いかなる意味を持っているのかを検討した。

第1節では、リトルビッグホーン戦場（モンタナ州）とブラックヒルズ（サウスダコタ州）をとり上げ、これらの跡地解釈をめぐる先住民の働きかけと近年の動きを分析した。リトルビッグホーンは平原インディアンの連合軍がカスター中佐の部隊を全滅させた地であるが、長らく跡地ではカスターが記念碑とともに悲劇の英雄として称えられ、戦場で命を落とした約六〇人の先住民兵士が顕彰される余地はなかった。これに対して、一九七〇年代以降、先住民兵士を悼み、従来の戦場解釈に異議を唱える動きが先住民から起こり、国立公園局はより中立的な名称への変更と先住民記念碑の建立に歩み寄っていった。そして九一年に連邦議会で法案が可決され、「リトルビッグホーン戦場国立記念施設」へと名称を変更し、記念碑建立の準備に入った。記念碑の実現には時間を要したが二〇〇三年、ついに「協調による平和」をテーマとする記念碑が完成を見た。

一八八七年に収用されたブラックヒルズについては、二〇世紀初頭以来、スー族がブラックヒルズ評議会を結成し、一八六八年の条約を合衆国が破棄したことを請求裁判所や連邦議会に訴えてきた。そして、一九八〇年に連邦最高裁が多額の賠償を認めたときも、スー族はブラックヒルズの返還を要求して賠償金受け取りを拒んだのである。このようにスー族にとって、ブラックヒルズをめぐる合衆国との歴史的和解は依然として実現し難いことがわかる。

第2節では、ウンデッドニー虐殺地とサンドクリーク虐殺地（コロラド州）をとりあげ、スー族とシャイアン族にとってそれぞれの出来事が忘却し難い集合的記憶となっていることを明らかにした。ウンデッドニー虐殺をめぐっては、二〇世紀初頭以来、ウンデッドニー生存者協会が連邦政府に対して謝罪と賠償を求めてきた。一九九〇年にようやく連邦議会で事件を遺憾とし、記念公園の設立を支持する決議が出された。しかしその後、保留地の観光化や連邦政府の介入が警戒され、記念公園の計画は今日に至るまで実現していない。ウンデッドニーからは、先住民にとっての歴史的記憶の重みとそれが合衆国との間で顕彰にたどり着くまでの困難を見てとれる。

一方、コロラド州のサンドクリーク虐殺地は、シャイアンとアラパホの一五〇名以上が一八六四年に合衆国騎兵隊大佐が率いる民兵団によって殺害された地である。そこは合衆国にとっていわば歴史的汚点の地であり、長らく公的歴史には現れず、シャイアンとアラパホの記憶も埋もれたままになっていた。しかし、一九九〇年代に入って先住民との和解を求める動きがアメリカ社会の中で起こり、当時、コロラド州上院議員であったナイトホース・キャンベルによる働きかけとともに、二〇〇〇年に跡地を国立史跡とする法律が成立し、二〇〇七年に公開されるに至った。今後も跡地の顕彰は、遺族や部族との協議を通じて進められる予定である。

第3節では、以上のような動きを受けて近年、連邦議会で検討され始めたアメリカ先住民への公式謝罪決議案について論じた後、先住民が自らの記憶をローカルな次元で継承し、またそれがトランスナショナルな広がりを見せてきたことを示した。彼らは部族の中のローカルな記憶を動員・継承することによって、国家を枠組みとした公的記憶の相対化を試みてきた。そして、自らの歴史的記憶を合衆国内にとどめることなく、国外の他者の体験に重ね合わせる想像力を育んできたと言える。

## 五　エンパワメントの探求

以上を通して、本書は先住民の歴史的記憶と文化継承に焦点をあて、彼らの軌跡を歴史的文脈と現在においてとらえなおすことを試みてきた。二〇世紀の先住民政策は同化と自治の間を揺れ動いたが、先住民の権利にとって重要な節目があった。その第一が、一九三四年のインディアン再組織法と一九七五年のインディアン自決・教育援助法であった。前者は形式的にも先住民部族の自治（self-governance）を公式に認め、後者は本来の意味での主権ではなかったものの、既存の政策決定過程における先住民の自決（self-determination）を促すことになった。第二が、一九二四年のインディアン市民権法と一九六八年のインディアン公民権法である。双方が先住民部族の自治の余地を残していたが、前者は先住民全体を公式にアメリカ市民として位置づけ、後者は先住民の個人としての権利を補強した。これらは様々な葛藤と調整を伴いつつ、歴史的な信託関係を否定することなく先住民の合衆国への統合を形式的に推し進めたと言えよう。

このような動きの中で、先住民はいかなる対応をしてきたのか。

第一に、彼らはアメリカ社会での排除や差別に対して、市民権に訴えて公正を求めた。上述のように、二〇世紀初頭のアメリカ・インディアン協会は連邦インディアン局の不正や保留地での搾取に対抗し、先住民の存続をはかるために、同胞たちに市民権の必要性を説いた。また、ペヨーテ信仰や聖地保護のように先住民の宗教的自由は、合衆国憲法で保障された信教の自由に則って主張・弁護されてきた。さらに、一九六〇年代のＮＩＹＣやＡＩＭによる先住民運動が黒人公民権運動から戦略を学び、都市における差別や排除に対して異議申し立てをしていった。彼らは主流社会における市民権を武器に自衛を試み、他のマイノリティとともにその市民権の内実を問い直してきたと言える。

そして第二に、アメリカ先住民は合衆国による一方的な同化や包摂に対しては、その固有の立場と権利を主張していった。本書において見てきたように、ＮＣＡＩやレッド・パワーは、歴史的記憶としての「条約上の権利」や部族主権を主張することで連邦管理終結政策を中止に導き、保留地と自治を守った。また、サンダンスやペヨーテといった儀式、部族語の復興を通じて、部族の文化的伝統や先住民としてのアイデンティティを保持してきた。他方では、部族の経済基盤と自治を守るために独自な経済開発を模索したのである。そして、先住民であるがゆえに経験した過去の歴史的記憶を呼び覚まし、アメリカの公的な歴史に刻印することを求めた。そうすることで自らの存在を主張してきたのである。これらが合衆国国内での対応であるとすれば、一九七〇年代以降の先住民運動のトランスナショナル化は、各地の先住民族の間で問題意識の共有化をはかり、権利保障を探求してきた。今日、それは国連において先住民族の権利として宣言されるに至っている。

以上のように先住民の運動は、合衆国においてその文化的独自性と権利を守るために双方のアプローチを組み合わせ、使い分けてきた。そして、これらは合衆国の国民統合における排除と包摂に対応して先住民が編み出した独自の政治的・文化的戦略と言える。すなわち、主流社会での排除や抑圧には市民権や憲法に訴えて異議申し立てをし、他方、連邦管理終結政策に代表される包摂の暴力には、先住民固有の立場と権利を主張することで対抗したのである。彼らのアプローチは、あくまでも非対象な関係にある主流社会との交渉や駆け引きのうえに成り立っていた。この複合的戦略によって、先住民は限られたリソースから権利と尊厳を回復しようとしてきたのである。従来、人権や自由が個人主義の観点から保障される傾向にあった合衆国において、先住民はキムリッカの言う「集団別市民権」のあり方を提起しながら、民主主義の基盤を問い直してきたと言えよう(2)。これは、民族的アイデンティティの従属ではなく涵養を通じた共生を目指す多文化主義の課題に通じている。

さらに、この過程で先住民は、①個人、②ローカル、③部族、④超部族（汎インディアン主義）、⑤トランスナショナル、という複数の次元で権利運動を展開し、発展させてきた。①の個人レベルは、部族員と同時に合衆国市民としての権利を求める運動であり、一九二四年のインディアン市民権法や一九六八年のインディアン公民権法と関わっている。②の部族の下位区分であるローカルなレベルとは、パインリッジ保留地におけるティオスパエの伝統に見られるように、ローカルなコミュニティでのエンパワメントである。③の部族レベルの動きは、スー族やシャイアン族などによる部族主権の主張に表れている。④の超部族（汎インディアン主義）の運動では、アメリカ・インディアン協会、NCAI、NIYC、AIMなどの一連の全国先住民団体の動きに見ることができる。そして、⑤のトランスナショナルな次元は、一九六〇・七〇年代以降のIITCに見られるように他国の先住民と連帯し、国連において先住民族としての権利を探求する動きである（表終-1参照）。

アメリカ先住民は元来、地域や部族の背景が多様であり、世代や都市／保留地の違いも加わって、組織化が容易ではなく先住民内部でたえず対立を生じてきた。しかし、このような限界を抱えながらも、先住民が部族の基盤を保ちつつ、ローカル／ナショナル／トランスナショナルな次元で運動を模索してきたことは注目に値するであろう。部族員であるとともにアメリカ市民である先住民はこの二重の地位に対応して超部族主義を発展させ、先住民という共通のアイデンティティと問題意識、歴史観の下にアメリカ社会に働きかけてきた。アメリカ先住民の問題とは、すなわち合衆国の問題であり、アメリカにおいてマイノリティの権利がどのように保障されるかを確認する一つのバロメーターと言えよう。それは民主的な社会において、どこまで集団的な価値や差異を受け入れ、共生を

**表終-1　先住民の権利運動のレベル**

| レベル | 主　体 | 権利・運動 |
|---|---|---|
| トランスナショナル | 先住民の国際団体（IITC など） | 「先住民族」の権利 |
| ↑ | ↑ | ↑ |
| ナショナル（超部族） | 全国先住民団体（NCAI, NIYC, AIM など） | 汎インディアン主義 |
| ↑ | ↑ | ↑ |
| 部族 | 部族政府 | 部族主権（条約上の権利） |
| ↑ | ↑ | ↑ |
| ローカル | コミュニティ（ティオスパエなど） | 地方自治 |
| ↑ | ↑ | ↑ |
| 個人 | 部族員／合衆国市民 | 部族員の権利／市民権・公民権 |

実現していくか、という問いを合衆国に提起してきたのである。

文化的差異とその権利を主張する先住民の動きは、アメリカにおける多文化主義とどのように関わっているのだろうか。一九世紀の条約締結や土地喪失、合衆国軍との衝突、虐殺などの歴史的事件は、先住民の集合的記憶を形成し、世代を超えて繰り返し想起されることで彼らのアイデンティティの起点となってきた。マイノリティは尊厳を回復し、自己をエンパワメントしていく過程で、文化本質主義的な言説によって対抗的なアイデンティティを築くことがある。本書で見てきたように、先住民の文化的アイデンティティは必ずしも伝統的な固定したものではなく、合衆国との関係を通じて復興・強化されてきた。これまでに先住民を抵抗へと駆り立ててきたのは、アメリカ社会において体験し得る一種の非在感であったと言える。それは、たとえ故郷である保留地に暮らしながらも、彼らにしばしば忍び寄ってくるものであった。自己を肯定的に捉えるには、自己を解釈するための準拠枠が必要であり、歴史の中で自らの立場と存在を捉え直そうとする。先住民はその準拠枠としての歴史的記憶を通じて自己理解を深め、自治権を守り、文化的伝統を継承する力を導き出してきた。そして、その歴史的記憶をめぐって合衆国から自らの尊厳に対する承認を得ようと働きかけた。なぜなら、合衆国は記憶の共同体としての先住民を創出した当事者であり、その合衆国から尊厳を回復することによって先住民は歴史的記憶から解き放たれ、新たな関係を築くことができるからである。これらの歴史的記憶は、彼らのアイデンティティの起点となって文化継承を促し、合衆国から尊厳の承認を得るよう導いてきたという意味において、他者／自己理解をめぐる多文化主義の問題関心と深く関わっている。

アメリカ先住民の取り組みや経験は、今日、どのような意味を持っているのだろうか。資本主義経済の広がりとともにグローバリゼーションは、モノやヒト、情報を流動化させ、世界各地で文化的統合・均質化を推し進めている。このような状況下で、「脱領土化（deterritorialization）」の文化的経験が促され、従来のような特定の場所やアイデンティティとの絆が弱まっていると指摘されている。[3] しかし、グローバリゼーションによる文化の均質化は、同時に世界各地で新たなローカル性の再発見を促してきたのも確かである。今日、環境破壊や紛争対立が増大する中、各地の先住民の存在やローカルな絆がとらえなおされてきている。アメリカ先住民の軌跡が示しているのは、部族の土地に根ざした信仰とアイデンティティであり、合衆国において自らの文化的伝統の領域を守り、独自性を保持しようとする意志である。アメリカはグローバル化をめぐる議論で、しばしば文化帝国主義やグローバルスタンダードの立役者として語られやすい。しかし、先住民の存在が示すように、合衆国は決して同質的な一枚岩の国家ではない。アメリカは、国内の文化的多様性と向き合い、ローカルな次元から世界観や信仰をとらえなおすことで、世界とより深くつながっていけるのではないだろうか。今後、合衆国がその経験をどのように活かし、そして先住民がいかなるエンパワメントを探求していくのか注目される。

# あとがき

研究テーマとの出会いとは、不思議な縁だと思う。異文化・集団間の関係に関心をもって試行錯誤するうちに、いつしかアメリカ先住民史の世界に傾倒していた。これまでの研究は、計画的かつ順調に進んできたわけではない。とくに大学院生の頃は、知の洪水の中で研究の焦点や足場がなかなか定まらず、不安を抱えて過ごした。とりあえず、関心のテーマを掘り下げて論文にしていくうちに、徐々に研究へのこだわりやかたちのようなものが見えてきた。今は、暗く長いトンネルを少しぬけたような気がする（と思いたい）。あらためて考えてみると、大学学部時代にアメリカ研究と出会った際の「新しい社会史」が自分にとっての原点であり、それが研究の根っこのようになってきたと思われる。史料を読んでいても、社会や制度とともに、それを構成している人間にどうしても関心が行き着く。理念や言説の分析だけでなく、マイノリティの現実とアメリカ史のざらざらした側面をもとらえ直していく必要性をどこかで感じてきた。とくに、歴史の中の不条理を人はどうやって生き抜いてきたのか、個人だけでなく、集団としてどう対応してきたのか、それをアメリカ先住民の軌跡をとおして探ってみたかった。

本書は、二〇〇六年に東京大学大学院総合文化研究科に提出した博士論文「アメリカ先住民の歴史的記憶と現在―文化継承の模索―」がもとになっている。これまでに発表した論文と各章・節の対応は次のとおりである。本書に収録するにあたり、さらに大幅な加筆・修正をした。

第III章第1節「平原インディアンのサンダンスとキリスト教―ラコタ族の場合―」『言語文化論集』（名古屋大

学言語文化部）第21巻第2号、二〇〇〇年。

第Ⅲ章第2節「ペヨーテ信仰とキリスト教―平原インディアンの文化的複合―」『言語文化論集』（名古屋大学言語文化部）第20巻第2号、一九九九年。

第Ⅳ章第1節「アメリカ先住民と信教の自由―ローカルな聖性をめぐって―」『国際開発研究フォーラム』（名古屋大学大学院国際開発研究科）第29号、二〇〇五年。

第Ⅳ章第2節「アメリカ先住民族の言語復興と教育―近年の動向から―」『言語文化論集』（名古屋大学言語文化部）第23巻第1号、二〇〇一年。

第Ⅴ章第1節「シャイアン―経済開発と文化継承の間で―」綾部恒雄監修、富田虎男・スチュアート　ヘンリ編『講座　世界の先住民族―ファースト・ピープルズの現在―第7巻　北米』明石書店、二〇〇五年。

第Ⅵ章第1節・第2節「先住アメリカ人における歴史的和解―ブラック・ヒルズとウンデッド・ニーをめぐって―」『アメリカ史研究』第23号、二〇〇〇年。／「アメリカ先住民と記憶の景観―リトルビッグホーン戦場とサンドクリーク虐殺地―」田中きく代・高木（北山）眞理子編著『北アメリカ社会を眺めて―女性軸とエスニシティ軸の交差点から―』関西学院大学出版会、二〇〇四年。


これまでの歩みをふりかえると、実に多くの方々に支えられてきた。学部時代にアメリカ史研究の世界へ導いてくださったのは、埼玉大学の有賀夏紀先生である。有賀先生からは社会史の魅力とともに、合衆国の歩みを社会の底辺や周縁からとらえていくことの大切さを教わった。東京大学大学院総合文化研究科に入学後は、瀧田佳子先生を始めとする多くの先生方から研究上の貴重な示唆をいただき、自分のアメリカ世界がさらに膨らんでいったのを覚えている。名古屋大学に赴任後も、瀧田先生は遅々として進まない博士論文の執筆を温かく見守ってくださった。もっともお忙しい時期にもかかわらず、論文審査を快く引き受けてくださった油井大三郎先生、瀧田佳子先生、遠藤泰生先生、能登路雅子先生、阿部珠理先生に心より御礼申し上げたいと思う。

他のアメリカ史研究者の方々にも実にお世話になってきた。日本におけるアメリカ先住民史研究の先駆者である富田虎男先生やチェロキー史がご専門の佐藤円氏、合衆国における記憶表象を研究されてきた鈴木透氏からは、学会や研究会でお会いするたびに励ましのお言葉をいただいた。また同僚の水野由美子さんには、南西部先住民史の独自な研究を通じて大いに啓発された。その他にも、多くの若手研究者の報告や論文から刺激を受けてきた。記して感謝申し上げたい。

これまでの研究と調査は、日本育英会奨学金、ロータリー財団奨学金、日本学術振興会特別研究員奨励費、文部科学省在外研究費、文部科学省科学研究費によって可能となった。また本書の刊行は、独立行政法人日本学術振興会の平成一九年度科学研究費補助金（研究成果公開促進費）により実現した。

歴史研究とはいっても、書物や史料のみでなく、現地での体験や人々との交流が研究の大いなる糧となってきた。一九九七年夏の合衆国広報文化交流庁主催のアメリカ研究夏期研修プログラム「アメリカの宗教」では、各国の若手アメリカ研究者とともに約六週間にわたり、ニューヨーク大学でのセミナーやワークショップに参加する機会に恵まれた。プログラムの一環で、ニューヨークのシナゴーグやモスク、ペンシルバニアのアーミッシュや南西部プエブロを訪れ、アメリカの宗教的多様性を目の当たりにしたのはとても貴重な体験であった。

本書の視座や問題意識も、現地の人々とのふれあいの中で培われてきた。西部の各大学図書館や史跡、保留地を不慣れな運転でまわる中、未舗装の道路にタイヤがはまったり、パンクで立ち往生したことも今となっては懐かしい思い出である。二〇〇一年九月からは一〇ヵ月間、文部科学省在外研究員としてカンザス大学先住民研究センターに滞在することができた。当時、センター長であった Donald Fixico 教授（現在、アリゾナ州立大学歴史学部教授）や教育学部のCornel Pewawardy教授、ハスケル・インディアン・ネイションズ大学でアメリカ・インディアン研究の教鞭をとっていたDaniel Wildcat教授から、それぞれ研究上の貴重な示唆を得た。また、滞在中には、ハスケル学長で先住民教育家のKaren Gayton Swisher, オグララ・スー部族評議会初の女性議長となったCecelia Fire Thunder, 一九六四年の東京オリンピックで金メダルをとったラコタの元長距離走者でハスケル卒業生のBilly Mills, オクラホマのチェロキー・ネイション初の女性議長Wilma Mankillerなどの各講演を聴く機会に恵まれた。これらを通じて、現代アメリカにおける先住民のリーダーシップを深く印象づけられた。さらに先住民学生たちとの日々の交流を通して、実に多くのことを学んだ。あるとき、ふだん快活な学生がつぶやいたのを覚えている。「いったい、このアメリカ大陸のインディアンの歴史をどう思う？　呪われた運命だったとしか言いようがない。」かつて祖先がオクラホマへ強制移住させられたチョクトー族の若者を前に、すぐに返す言葉が見つからなかった。アメリカ先住民の視点にたつ、とは言っても、結局は当事者ではない自分が史料を解釈し、想像力をめぐらすほかはない。ときに自分の認識の甘さや理解力の限界も実感させられた。しかし、彼らの姿や言葉の背後から、過去の先住民の声や足跡があるリアリティをもって迫ってくるようになり、それがこれまでの研究の支えになってきた気がする。海をこえてやってきた頼りない日本人研究者とひと時を分かち合ってくれた彼ら、今を生きるアメリカ先住民たちに小書を捧げたい。

今後も、研究を通じて現代世界をより豊かにとらえられるよう、研鑽を積みたいと思う。本書の刊行を快く引き受け、ご尽力いただいた名古屋大学出版会の橘宗吾氏と神舘健司氏に厚く御礼申し上げる。最後に、ほとんど馴染みのない研究の話にも忍耐強く耳を傾けてくれた父母にこの場を借りて感謝したい。

二〇〇七年一〇月

内田　綾子

《著者略歴》

内田《うちだ》 綾子《あやこ》

1996年　東京大学大学院総合文化研究科博士課程修了
1996年　名古屋大学言語文化部講師
2001年　カンザス大学客員研究員
現　在　名古屋大学大学院国際開発研究科准教授，博士（学術）
著　書　『北米の小さな博物館』（共著，彩流社，2006年）
『講座　世界の先住民族―北米』（共著，明石書店，2005年）
『北アメリカ社会を眺めて』（共著，関西学院大学出版会，2004年）

アメリカ先住民の現代史

2008年2月15日　初版第1刷発行

定価はカバーに
表示しています

著　者　内田綾子

発行者　金井雄一

発行所　財団法人　名古屋大学出版会
〒464-0814　名古屋市千種区不老町1名古屋大学構内
電話(052)781-5027/FAX(052)781-0697



印刷・製本 ㈱クイックス　ISBN978-4-8158-0581-4
乱丁・落丁はお取替えいたします。

# 索 引

人名・地名・組織名・法律／判決名を収録した。

## ア 行

## カ　行



## サ　行

## タ　行



## ナ　行



## ハ　行

## マ　行



## ヤ　行



## ラ　行



## ワ　行

# 写真出典一覧

**章 扉**

第Ⅰ章　Chicago Historical Society, Chicago Daily News negatives collection, DN-0000510

第Ⅱ章　Denver Public Library, Western History Collection, X-32052

第Ⅲ章　Denver Public Library, Western History Collection, X-31670

第Ⅳ章　筆者撮影

第Ⅴ章　筆者撮影

第Ⅵ章　筆者撮影

写真Ⅱ-1　Denver Public Library, Western History Collection, X-32056

写真Ⅲ-1　Denver Public Library, Western History Collection, X-33523

写真Ⅴ-1　筆者撮影

写真Ⅵ-1　筆者撮影

写真Ⅵ-2　Denver Public Library, Western History Collection, X-31292

写真Ⅵ-3　筆者撮影

# 略語・訳語一覧

AAIA　Association on American Indian Affairs　アメリカ・インディアン問題協会
AIHEC　American Indian Higher Education Consortium　アメリカ・インディアン高等教育協会
AILDI　American Indian Language Development Institute　アメリカ・インディアン言語開発研究所
AIM　American Indian Movement　アメリカン・インディアン・ムーブメント
AIRFA　American Indian Religious Freedom Act　アメリカ・インディアン宗教自由法
AIRFC　American Indian Religious Freedom Coalition　アメリカ・インディアン宗教自由連合
BIA　Bureau of Indian Affairs　インディアン局
CAP　Community Action Program　コミュニティ・アクション・プログラム
CERT　Council of Energy Resource Tribes　エネルギー資源部族評議会
IAT　Indian of All Tribes　全部族インディアン
IITC　International Indian Treaty Council　国際インディアン条約評議会
NACIE　National Advisory Council on Indian Education　全国インディアン教育諮問評議会
NAFERA　Native American Free Exercise of Religion Act　アメリカ先住民信教自由法
NAGPRA　Native American Grave Repatriation Act　アメリカ先住民墓地保護返還法
NARF　Native American Rights Fund　アメリカ先住民権利基金
NCAI　National Congress of American Indians　全国アメリカ・インディアン議会
NCIO　National Council on Indian Opportunity　全国インディアン機会評議会
NIEA　National Indian Education Association　全国インディアン教育協会
NIYC　National Indian Youth Council　全国インディアン青年評議会
NTCA　National Tribal Chairman's Association　全国部族議長協会
OEO　Office of Economic Opportunity　経済機会局
RFRA　Religious Freedom Restoration Act　宗教的自由回復法
SAIA　Survival of American Indian Association　アメリカ・インディアン・サバイバル協会
SCLC　Southern Christian Leadership Conference　南部キリスト教指導者会議
WKSA　Wounded Knee Survivors' Association　ウンデッドニー生存者協会

# 関連年表

| | |
|---|---|
| 1824 | インディアン局設立 |
| 1830 | インディアン強制移住法 |
| 1831 | チェロキー・ネイション対ジョージア事件最高裁判決 |
| 1834 | インディアン・テリトリー設置，保留地システム開始 |
| 1864 | サンドクリーク虐殺 |
| 1867 | メディスンロッジ・クリーク条約 |
| 1868 | ララミー砦条約 |
| 1871 | インディアン歳出予算法，先住民部族との条約締結終了 |
| 1874 | カスター遠征隊がブラックヒルズで金鉱発見 |
| 1876 | リトルビッグホーンの戦い　平原部族連合軍の抵抗 |
| | ブラックヒルズ協定 |
| 1877 | ブラックヒルズ法，ブラックヒルズの強制収用 |
| 1883 | インディアン違反裁判所設立，サンダンス禁止 |
| 1884 | 北シャイアン保留地設立 |
| 1887 | 一般土地割当法（ドーズ法） |
| 1889 | パインリッジ保留地創設 |
| | グレート・スー協定，スー族は900万エーカーの土地喪失 |
| 1890 | ゴーストダンスの広がり，ウンデッドニー虐殺事件 |
| 1892 | 「インディアン裁判所規則」を発令 |
| 1897 | インディアン禁酒法 |
| 1901 | ビッグフット請求評議会結成 |
| 1906 | バーク法 |
| 1911 | アメリカ・インディアン協会設立 |
| 1918 | オクラホマ州でネイティブ・アメリカン教会設立 |
| 1920 | スー裁判法 |
| | ウンデッドニー生存者協会（WKSA）結成 |
| 1923 | スー族，合衆国に対する土地訴訟開始 |
| 1924 | インディアン市民権法 |
| 1928 | メリアム報告書 |
| 1933 | J.コリア，インディアン局長就任 |
| 1934 | インディアン再組織法（ホイーラー＝ハワード法） |
| 1944 | 全国アメリカ・インディアン議会（NCAI）設立 |
| 1946 | インディアン請求委員会設立法 |

| | |
|---|---|
| 1952 | 自発的移住プログラム発足 |
| 1953 | 両院共同決議 108 号・公法 280 号成立（連邦管理終結政策） |
| 1961 | アメリカ・インディアン・シカゴ会議 |
| | 「インディアンの目的宣言」 |
| | 全国インディアン青年評議会（NIYC）設立 |
| 1964 | ワシントンで「貧困に関するアメリカ・インディアン首都会議」 |
| | 経済機会法 |
| 1967 | オムニバス法案（インディアン資源開発法案）不成立 |
| 1968 | インディアン公民権法 |
| | ジョンソン大統領議会特別教書「忘れられたアメリカ人」 |
| | ワシントンで「貧者の行進」 |
| | アメリカン・インディアン・ムーブメント（AIM）がミネアポリスで設立 |
| 1969 | アルカトラズ占拠（-1971，18ヵ月） |
| 1970 | ニクソン大統領による議会特別教書 |
| | アメリカ先住民権利基金（NARF）設立 |
| 1971 | 全国部族議長協会（NTCA）設立 |
| 1972 | 「破られた条約の旅」 |
| 1973 | メノミニー回復法 |
| | ウンデッドニー占拠（71 日間） |
| 1974 | 国際インディアン条約評議会（IITC）設立 |
| 1975 | インディアン自決・教育援助法 |
| | エネルギー資源部族評議会（CERT）設立 |
| 1978 | ロンゲスト・ウォーク（カリフォルニア―ワシントン間） |
| | アメリカ・インディアン宗教自由法（AIRFA） |
| 1980 | ロッテルダムで第 4 回ラッセル法廷 |
| | 連邦最高裁，ブラックヒルズ判決 |
| 1982 | 国連先住民作業部会設立 |
| 1985 | ウンデッドニー生存者協会復活 |
| 1988 | インディアン賭博規制法 |
| | リング最高裁判決 |
| 1990 | スミス最高裁判決 |
| | アメリカ先住民墓地保護返還法（NAGPRA） |
| | アメリカ先住民言語法 |
| | ウンデッドニー虐殺に関する両院共同決議 |
| 1991 | 「リトルビッグホーン戦場国立記念施設」へ改称 |
| 1993 | 宗教的自由回復法（RFRA） |
| 1994 | アメリカ先住民信教自由法（NAFERA） |
| 1995 | ウンデッドニー国立部族公園設立法案 |

| | |
|---|---|
| 1997 | 連邦最高裁，93 年の RFRA を覆す判決 |
| 1998 | クリントン大統領令（先住民教育の改善と部族主権尊重，先住民団体や部族との協議を重視） |
| 2000 | サンドクリーク虐殺国立史跡設立法 |
| | パインリッジ保留地でグラスルーツ・オヤテによる部族庁舎占拠 |
| | インディアン局副長が過去のインディアン政策について先住民に謝罪 |
| 2003 | リトルビッグホーンに先住民の記念碑が完成 |
| 2004 | 先住民への公式謝罪両院合同決議案 |
| | 首都ワシントンでのアメリカ・インディアン国立博物館開館 |
| 2007 | サンドクリーク虐殺国立史跡公開開始 |
| | 国連で「先住民族の権利に関する宣言」採択 |

# 参考文献


**定期刊行物（アメリカ先住民関係）**

*Aborigine* (National Indian Youth Council), Gallup, NM.

*Akwesasne Notes* (Mohawk Nation at Akwesasne), Rooseveltown, NY.

*Americans Before Columbus* (National Indian Youth Council), Denver, CO.

*American Indian Law Newsletter* (U of New Mexico School of Law), Albuquerque, NM.

*The American Indian Magazine* (Society of American Indians), Washington, D.C.

*Amerind News*, Wounded Knee, SD.

*The Amerindian : American Indian Review* (Marion Eleanor Gridley), Chicago.

*The Calumet* (Marquette League for the Catholic Indian Mission of the United States and Alaska), New York.

*Chicago Warrior* (American Indian Center at Chicago), Chicago.

*Crazy Horse News, South Dakota Indian News* (A. De Sersa), Rapid City, SD.

*Cultural Survival Quarterly* (Cultural Survival), Cambridge, MA.

*Hoyekiya* (L. Morrison), Pine Ridge, SD.

*Indian Affairs* (Association on American Indian affairs), New York.

*Indian Leader* (Haskell Institute, Haskell Junior College), Lawrence, KS.

*Indian Natural Resources* (Association on American Indian Affairs), New York.

*Indian Sentinel* (Bureau of Catholic Indian Missions), Washington, D.C.

*Indian Voices* (U of Chicago), Chicago.

*Institute of Indian Studies, University of South Dakota Bulletin* (U of South Dakota), Vermillion, SD.

*Little Sioux* (St. Francis Mission), St. Francis, SD.

*Luchip Spearhead* (Lutheran Church and Indian People/National Indian Lutheran Board), Sioux Falls, SD.

*National Association for Bilingual Education News* (National Association for Bilingual Education), Washington, D.C.

*Native American Solidarity Committee News* (Native American Solidarity Committee), St. Pauls, MN.

*NCAI Report* (National Congress of American Indians), Washington, D.C.

*NCAI Sentinel* (National Congress of American Indians), Washington, D.C.

*NCIO News* (National Council on Indian Opportunity), Washington, D.C.

*Newsletter, Sinte Gleska College Center*, Rosebud, SD.

*The Oglala Light* (Oglala Boarding School), Pine Ridge, SD.

*Okiciyakpi : Pine Ridge Village News* (Sacred Heart Church), Pine Ridge, SD.

*The Quarterly Journal of the Society of American Indians* (Society of American Indians), Washington, D.C.

*Red Cloud Country* (Holy Rosary Mission), Pine Ridge, SD.

*The Red Man* (United States Indian School), Carlisle, PA.

*Rosebud Sioux Herald Eyapaha* (Rosebud Sioux Tribal Council), Rosebud, SD.

*Rosebud Teepee Talk* (United States. Bureau of Indian Affairs. Rosebud Agency), Rosebud, SD.

*Smoke Signals* (United American Indians), San Jose, CA.

*Southern Cheyenne & Arapaho Nation News* (Cheyenne-Arapaho Tribes of Oklahoma), Concho, OK.

*Treaty Council News* (International Indian Treaty Council), New York.

*Tribal College Journal of American Higher Education* (American Indian Higher Education Consortium), Mancos, CO.

*Twin Cities Indian News* (United States. Bureau of Indian Affairs. Minneapolis Area), Twin Cities, MN.

*The Warpath* (United Native Americans), San Francisco, CA.

*Wassaja* (Carlos Montezuma), Chicago.

*Wassaja : A National Newspaper of Indian America* (American Indian Historical Society), San Francisco, CA.

*Winds of Change : American Indian Education & Opportunity* (American Indian Science and Engineering Society), Boulder, CO.

*Wounded Knee Legal Defense Committee Newsletter* (Wounded Knee Legal Defense/Offense Committee), Rapid City, SD.

### 公開文書

Cole, Kay. Kay Cole Papers, 1971-1992. Center for Southwest Research. University Libraries. U of New Mexico.

*Council Meetings of the Major American Indian Tribes, 1907-1971.* Frederick, MD : University Publications of America, 1981.

Lester, Robert E. ed. *Oral Histories of the Johnson Administration, 1963-1969 ; pt. 1 : The White House and Executive Departments*. Frederick, MD : University Publications of America, 1988.

National Indian Youth Council, National Indian Youth Council Records, 1935-2000 (bulk 1961-1993). Center for Southwest Research. University Libraries. U of New Mexico.

*Native America : A Primary Record, Series 1 : The Rupert Costo Archive of the American Indian, Filmed from the holdings of the Rupert Costo Library of the American Indian in the Department of Special Collections at the University of California at Riverside.* Woodbridge, CT : Primary Source Microfilm, Thomson Gale, 2001.

*Native America : A Primary Record, Series 2 : The Association on American Indian Affairs*

*Archives General and Tribal Files, 1851–1983, Filmed from the holdings of the Seeley G. Mudd Manuscript Library, Princeton University*. Woodbridge, CT : Primary Source Microfilm, Thomson Gale, 2004.

Records of the Bureau of Indian Affairs. Record Groups 75. National Archives, Washington, D.C. Central Classified Files. 1918–1971. Pine Ridge, Rosebud, Black Hills Council.

Vermeer, B. ed. *Archive of the Fourth Russell Tribunal : On the Rights of the Indians of the Americas*. Zug, Switzerland : Inter Documentation Co., 1984.

Witt, Shirley Hill. Shirley Hill Witt Papers, 1610–1984. Center for Southwest Research. University Libraries. U of New Mexico.

### 政府関係資料

"Campbell Sand Creek Bill Becomes Law," The Office of Colorado U.S. Senator Ben Nighthorse Campbell Press Release, November 9, 2000, January 14, 2002. 〈http://www.sandcreek.org/Project/campbell.htm〉

Haas, Theodore H. *Ten Years of Tribal Government under I.R.A.*, Tribal Relations Pamphlets 1. Chicago : United States Indian Service, 1947.

*Indian Nations at Risk : An Educational Strategy for Action*. Final Report of the Indian Nations at Risk Task Force. Washington, D.C. : U.S. Department of Education, 1991.

Teller, Henry M. *Report of the Secretary of the Interior*. Serial 2190. Washington, D.C. : GPO, 1883.

*Toward Economic Development for Native American Communities : A Compendium of Papers Submitted to the Subcommittee on Economy in Government of the Joint Economic Committee, Congress of the United States*. Washington, D.C. : GPO, 1969.

Udall, Morris. "American Indian Religious Freedom," *Congressional Record*—House, 124, July 18, 1978, 21445.

U.S. American Indian Policy Review Commission. *American Indian Policy Review Commission : final report submitted to Congress May 17, 1977*. Washington, D.C. : GPO, 1977.

——. *Meetings of the American Indian Policy Review Commission*. Washington, D.C. : GPO, 1977–1978.

U.S. Census Bureau. *American Indians and Alaska Natives 1997 Economic Census : Survey of Minority-Owned Business Enterprises Company Statistics Series*. 2001.

——. *The American Indian and Alaska Native Summary File (AIANSF) 2000*.

——. *Census 2000*.

——. *Characteristics of American Indian and Alaska Natives by Tribe and Language, Census 2000*.

——. *Statistical Abstract of the United States : 2004–2005*.

U.S. Congress. "Proposed Wounded Knee National Tribal Park" S. 382, 104th Cong., 1st sess., February 9, 1995 ; H. R. 877, January 30, 1995.

U.S. Department of Health and Human Services. Indian Health Service. *Trends in Indian*

*Health 2000-2001*. August 25, 2005. <http://www.ihs.gov/NonMedicalPrograms/IHS_Stats/Trends00.asp>

U.S. Department of the Interior. Office of Indian Affairs. *Annual Report of the Commissioner of Indian Affairs to the Secretary of the Interior*. Washington, D.C.: GPO, 1878; 1879; 1880.

——. ——. *Indians in the War: Burial of a Brave*. Chicago: Haskell Printing Department, 1945.

——. ——. Mobilization of the Indian service and Indian resources for national defense. June 15, 1940.

U.S. Federal Agencies Task Force. *American Indian Religious Freedom Act Report: P. L. 95-341*. Washington, D.C.: The Task Force, 1979.

U.S. House. To acknowledge the 100th anniversary of the tragedy at Wounded Knee Creek, State of South Dakota, December 29, 1890, wherein soldiers of the United States Army 7th Cavalry killed and wounded approximately 350-375 Indian men, women, children of Chief Big Foot's band of the Minneconjou Sioux, and to recognize the Year of Reconciliation declared by the State of South Dakota between the citizens of the State and the member bands of the Great Sioux Nation. H. CON. RES. 386, October 25, 1990.

——. Committee on Resources. "Testimony of the National Congress of American Indians on HR 5155, the Native American Sacred Lands Act, September 25, 2002." January 20, 2003. <http://resourcescommittee.house.gov/archives/107cong/fullcomm/2002sep25/keel.pdf>

——. Committee on Indian Affairs. Hearings. "Complaints of the Pine Ridge Sioux, Testimony of Joseph Horn Cloud and James H. Red Clod." 66 Cong., 2d sess., April 6, 1920.

——. ——. *Peyote: Hearings before a Subcommittee of the Committee on Indian Affairs of the House of Representatives on H.R. 2614*. Washington, D.C.: GPO, 1918.

——. Committee on Interior and Insular Affairs. Subcommittee on Indian Affairs. *Indian Resources Development Act of 1967: Hearings before the Subcommittee on Indian Affairs of the Committee on Interior and Insular Affairs, House of Representatives, Ninetieth Congress, first session, on H.R. 10560*. Washington, D.C.: GPO, 1967.

——. ——. ——. *Indian Self-determination and Education Assistance Act: Hearings before the Subcommittee on Indian Affairs of the Committee on Interior and Insular Affairs, House of Representatives, Ninety-third Congress, second session, on S. 1017 and related bills*. Washington, D.C.: GPO, 1974.

——. ——. ——. *Seizure of Bureau of Indian Affairs Headquarters: Hearings before the Subcommittee on Indian Affairs of the Committee on Interior and Insular Affairs, House of Representatives, Ninety-second Congress, second session*. Washington, D.C.: GPO, 1972.

——. Resources Subcommittee on Native American and Insular Affairs. Hearing on H.R. 3595, 104th Cong., 2d sess., Aug. 1, 1996.

U.S. National Park Service. "Sand Creek National Historic Site," February 26, 2003, March 15, 2003. ⟨http://www.nps.gov/sand/index.htm⟩

U.S. Senate. *Indian Education : A National Tragedy, a National Challenge*. 91st Cong., 1st sess., 1969.

——. A joint resolution to acknowledge a long history of official depredations and ill-conceived policies by the United States Government regarding Indian Tribes and offer an apology to all Native Peoples on behalf of the United States. S. J. RES. 37, May 6, 2004.

——. "Little Bighorn Battlefield National Monument," Senate Report 102-73, 102d Cong., 1st sess., October 3, 1991, 8-9.

——. *Wounded Knee Memorial and Historic Site, Little Big Horn National Monument Battlefield, S. HRG. 101-1184, Hearing before the Select Committee of Indian Affairs, United States Senate, to Establish Wounded Knee Memorial and Historic Site and Proposal to Establish Monument Commemorating Indian Participants of Little Big Horn and to Redesignate Name of Monument from Custer Battlefield to Little Big Horn National Monument Battlefield*. 101st Cong., 2d sess., Sept. 25, 1990. Washington, D.C. : GPO, 1991.

——. Committee on Energy and Natural Resources, Subcommittee on National Parks, Historic Preservation and Recreation. *Park Service and Land Management Bills : Hearing on S. 2950*. 106th Cong., 2d sess., September 14, 2000. Washington, D.C. : GPO, 2001.

——. Committee on Indian Affairs. "Campbell's Sand Creek Bill Ready for Presidential Signature," U.S. Senate Committee on Indian Affairs Press Release, Oct. 23, 2000, January 18, 2002. ⟨http://indian.senate.gov/106press/102300.htm⟩

——. ——. "Native American Apology Resolution," *Congressional Record*—Senate, S. 4011, April 20, 2005. Washington, D.C. : GPO, 2005.

——. ——. *Native American Sacred Places : Hearing before the Committee on Indian Affairs, United States Senate, 108th Congress, 1st session*. Washington, D.C. : GPO, 2003.

——. ——. *Acknowledgment and Apology : Oversight Hearing Before the Senate Committee on Indian Affairs on S. J. Res. 15, A joint resolution to acknowledge a long history of official depredations and ill-conceived policies by the United States Government regarding Indian tribes and offer an apology to all Native Peoples on behalf of the United States*. 109th Cong., 1st sess., May 25, 2005. Washington, D.C. : GPO, 2005.

——. Committee on Interior and Insular Affairs. Subcommittee on Indian Affairs. *Economic development of Indians and Indian organizations : Hearing before the Subcommittee on Indian Affairs of the Committee on Interior and Insular Affairs, United States Senate, Ninety-second Congress, second session, on S. 2036... [and] S. 2237*. Washington, D.C. : GPO, 1972.

——. Committee on the Judiciary. *Hearings before the Committee on the Judiciary, U.S.*

*Senate, to Liquidate the Liability of the United States for the Massacre of Sioux Indian Men, Women, and Children at Wounded Knee*. 94th Cong., 2d sess., February 5, 6. 1976. Washington, D.C.: GPO, 1976.

——. ——. Subcommittee on Administrative Practice and Procedure. *Federal Protection of Indian Resources: Hearings before the Subcommittee on Administrative Practice and Procedure of the Committee on the Judiciary, United States Senate, ninety-second Congress, first session on administrative practices and procedures relating to protection of Indian natural resources*. Washington, D.C.: GPO, 1972–1973.

——. ——. Subcommittee on Constitutional Rights. *Constitutional Rights of the American Indian: Summary Report of Hearings and Investigations, Eighty-eighth Congress, second session, pursuant to S. Res. 265*. Washington, D.C.: GPO, 1964.

——. ——. Subcommittee to Investigate the Administration of the Internal Security Act and Other Internal Security Laws. *Revolutionary activities within the United States: the American Indian Movement: Hearing before the Subcommittee to Investigate the Administration of the Internal Security Act and Other Internal Security Laws of the Committee on the Judiciary, United States Senate, Ninety-fourth Congress, second session, April 6, 1976*. Washington, D.C.: GPO, 1976.

——. Select Committee of Indian Affairs. *Proposed Wounded Knee Park and Memorial. Hearing to Establish a National Park and Memorial at Wounded Knee*. 102d Cong., 1st sess., April 30, 1991, Pine Ridge Indian Reservation, SD. Washington, D.C.: GPO, 1991.

——. ——. *Sioux Nation Black Hills Act: Hearing before the Senate Select Committee on Indian Affairs, U.S. Senate*. 99th Congress, 2d sess., July 16, 1986, Washington, D.C.: GPO, 1986.

——. Subcommittee of the Committee on Indian Affairs. *Survey of Conditions of the Indians in the United States*. Washington, D.C.: GPO, 1934.

### 新聞（一般）

*Argus Leader*
*The Billings Gazette*
*Desert Morning News*
*The Durango Herald*
*High Country News*
*Indian Country Today*
*Lincoln Journal Star*
*Los Angeles Times*
*New York Times*
*Rapid City Journal*
*Rocky Mountain News*

### 回想録・オーラルヒストリー（先住民関係）

Akwesasne Notes ed. *Basic Call To Consciousness*. Summertown, TN : Native Voices, 2005.

Arden, Harvey. *Noble Red Man : Lakota Wisdomkeeper Mathew King*. Hillsboro, OR : Beyond Words Publishing, 1994.

Banks, Dennis with Richard Erdoes. *Ojibewa Warrior : Dennis Banks and the Rise of the American Indian Movement*. Norman, OK : U of Oklahoma P, 2004.

Burnette, Robert. *The Tortured Americans*. Englewood Cliffs, NJ : Prentice-Hall, Inc., 1971.

—— and John Koster. *The Road to Wounded Knee*. New York : Bantam Books, 1974.

Caldwell, E. K. *Dreaming the Dawn : Conversations with Native Artists and Activists*. Lincoln, NE : U of Nebraska P, 1999.

Cash, Joseph H. *To be an Indian : An Oral History*. St. Paul, MN : U of Minnesota P, 1995 ; orig. pub. in 1971.

Chapman, Serle L. *We, The People of Earth and Elders Volume II*. Missoula, MT : Mountain Press Publishing, 2001.

Crow Dog, Leonard and Richard Erdoes. *Crow Dog*. New York : Harpercollins, 1995.

Crozier-Hogle, Lois, Darryl Babe Wilson, and Jay Leibold. *Surviving in Two Worlds : Contemporary Native American Voices*. Austin, TX : U of Texas P, 1997.

Doll, Don. *Vision Quest : Men, Women and Sacred Sites of the Sioux Nation*. New York : Crown Publishers, 1994.

Eastman, Charles. *From the Deep Woods to Civilization : Chapters in the Autobiography of an Indian*. Boston : Little, Brown, and Company, 1916.

Fikes, Jay C. *Reuben Snake, Your Humble Serpent : Indian Visionary and Activist*. Santa Fe, NM : Clear Light Publishers, 1996.

Gonzalez, Mario and Elizabeth Cook-Lynn. *The Politics of Hallowed Ground : Wounded Knee and the Struggle for Indian Sovereignty*. Urbana and Chicago, IL : U of Illinois P, 1999.

Gover, Vic. *Keeping Heart on Pine Ridge : Family ties, Warrior Culture, Commodity Foods, Rez Dogs and the Sacred*. Summertown, TN : Native Voices Book Publishing, 2004.

Grounds, Richard A., George E. Tinker, and David E. Wilkins eds. *Native Voices : American Indian Identity and Resistance*. Lawrence, KS : U of Kansas, 2003.

Harris, LaDonna. Edited by H. Henrietta Stockel. *LaDonna Harris : A Comanche Life*. Lincoln, NE : U of Nebraska P, 2006.

Horne, Esther Burnett and Sally McBeth. *Essie's Story : The Life and Legacy of a Shoshone Teacher*. Lincoln, NE : U of Nebraska P, 1998.

Iverson, Peter ed. *The Plains Indians of the Twentieth Century*. Norman, OK : U of Oklahoma P, 1985.

Johnson, Troy, Joane Nagel and Duane Champagne eds. *American Indian Activism : Alcatraz to the Longest Walk*. Urbana and Chicago : U of Illinois P, 1997.

Kipp, Woody. *Viet Cong at Wounded Knee : The Trail of a Blackfeet Activist*. Lincoln,

NE : U of Nebraska P, 2004.

LaDuke, Winona. *All Our Relations : Native Struggles for Land and Life*. Cambridge, MA : South End P, 1999.

LaFlesche, Francis. *The Middle Five : Indian Schoolboys of the Omaha Tribe*. Lincoln, NE : U of Nebraska P, 1978 ; orig. pub. in 1900.

Lee, Lanniko L., Florestine Kiyukanpi Renville, Karen Lone Hill, Lydia Whirlwind Soldier, edited by Jack W. Marken and Charles L. Woodard. *Shaping Survival : Essays by Four American Indian Tribal Women*. Lanham, MD : Scarecrow P, 2002.

Lurie, Nancy Oestreich. "The Voice of the American Indian : Report on the American Indian Chicago Conference," *Current Anthropology*, Vol. 2, No. 5, Dec., 1961, 478-500.

Mails, Thomas E. *Fools Crow*. Lincoln, NE : U of Nebraska P, 1979.

Mankiller, Wilma and Michael Wallis. *Mankiller : A Chief and Her People*. New York : St. Martin's Griffin, 1993.

McLaughlin, James. *My Friend the Indian*. Boston : Houghton Mifflin Co., 1910.

Means, Russell with Marvin J. Wolf. *Where White Men Fear to Tread : The Autobiography of Russell Means*. New York : St. Martin's Griffin, 1995.

Mohatt, Gerald and Joseph Eagle Elk. *The Price of a Gift : A Lakota Healer's Story*. Lincoln, NE : U of Nebraska P, 2000.

Monroe, Mark, edited by Carolyn Reyer. *An Indian in White America*. Philadelphia, PA : Temple UP, 1994.

Navokov, Peter ed. *Native American Testimony : A Chronicle of Indian—White Relations From Prophecy to the Present, 1492-1992*. New York : Penguin Books, 1992.

Neihardt, John G. *Black Elk Speaks : Being the Life Story of a Holy Man of the Oglala Sioux*. Lincoln, NE : U of Nebraska P, 1979 ; orig. pub. in 1932. J・G・ナイハルト『ブラック・エルクは語る』弥永健一訳，社会思想社，1977年。

Philp, Kenneth R. *Indian Self-Rule : First Accounts of Indian—White Relations from Roosevelt to Reagan*. Logan, UT : Utah State UP, 1995.

Radin, Paul. *The Autobiography of a Winnebago Indian : Life, Ways, Acculturation, and the Peyote Cult*. New York : Dover Publications, 1963 ; orig. pub. in 1920.

——. *The Winnebago Tribe*. Lincoln, NE : U of Nebraska P, 1990. orig. pub. as part of *37th Annual Report of the Bureau of American Ethnology*, 1923, 341-346.

Redshirt, Delphine. *Bead on an Anthill : A Lakota Childhood*. Lincoln, NE : U of Nebraska P, 1999.

Riley, Patricia. *Growing Up Native American*. New York : Avon Books, 1993.

Sneve, Virginia Driving Hawk. *Completing the Circle*. Lincoln, NE : U of Nebraska P, 1995.

St. Pierre, Mark. *Madonna Swan : A Lakota Woman's Story*. Norman, OK : U of Oklahoma P, 1991.

Standing Bear, Luther. *Land of the Spotted Eagle*. Lincoln, NE : U of Nebraska P, 1978 ; orig. pub. in 1933.

——. *My People the Sioux*. Boston : Houghton Mifflin Co., 1928.

Stands In Timber, John and Margot Liberty. *Cheyenne Memories*. Lincoln, NE : U of Nebraska P, 1967.

Stern, Kenneth S. *Loud Hawk : The United States versus the American Indian Movement*. Norman, OK : U of Oklahoma P, 1994.

Straus, Terry ed. *Native Chicago*, Second Edition, Chicago : Albatross P, 2002.

Wall, Steve. *Wisdom's Daughters : Conversations with Women Elders of Native America*. New York : HarperCollins Publishers, 1993.

Young Bear, Severt and R. D Theisz. *Standing in the Light : A Lakota Way of Seeing*. Lincoln, NE : U of Nebraska P, 1994.

**その他の文献**

Alfred, Taiaiake. *Peace, Power, Righteousness : An Indigenous Manifesto*. Don Mills, Ont : Oxford UP, 1999.

Ali, Saleem H. *Mining, the Environment, and Indigenous Development Conflicts*. Tucson, AZ : U of Arizona P, 2003.

Anderton, Alice. "The Wordpath Show" in *Teaching Indigenous Languages* edited by Jon Reyhner. Flagstaff, AZ : Northern Arizona U, 1997, 222-227.

Ang, Saralyn Minnie Cam. "The Oglala Lakota Judiciary : Meeting Nontribal Demands and Tribal Needs." Harvard Project on American Indian Economic Development, John F. Kennedy School of Government, Harvard U, PRS 94-11, April 1994.

*Anthropological Papers of the American Museum of Natural History*, 1912, 1914.

Aoki, Andrew and Dan Chatman. "An Economic Development Policy for the Oglala Nation." Harvard Project on American Indian Economic Development, John F. Kennedy School of Government, Harvard U, PRS 97-2, April 1997.

Archuleta, Margaret L., Brenda J. Child and K. Tsianina Lomawaima eds. *Away From Home : American Indian Boarding School Experiences, 1879-2000*. Phoenix, AZ : The Heard Museum, 2000.

Ashabranner, Brent K. *Morning Star, Black Sun : The Northern Cheyenne Indians and America's Energy Crisis*. New York : Dodd, Mead, 1982.

Benedict, Ruth F. "The Vision in Plain Culture," *American Anthropologist* 24, 1922, 1-23.

Bennett, John W. "The Development of Ethnologial Theory as Illustrated by Studies of the Plains Sun Dance," *American Anthropologist*, N. S., 46, 1944, 162-181.

Berkhofer Jr., Robert F. *Salvation and the Savage : An Analysis of Protestant Missions and American Indian Response, 1787-1862*. Lexington, KY : U of Kentucky P, 1965.

Bhabha, Homi K. *The Location of Culture*. New York : Routledge, 1994. ホミ・K・バーバ『文化の場所―ポストコロニアリズムの位相―』本橋哲也他訳，法政大学出版局 2005。

Biolsi, Thomas. *Organizing the Lakota : The Political Economy of the New Deal on the*

*Pine Ridge and Rosebud Reservations*. Tucson, AZ : U of Arizona P, 1992.

Bodnar, John E. *Remaking America : Public Memory, Commemoration, and Patriotism in the Twentieth Century*. Princeton UP, 1992. ジョン・ボドナー『鎮魂と祝祭のアメリカ―歴史の記憶と愛国主義―』野村達朗他訳，青木書店 1997。

Bordewich, Fergus M. *Killing the White Man's Indian : Reinventing Native Americans at the End of the Twentieth Century*. New York : Anchor Books, 1996.

Bowden, Henry Warner. *American Indians and Christian Missions : Studies in Cultural Conflict*. Chicago : U of Chicago P, 1981.

Brant, Charles S. ed. *The Autobiography of a Kiowa Apache Indian*. New York : Dover Publications, Inc., 1969.

Britten, Thomas A. *American Indian in World War I : At War and at Home*. Albuquerque, NM : U of New Mexico, 1997.

Brown, Dee. *Bury My Heart at Wounded Knee : An Indian History of the American West*. New York : Holt, Rinehart and Winston, 1970. ディー・ブラウン『わが魂を聖地に埋めよ―アメリカ・インディアン闘争史―』鈴木主税訳，上・下巻，草思社 1972。

Brown, Joseph Epes ed. *The Sacred Pipe : Black Elk's Account of the Seven Rites of the Oglala Sioux*. Norman, OK : U of Oklahoma P, 1953.

Bucholz, Christine and Mark Gustafson. "Local Governance for the Oglala Sioux Tribe : A Return to Local Empowerment" Harvard Project on American Indian Economic Development, John F. Kennedy School of Government, Harvard U, PRS 00-6, April 4, 2000.

Cantoni, G. ed. *Stabilizing Indigenous Languages*. Flagstaff, AZ : Northern Arizona U, 1996.

Castile, George Pierre. *To Show Heart : Native American Self-Determination and Federal Policy, 1960-1975*. Tucson, AZ : U of Arizona P, 1998.

—— and Robert L. Bee, eds. *State and Reservation : New Perspectives on Federal Policy*. Tucson, AZ : U of Arizona P, 1992.

Chang, Caroline and Eraina Ortega. "The Oglala Oyate Woitancan Empowerment Zone : A Turning Point in Oglala Lakota Nation Building." Harvard Project on American Indian Economic Development, John F. Kennedy School of Government, Harvard U, PRS 99-5, April 1999.

Chtareva, Angelina. "Twenty-Five Years of the American Indian Language Development Institute," UANEWS. ORG. Language Research, U of Arizona, July 3, 2005. 〈http://uanews.org/sections/language/2005/aildi1.htm〉

Clarkin, Thomas. *Federal Indian Policy in the Kennedy and Johnson Administrations, 1961-1969*. Albuquerque, NM : U of New Mexico P, 2001.

Cleary, Linda Miller and Thomas D. Peacock. *Collected Wisdom : American Indian Education*. Needham Heights, MA : Allyn & Bacon, 1998.

Clinton, Robert N., Nell Jessup Newton, Monroe E. Price eds. *American Indian Law : Cases and Materials*. Charlottesville, VA : Michie Co., 1983.

Cobb, Hubbard. *American Battlefields : A Complete Guide to the Historic Conflicts in*

*Words, Maps, and Photos*. New York : Macmillan, 1995.

Cochran, Mary. *Dakota Cross-Bearer : The Life and World of a Native American Bishop*. Lincoln, NE : U of Nebraska P, 2000.

Coffeen, Herbert. *The Teepee Book*. Vol. II, No. VI, Sheridan, WY, 1916.

Cohen, Felix S. *Felix Cohen's Handbook on Federal Indian Law*. Charlottesville, VA. : Michie Co., 1982.

Cook, Samuel R. "What is Indian Self-Determination ?"*Red Ink,* Vol. 3, No. 1, May 1994.

Cornell, Stephen. *The Return of the Native : American Indian Political Resurgence*. New York : Oxford UP, 1988.

—— and Joseph P. Kalt. *What Can Tribes Do ? : Strategies and Institutions in American Indian Economic Development*. Los Angeles, CA : American Indian Center, U of California, 1992.

Cowger, Thomas W. *The National Congress of American Indians : The Founding Years*. Lincoln, NE : U of Nebraska P, 1999.

Davis, Mary B. ed. *Native America in the Twentieth Century : An Encyclopedia*. New York : Garland Publishing, 1994.

"Delegates apologize for 1864 Sand Creek Massacre led by Methodist lay preacher," 1996 United Methodist General Conference, April 22, 1996, January 19, 2002. 〈http://www.umc.org/genconf/NEWS/massacre.html〉

Deloria, Ella. "The Sun Dance of the Oglala Sioux," *Journal of American Folklore* 42, 1929, 354-413.

Deloria, Vine, Jr. *Behind the Trail of Broken Treaties : American Indian Declaration of Independence*. Austin, TX : U of Texas P, 1974.

——. *Custer Died for Your Sins*. New York : Macmillan, 1969.

——. *God is Red : A Native View of Religion*. Golden, CO : Fulcrum Publishing, 1972 ; 1994.

——. *Spirit and Reason : The Vine Deloria, Jr., Reader*. Golden, CO : Fulcrum Publishing, 1999.

——, edited by James Treat. *For This Land : Writings on Religion in America*. New York : Routledge, 1999.

—— and Clifford M. Lytle. *American Indians, American Justice*. Austin, TX : U of Texas P, 1983.

—— and ——. *The Nations Within : The Past and Future of American Indian Sovereignty*. Austin, TX : U of Texas P, 1984.

—— and Daniel R. Wildcat. *Power and Place : Indian Education in America*, Golden, CO : Fulcrum Resources, 2001.

DeMallie, Raymond J. ed. *Handbook of North American Indians : Plains*. Vol. 13, Part 2 of 2. Washington, D.C. : Smithsonian Institution, 2001.

Downey, Roger. *Riddle of the Bones : Politics, Science, Race, and the Story of Kennewick*

*Man*. New York : Copernicus, 2000.

Drinnon, Richard. *Keeper of Concentration Camps : Dillon S. Myer and American Racism*. Berkeley, CA : U of California P, 1987.

Echo-Hawk, Roger C. and Walter R. Echo-Hawk. *Battlefields and Burial Grounds : The Indian Struggle to Protect Ancestral Graves in the United States*. Minneapolis, MN : Lerner Publications Co., 1994.

Elliott, Michael. "Indian Patriots on Last Stand Hill," *American Quarterly*, December 2006, 987-1015.

Enochs, Ross. *The Jesuit Mission to the Lakota Sioux : A Study of Pastoral Ministry, 1886-1945*. Kansas City, MO : Sheed & Ward, 1996.

Feeney, Mara et al. *Social and Economic Effects of Coal Development on the Northern Cheyenne Tribe*. Oakland, CA : Mara Feeney, 1986.

Fishman, Joshua A. *Reversing language shift*. Clevedon, UK : Multilingual Matters, 1991.

——. *The Urban Indian Experience in America*. Albuquerque, NM : U of New Mexico P, 2000.

Fixico, Donald L. *The Invasion of Indian Country in the Twentieth Century : American Capitalism and Tribal Natural Resources*. Boulder, CO : U of Colorado P, 1998.

Flood, Renee Sansom. *Lost Bird of Wounded Knee : Spirit of the Lakota*. New York : Da Capo P, 1998.

Foot, Kenneth E. *Shadowed Ground : America's Landscapes of Violence and Tragedy*. Austin, TX : U of Texas P, 1997. ケネス・E・フット『記念碑の語るアメリカ―暴力と追悼の風景―』和田光弘他訳，名古屋大学出版会 2002。

Forsyth, Susan. *Representing the Massacre of American Indians at Wounded Knee, 1890-2000*. Lewisont, NY : The Edwin Mellen P, 2003.

Fowler, Loretta. *The Columbia Guide to American Indians of the Great Plains*. New York : Columbia UP, 2003.

——. *Tribal Sovereignty and the Historical Imagination : Cheyenne-Arapaho Politics*. Lincoln, NE : U of Nebraska P, 2002.

Frantz, Klaus. *Indian Reservations in the United States : Territory, Sovereignty, and Socioeconomic Change*. Chicago : U of Chicago P, 1999.

Fuches, Estell and Robert J. Havighurst. *To Live on this Earth : American Indian Education*. Garden City, NY : Anchor Books, 1972.

Gagnon, Greg and Karen White Eyes. *Pine Ridge Reservation : Yesterday & Today*. Interior, SD : Badlands National History Association, 1992.

Garr, Robin. "Groups that Change Communities : The Lakota Fund," @grassroots.org. September 3, 2003 〈http://www.grass-roots.org/usa/lakotafund.shtml〉

Geores, Martha E. *Common Ground : The Struggle for Ownership of the Black Hills National Forest*. Lanhham, MD : Rowman & Littlefield Publishers, 1996.

Gibbon, Guy. *The Sioux : The Dakota and Lakota Nations*. Malden, MA : Blackwell

Publishing, 2003.

Glazer, Nathan. "Is Assimilation Dead ?," *The Annals of the American Academy of Political and Social Science* 530, 1993, 122–136.

Gordon, Milton M. "Models of Pluralism," *The Annals of the American Academy of Political and Social Science* 454, 1981, 178–188.

Gordon, Raymond G., Jr. ed. *Ethnologue : Languages of the World*, Fifteenth edition. Dallas, TX : SIL International, 2005. August 3, 2005. 〈http://www.ethnologue.com/〉

Gordon-McCutchan, R. C. "The battle for Blue Lake : A struggle for Indian religious rights," *Journal of Church & State*, Autumn 1991, Vol. 33, Issue 4.

——. *The Taos Indians and the battle for Blue Lake*. Santa Fe, NM : Red Crane Books, 1995.

Greymorning, Stephen. "Running the Gauntlet of an Indigenous Language Program," in *Revitalizing Indigenous Languages*, edited by Jon Reyhner, Gina Cantoni, Robert N. St. Clair, and Evangeline Parsons Yazzie. Flagstaff, AZ : Northern Arizona U, 1999, 6–16.

Grinde, Donald A., Jr. ed. *Native Americans*. Washington, D.C. : Congressional Quarterly P, 2002.

Grinnell, Ira H. *The Tribal Government of the Oglala Sioux of Pine Ridge, South Dakota.* Vermillion, SD : Governmental Research Bureau, U of South Dakota, 1967.

Gulliford, Andrew. *Sacred Objects and Sacred Places : Preserving Tribal Traditions*. Boulder, CO : UP of Colorado, 2000.

Guyette, Susan. *Planning for Balanced Development : A Guide for Native American and Rural Communities*. Santa Fe, NM : Clear Light Publishers, 1996.

Hackett, David G. *Religion and American Culture : A Reader*. New York : Routledge, 1995.

Hagan, William T. *Quanah Parker, Comanche Chief*. Norman, OK : U of Oklahoma P, 1993.

Hall, Philip S. *To Have This Land : The Nature of Indian/White Relations South Dakota 1888–1891*. Vermillion, SD : U of South Dakota P, 1991.

Harrod, Howard L. *Renewing the World : Plains Indian Religion and Morality*. Tucson, AZ : U of Arizona P, 1997.

Hathorn, Stacye. "The Echota Cherokee Language : Current Use and Opinions About Revival" in *Teaching Indigenous Languages* edited by Jon Reyhner. Flagstaff, AZ : Northern Arizona U, 1997, v–xii.

Hauptman, Lawrence M. *Tribes & Tribulations : Misconceptions about American Indian and Their History*. Albuquerque, NM : U of New Mexico P, 1995.

Hays, Robert G. *A Race at Bay : New York Times Editorials on "the Indian Problem," 1860–1900*. Carbondale, IL : Southern Illinois UP, 1997.

Henry, Christopher. *Ben Nighthorse Campbell : Cheyenne Chief and U.S. Senator*. Philadelphia, PA : Chelsea House Publishers, 1994.

Herzberg, Hazel W. *The Search for an American Indian Identity : Modern Pan—Indian*

*Movements*. Syracuse, NY : Syracuse UP, 1971.

Hirschfelder, Arlene and Paulette Moin. *Encyclopedia of Native American Religions*. New York : Checkmark Books, 2001.

Hobsbawm, Eric and Terence Ranger eds. *The Invention of Tradition*. Cambridge : Cambridge UP, 1992, c1983. E・ホブズボウム, T・レンジャー編『創られた伝統』前川啓治, 梶原景昭他訳, 紀伊國屋書店 1992。

Holler, Clyd. *Black Elk's Religion : The Sun Dance and Lakota Catholicism*. New York : Syracuse UP, 1995.

Holm, Tom. *Strong Hearts Wounded Hearts : Native American Veterans of the Vietnam War*. Austin, TX : U of Texas P, 1996.

Hontz, Jenny. "Sacred sites, disputed rights," *Human Rights : Journal of the Section of Individual Rights & Responsibilities* 19, Issue 4, 1992, 26–29.

Hosmer, Brian and Colleen O'Neill eds. *Native Pathways : American Indian Culture and Economic Development in the Twentieth Century*. Boulder, CO : U of Colorado P, 2004.

Hoxie, Frederick E. *A Final Promise : The Campaign to Assimilate the Indians*. New York : Cambridge UP, 1989.

—— *Talking Back to Civilization : Indian Voices from the Progressive Era*. Boston : Bedford/St. Martin's, 2001.

—— ed. *Encyclopedia of North American Indians*. Boston : Houghton Mifflin Co., 1996.

Irwin, Lee ed. *Native American Spirituality*. Lincoln, NE : U of Nebraska P, 2000.

Iverson, Peter ed. *The Plains Indians of the Twentieth Century*. Norman, OK : U of Oklahoma P, 1985.

James, Keith ed. *Science and Native American Communities : Legacies of Pain, Visions of Promise*. Lincoln, NE : U of Nebraska P, 2001.

Johnson, Troy R. ed. *Contemporary Native American Political Issues*. Walnut Creek, CA : AltaMira Press, 1999.

——. *The Occupation of Alcatraz Island : Indian Self-Determination and the Rise of Indian Activism*. Urbana and Chicago : U of Illinois P, 1996.

Josephy, Alvin., Jr. Joane Nagel, and Troy Johnson. *Red Power : The American Indian's Fight for Freedom*. Second Edition. Lincoln, NE : U of Nebraska P, 1999.

Kehoe, Alice Beck. *The Ghost Dance : Ethnohistory and Revitalization*. New York : Holt, Rinehart and Winston, Inc., 1989.

Kessel, William B. and Robert Wooster eds. *Encyclopedia of Native American Wars & Warfare*. New York : Facts on File, Inc., 2005.

Kidwell, Clara Sue, Homer Noley, and George R. Tinker. *A Native American Theology*. Maryknoll, NY : Orbis Books, 2001.

King, C. Richard. *Colonial Discourses, Collective Memories, and the Exhibition of Native American Cultures and Histories in the Contemporary United States*. New York : Garland Publishing, 1998.

Klinkenborg, Verlyn. "The Conscience of Place : Sand Creek," *Mother Jones magazine*, November/December 2000, January 16, 2002 〈http://www.mother_jones.com/mother_jones/ND00/sand_creek.html〉

Krupat, Arnold. *Native American Autobiography : An Anthology*. Madison, WI : U of Wisconsin P, 1994.

Kymlicka, Will. *Multicultural Citizenship : A Liberal Theory of Minority Rights*. New York : Oxford UP, 1995.：ウィル・キムリッカ『多文化時代の市民権―マイノリティの権利と自由主義―』角田猛之，石山文彦，山﨑康仕監訳，晃洋書房 1998。

La Barre, Weston. *The Peyote Cult*. Norman, OK : U of Oklahoma P, 1989.

LaGrand, James B. *Indian Metropolis : Native Americans in Chicago, 1945-75*. Champaign, IL : U of Illinois P, 2002.

The Lakota Fund, "About the Fund," 1998, March 14, 2003. 〈http://www.antarctic-circle.org/~lakotaorg/about.htm〉

"The Lakota Fund, Kyle, South Dakota," in Urban and Economic Policy Division, US EPA, CONCERN, Inc., Community Sustainability Resource Institute, Sustainability in Action : Profiles of Community Initiatives Across the United States, Revised/Updated Edition, June 1998, 91-92.

Larson, Robert W. *Red Cloud : Warrior—Statesman of the Lakota Sioux*. Norman, OK : U of Oklahoma P, 1937.

Lazarus, Edward. *Black Hills White Justice : The Sioux Nation versus The United States, 1775 to the Present*. Lincoln, NE : U of Nebraska P, 1991.

Le Querrec, Guy and Jean Rochard. *On the Trail to Wounded Knee : The Big Foot Memorial Ride.* Guilford, CT : Lyons Press, 2002.

Legters, Lyman H. and Fremont J. Lyden. *American Indian Policy : Self-Governance and Economic Development*. Westport, CT : Greenwood Press, 1994.

Lewis, Thomas H. *The Medicine Men : The Oglala Sioux Ceremony and Healing*. Lincoln, NE : U of Nebraska P, 1990.

Lobo, Susan and Kurt Peters eds. *American Indians and the Urban Experiences*. Walnut Creek, CA : AltaMira Press, 2001.

Lomawaima, K. Tsianina. *They Calles it Prairie Light : The Story of Chilocco Indian School*. Lincoln, NE : U of Nebraska P, 1994.

Long, Carolyn N. *Religious Freedom and Indian Rights* : *The Case of Oregon v. Smith*. Lawrence, KS : U of Kansas P, 2000.

Lopach, James J., Margery Hunter Brown, Richmond L. Crow. *Tribal Government Today : Politics on Montana Indian Reservations*. Boulder, CO : U of Colorado P, 1998.

Lu, Jean and Larry Witte. "The Basis of a Nation-to-Nation Relationship : A Report to Oglala Sioux Tribe and the Senate Committee on Indian Affairs." Harvard Project on American Indian Economic Development, John F. Kennedy School of Government, Harvard U, PRS 96-5, April 1996.

Maddox, Lucy. *Citizen Indians : Intellectuals, Race, and Reform*. Ithaca, NY : Cornell UP, 2005.

Mails, Thomas E. *Sundancing : The Great Sioux Piercing Ritual*. Tulsa, CA ; Council Oak Books, 1978.

Manning, Jason. "Unleashing the Spirit : The Reagan Administration's Indian Policy," 2001. March 25, 2005. 〈http://eightiesclub.tripod.com/id394.htm〉

Manzanares, Elsa and David Thaler. "Toward a Comprehensive Workforce Development System for the Oglala Nation." Harvard Project on American Indian Economic Development, John F. Kennedy School of Government, Harvard U, PRS 98-6, April 1998.

Marinowski, Sharon and Anna Sheets eds. *The Gale Encyclopedia of Native American Tribes*, Vol. III, Detroit, MI : Gale, 1998.

Martinez, Rebecca Blum. "Languages and Tribal Sovereignty : Whose Language Is It Anyway ?," *Theory Into Practice*, Autumn 2000, Vol. 39, Issue 4, 211-219.

Matthiessenn, Peter. *In the Spirit of Crazy Horse*. New York : The Viking Press, 1983.

May, Stephen ed. *Indigenous Community-Based Education*. Clevedon, UK : Multilingual Matters, 1999.

McCarty, Teresa L., Lucille J. Watahomigie, Akira Y. Yamamoto, and Ofelia Zepeda. "School—Community—University Collaborations : The American Indian Language Development Institute" in *Teaching Indigenous Languages* edited by Jon Reyhner. Flagstaff, AZ : Northern Arizona U, 1997, 85-104.

McKenna, Francis R. "It's a Hard Time to Be a Cheyenne," Midwest Comparative and International Education Society Conference : Education and Social Transition in a Global Society, November 1, 1997, November 9, 2003. 〈www.ed.uiuc.edu/eps/MWCIES97/mckenna.html〉.

Mendoza, Patrick M. *Song of Sorrow : Massacre at Sand Creek*. Denver, CO : Willow Wind Pub. Co., 1993.

Meriam, Lewis et al. eds. *The Problem of Indian Administration*. Baltimore, MD : Johns Hopkins P, 1928.

Messick, Katie. "Lakota Educators Take Action to Save Lakota Language," *Weekly Indigenous News*, May 27, 2005, July 3, 2005. 〈http://www.cs.org/publications/win/win-article.cfm?id=2660〉

Mihesuah, Devon A. *Repatriation Reader : Who Owns American Indian Remains ?*. Lincoln, NE : U of Nebraska P, 2000.

Mizen, Mamie L. *Federal Facilities for Indians : Tribal Relations with the Federal Government*. Washington, D.C. : GPO, 1967.

Mooney, James. *The Ghost-Dance Religion and the Sioux Outbreak of 1890*. Bureau of American Ethnology Annual Report 14, pt. 2, 1896. ジェイムズ・ムーニー『ゴーストダンス―アメリカ・インディアンの宗教運動と叛乱―』荒井芳廣訳，紀伊國屋書店 1989。

Moses, L. G. *The Indian Man : A Biography of James Mooney*. Urbana, IL : U of Illinois P, 1984.

Nagel, Joane. *American Indian Ethnic Renewal : Red Power and the Resurgence of Identity and Culture*. New York : Oxford UP, 1997.

National Congress of American Indians, "Support for US Congressional Apology," Resolution TUL-05-088, 2005 Annual Session of the National Congress of American Indians, 62nd Annual Convention in Tulsa, Oklahoma on November 4, 2005, November 25, 2005. 〈http://www.ncai.org/ncai/data/resolution/annual2005/TUL-05-088.pdf〉

Native American Natural Resources Development Federation of the Northern Great Plains. *Declaration of Indian rights to the natural resources in the Northern Great Plains States*. Northern Great Plains Resources Program, 1974.

Native American Rights Fund, "American Indian Religious Freedom," *Justice*. Winter 1997, June 3, 2003. 〈http://www.narf.org/pubs/justice/1997winter.htm〉

*Native American Rights Movement in the United States : An Interactive Encyclopedia*. Santa Barbara, CA : ABC-CLIO, 2000.

"Native American Sacred Lands Forum, March 19-22, 2002," August 17, 2003. 〈http://www.ncai.org/main/pages/issues/otherissues/cultureprot.asp〉

Native American Sacred Lands Forum Planning Committee, Report of the Native American Sacred Lands Forum, Boulder/Denver, October 9-10, 2001, 53, August 7, 2003. 〈http://www.sacredland.org/PDFs/SL_Forum.final.pdf〉

Ngai, Mae M. "The Architecture of Race in American Immigration Law : A Reexamination of the Immigration Act of 1924," *Journal of American History* 86, No. 1, 1999, 67-92.

*North Central Power Study ; Report of Phase I. Prepared under the Direction of Coordinating Committee, North Central Power Study*. Billings, MT : 1971.

Ogbu, John U. *Black American Students in an Affluent Suberb : A Case Study of Academic Disengagement*. Mahwah, NJ : Lawrence Erlbaum, 2003.

Palmer, Scott. "Language of work : The critical link between economic change and language shift" in *Teaching Indigenous Languages* edited by Jon Reyhner. Flagstaff, AZ : Northern Arizona U, 1997, 263-286.

Parks, Douglas R., Julia Kushner, Wallace Hooper, Francis Flavin, Delilah Yellow Bird, Selena Ditmar. "Documenting and Maintaining Native American Languages for the 21st Century : The Indiana University Model," in *Revitalizing Indigenous Languages* edited by Jon Reyhner, Gina Cantoni, Robert N. St. Clair, and Evangeline Parsons Yazzie. Flagstaff, AZ : Northern Arizona U, 1999, 59-83.

Peelman, Achiel. *Christ is a Native American*. Ottawa : Novalis-Saint Paul U, 1995.

Peterson, Leighton C. "Tuning in to Navajo : The Role of Radio in Native Language Maintenance" in *Teaching Indigenous Languages* edited by Jon Reyhner. Flagstaff, AZ : Northern Arizona U, 1997, 214-221.

Pickering, Kathleen. *Lakota Culture, World Economy*. Lincoln, NE : U of Nebraska P, 2000.

Pierson, Annette M. and Frederick Tombar. "AmeriCorps : A Promise for Indian Country ? An Assessment of the Potential Impact of the AmeriCorps Program A Case Study of the Pine Ridge Reservation." Harvard Project on American Indian Economic Development, John F. Kennedy School of Government, Harvard U, PRS 94-8, April 1994. ⟨http://www.ksg.harvard.edu/hpaied/res_field.htm⟩

Pommersheim, Frank. *Braid of Feathers : American Indian Law and Contemporary Tribal Life*. Berkeley, CA : U of California P, 1995.

Powell, Peter J. *Sweet Medicine : The Continuing Role of the Sacred Arrows, the Sun Dance, and the Sacred Buffalo Hat in Northern Cheyenne History* 2 vols. Norman, OK : U of Oklahoma P, 1998 ; orig. pub. in 1969.

Powers, William K. *Beyond the Vision : Essays on American Indian Culture*. Norman, OK : U of Oklahoma P, 1987.

——. *Oglala Religion*. Lincoln, NE : U of Nebraska P, 1975.

Prucha, Francis Paul. *American Indian Policy in Crisis : Christian Reformers and the Indian, 1865-1900*. Norman, OK : U of Oklahoma P, 1964.

——. *American Indian Treaties : The History of a Political Anomaly*. Berkeley, CA : U of California P, 1994.

——. *The Great Father : The United States Government and the American Indians* 2vols. Lincoln, NE : U of Nebraska P, 1984.

—— ed. *Documents of United States Indian Policy*. Second Edition, Expanded. Lincoln, NE : U of Nebraska P, 1990.

Rankin, Charles E. ed. *Legacy : New Perspectives on the Battle of the Little Bighorn*. Helena, MT : Montana Historical Society P, 1996.

Reece, Bob. "Indian Memorial : 'Peace Through Unity,'" Friends of the Little Bighorn Battlefield, July 13, 2003, July 16, 2003. ⟨http://www.friendslittlebighorn.com/Indian%20Memorial.htm⟩

Reyhner, Jon. "American Indian Language Policy and School Success" in *The Journal of Educational Issues of Language Minority Students* 12, Special Issue III, 1993, 35-59.

——. "Plans for Dropout Prevention and Special School Support Services for American Indian and Alaska Native Students." Washington, D. C. : Indian Nations at Risk Task Force, U. S. Department of Education, 1992. May 21, 2003. ⟨http://jan.ucc.nau.edu/~jar/INAR.html⟩

—— ed. *Teaching Indigenous Languages*. Flagstaff, AZ : Northern Arizona U, 1997.

—— and Jeanne Eder. *American Indian Education : A History*. Norman, OK : U of Oklahoma, 2004.

——, Gina Cantoni, Robert N. St. Clair, and Evangeline Parsons Yazzie. *Revitalizing Indigenous Languages*. Flagstaff, AZ : Northern Arizona U, 1999.

——, Joseph Martin, Louise Lockard, and W. Sakiestewa Gilbert ed. *Learn in Beauty : Indigenous Education for a New Century*. Flagstaff, AZ : Northern Arizona U, 2000.

Riggs, Christopher K. "American Indians, Economic Development, and Self-Determination in the 1960s," *Pacific Historical Review*, Vol. 69 Issue 3, August 2000, 431-465.

Riggs, Stephen. *Dakota Grammar, Texts, and Ethnography*, Department of the Interior, U. S. Geographical and Geological Survey of the Rocky Mountain Region. Rpt. SD: Marvin, Blue Cloud Abbey, 1977; orig. pub. in 1839.

Sand Creek Letters by S. S. Soule (December 14, 1864) and Joe A. Cramer (December 19, 1864), in "Massacre focus of law, letters," indians. com, September 15, 2000, January 19, 2002. 〈http://www.indianz.com/SmokeSignals/Headlines/showfull.asp?ID=edu/9152000-1〉

Schwatka, Frederick. "The Sun-Dance of the Sioux," *Century Magazine* Vol. 39, 1889-90, 753-759.

Scott, Robert. *Blood at Sand Creek: The Massacre Revisited*. Caldwell, ID: Caxton Printers, 1994.

Shonle, Ruth. "Peyote, The Giver of Visions," *American Anthropologist* 27, 1925, 53-75.

Shultes, Richard Evans. "The Appeal of Peyote (Lophophoa Williamsii) As a Medicine," *American Anthropologist* 40, 1938, 698-715.

Smith, Dean Howard. *Modern Tribal Development: Paths to Self-Sufficiency and Cultural Integrity in Indian Country*. Walnut Creek, CA: AltaMira Press, 2000.

Smith, Huston and Reuben Snake eds. *One Nation Under God: The Triumph of the Native American Church*. Santa Fe, NM: Clear Light Publishers, 1996.

Smith, Paul Chaat and Robert Allen Warrior. *Like a Hurricane: The American Indian Movement From Alcatraz to Wounded Knee*. New York: The New Press, 1996.

Sneve, Virginia Driving Hawk. *That They May Have Life: The Episcopal Church in South Dakota, 1859-1976*. New York: The Seabury Press, 1977.

Sobel, David. *Place-Based Education: Connecting Classrooms and Communities*. Great Barrington, MA: Orion Society, 2004.

Sorkin, Alan L. "The Economic and Social Status of American Indian, 1940-1970," *The Journal of Negro Education*. Vol. 45, No. 4. Autumn 1976.

Spier, Lesie. "The Sun Dance of the Plains Indians, Anthropological Papers," *Anthropological Papers, American Museum of Natural History*, Vol. 16, pt. 7, 1921.

Steiner, Stan. *The New Indians*. New York: Harper & Row, 1968.

Steinmetz, Paul. *Pipe, Bible, and Peyote among the Oglala Lakota*. Knoxville, TN: U of Tennessee P, 1990.

Stewart, Charles and Rosalind Shaw eds. *Syncretism/Anti-Syncretism: The Politics of Religious Synthesis*. London and New York: Routledge, 1994.

Stewart, Omer C. *Peyote Religion: A History*. Norman, OK: U of Oklahoma P, 1987.

Sturken, Marita. *Tangled Memories: The Vietnam War, the AIDS Epidemic, And the Politics of Remembering*. Berkeley, CA: Univ of California P, 1997. マリタ・スターケン『アメリカという記憶―ベトナム戦争，エイズ，記念碑的表象―』岩崎稔他訳，未来

社 2004。

Szasz, M. C. *Education and the American Indian : The Road to Self—Determination Since 1928*. 3rd ed. Albuquerque, NM : U of New Mexico P, 1999.

Takaki, Ronald. "Multiculturalism : Battleground or Meeting Ground ?," *The Annals of the American Academy of Political and Social Science* 530, 1993, 109–121.

Tallent, Annie D. *The Black Hills ; or the Last Hunting Ground of the Dakotahs*. New York : Arno Press, 1975 ; orig. pub. in 1899.

Taylor, Charles K., Anthony Appiah, Jurgen Haermas, Seven C. Rockfeller, Michael Walzer, and Susan Wolf. *Multiculturalism : Examining the Politics of Recognition*. Princeton UP, 1994. チャールズ・テイラー他編『マルチカルチュラリズム』佐々木毅・辻康夫・向山恭一訳，岩波書店 1996。

Thomas, David Hurst. *Skull Wars : Kennewick Man, Archaeology, and the Battle for Native American Identity*. New York : Basic Books, 2000.

Thornton, Russell. "Who Owns Our Past ? : The Repatriation of Native American Human Remains and Cultural Objects," in Russell Thornton ed., *Studying Native America : Problems and Prospects*. Madison, WI : U of Wisconsin P, 1998, 385–415.

Thresher, Allison. "U.S. Senate Committee Tackles Native Youth Suicide," *Weekly Indigenous News*. Cultural Survival. June 24, 2005.

Tomlinson, John. *Globalization and Culture*. Cambridge, U.K. : Polity, 1999. ジョン・トムリンソン『グローバリゼーション―文化帝国主義を超えて―』片岡信訳，青土社 2000。

Toonkel, Rob. "Arizona Governor Vetoes Official English Bill," May 10, 2005, "English Language Unity Act of 2005 Soars Past 100 co-sponsors," U.S. English, Inc. May 11, 2005, July 15, 2005. 〈http://www.us-english.org/inc/news/preleases/〉

Treat, James ed. *Native and Christian : Indigenous Voices on Religious Identity in the United States and Canada*. New York : Routledge, 1996.

Uchida, Ayako. "The Protestant Mission and Native American Response : The Case of Dakota Mission, 1835–1862," *The Japanese Journal of American Studies* 10, 1999, 153–175.

Utley, Robert M. *The Last Days of the Sioux Nation*. New Haven, CT : Yale UP, 1963.

Vecsey, Christopher ed. *Handbook of American Indian Religious Freedom*. New York : Crossroad Publishing, 1991.

Voget, Fred W. *The Shoshone-Crow Sun Dance*. Norman, OK : U of Oklahoma P, 1984.

Walker, James R. *Lakota Belief and Ritual*. Raymond J. DeMallie and Elaine A. Jahner eds. Lincoln, NE : U of Nebraska P, 1980.

——. "The Sun Dance and Other Ceremonies of the Oglala Division of the Teton Dakota," *Anthropological Papers of the American Museum of Natural History*, Vol. 16, pt. 2, 1917, 52–221.

Welch, James with Paul Stekler. *Killing Custer : The Battle of the Little Bighorn and the Fate of the Plains Indians*. New York : Penguin Books, 1994.

Wells, Robert N., Jr. *Native American Resurgence and Renewal*. Metuchen, NJ : The Scarecrow Press Inc., 1994.

White, Philip M. ed. *The Native American Sun Dance Religion and Ceremony : An Annotated Bibliography*. Westport, CT : Greenwood Press, 1998.

Wilkins, David E. *American Indian Politics and the American Political System*. Lanham, MD : Rowman & Littlefield Publishers, 2002.

Wilkinson, Charles. *Blood Struggle : The Rise of Modern Indian Nations*. New York : W. W. Norton & Company, 2005.

Wissler, Clark. "Oglala Societies," *Anthropological Papers of the American Museum of Natural History,* Vol. 11, Part 1, 1912.

——. "Shamanistic and Dancing Societies," *Anthropological Papers of the American Museum of Natural History*, Vol. 11, pt. 7-13, 1916.

Worster, Donald. *Under Western Skies : Nature and History in the American West*. New York : Oxford UP, 1992.

"Written Testimony on the Native American Small Business Development Act, Submitted by the Lakota Fund, April 2002," October 12, 2003. 〈http://indian.senate.gov/2002hrgs/043002joint/drapeaux.PDF〉

Wunder, John R. *"Retained by the People" : A History of American Indians and the Bill of Rights*. New York : Oxford UP, 1994.

—— ed. *Native American Sovereignty*. New York : Garland Publishing Inc., 1999.

**邦語文献**

青柳清孝，松山利夫編『先住民と都市—人類学の新しい地平—』青木書店 1999。

阿部珠理『アメリカ先住民の精神世界』日本放送出版協会 1994。

——『アメリカ先住民—民族再生にむけて—』角川書店 2005。

綾部恒雄監修，富田虎男・スチュアート ヘンリ編『講座 世界の先住民族—ファースト・ピープルズの現在—第7巻 北米』明石書店 2005。

アルヴァックス，M.『集合的記憶』小関藤一朗訳，行路社 1989。

石山徳子『米国先住民族と核廃棄物—環境正義をめぐる闘争—』明石書店 2004。

上田伝明『インディアン請求委員会の研究』法律文化社 1979。

——『インディアンと合衆国憲法』法律文化社 1983。

内田綾子「アメリカ先住民と記憶の景観—リトルビッグホーン戦場とサンドクリーク虐殺地—」田中きく代・高木（北山）眞理子編著『北アメリカ社会を眺めて—女性軸とエスニシティ軸の交差点から—』関西学院大学出版会 2004，223-240。

——「アメリカ先住民と信教の自由—ローカルな聖性をめぐって—」『国際開発研究フォーラム』（名古屋大学大学院国際開発研究科）第29号（2005）：139-152。

——「アメリカ先住民族の言語復興と教育—近年の動向から—」『言語文化論集』（名古屋大学言語文化部）第23巻第1号（2001）：21-35。

——「シャイアン—経済開発と文化継承の間で—」綾部恒雄監修，富田虎男・スチュアート

ヘンリ編『講座 世界の先住民族―ファースト・ピープルズの現在―第7巻 北米』明石書店 2005，136-149。

――「先住アメリカ人における歴史的和解―ブラック・ヒルズとウンデッド・ニーをめぐって―」『アメリカ史研究』第23号（2000）：77-92。

――「平原インディアンのサンダンスとキリスト教―ラコタ族の場合―」『言語文化論集』（名古屋大学言語文化部）第21巻第2号（2000）：23-37。

――「ペヨーテ信仰とキリスト教―平原インディアンの文化的複合―」『言語文化論集』（名古屋大学言語文化部）第20巻第2号（1999）：23-36。

鵜月裕典「アメリカ・インディアンの自意識の多様性」五十嵐武士編『アメリカの多民族体制―「民族」の創出―』東京大学出版会 2000。

――『不実な父親・抗う子供たち―19世紀アメリカによる強制移住政策とインディアン―』木鐸社 2007。

岡村圭子『グローバル社会の異文化論―記号の流れと文化単位―』世界思想社 2003。

鎌田遵『「辺境」の抵抗―核廃棄物とアメリカ先住民の社会運動―』御茶の水書房 2006。

近藤光雄，鈴木透，マイケル・W・エインジ，奥田暁代，常山菜穂子『記憶を紡ぐアメリカ―分裂の危機を超えて―』慶應義塾大学出版会 2005。

佐藤円「インディアンと『人種』イデオロギー―チェロキー族の黒人奴隷制を事例に―」川島正樹編『アメリカニズムと「人種」』名古屋大学出版会 2005，88-112。

塩原良和『ネオ・リベラリズムの時代の多文化主義―オーストラリアン・マルチカルチュラリズムの変容―』三元社 2005。

清水知久『米国先住民の歴史―インディアンと呼ばれた人びとの苦難・抵抗・希望―』明石書店 1986。

関根政美『エスニシティの政治社会学―民族紛争の制度化のために―』名古屋大学出版会 1994。

――『多文化主義社会の到来』朝日新聞社 2000。

戴エイカ『多文化主義とディアスポラ―Voices from San Francisco―』明石書店 1999。

辻内鏡人『現代アメリカの政治文化―多文化主義とポストコロニアリズムの交錯―』ミネルヴァ書房 2001。

都留文科大学比較文化学科編『記憶の比較文化論―戦争・紛争と国民・ジェンダー・エスニシティ―』柏書房，2003。

富田虎男『アメリカ・インディアンの歴史』第3版，雄山閣 1997。

野口久美子「インディアン再組織法審議案に見るインディアン・アイデンティティの多様性―インディアン議会議事録の検討を手がかりに―」『史苑』（立教大学史学会）第65巻第2号（2005）：119-143。

初瀬龍平編著『エスニシティと多文化主義』同文舘出版 1996。

バンクス，デニス，森田ゆり共著『聖なる魂―現代アメリカン・インディアン指導者の半生―』朝日新聞社 1993。

樋口映美，中條献編『歴史のなかの「アメリカ」―国民化をめぐる語りと創造―』彩流社 2006。

古矢旬『アメリカニズム―「普遍国家」のナショナリズム―』東京大学出版会 2002。

松本悠子『創られるアメリカ国民と「他者」―「アメリカ化」時代のシティズンシップ―』東京大学出版会 2007。

水野由美子『〈インディアン〉と〈市民〉のはざまで―合衆国南西部における先住社会の再編過程―』名古屋大学出版会 2007。

森村敏己編『視覚表象と集合的記憶―歴史・現在・戦争―』旬報社 2006。

モーリス＝スズキ，テッサ『辺境から眺める―アイヌが経験する近代―』大川正彦訳，みすず書房 2000。

――『批判的想像力のために―グローバル化時代の日本―』平凡社 2002。

油井大三郎，遠藤泰生編『浸透するアメリカ，拒まれるアメリカ―世界史の中のアメリカニゼーション―』東京大学出版会 2003。

油井大三郎，遠藤泰生編『多文化主義のアメリカ：揺らぐナショナル・アイデンティティ』東京大学出版会 1999。

立教大学アメリカ研究所『立教アメリカン・スタディーズ』第29号，立教大学アメリカ研究所 2007。

歴史学研究会編『国民国家を問う』青木書店 1994。

# 註

## 序 章

（1）本書では，Native American, American Indian に相当する語として，「アメリカ先住民」，「先住民」，あるいは「インディアン」，「アメリカ・インディアン」を用いる。また，国連などで使われている Indigenous Peoples の意として「先住民族」を使用する。なお，「インディアン」という言葉が過去に差別的な意味合いを持ってきたのは確かだが，今日，Native American よりも Indian という従来の呼称を選ぶ先住民も多い。Native American は法令によっては，アラスカ先住民，ハワイ先住民を含む場合がある。

（2）W・キムリッカは「民族的マイノリティ」(national minorities：より大きな国家に組み込まれた，独自の，そして自己統治の可能性をもつ社会）と「エスニック集団」(ethnic groups：自身の民族的共同体を離れて別の社会に移ってきた移民）を区別し，アメリカ・インディアンが前者に属するとしている。Will Kymlicka, *Multicultural Citizenship : A Liberal Theory of Minority Rights* (New York : Oxford UP, 1995), 10–12, 19. ウィル・キムリッカ『多文化時代の市民権—マイノリティの権利と自由主義—』角田猛之，石山文彦，山﨑康仕監訳（晃洋書房 1998），14–18, 28。

（3）木畑洋一「世界史の構造と国民国家」歴史学研究会編『国民国家を問う』（青木書店 1994），3–22。

（4）加藤普章「近代国民国家と先住民—異邦人と先住民のあいだ—」初瀬龍平編著『エスニシティと多文化主義』（同文舘出版 1996），236, 246。

（5）1920 年から 60 年の間に *American Historical Review* に掲載された先住民史に関する論文は 4 点のみであった。R. David Edmunds, “Native Americans, New Voices : American Indian History, 1895–1995,” *The American Historical Review*, Vol. 100, No. 3 (June, 1995), 721。例えば，Grant Foreman, *Indian Removal : The Emigration of the Five Civilized Tribes of Indians* (Norman, OK, 1932) ; Angie Debo, *And Still the Waters Run* (Princeton, NJ, 1940) ; Stanley Vestal, *Warpath and Council Fire : The Plains Indians' Struggle for Survival in War and Diplomacy, 1850–1891* (Norman, OK, 1934).

（6）The American Society for Ethnohistory の前進である Ohio Valley Historic Conference は 1953 年に結成され，学会誌 *Ethnohistory* が翌年発刊された。エスノヒストリーの手法を取り入れた研究に，例えば，John C. Ewers, *The Horse in Blackhoot Indian Culture, with Comparative Material from Other Western Tribes* (Washington, D.C., 1955) ; Anthony F. C. Wallace, *The Death and Rebirth of the Seneca* (New York, 1970) などがある。

（7）同センターは，所蔵史料を公開して研究会を開催し，研究調査のための奨学金も提供

してきた。

(8) Hazel W. Herzberg, *The Search for an American Indian Identity : Modern Pan-Indian Movements* (New York : Syracuse UP, 1971) ; Lucy Maddox, *Citizen Indians : Intellectuals, Race, and Reform* (Ithaca, NY : Cornell UP, 2005) ; Thomas W. Cowger, *The National Congress of American Indians : The Founding Years* (Lincoln, NE : U of Nebraska P, 1999) ; Stan Steiner, *The New Indians* (New York : Harper & Row, 1968) ; Troy R. Johnson, *The Occupation of Alcatraz Island : Indian Self-Determination and the Rise of Indian Activism* (Urbana Champaign, IL : U of Illinois P, 1996) ; Paul Chaat Smith and Robert Allen Warrior, *Like a Hurricane : The Indian Movement From Alcatraz to Wounded Knee* (New York : The New Press, 1996) ; Troy Johnson, Joane Nagel, and Duane Champagne eds., *American Indian Activism : Alcatraz to the Longest Walk* (Chicago : U of Chicago P, 1997).

(9) 例えば，次の文献がある。Thomas Biolsi, *Organizing the Lakota : The Political Economy of the New Deal on the Pine Ridge and Rosebud Reservations* (Tucson, AZ : U of Arizona P, 1992) ; Donald L. Fixico, *The Urban Indian Experience in America* (Albuquerque, NM : U of New Mexico P, 2000) ; James B. LaGrand, *Indian Metropolis : Native Americans in Chicago, 1945–75* (Urbana Champaign, IL : U of Illinois P, 2002).

(10) Stephen Cornell, *The Return of the Native : American Indian Political Resurgence* (New York : Oxford UP, 1988) ; Joane Nagel, *American Indian Ethnic Renewal : Red Power and the Resurgence of Identity and Culture* (New York : Oxford UP, 1997).

(11) 例えば，佐藤円「インディアンと『人種』イデオロギー—チェロキー族の黒人奴隷制を事例に—」川島正樹編『アメリカニズムと「人種」』(名古屋大学出版会 2005)，88-112；鵜月裕典『不実な父親・抗う子供たち—19世紀アメリカによる強制移住政策とインディアン—』(木鐸社 2007)；水野由美子『〈インディアン〉と〈市民〉のはざまで—合衆国南西部における先住社会の再編過程—』(名古屋大学出版会 2007)。

(12) 日本におけるアメリカ先住民史研究の動向については，佐藤円「北米先住民研究の歴史と現状—歴史学分野—」『立教アメリカン・スタディーズ』第29号（立教大学アメリカ研究所 2007)，73-107 参照；アメリカ先住民史の主な通史として，富田虎男『アメリカ・インディアンの歴史』第3版（雄山閣 1997)；清水知久『米国先住民の歴史—インディアンと呼ばれた人びとの苦難・抵抗・希望—』(明石書店 1986) がある。

(13) 石山徳子『米国先住民族と核廃棄物—環境正義をめぐる闘争—』(明石書店 2004)；阿部珠理『アメリカ先住民—民族再生にむけて—』(角川書店 2005)；綾部恒雄監修，富田虎男・スチュアート ヘンリ編『講座 世界の先住民族—ファースト・ピープルズの現在—第7巻 北米』(明石書店 2005)；鎌田遵『「辺境」の抵抗—核廃棄物とアメリカ先住民の社会運動—』(御茶の水書房 2006)。

(14)「記憶」とアメリカに関する近年の主な研究として，以下の文献がある。Kenneth E. Foot, *Shadowed Ground : America's Landscapes of Violence and Tragedy* (Austin, TX : U of Texas P, 1997). ケネス・E・フット『記念碑の語るアメリカ—暴力と追悼の風景—』和田光弘他訳（名古屋大学出版会 2002）; John E. Bodnar, *Remaking America : Public Memory, Commemoration, and Patriotism in the Twentieth Century* (Princeton UP, 1992). ジョン・ボドナー『鎮魂と祝祭のアメリカ—歴史の記憶と愛国主義—』野村達朗他訳（青木書店 1997）; Marita Sturken, *Tangled Memories : The Vietnam War, the AIDS Epidemic, And the Politics of Remembering* (Berkeley, CA : U of California P, 1997). マリタ・スターケン『アメリカという記憶—ベトナム戦争，エイズ，記念碑的表象—』岩崎稔他訳（未来社 2004）; 近藤光雄，鈴木透，マイケル・W・エインジ，奥田暁代，常山菜穂子『記憶を紡ぐアメリカ—分裂の危機を超えて—』（慶應義塾大学出版会 2005）。

(15) 例えば，樋口映美，中條献編『歴史のなかの「アメリカ」—国民化をめぐる語りと創造—』（彩流社 2006）; 油井大三郎，遠藤泰生編『浸透するアメリカ，拒まれるアメリカ—世界史の中のアメリカニゼーション—』（東京大学出版会 2003）; 古矢旬『アメリカニズム—「普遍国家」のナショナリズム—』（東京大学出版会 2002）; 松本悠子『創られるアメリカ国民と「他者」—「アメリカ化」時代のシティズンシップ—』（東京大学出版会 2007）。

(16) Milton M. Gordon, "Models of Pluralism," *The Annals of the American Academy of Political and Social Science* 454, 1981, 178–188 ; Ronald Takaki, "Multiculturalism : Battleground or Meeting Ground ?," *The Annals of the American Academy of Political and Social Science* 530, 1993, 109–121 ; Nathan Glazer, "Is Assimilation Dead ?," *The Annals of the American Academy of Political and Social Science* 530, 1993, 122–136 ; Charles Taylor, K. Anthony Appiah, Jurgen Haermas, Seven C. Rockfeller, Michael Walzer, and Susan Wolf, *Multiculturalism : Examining the Politics of Recognition* (Princeton UP, 1994). チャールズ・テイラー他編『マルチカルチュラリズム』佐々木毅・辻康夫・向山恭一訳（岩波書店 1996）。

(17) テッサ・モーリス＝スズキ「グローバルな記憶・ナショナルな記述」『批判的想像力のために—グローバル化時代の日本—』（平凡社 2002），142–166。

(18) Homi K. Bhabha, *The Location of Culture* (New York : Routledge, 1994). ホミ・K・バーバ『文化の場所—ポストコロニアリズムの位相—』本橋哲也他訳（法政大学出版局　2005）; 載エイカ『多文化主義とディアスポラ—Voices from San Francisco—』（明石書店 1999）。

(19) 塩原良和『ネオ・リベラリズムの時代の多文化主義—オーストラリアン・マルチカルチュラリズムの変容—』（三元社 2005）。

(20) 本書で用いる先住民の「文化」とは，キムリッカが「社会構成的文化」(societal cultures) と呼んでいる概念に近い。キムリッカは，「社会構成的文化とは，公的領域と私的領域の双方を包含する人間の活動のすべての範囲——そこには，社会生活，教育，宗教，余暇，経済生活が含まれる——にわたって，諸々の有意味な生き方を成員

に提供する文化である。この文化は，それぞれが一定の地域にまとまって存在する傾向にあり，そして共有された言語に基づく傾向にある。」とし，「社会構成的文化」と呼ぶ理由を，「それが共有された記憶や価値だけでなく，諸々の共通の制度と慣行をも含んだものであるということを強調するため」とある。キムリッカによるこの「文化」の定義はやや固定的であるが，本書での先住民文化，とくに「伝統文化」の意味は基本的にこの定義に依拠している。Kymlicka, *Multicultural Citizenship,* 76. キムリッカ『多文化時代の市民権』，113。

(21) 関根は人種・民族・エスニック問題の分析において，双方の相互補完的なアプローチが有効であるとしている。関根政美『エスニシティの政治社会学―民族紛争の制度化のために―』(名古屋大学出版会 1994)，165–183；同『多文化主義社会の到来』(朝日新聞社 2000)，32–38。

(22) Eric Hobsbawm and Terence Ranger eds., *The Invention of Tradition* (Cambridge: Cambridge UP, 1992, c1983). E・ホブズボウム，T・レンジャー編『創られた伝統』前川啓治，梶原景昭他訳（紀伊國屋書店 1992）。

(23) 多文化主義におけるマイノリティの自己理解，尊厳の承認に関する議論については以下を参照。辻内鏡人『現代アメリカの政治文化―多文化主義とポストコロニアリズムの交錯―』(ミネルヴァ書房 2001)；Taylor et al. eds., *Multiculturalism*. テイラー他編『マルチカルチュラリズム』。

(24) 1998 年より，サウスダコタ州のスー族保留地を中心とする各地の保留地や都市のインディアン・センターを訪れ，現地視察と参与観察を行った。また，2001 年から 02 年にかけて，文部科学省在外研究員としてカンザス大学先住民研究センターにて調査・研究を行い，先住民の研究者たちからも研究上の貴重な助言を得た。この滞在期間中，カンザス大学と提携関係にあるハスケル・インディアン・ネイションズ大学において，各部族出身の生徒と先住民教育に接する機会を持てたことも重要な体験であった。ハスケル・インディアン・ネイションズ大学は，カンザス州ローレンスにある内務省インディアン局運営の部族間大学である。1884 年に先住民の職業訓練寄宿学校として創設され，1890 年に学校設立に尽力した Dudley C. Haskell にちなんで Haskell Institute と改名された。1900 年までに 38 の校舎と幼稚園から高校までの約 700 人の在校生を擁するまでになった。1930 年に小学校以下が廃止，高校や職業訓練に重点をおいていたが，1965 年に高校を廃止した。1970 年に短期大学（Junior College）となり，1993 年に大学として認可された。今日，約 40 の州から 150 以上の部族出身の学生が学んでいる。

**第 I 章**

(1) 部族員の条件は，先住民の血統の割合が，2 分の 1 から 16 分の 1，保留地に居住しているか，など部族によって異なる。内務省インディアン局のサービスを受けられる条件は以下のとおりである。1) 連邦公認の部族員，2) アメリカ合衆国に先住していたインディアン部族の血を 2 分の 1 以上引く者，または 3) 目的によっては，インディアン部族の血を 4 分の 1 以上引く者，4) アラスカ先住民。なお，サービスの対象は

ほとんどが保留地，またはその近辺居住のインディアンに限られる。

（2）この制度を利用して先住民はカジノ経営の事業を展開したが，州との間に論争が生じ，1988年にはインディアン賭博規制法が制定された。

（3）U.S. Department of Health and Human Services, Indian Health Service, *Trends in Indian Health 2000-2001*, 65, August 25, 2005. <http://www.ihs.gov/NonMedicalPrograms/IHS_Stats/Trends00.asp>

（4）先住民保留地に関しては，以下を参照。Klaus Frantz, *Indian Reservations in the United States : Territory, Sovereignty, and Socioeconomic Change* (Chicago : U of Chicago P, 1999) ; George Pierre Castile and Robert L. Bee, eds., *State and Reservation : New Perspectives on Federal Policy* (Tucson, AZ : U of Arizona P, 1992).

（5）Felix S. Cohen, *Felix Cohen's Handbook on Federal Indian Law* (Charlottesville, VA : Michie Co., 1982), 27-46.

（6）例えば，"Discussing the Indians," *New York Times*, September 26, 1884, 5（以下，*NYT* と略記）; "Friends of the Indians ; Dr. Lyman Abbott Proposes to Admit Them to Citizenship," *NYT*, October 8, 1885, 2 ; "Indians as Citizens," *NYT*, April 2, 1892, 4 ; "The President to the Indians ; He Suggests that Full Citizenship, Reached by Easy Stages, Is the Ideal Future for the Redskin," *NYT*, May 15, 1895, 1.

（7）Francis Paul Prucha, *The Great Father : The United States Government and the American Indians* (Lincoln, NE : U of Nebraska P, 1984), 793 ;「インディアン」かつ「市民」という両義的な法的地位と実践に関する論考として，水野由美子『〈インディアン〉と〈市民〉のはざまで―合衆国南西部における先住社会の再編過程―』（名古屋大学出版会 2007）がある。

（8）Arthur C. Parker, "Sherman Coolidge : A Study in the Complexities of an Indian's Legal Status," *The Quarterly Journal of the Society of American Indians*, Vol. 3, 1915, 222.

（9）Fayette Avery McKenzie, "The Assimilation of the American Indian," *The Quarterly Journal of the Society of American Indians*, Vol. 2, 1914, 139.

（10）Howard Whitewolf, "A Short Story of My Life," *The American Indian Magazine*, 1917, 31（以下，*AIM* と略記）.

（11）Arthur C. Parker, "Problems of Race Assimilation in America, With Special Reference to the American Indian," *AIM*, Vol. 4, 1916, 302, 304.

（12）"Making a White Man out of an Indian Not a Good Plan," *AIM*, Vol. 5, 1917, 86.

（13）Arthur C. Parker, "The Indian, the Country and the Government : A Plea for an Efficient Indian Service," *AIM*, Vol. 4, 1916, 44.

（14）Albert B. Freeman, "The American Indian's Appeal," *AIM*, Vol. 5, 1917, 89-92.

（15）John M. Oskison, "The New Indian Leadership," *AIM*, Vol. 5, 1917, 95-97.

（16）先住民兵士の活躍を伝える記事として，例えば，"Indian Citizenship," *NYT*, January 12, 1919, 37.

（17）東チェロキーやゴシュートが徴兵を拒否した他，イロクォイ連合は徴兵に必要な登録

を拒否して，部族の登録センターを設けようとした。他にもインディアン局の説明不足により徴兵拒否が生じた部族がある。Thomas A. Britten, *American Indian in World War I : At War and at Home* (Albuquerque, NM : U of New Mexico, 1997), 67-71.

(18) Carlos Montezuma, "Drafting Indians and Justice," *Wassaja*, Vol. 2, No. 7, October 1917, 3.

(19) 例えば，Carlos Montezuma, "The Reservation is Fatal to the Development of Good Citizenship," *The Quarterly Journal of the Society of American Indians*, Vol. 2, 1914, 69-74 ; Carlos Montezuma, "What Indians Must Do," *The Quarterly Journal of the Society of American Indians*, Vol. 2, 1914, 294-299 ; Carlos Montezuma, "Abolish the Indian Bureau," *AIM*, Vol. 7, 1917, 9-20. モンテズマは，インディアン局が運営するインディアン学校にも反対し，先住民の子供を公立学校で教えるべきと主張した。Carlos Montezuma, "The Educators and the Indian Schools," *Wassaja*, Vol. 1, No. 5, August 1916, 1-4 ; Mary B. Davis, *Native America in the Twentieth Century : An Encyclopedia* (New York : Garland Publishers, 1994), 604.

(20) Britten, *American Indian in World War I*, 179.

(21) Gertrude Bonnin, "Indian Gifts to Civilized Man," *AIM*, Vol. 6, 1919, 115-116 ; Charles A. Eastman, "The Indian's Plea for Freedom," *AIM*, Vol. 6, 1919, 162-165 ; Gertrude Bonnin, "Editorial Comment," *AIM*, Vol. 6, 1919, 161-162 ; Gertrude Bonnin, "America, Home of the Red Man," *AIM*, Vol. 6, 1919, 165-167 ; Charles A. Eastman, "A Review of the Indian Citizenship Bills," *AIM*, Vol. 6, 1919, 181-183.

(22) Eastman, "The Indian's Plea for Freedom," 163.

(23) Charles A. Eastman, *From the Deep Woods to Civilization : Chapters in the Autobiography of an Indian* (Boston : Little, Brown, and Company, 1916), 195.

(24) Charles A. Eastman, "Opening Address by Dr. Charles A. Eastman," *AIM*, Vol. 7, 1919, 149-150.

(25) これと似た当時の議論として，John Walker Harrington, "Native Race Proposed for Full Citizenship in a Bill Now Before Congress ; Self-Determination for American Real Man," *NYT*, August 10, 1919, SM3-4.

(26) "Paul Crow Eagle," *AIM*, Vol. 7, 1919, 168 ; "Henry Fielder, Hampton Graduate, Sioux," *AIM*, Vol. 7, 1919, 168.

(27) 例えば，"Citizenship Carries Pauperism to Indians ; Land Speculators Grow Rich on the White Earth Reservation. Get Farms on Mortgages Half-Breeds, Released from Government Guardianship on June 21, an Easy Prey to Schemers," *NYT*, July 22, 1906, 2 ; "Grafting on the Indians and How it is done ; How Our 'Century of Dishonor' Has Been Replaced by an Era of Plain Swindling," *NYT*, August 7, 1910, SM6.

(28) Hearings with the Pine Ridge Delegates before E. B. Meritt, Assistant Commissioner of Indian Affairs, Washington, D.C. February 26, 1917, Records of the Bureau of Indian Affairs, Record Groups 75, National Archives, Washington, D.C. Central Classified

Files, Pine Ridge.

(29) "Address by Robert Yellowtail in Defense of the Rights of the Crow Indians, and the Indians Generally, Before the Senate Committee on Indian Affairs, September 9, 1919." U.S, Senate Report 219, 66th Cong., 1st sess., serial 7590 (Washington, D.C. : GPO 1919), quoted in Frederick E. Hoxie, *Talking Back to Civilization : Indian Voices from the Progressive Era* (Boston : Bedford/St. Martin's, 2001), 133-138.

(30) "Indians of New York State Discuss Citizenship Issue," *NYT*, November 13, 1921, E1.

(31) Howard McLellan, "Indian Magna Carta Writ in Wampum Belts ; Six Nations Show Treaty Granting Them Independent Sovereignty as Long as Sun Shines," *NYT*, Jun 7, 1925, SM16.

(32) Akwesasne Notes ed. *Basic Call To Consciousness* (Summertown, TN : Native Voices, 2005), 41-54.

(33) Barbara Graymont ed., *Fighting Tuscarora : The Autobiography of Chief Clinton Richard* (Syracuse, NY : Syracuse UP, 1973), 53.

(34) 1924年の移民割当法による移民集団の人種化については，Mae M. Ngai, "The Architecture of Race in American Immigration Law : A Reexamination of the Immigration Act of 1924," *Journal of American History* 86, No. 1, 1999, 67-92 を参照；Frederick E. Hoxie, *A Final Promise : The Campaign to Assimilate the Indians* (New York : Cambridge UP, 1989), 211-238.

(35) 国民国家による同化主義がかえってマイノリティのアイデンティティを創出するという基本的なパラドクスについては，テッサ・モーリス＝スズキ『辺境から眺める―アイヌが経験する近代―』大川正彦訳（みすず書房 2000)，183-184 参照。

(36) 年次集会の出席数は，初期には200人以上だったが，1915年には95人，1920年代初頭には一握りにまで落ち込んだ。

(37) Indian Reorganization Act, 25 U.S.C. 476；公式にはホイーラー＝ハワード法。

(38) Lewis Meriam et al. eds., *The Problem of Indian Administration* (Baltimore, MD : Johns Hopkins P, 1928).

(39) Prucha, *The Great Father*, 895-896.

(40) Felix S. Cohen は，インディアン再組織法の草案をつくり，1946年のインディアン請求委員会設立法制定も促した。アメリカ・インディアン問題協会（Association on American Indian Affairs : AAIA）の顧問弁護士とオグララ・スー族の弁護士を務めた。

(41) 例えば，以下がある。Thomas Biolsi, *Organizing the Lakota : The Political Economy of the New Deal on the Pine Ridge and Rosebud Reservations* (Tucson, AZ : U of Arizona P, 1992) ; Donald L. Parman, *The Navahos and the New Deal* (New Haven, CT : Yale UP, 1976) ; Lawrence L. Hauptman, *The Iroquois and the New Deal* (Syracuse, NY : Syracuse UP, 1981). 水野『〈インディアン〉と〈市民〉のはざまで』；野口久美子「インディアン再組織法審議案に見るインディアン・アイデンティティの多様性―インディアン議会議事録の検討を手がかりに―」『史苑』（立教大

学史学会）第 65 巻第 2 号（2005），119–143。

(42) Theodore H. Haas, *Ten Years of Tribal Government under I. R. A.*, Tribal Relations Pamphlets 1 (Chicago : United States Indian Service, 1947), 3.

(43) 北部平原部族でインディアン再組織法を採択したのは，Blackfeet, Fort Belknap Gros Venter and Assiniboine, Rocky Boy Cree and Ojibwa, Tongue River Cheyenne, Omaha, Northern Ponca, Fort Berthold Mandan, Hidatsa, Arikara, Standing Rock Sioux, Cheyenne River Sioux, Lower Brule Sioux, Yankton Sioux, Rosebud and Pine Ridge Sioux, Santee Sioux である。一方，Crow, Wind River Northern Arapaho, Fort Peck Assiniboine and Sioux, Crow Creek Sioux, Sisseton Sioux は否決した。オクラホマ州では，Cheyenne and Arapaho, Caddo, Pawnee, Iowa, consolidated Kiowa, Comanche, Plains Apache の各部族が受け入れた。

(44) Loretta Fowler, *The Columbia Guide to American Indians of the Great Plains* (New York : Columbia UP, 2003), 116–117 ; Biolsi, *Organizing the Lakota*, 96–98.

(45) Biolsi, *Organizing the Lakota*.

(46) Vine Deloria, Jr. and Clifford M. Lytle, *The Nations Within : The Past and Future of American Indian Sovereignty* (Austin, TX : U of Texas P, 1984), 13–15, 244–245.

(47) David E. Wilkins, *American Indian Politics and the American Political System* (Lanham, MD : Rowman & Littlefield Publishers, 2002), 113–114, 144–145.

(48) Lawrence M. Hauptman, *Tribes & Tribulations : Misconceptions about American Indian and Their History* (Albuquerque, NM : U of New Mexico P, 1995), 75 ; U.S. Department of the Interior, Office of Indian Affairs, Mobilization of the Indian Service and Indian Resources for National Defense, June 15, 1940 ; U.S. Department of the Interior, Office of Indian Affairs, *Indians in the War : Burial of a Brave* (Chicago : Haskell Printing Department, 1945).

(49) *Native American Rights Movement in the United States : An Interactive Encyclopedia*, "National Congress of American Indians' Platform (1944)" (Santa Barbara, CA : ABC-CLIO, 2000).

(50) NCAI 設立時から 1960 年代半ばまでの NCAI に関する分析として，Thomas W. Cowger, *The National Congress of American Indians : The Founding Years* (Lincoln, NE : U of Nebraska P, 1999) がある。NCAI の初期のリーダーには Robert LaFollette Bennett (Oneida) がおり，インディアン局会計と長官を務めた。NCAI は今日まで，先住民の代表的な政治団体として活動しているが，全国の会員は 250 の部族に及ぶ。会報として，*NCAI News* や *NCAI Sentinel* がある。

(51) Cowger, *The National Congress of American Indians*, 54–56.

(52) Kenneth R. Philp, *Indian Self-Rule : First Account of Indian-White Relations from Roosevelt to Reagan* (Logan, UT : Utah State UP, 1995), 150–160；上田伝明『インディアン請求委員会の研究』（法律文化社 1979）。

(53) マイヤーについては，以下を参照。Richard Drinnon, *Keeper of Concentration Camps : Dillon S. Myer and American Racism* (Berkeley, CA : U of California P,

1987).

(54) Oliver La Farge and Alexander Lesser, "What is Indian Self-Determination ?," *Indian Affairs*, No. 4, September 5, 1950, 4.

(55) "Self-Determination," *Indian Affairs*, No. 15, March 1956, 4.

(56) Adwin Hill, "Seek End of U.S. Indian Rule ; Ask 'First-Class Citizenship'—Chide Federal Bureau for Slow Progress Report to Congress Planned Reservation Plan Urged," *NYT*, May 13, 1950, 17.

(57) "The Menominee Face Economic Ruin, Klamath Destitution Forecast," *Indian Affairs*, No. 10, June 1955, 1-2 ; "The Aftermath of Termination—The Klamaths," *The Amerindian*, March-April 1962, 3.

(58) この時期の都市に暮らす先住民については，Donald L. Fixico, *The Urban Indian Experience in America*（Albuquerque, NM : U of New Mexico P, 2000）を参照。

(59) "Indians Speak Out ; At House Inquiry, They Ask More Freedom for Tribesmen," *NYT*, July 20, 1953, 19 ; John Collier, "Threat to Indian Rights Seen ; Bills Proposing Termination of Federal Services to Tribes Opposed," *NYT*, February 24, 1954, 24 ; Oliver La Farge, "The Federal Government Abandons Its Legal Responsibility," *Indian Affairs*, October 20, 1953, 1.

(60) "Indians Rally Against Abandonment," "Indian Protests are Mounting," *Indian Affairs*, No. 8, March 20, 1954, 1-2.

(61) この頃のNCAIについては，Dana Ann Rush, "National Congress of American Indians," *The Calmet*, August 1956, 1-6 参照。

(62) "'We Want to Keep Our Lands and Our People Intact,'" *Indian Affairs*, No. 12, October-November 1955, 1-2 ; "Great Plains Tribes Resist Sale of Their Lands," *Indian Affairs*, No. 25, March 1958, 1-4 ; "Indian Land Sales Investigated Public Hearings Possible," *Indian Affairs*, No. 27, July 1958, 1-4.

(63) Donald A. Grinde Jr. ed., *Native Americans*（Washington, D.C. : Congressional Quarterly P, 2002), 67.

(64) Agnes Dick, "A Menominee Views Termination," *Indian Voices*, December 1965, 13.

**第II章**

（1）1960年代の連邦先住民政策については，Thomas Clarkin, *Federal Indian Policy in the Kennedy and Johnson Administrations, 1961-1969*（Albuquerque, NM : U of New Mexico P, 2001）を参照。

（2）Oliver La Farge, "The Indians Want A New Frontier ; After years of betrayal, the temper of the original Americans is at boiling point," *New York Times*, January 11, 1961, SM12-16（以下，*NYT* と略記).

（3）"Declaration of Indian Purpose, June 1961," in Francis Paul Prucha ed., *Documents of United States Indian Policy*, Second Edition, Expanded（Lincoln, NE : U of Nebraska P, 1990), 244-246. シカゴ会議については，Nancy Oestreich Lurie, "The

Voice of the American Indian : Report on the American Indian Chicago Conference," *Current Anthropology*, Vol. 2, No. 5 (Dec., 1961), 478–500 が詳しい。Donald Janson, "Indians Demand New U.S. Policy ; 67–Tribe Conference Asks End of 'Termination,'" *NYT*, January 20, 1961, 16.

(4) バーネットはサウスダコタ州のローズバッド・スー族部族評議会議長を 1954 年から 62 年まで務め，自決を目指して部族政府を改革してきた。NCAI 執行部長となってからは，従来の NCAI の体制を批判してオグララ・スー族の H. Peterson を始めとする多くの政敵をつくり，財政問題によって 1964 年に辞任した。Thomas W. Cowger, *The National Congress of American Indians : The Founding Years* (Lincoln, NE : U of Nebraska P, 1999), 137, 141–143 ; Robert Burnette, *The Tortured Americans* (Englewood Cliffs, NJ : Prentice-Hall, Inc., 1971).

(5) Burnette, *The Tortured Americans*, Chapter 4.

(6) "NCAI Makes History," *NCAI Sentinel*, February-March 1963, n. p.

(7) "NCAI Seeks Help With PL83–280 Amendment," *The Amerindian*, March-April, 1963, 6.

(8) "Sioux Tribes Unite For Wounded Knee 1963," *NCAI Sentinel*, April-May 1963, n. p. ; "Sioux Indians Score Major Victory," *The Amerindians*, July-August, 1963, 3.

(9) "Indian Jurisdiction in South Dakota," *Indian Affairs*, No. 56, October 1964, 7 ; "South Dakota Voters Veto Jurisdiction Bill," *Indian Affairs*, No. 57, December 1964, 1 ; "Sioux fight Curb on Independence ; Indian Nation Is Sponsoring South Dakota Referendum," *NYT*, August 30, 1964, 72. 同様にノースダコタ州の部族も 1964 年に United Tribes of North Dakota を結成して州に働きかけた。"North Dakota Tribes Unites," *Indian Affairs*, No. 57, December 1964, 4.

(10) "Health and Economic Development," *Indian Affairs*, June 1964, No. 55, 3 ; Alan L. Sorkin, "The Economic and Social Status of American Indian, 1940–1970," *The Journal of Negro Education*, Vol. 45, No. 4 (Autumn 1976), 433.

(11) "Capitol Conference on Indian Poverty Sets Forth Needs and Aids," *The Amerindian*, May-June, 1964, Vol. 12, No. 5, 1–2 ; "Anti-poverty Committee Seeks Ideas from All Indians," *Twin Cities Indian News*, Vol. I, No. 4, March 1965, 6.

(12) LaDonna Harris, Edited by H. Henrietta Stockel, *LaDonna Harris : A Comanche Life* (Lincoln, NE : U of Nebraska P, 2006), 81.

(13) "Indian Tribes Across Country Developing Rehabilitation Programs," *The Amerindian*, July-August, 1964, 4.

(14) "Recommendations On Indian Affairs Drafted," *The Amerindian*, November-December, 1966, 5.

(15) "Housing Project Opens at Pine Ridge," *Indian Affairs*, December 1962, No. 49, 5 ; "Domestic Peace Corps Chooses Oglala Sioux," *Indian Affairs*, April 1963, No. 50, 1–2.

(16) "Sioux Community Action Program Starts," *Twin Cities Indian News*, Vol. I, No. 6,

July 1965, 2.

(17) "Anti Poverty Program : Local Workers Wanted !," *Rosebud Sioux Herald* (*Eyapaha*), November 1965, 1. ローズバッド保留地監督官の Harold Schunk も，1965 年から 66 年にかけて，コミュニティ活動の活性化を伝えている。"Superintendent's Comments," *Rosebud Teepee Talk*, June, July, September, November, December 1965, January, February, April, May 1966. 1970 年には，連邦住宅都市開発局（HUD）により，保留地の道路整備や住宅修理などのために，ローズバッド保留地へ 270 万ドルが支給された。"Housing Board Gets $2.7 million to Finish Up Sioux 400 Program," *Rosebud Sioux Herald* (*Eyapaha*), Vol. 8, No. 5, September 14, 1970, 1.

(18) "War on Poverty : Two Views," *Indian Affairs*, No. 61, December 1965, 1-3.

(19) "NCAI Urges Public Support of Industries Employing Indian Men and Women," *The Amerindian*, Vol. 15, No. 2, November-December 1966, 1.

(20) "Indians Take On More And More Reservation Self-Help Programs," *The Amerindian*, Vol. 16, No. 4, March-April 1968, 1 ; "Hopi Indians Contract for $1.5 Million Plant," *The Amerindian*, September-October, 1966, 6 ; "Seneca Indian Communities Transformed with New Homes and Modernization," *The Amerindian*, November-December, 1966, 7.

(21) Harris, *LaDonna Harris*, 81, 95-98.

(22) 例えば，シカゴにおける先住民の CAP については，James B. LaGrand, *Indian Metropolis : Native Americans in Chicago, 1945-75* (Champaign, IL : U of Illinois P, 2002) を参照。

(23) Burnette, *The Tortured Americans*, 106, 135-143 ; "Hard Fought Sioux : Elections Raise Big Issue," *Indian Voices*, Winter 1968, 2-3.

(24) "Poor to Speak Out," *Rosebud Sioux Herald* (*Eyapaha*), Vol. 8, No. 10, October 19, 1970, 1 ; "Mass Meeting Reset," *Rosebud Sioux Herald* (*Eyapaha*), Vol. 8, No. 13, November 9, 1970, 1. 先住民団体も，インディアン局や部族評議会の権力によって CAP が阻害されてはならないと主張している。"CAP on Indian Reservations," *The Warpath*, Vol. II, No. II, 1970, 4-5.

(25) Steiner, *The New Indians*, 195-197, 203-207. VISTA（Volunteers in Service to America）要員などは，ボランティアの内容をめぐって保留地で摩擦を生じるときもあった。例えば，"V. I. S. T. A Controversy Explored," *Indian Voices*, April & May, 1966, 26-28 ; Steiner, *The New Indians*, 203-214.

(26) 例えば，ウィネバゴ族の活動家でペヨーテ指導者となる Reuben Snake も CAP の仕事を通じて保留地に戻り，ヘッドスタートや教育関係のプログラムに携わった。Jay C. Fikes, *Reuben Snake, Your Humble Serpent : Indian Visionary and Activist* (Santa Fe, NM : Clear Light Publishers, 1996), 102-110.

(27) 1966 年にはスー族の Frank Delano Ducheneaux が OEO の地域担当コーディネーターに任命された。"Sioux Joins OEO," *Indian Voices*, February & March, 1966, 11 ; Steiner, *The New Indians*, 207-214.

(28) U.S. House, Committee on Interior and Insular Affairs, Subcommittee on Indian Affairs, *Indian Resources Development Act of 1967 : Hearings before the Subcommittee on Indian Affairs of the Committee on Interior and Insular Affairs, House of Representatives, Ninetieth Congress, first session, on H. R, 10560* (Washington, D.C. : GPO, 1967), 33 ; "New Indian Legislation : Statement by Secretary of the Interior Stewart L. Udall on Indian Resources Development Act, May 16, 1967," *Indian Voices*, Winter 1968, 23-24 ; "Omnibus Bill Has Been Introduced in Senate," *The Amerindian*, Vol. 15, No. 6, July-August, 1967, 1-2.

(29) オムニバス法案の顚末については，"The Omnibus Bill," *NCAI Sentinel*, Vol. 13, No. 2, Summer 1968, 12-13, 34 ; Christopher K. Riggs, "American Indians, Economic Development, and Self-Determination in the 1960s," *Pacific Historical Review*, August 2000, Vol. 69, Issue 3, 431-465.

(30) "Bennett Named Indian Commissioner," *Indian Voices*, April & May, 1966, 3-4 ; "Excerpts from Remarks of Secretary of Interior, Stewart L. Udall to Bureau of Indian Affairs Employees on March 22, 1996," "Excerpts from Remarks by Robert L. Bennett Commissioner of Indian Affairs, Before the Indian Rights Association on April 26, 1966," *Indian Voices*, April and May, 1966, 9-11 ; "Chief of Indian Affairs Seeks Elimination of Paternalism," *Indian Voices*, July 1966, 7-8 ; 1965 年 4 月にインディアン局長に就任したベネットについては，"Robert L. Bennett, Commissioner of Indian Affairs, 1966-69. Interview by Joe B. Franz. Washington, D.C., November 13, 1969," in Robert E. Lester ed. *Oral Histories of the Johnson Administration, 1963-1969, pt. 1 : The White House and Executive Departments* (Frederick, MD : U Publications of America, 1988) 参照。

(31) Donald Janson, "Indian Bureau Parlev Rebuffs Tribes," *NYT*, April 14, 1966 ; Donald Janson, "2 Indian Demands Granted by Udall," "Udall Promises 'New Approach' to End Poverty of Indian Tribes," *NYT*, April 16, 1966 ; Donald Janson, "Indian Bureau Head Hails Udall Plan," *NYT*, April 17, 1966 ; "BIA and NCAI Meet in New Mexico," *Indian Voices*, April & May, 1966, 4.

(32) "BIA Discusses Omnibus Legislation," *NCAI Sentinel*, Vol. 12, No. 1, Winter 1966, n. p. ; "Recommendations On Indian Affairs Drafted," *The Amerindian*, November-December, 1966, 5 ; "Omnibus Bill Filed," *NCAI Sentinel*, No. 12, No. 2, Spring 1967, n. p. ; Steiner, *The New Indians*, 250-253, 264-267.

(33) "Justice and 'Just Compensation'—The American Way of Land Acquisition," *NCAI Sentinel*, Vol. 11, No. 3, Summer 1966, n. p.

(34) "Editorial : We must stand up—before we can stand together," *NCAI Sentinel*, Convention Issue, Vol. 11, No. 5, 1966, n. p. この頃，内務長官ユードルに対する批判が高まった。"Udall's Attempt to Illegally Derogate Indian's Rights," *Indian Voices*, July 1966, 16-17.

(35) 1965 年の夏の時点で 90 部族の会員の内，会費を支払った部族は 33 とある。"Tribal

Membership," *NCAI Sentinel*, Vol. 11, No. 3, Summer 1965, 3.

(36) デロリアの合衆国政府やインディアン局などに対する痛烈な批判は *Custer Died for Your Sins* (1969) を皮切りに，*We Talk, You Listen* (1970), *Behind the Trail of Broken Treaties* (1974) においても展開された。そして，1969 年から 71 年のアルカトラズ島占拠，1972 年のワシントンのインディアン局本部占拠，1973 年のウンデッドニー占拠といった当時の先住民運動にも影響を与えた。

(37) "NCIA Holds Convention in Oklahoma City," *The Amerindian*, Vol. 15, No. 3, January-February, 1967, 1, 4. ; "N. C. A. I Meeting," *Indian Voices*, September 1966, 14-15 ; *Indian Voices*, October 1966, 3 ; "NCAI Holds Productive Meeting," *Indian Voices*, November 1966, 2-3 ; "Comments on Indian Legal Situation," *Indian Voices*, February & March 1967, 28-29 ; Steiner, *The New Indians*, 268-271.

(38) "Tribe Against New 'Omnibus' Bill," *Indian Voices*, February & March 1967, 31-33 ; "Indian Statement of Policy and Legislation, Washington DC, February 2, 1967" in Alvin Josephy, Jr., Joane Nagel, and Troy Johnson, *Red Power : The American Indian's Fight for Freedom*, Second Edition (Lincoln, NE : U of Nebraska P, 1999), 75-77 ; "Division of Omnibus Bill Asked by Tribal Leaders After Careful Discussion," *The Amerindian*, Vol. 15, No. 4, March-April, 1967, 1 ; Steiner, *The New Indians*, 283-287.

(39) "Which Way Indians ?," *NCAI Sentinel*, Vol. 12, No. 2, Spring 1967, n. p.

(40) "Land, Land, and More Land," *NCAI Sentinel*, Vol. 12, No. 2, Spring 1967, n. p.

(41) "U.S. Senate Sets Hearings at Rosebud," *Rosebud Sioux Herald* (*Eyapaha*), Vol. 5, No. 19, May 13, 1968, 1, 4.

(42) U.S. House, Committee on Interior and Insular Affairs, Subcommittee on Indian Affairs, *Indian Resources Development Act of 1967 : Hearings*, 45, 48-50, 92.

(43) Riggs, "American Indians, Economic Development, and Self-Determination in the 1960s," 431-465.

(44) Bennett, Interview by Joe B. Franz. Washington, D.C., November 13, 1969. in Robert E. Lester ed. *Oral Histories of the Johnson Administration, 1963-1969*, pt. 1, 32, 34-35.

(45) "President Johnson, Special Message to Congress, March 6, 1968," in Prucha ed., *Documents of United States Indian Policy*, 256-258 ; "The President's Message to Congress," *Indian Affairs*, No. 69, January-March, 1968, 1-2.

(46) "President Johnson Presents Goals Message to Congress," *The Amerindian*, Vol. 16, No. 5, May-June, 1968, 1, 3. 全国インディアン機会評議会（NCIO）は，副大統領を会長として先住民と非先住民の代表から成り立っていたが，ニクソン政権になるまで実質的に活動が見られなかった。1970 年から 72 年にかけて *NCIO News* を発行した。

(47) Steiner, *The New Indians*, 259.

(48) Samuel R. Cook, "What is Indian Self-Determination ?" in *Red Ink*, Vol. 3, No. 1,

May 1994.

(49) "Indians Back Poverty War," *Indian Voices*, Winter 1968, 22 ; Riggs, "American Indians, Economic Development, and Self-Determination in the 1960s."

(50) U.S. Senate, Committee on the Judiciary, Subcommittee on Constitutional Rights, *Constitutional Rights of the American Indian : Summary Report of Hearings and Investigations, Eighty-eighth Congress, second session, pursuant to S.Res. 265* (Washington, D.C. : GPO, 1964) ; "Sub-Committee Releases Reports on Rights," *The Amerindian*, Vol. 13, No. 3, January-February, 1965, 5 ; "Senator Erwin to Introduce Indian Rights Bills," *The Amerindian*, Vol. 13, No. 6, July-August, 1965, 6.

(51) "NCAI Committee Hold Important Meeting," *Indian Voices*, February 1964, 5. その他，インディアン公民権法案については，"Congress Will Get Indian Rights Bills," *Twin Cities Indian News*, Vol. I, No. 3, January 1965, 1, 4 ; "Walker Named to Civil Rights Group," *Twin Cities Indian News*, Vol. I, No. 6, July 1965, 3 ; John R. Wunder, *"Retained by the People" : A History of American Indians and the Bill of Rights* (New York : Oxford UP, 1994), 140-141.

(52) "Sioux Tribe Acts for Civil Rights," *Indian Voices*, February & March 1967, 10-11.

(53) David E. Wilkins, *American Indian Politics and the American Political System* (Lanham, MD : Rowman & Littlefield Publishers, 2002), 115-116 ; Vine Deloria, Jr. and Clifford, M. Lytle, *American Indians, American Justice* (Austin, TX : U of Texas P, 1983), 126-130 ; Francis Paul Prucha, *The Great Father : The United States Government and the American Indians* (Lincoln, NE : U of Nebraska P, 1984), 1106-1110；1974年には14のプエブロ代表が部族主権を理由に，インディアン公民権法の修正を連邦政府に求めた。"Pueblos Voice Objections to 1968 Civil Rights Act ; Ask Passage of Amendment," *Wassaja*, Vol. 2, No. 1, January 1974, 13. ただし，1978年のSanta Clara Pueblo v. Martinez (439 U.S. 49) において合衆国最高裁判所は，インディアン公民権法の管轄権が，特別な場合を除き連邦裁判所ではなく部族裁判所にあることを判決した。

(54) Will Kymlicka, *Multicultural Citizenship : A Liberal Theory of Minority Rights* (New York : Oxford UP, 1995), Chapter 3. ウィル・キムリッカ『多文化時代の市民権―マイノリティの権利と自由主義―』角田猛之，石山文彦，山崎康仕監訳（晃洋書房 1998)，第3章。

(55) Deloria, *Nations Within*, 206-207 ; George Pierre Castile, *To Show Heart : Native American Self-Determination and Federal Policy, 1960-1975* (Tucson, AZ : U of Arizona P, 1998), 61-62 ; Vine Deloria, Jr., *Custer Died for Your Sins* (New York : Macmillan, 1969), 169-195 ; Rennard Strickland et al., *Felix Cohen's Handbook of Federal Indian Law, 1982 ed.* (Charlottesville, VA : Michie Co., 1982), 666-670.

(56) "National Congress of American Indians Convention," *Indian Voices*, November 1965, 6.

(57) "NCAI Commended," *NCAI Sentinel*, Vol. 13, No. 2, Summer 1968, 7-8.

(58) "Where Were You When We Needed You ?," *NCAI Sentinel*, Vol. 13, No. 2, Summer 1968, 9–10.

(59) "NCAI Convention Adopts Seven Major Resolutions," *The Amerindian*, Vol. 17, No. 2, November-December 1968, 6.

(60) "Condemn Use of Indians In Anti-War Demonstrations," *The Amerindian*, Vol. 15, No. 4, March-April 1967, 6; "AICRC Stirs Up Local Sioux," *Indian Voices*, Winter 1968, 9. ベトナム戦争における先住民兵士については，Tom Holm, *Strong Hearts Wounded Hearts : Native American Veterans of the Vietnam War* (Austin, TX : U of Texas P, 1996）参照。

(61) "Navajos Oust Mime Troupe As Obscene, Un-American," *The Amerindian*, Vol. 17, No. 6, July-August 1969, 4.

(62) Steiner, *The New Indians*, 28–47. 例えば，コロラド大学では先住民問題に関する夏期ワークショップが開講された。6週間のコースで先住民の歴史，現代の先住民問題，先住民法，アメリカ社会，社会科学一般をテーマに毎年20〜30人の先住民学生が学んだ。"The Workshop to be Held Again This Summer," *Indian Voices*, April 1, 1963, 2; "Indian Youth News," *Indian Voices*, September 1963, 3–5.

(63) Steiner, *The New Indians*, 86.

(64) "Declaration of Indian Purpose, June 1964," in Prucha ed., *Documents of United States Indian Policy*, 244–246. NIYC創設メンバーには，Melvin D. Thom (Paiute), Clyde Warrior (Ponca), Shirley Hill Witt (Mohawk）など各部族の若者がいた。*Aborigine* (National Indian Youth Council), Gallup, N. M., August 1961; "NIYC Celebrates 30 Years—Early Days Recalled," *Americans Before Columbus*, Vol. 20, No. 3, 1993, 1, 3.

(65) NIYCは発足後，機関紙 *Aborigine* や後続の *Americans Before Columbus* を発行した。一時期，活動が中断したが，1970年代に環境問題に関する先住民の権利を擁護し，80年代には，先住民の宗教的自由の保護，投票権の確保・促進，そして西半球の先住民との連帯にまで目標を広げた。1984年に国連経済社会理事会（ECOSOC）の諮問機関の地位を確保した。現在，本部がニューメキシコ州アルバカーキにある。詳しくは，"Marcus E. Jacobson paper on NIYC history, 1991," National Indian Youth Council, National Indian Youth Council Records, 1935–2000 (bulk 1961–1993), Center for Southwest Research, U Libraries, U of New Mexico, Box 1, Folder 33; "National Indian Youth Council Now Formed," *The Amerindian*, Vol. 10, No. 6, July-August, 1962, 4; Wilkins, *American Indian Politics and the American Political System*, 209–210; Mary B. Davis ed., *Native America in the Twentieth Century : An Encyclopedia* (New York : Garland Publishers, 1994), 373–374.

(66) Troy Johnson, Joane Nagel, and Duane Champagne eds., *American Indian Activism : Alcatraz to the Longest Walk* (Urbana and Chicago : U of Chicago P, 1997）は，狭義のレッド・パワーの始まりをアルカトラズ島占拠としているが，Davis ed. *Native America in the Twentieth Century* は，"Red Power" の項目をシカゴ会議・NIYC設

立から説明している。本書では，広義の意味により，レッド・パワーを 1961 年の NIYC 設立から 1978 年のロンゲスト・ウォークに至る NIYC, IAT（Indians of All Tribes), AIM などの各先住民団体によって導かれた一連の運動として扱う。
(67) "NIYC to Take Action on Indian Problems," *Indian Voices*, February 1964, 4.
(68) "Washington Tribes Take Direct Action to Defend Treaty Rights," *Indian Voices*, April 1964, 4-5.
(69) "NIYC Celebrates 30 Years—Early Days Recalled," *Americans Before Columbus*, Vol. 20, No. 3, 1993, 1, 3.
(70) "NIYC Annual Meeting, Neah Bay, Washington," *Indian Voices*, April 1964, 9-10. 監督派教会センター全国会議の Daisuke Kitagawa は NIYC を支援した。その他，フィッシュインについては，"Fishing Ban Brings Battle with Wardens," *Indian Voices*, October 1965, 4.
(71) "NIYC Meets at Flathead Lake," *Indian Voices*, October 1965, 6-7. 1965 年の集会にはカナダからの部族も集まり，同じ頃，カナダ先住民の間でも Canadian Indian Youth Council がウィニペグで結成され，翌年にはアルバータ州の州議事堂でのカナダ先住民によるデモを支援した。"Indian Youth Forms Council," *Indian Voices*, October 1965, 7-8；"Canadian Indian Stage March," *Indian Voices*, August 1966, 10-11；"NIYC Opposes Termination Policy," *Indian Voices*, April & May 1966, 16-17；"NIYC Proposes New Termination Study," *Americans Before Columbus*, July 1966, 1.
(72) "N. I. Y. C. Announces Institute," *Indian Voices*, December-January 1967, 24.
(73) "Marcus E. Jacobson paper on NIYC history, 1991," National Indian Youth Council Records, Box 1, Folder 33, 3, 7, 12, 14-15；"Poor People's Campaign, 1968," National Indian Youth Council Records, Box 28, Folder 6；"NIYC's Melvin D. Thom," *Americans Before Columbus*, Vol. 13, No. 2, 1985, 3.
(74) "Reflections on Montgomery," *Americans Before Columbus*, November 1965, 3.
(75) Mel Thom, "Indian War 1964," in *Aborigine*, Vol. III, No. 1, 1964, 7-8.
(76) "Report of the AIC Sioux 'Lakota' Club," *Chicago Warrior*, American Indian Center, Inc., Chicago, Illinois, March 20, 1965. シカゴの先住民に関しては，Terry Straus ed., *Native Chicago*, Second Edition (Chicago : Albatross P, 2002)；青柳清孝「大都市シカゴとインディアン都市―先住民社会史への試み―」青柳清孝，松山利夫編『先住民と都市―人類学の新しい地平―』(青木書店 1999)，第 13 章，を参照。
(77) 例えば，ミネソタ州ツインシティに暮らすオジブワ族が 1950 年に結成したツインシティ・チッペワ評議会（1964 年には 400 名）は，土地賠償金の支払い方法を定めた部族選挙で自分たちが投票権を与えられなかったために故郷のミネソタ・チッペワ部族政府と内務省を告訴した。また，1971 年 3 月のカンザスシティでの「インディアンの自決に関する全国会議」では，クリーブランドのインディアン・センター長として R・ミーンズが都市の先住民も連邦補助金を受け取れるように保留地の部族政府に支援を呼びかけた。"Twin City Chippewa Council Eager to See Claims Settled," *Twin City Indian News*, Vol. I, No. 3, January, 1965, 2；"Urban Indians Gives

Views," *Rosebud Sioux Herald* (*Eyapaha*), Vol. 8, No. 33, March 29, 1971, 6.

(78) "Comments on the Federal-Indian Relationship," *NCAI Sentinel*, Convention Edition, Fall 1968, n. p.

(79) "NCAI Convention Adopts Seven Major Resolutions," *The Amerindian*, Vol. 17, No. 2, November-December 1968, 6.

(80) AIMには，OEOを通じて約40万ドルが補助金として支給されたが，ミネソタ州セントポールのカトリック教会やアメリカ・ルーテル教会（American Lutheran Church），世界教会協議会（World Council of Churches）などが約30万ドルの献金をした。"Behind the Screens at Wounded Knee," *The Amerindian*, Vol. 22. No. 1, 1973, 1. 献金に努めたアメリカ・ルーテル教会社会福祉部門長のPaul Boeは，AIM活動家に招かれて1973年のウンデッドニー占拠事件を目の当たりにした。Willmar Thorkelson, "Mending hearts at Wounded Knee," *Luchip Spearhead*, Vol. 8, No. 1, March 1975, 22-23. ウンデッドニー占拠事件に対するルーテル教会の姿勢については，"Prescription for Wounded Knee : Amputation or Restoration ?," *Luchip Spearhead*, Vol. 6, No. 1, June 1973, 7-11 ; "Clergy Hear AIM Explained," *Rosebud Sioux Herald* (*Eyapaha*), Vol. 8, No. 14, November 16, 1970, 12.

(81) "NIYC Celebrates 30 Years—Early Days Recalled," *Americans Before Columbus*, Vol. 20, No. 3, 1993, 1, 3.

(82) Juanita Berryman, "ACLU Defends Constitutional Rights," *Twin Cities Indian News*, Vol. I, No. 3, January 1964, 5.

(83) "Twin Cities Figures Show Problems," *Twin Cities Indian News*, Vol. I, No. 3, January 1964, 6.

(84) "Letters to the Editor," *Americans Before Columbus*, December 1969-January 1970, 2.

(85) バンクスとミーンズについては以下を参照。Russell Means with Marvin J. Wolf, *Where White Men Fear to Tread : The Autobiography of Russell Means* (New York : St. Martin's Griffin, 1995)；デニス・バンクス，森田ゆり共著『聖なる魂—現代アメリカン・インディアン指導者の半生—』（朝日新聞社 1993）。

(86) Fikes, *Reuben Snake*, 113.

(87) *Native American Rights Movement in the United States : An Interactive Encyclopedia*, "AIM" (Santa Barbara, CA : ABC-CLIO, 2000).

(88) 当時の都市における先住民の状況については，例えば，Ilka Hartmann, "The Crisis of Dislocated People : American Indians on the Cement Prairie," *Smoke Signals*, Vol. 4, No. 3, March 1973, 5-7 ; Vol. 4, No. 4, April 1973, 5, 8, 12-13 ; "Modern Day Pocahontas Views the White Man's Megalopolis," *Smoke Signals*, Vol. 4, No. 7, September 1973, 13.

(89) "Alcatraz Islands Reclaimed by Indians," *Americans Before Columbus*, December 1969-January 1970, 8.

(90) Troy R. Johnson, *The Occupation of Alcatraz Island : Indian Self-Determination and the Rise of Indian Activism* (U of Illinois P, 1996). United Native Americansは，

Lehman L. Brightmanを会長として1967年にサンフランシスコで設立された。1968年から73年にかけて機関紙 *The Warpath* を発行し，インディアン局や内務省の政策を痛烈に批判した。

(91) アルカトラズ島占拠の間には，シアトル近くのロートン砦，シカゴの旧ナイキ・ミサイル基地，マサチューセッツ州プリマスのメイフラワー号のレプリカ，サウスダコタ州ラシュモア山など，各地でも占拠事件が起こった。

(92) "Model Urban Indian Center Program Granted," *Luchip Spearhead*, Dec, 1971, 23 ; "1971 : the Year in Review," *NCAI Sentinel*, Winter 1971, 3. サンフランシスコのインディアン・センターは，1970年10月に再建され，従来の雇用案内や法律相談，交通，結婚相談，アルコール対策などの事業の他，託児所やインディアン文化・職業訓練の授業，講義も提供されるようになった。"Indian Center," *Rosebud Sioux Herald* (*Eyapaha*), Vol. 8, No. 8, October 5, 1970, 6.

(93) "Refuses to Join," *Rosebud Sioux Herald* (*Eyapaha*), Vol. 8, No. 39, May 10, 1971, 6d.

(94) 例えば，サンフランシスコの先住民団体 United Native Americans が発行した *The Warpath* は，しばしば先住民の信仰や歴史的英雄を頻繁に取り上げ，Indian Power や Red Power を説いた。"Indian Religion," *The Warpath*, Vol. I, No. 3, 1969, 3.

(95) Means with Wolf, *Where White Men Fear to Tread*, 182.

(96) "Indian Civil Rights Group Organized," *Indian Voices*, Winter 1968, 12–13.

(97) Robert Burnette and John Koster, *The Road to Wounded Knee* (New York : Bantam Books, 1974), 198 ; "Marcus E. Jacobson paper on NIYC history, 1991," National Indian Youth Council Records, Box 1, Folder 33, 20.

(98) キャラバンに参加した先住民団体は，AIM以外に，NIYC, National Indian Brotherhood（カナダの団体), Native American Rights Fund, National American Indian Council, National Council on Indian Work, National Indian Leadership Training, American Indian Committee on Alcohol & Drug Abuseの計8団体である。

(99) バンクス・森田『聖なる魂』，187–188.

(100) "The Twenty-Point Proposal of Native Americans on the Trail of Broken Treaties, Washington DC, October 1972," in Josephy, Jr. et al., *Red Power*, 44–47.

(101) U.S. House, Committee on Interior and Insular Affairs, Subcommittee on Indian Affairs, Seizure of Bureau of Indian Affairs Headquarters : Hearings before the Subcommittee on Indian Affairs of the Committee on Interior and Insular Affairs, House of Representatives, Ninety-second Congress, second session (Washington, D.C. : GPO, 1972). 占拠した先住民62人の内，10人がカンザス州ローレンスのハスケル学院 (Haskell Institute) の学生であった；"Trail of Broken Treaties Disrupted As Police Violence Threatens Indians," *Wassaja*, Vol. 1, No. 1, January 1973, 15；占拠事件は，Stokeley Carmichael, Benjamin Spock, Shirley Chisholmなどの非先住民の支持も得た。"Indians Seize BIA Office Loot and Wreck Building Repudiated by Tribes," *The Amerindian*, Vol. 21, No. 2, November-December 1972, 1, 6.

(102) "Indians Seize BIA Office Loot and Wreck Building Repudiated by Tribes," *The Amerindian*, Vol. 21, No. 2, November-December 1972, 1, 6.; William M. Blair, "Indians Ripped Up Federal Building; Bureau Is Found Littered by Debris After Protest," *NYT*, November 10, 1972, 17; "Chairman Peter MacDonald Answers Face the Nation Describes Indian Situation as 'Frustration, Despair,'" *Wassaja*, Vol. 1, No. 1, January 1973, 13, 14.

(103) Paul Chaat Smith and Robert Allen Warrior, *Like a Hurricane: The American Indian Movement From Alcatraz to Wounded Knee* (New York: The New P, 1996).

(104) 関根政美『エスニシティの政治社会学―民族紛争の制度化のために―』（名古屋大学出版会 1994），165-183；同『多文化主義社会の到来』（朝日新聞社 2000），32-38.

(105) ここでの伝統派とは，第V章第2節でも論じるが，部族の伝統に通じた長老やメディスンマンを中心として自決を重視し，連邦政府による管理や一方的な経済開発を警戒する立場である。占拠者の8割以上がオグララ・スー族であった。Bette Crouse Mele, "Wounded Knee Seen Symbol of Resistance," *Wassaja*, Vol. 1, No. 2, February-March 1973, 1.

(106) Thomas Biolsi, *Organizing the Lakota: The Political Economy of the New Deal on the Pine Ridge and Rosebud Reservations* (Tucson, AZ: U of Arizona P, 1992), 184.

(107) Deloria, *Nations Within*, 12-13; John Kifner, "At Wounded Knee, Two Worlds Collide; At Wounded Knee, a Century-Long Conflict of Two Cultures Is Unresolved," *NYT*, March 24, 1973, 1-2; Burnette and Koster, *The Road to Wounded Knee*, Chapter 10. 当時のパインリッジ保留地の状況については，"Visiting the Oglala Sioux: Reservation Indians Struggle to Reclaim Their Lost Heritage," *Smoke Signals*, Vol. 3, No. 7, July 1972, 5, 7.

(108) Agis Salpukas, "Sioux Divided About U.S.-Indian Negotiations at Wounded Knee; Hundreds Expected," *NYT*, May 16, 1973, 18；会談後の政府代表の書簡とオグララ・スー族側の回答については，"Federal Indian Policy Seen in Wounded Knee Struggle," *Wassaja*, Vol. 1, No. 5, July 1973, 9-12 を参照。

(109) Martin Waldrons, "Indian Movement Begins Religious Rites; Leaders For Ceremonies," *NYT*, July 27, 1973, 29.

(110) 1980・90年代に，AIMの活動家としてバンクスとミーンズは先導的立場にあり続けたが，AIM全体はかつてほど明確な方針や影響力を持たなくなった。1992年に，コロンブス新大陸到着500周年記念への反対運動の中でAIMは復活の兆しを見せ，AIM各支部の代表者会議が翌年，ニューメキシコで開催された。しかし，AIMの初期リーダーの間で分裂が生じ，1990年代半ばまでにAIMは実質的に，ミネアポリスに本部を置き，ベルコート兄弟が率いるNational American Indian Movement Inc., と，R・ミーンズたちがデンバーを中心に組織するConfederation of Autonomous AIMとの2つに分裂した。Wilkins, *American Indian Politics and the American Political System*, 210-211.

(111) Davis, *Native America in the Twentieth Century*, 372.

(112) "Behind the Scenes at Wounded Knee," *The Amerindian*, Vol. 22, No. 3, January-February, 1974, 1. その後もパインリッジ保留地では貧困が続いた。"Calico," "Red Cloud's People—The Oglala Sioux of the Pine Ridge Reservation," "Wanblee: A Forgotten Community," *Crazy Horse News*, April 1975, 5, 7. 当時，合衆国の平均寿命は 67 歳に対して，先住民は 43 歳であった。

(113) "Wounded Knee The Trial and The Tribulation," *The Amerindian*, Vol. 22, No. 3, January-February, 1974, 6. 1973 年の 5・6 月号から 11・12 月号の *The Amerindian* にはウンデッドニー事件に関する記事が連載されている。インディアン法開発研究所は訴訟に取り組むとともに，インディアン法専攻の学生を養成し，テキストを出版した。"Deloria Heads New Indian Law Institute," *The Amerindian*, Vol. 20, No. 2, November-December 1971, 6.

(114) "American Indian Movement, Losing Strength Among Indian People, Because of their Hard Handed Rule Tactics, Over their Own Supporters," *Crazy Horse News*, April 11, 1974, 1, 8; "American Indian Movement," *Crazy Horse News*, October 1975, 15; "The American Indian Movement," *Crazy Horse News*, May 29, 1976, 2.

(115) "A Historic Event in U.S. Senate," *Wassaja*, Vol. 3, No. 10, October 1975, 1-3; "The Lakotas in Washington," "Oglalas Secede from Tribal Government: Demand Enforcement of 1868 Treaty," *Wassaja*, Vol. 3, No. 9, September 1975, 1, 3, 5, 11.

(116) "This Situation is Being Said Over and Over, But Nothing Has Ever Been Done About It," *Crazy Horse News*, October 1975, 8-10.

(117) "Nixon Proxy Tells Policy on Indians," *Omaha World-Herald*, September 28, 1968, 3; "Statement by Richard M. Nixon, A Brighter Future of American Indian," *NCAI Sentinel*, Convention Edition, Fall 1968, n. p.; "Nixon's Indian Policy," *Indian Affairs*, No. 72, September-November 1968, 3.

(118) "Message to Congress on Indian Affairs, President Richard M. Nixon, July 8, 1970," in Josephy, Jr. et al., *Red Power*, 101-118; "Nixon Gives Indians National Attention," *NCAI Sentinel*, July 1970, 10; *NCAI Sentinel*, August 1970, 7-10; *NCAI Sentinel*, Convention Issue, 1970, 20-25.

(119) タオスのブルーレイク問題については，以下を参照。R. C. Gordon-McCutchan, *The Taos Indians and the battle for Blue Lake* (Santa Fe, NM: Red Crane Books, 1995).

(120) NTCA の設立は，1971 年 2 月にモンタナ州ビリングズで開かれた全国保留地部族議長会議にて，インディアン局が先住民政策を決める際に部族指導者との協議が十分でないことから提案された。翌月のカンザスシティでの「インディアンの自決に関する全国会議」では，400 人以上の先住民指導者が集ったが，NCAI 以外の新たな部族代表による全国組織設立は僅差で否決された。都市の先住民を除いて，保留地の先住民だけによる全国組織に反対したのである。しかし，同年 4 月末にサウスダコタ州ピアでの会議で NTCA 設立は可決され，15 人の部族代表から成るインディアン局への諮問委員会がつくられたが，全体の支持率は高くはなかった。NTCA 設立は，従来からあった都市と保留地の先住民間の溝を深めることになった。また，NTCA は連邦

援助を受けているために連邦政府寄りで，NCAIとは異なり，必ずしも部族員の意思を代弁しないと批判された。実際にNTCAは，他の急進的な先住民団体や運動には反対したが，1978年のロンゲスト・ウォークは支持するに至った。“NCAI, NTCA in controversy,” *Rosebud Sioux Herald* (*Eyapaha*), Vol. 8, No. 32, March 22, 1971, 6b–6c ; “Tribal Chairman to Advice BIA,” *Rosebud Sioux Herald* (*Eyapaha*), Vol. 8, No. 39, May 10, 1971, 8–9 ; “1971 : the Year in Review,” *NCAI Sentinel*, Winter 1971, 3 ; Wilkins, *American Indian Politics and the American Political System*, 205–206 ; “Leadership and Unity is Lacking,” *Wassaja*, Vol. 4, No. 4, April 1976, 9.

(121) “NCAI Takes Policy Position on BIA,” *The Amerindian*, Vol. 17, No. 6, July-August 1969, 5.

(122) “BIA to be Completely Reoriented—Bruce,” *The Amerindian*, Vol. 18, No. 6, July-August 1970, 1–2 ; “He said he would—and he has—no doubt about it—BIA is changed,” *The Amerindian*, Vol. 19, No. 3, January-February 1971, 1.

(123) “Indians Operate and Control Own Programs,” *The Amerindian*, Vol. 19, No. 3, January-February, 1971, 5.

(124) “BIA Announces Major New Redirection Program,” *The Amerindian*, Vol. 20, No. 3, January-February 1972, 1, 6. このような内務省インディアン局における革新派と守旧派の対立を克服するために，NCAIやAIM，NIYCなどの先住民各団体はCOINS (Coalition of Organized Indians and Natives) を結成し，対応を試みた。

(125) インディアン局が管理していた従来の回転ローン資金に5000万ドルを追加して，先住民部族や個人に新たな連邦ローンが用意された。“New Indian Financing Act is Signed by Nixon,” *The Amerindian*, Vol. 22, No. 6, July-August, 1974, 5.

(126) U.S. Senate, Committee on Interior and Insular Affairs, Subcommittee on Indian Affairs, *Indian Self-Determination and Education Assistance Act : Hearings before the Subcommittee on Indian Affairs of the Committee on Interior and Insular Affairs, House of Representatives, Ninety-third Congress, second session, on S. 1017 and related bills* (Washington, D.C. : GPO, 1974).

(127) “This Situation is Being Said Over and Over, But Nothing Has Ever Been Done About It,” *Crazy Horse News*, October 1975, 8–10.

(128) “Citizenship Refused by Some Indians,” *Wassaja*, Vol. 1, No. 4, June 1973, 16.

(129) “Declaration of Continuing Independence by the First International Indian Treaty Council,” *Wounded Knee Legal Defense/Offense Committee Newsletter*, July 1, 1974, 5–7.

(130) “International Treaty Council Attended by 3,000 Native Peoples,” *Akwesasne Notes*, Early Summer 1974, 4–5 ; “AIM to Go to United Nations,” *Wassaja*, Vol. 2, No. 6, July 1974, 13.

(131) “American Indians Speak in Geneva,” *Native American Solidarity Committee*, March 1978, 15（以下，*NASC*と略記）.

(132) Steiner, *The New Indians*, 279.

(133) 1969年の *NCAI Sentinel* にはカナダのモホーク族によるデモに関する論説が掲載されている。Dr. James A. Duran, Jr., “Why Canadian Indians Demonstrate,” *NCAI Sentinel*, Winter/Spring, 1969, 19–22 ; “Native Chronicle 1972,” *NCAI Sentinel*, Winter 1972, 3.

(134) 例えば，“Natives of the Western Hemisphere,” *Wassaja*, Vol. 1, No. 3, April-May 1973, 11 ; Vol. 1, No. 4, June 1973, 11 ; Vol. 1, No. 5, July 1973, 15 ; Vol. 1, No. 8, November 1973, 11 ; Kevin Gilbert, “Australian Aborigine Education,” *Wassaja*, Vol. 4. No. 5, May 1976, 4. *Wassaja* は，1973年から83年まで Cahuilla 族の歴史家 Rupert Costo が代表を務めるアメリカ・インディアン歴史協会（サンフランシスコ）が発行したが，その名称は20世紀初頭にアパッチ族の知識人C・モンテズマが発行した機関誌に因んで名付けられた。

(135) “Treaty Council Prepares for Geneva Conference,” *Wassaja*, Vol. 5, No. 6, September 1977, 14 ; “Second International Indian Treaty Conference,” *NASC*, July 1976, n. p. ; “Move for Unity,” *Wassaja*, Vol. 4, No. 7, July 1976, 19 ; “Challenge Genocide and Colonization With Truth and Action,” *NASC*, December 1976, 2 ; “The Traditional Indian and Citizenship,” *Wassaja*, Vol. 5, No. 1, January 1977, 19 ; “North American Sovereign Nations,” *Akwesasne Notes*, Late Autumn 1976, 16–19.

(136) “Indians Prepare for Geneva,” *Treaty Council News*, Vol. 1, No. 4 & 5, July/August 1977, 1–3 ; “3rd International Indian Treaty Conference,” *NASC*, June 1977, 5 ; Jimmie Durham and Russell Means, “A New Stage in History,” *Treaty Council News*, Vol. 1, No. 8, November 1977, 2 ; “Native People in Effort for International Unity,” “A Report on International Treaty Confab Sessions,” *Wassaja*, Vol. 5, No. 8, November-December 1977, 18–19 ; “Geneva : A Report on the Continental,” *Akwesasne Notes*, December 1977, 4–21 ; Akwesasne Notes ed., *Basic Call To Consciousness* (Summertown, TN : Native Voices, 2005), 55–118.

(137) “American Indians Speak in Geneva,” *NASC*, March 1978, 14 ; “Indians Present Testimony,” *Treaty Council News*, Vol. II, No. 1, April 1978, 1–2. 1978年にはIITCの女性団体である Women of All Red Nations が設立され，先住民女性に対する不妊手術の強制や先住民児童の養育権の問題に取り組んだ。“Family Planning or Genocide,” *NASC*, March 1977, 4 ; “A Question of Genocide,” *NASC*, June 1977, 6 ; “An Interview With : Barbara Moore, on Sterlization,” *Akwesasne Notes*, Spring 1976, 11–12 ; “Radiation : ‘Dangerous To Pine Ridge Women,’ W. A. R. N. Study Says,” *Akwesasne Notes*, Spring 1980, 22–23.

(138) “Native Nations & World Community,” *Akwesasne Notes*, Spring 1980, 23, 35.

(139) B. Vermeer ed., *Archive of the Fourth Russell Tribunal : On the Rights of the Indians of the Americas* (Zug, Switzerland : Inter Documentation Co., 1984) ; “Our Strategy for Survival : A Message to the Russell Tribunal,” *Akwesasne Notes*, Autumn 1980, 13–14 ; “Russell Tribunal Publishes Report,” *Americans Before Columbus*, Vol.

9, No. 4, 1981, 5.

(140) Kay Cole, Kay Cole Papers, 1971–1992, Center for Southwest Research, University Libraries, U of New Mexico, Box 2.

(141) Kay Cole Papers, 1971–1992, Box 9, Folder 37 ; United Nations, Commission on Human Rights, Sub-Commission on Prevention of Discrimination and Protection of Minorities, Working Group on Indigenous Populations First Session, "Study of the Problem of Discrimination Against Indigenous Populations : Documents transmitted to the Sub-Commission by the Working Group on Indigenous Populations, together with its report on first session, August 25・26, 1982," in National Indian Youth Council Records, Box 24, Folder 14 ; "U.N. Begins to Act on Indian Rights," *Americans Before Columbus*, Vol. 10, No. 2, 1982, 7. IITCは，先住民のネットワーク作りや教材の配布，技術支援，西半球の先住民による草の根運動を援助する政治活動も支えてきた。国連では，先住民族問題常設フォーラムの設置や先住民族の権利宣言採択を後押ししてきた。さらに，IITCは先住民の宗教的自由，聖地の保護，環境保護，持続可能な経済発展，子どもの権利などの問題にも関心を注いできた。

(142) "Marcus E. Jacobson paper on NIYC history, 1991," in National Indian Youth Council Records, Box 1, Folder 33, 29 ; NIYC Records, Box 20–24 ; Indian Law Resource Center, *Annual Reports*, 1984–86, in NIYC Records, Box 29, Folder 13 ; Ralph James, "Guatemara : The Terror Continues," *Americans Before Columbus*, Vol. 10, No. 5, 1982, 4, 7 ; Ralph James, "Nicaragua : Mutual Mistrust," *Americans Before Columbus*, Vol. 10, No. 5, 1982, 5, 8 ; "NIYC Receives UN NGO Status," *Americans Before Columbus*, Vol. 12, No. 1, 1984, 1 ; Means, *Where White Men Fear to Tread*, 459–476. 首都ワシントンのインディアン法資料センターは，先住民によるNPOとして1978年に設立され，部族に対して法的支援を行ってきた。1980年代には，国際的な人権問題にも取り組み，国連の経済社会評議会NGOとして，人権委員会やマイノリティ差別撤廃擁護小委員会，国連先住民作業部会に参加してきた。

(143) Fikes, *Reuben Snake*, 160, 164–167.

(144) Michael Knight, "Gains Affirm Indians' Rights Demands ; Serious View of Treaties," *NYT*, July 9, 1979, A10.

(145) NCAIは今日，合衆国における代表的な先住民団体であり続けている。部族ごとや部族を超えた問題を話し合い，年次集会ではロビイングや訴訟にむけた先住民全体のアジェンダを検討してきた。Wilkins, *American Indian Politics and the American Political System*, 206–207.

(146) U.S. Senate, Committee on the Judiciary, Subcommittee to Investigate the Administration of the Internal Security Act and Other Internal Security Laws, *Revolutionary activities within the United States : the American Indian Movement : Hearing before the Subcommittee to Investigate the Administration of the Internal Security Act and Other Internal Security Laws of the Committee on the Judiciary, United States Senate, Ninety-fourth Congress, second session, April 6, 1976* (Washington, D.C. :

GPO, 1976)；西部・中西部12州の先住民保留地内外に暮し，アグリビジネスや牧畜業，漁業を営む白人たちはInterstate Congress on Civil Rights and responsibilitiesを結成し，先住民の権利拡張に対抗した。Eda Gordon, "Backlash to Indian Sovereignty," *NASC*, August 1976, 3.

(147) アメリカ・インディアン政策検討委員会は，従来の先住民政策とプログラムを修正するために1975年に設立された。11人の委員の内，John Borbridge (Tlingit-Haida), Louis R. Bruce Jr. (Mohawk/Oglala Sioux), Ada Deer (Menominee), Adolph Dial (Lumbee), Jake Whitecrow (Quapaw-Seneca-Cayuga) の5人の先住民が加わった。1977年の報告書は，先住民の政治的主権を再確認した他，連邦政府による先住民プログラムの充実化，先住民問題を管轄する新たな独立機関などを推奨した。U.S. American Indian Policy Review Commission, *American Indian Policy Review Commission : Final Report Submitted to Congress May 17, 1977* (Washington, D.C. : GPO, 1977) ; U.S. American Indian Policy Review Commission, *Meetings of the American Indian Policy Review Commission* (Washington, D.C. : GPO, 1977-1978). アブレックについては，以下にインタビューがある。"An Exclusive Interview with Senator James Abourezk on Indian Issues, Legislation," *Wassaja*, Vol. 2, No. 8, October-November 1974, 13.

(148) "Policy Review Report Emerging with Sovereignty an Issue," *Wassaja*, Vol. 5, No. 1, January 1977, 1, 9 ; "Meeds in Effort to End Treaties," *Wassaja*, Vol. 5, No. 4, April 1977, 5 ; "An Attempt to Kill Indian Treaties," *Wassaja*, Vol. 5, No. 5, May 1977, 6-8 ; "Manufacturers Fight Indian Rights," *Wassaja*, Vol. 5, No. 5, May 1977, 19 ; "Separate views of Senator James Abourezk," *Luchip Spearhead*, Vol. 10, No. 1, June 1977, 29-31.

(149) "Water Rights, Taxation, Jurisdiction," *Wassaja*, Vol. 5, No. 6, September 1977, 5-12, 36 ; "Indian Leaders Unite Against Carter Indian Water Policy," *Wassaja*, Vol. 5, No. 6, September 1977, 3 ; "In Congress, One Man Starts an Indian War," *Wassaja*, Vol. 5, No. 7, October 1977, 14.

(150) "Longest Walk," *Americans Before Columbus*, Vol. 7, No. 7, May 1978, 4.

(151) バンクス・森田『聖なる魂』，296-297。

(152) "The Longest Walk," *Native American Solidarity Committee*, March 1978, 16 ; "Longest Walk Reaches D.C.," *Treaty Council News*, Vol. II, No. 2, August 1972, 1-3 ; *Akwesasne Notes*, Summer 1978, 4-17 ; "Sovereignty Can't be Legislated," *NASC*, October 1978, 9-10 ; Ben A. Franklin, "Indian's Long Walk Winds Up in Capital ; Thousands Join a Protest Against Bills That Leaders Call Threat to Reservation Survival Tribal Banners in Vanguard 'We Are Still a Way of Life' Control by Tribal Elders," *NYT*, July 16, 1978, 1-2.

(153) 非先住民に対する部族の法的強制力を限定した判決として，Oliphant v. Suquamish, 1978，保留地内の先住民が所有しない土地での非先住民による漁や狩猟の部族管轄権を制限した判決Montana v. United States, 1981，さらに，部族の水利権を制限した判

決 Nevada v. United States, 1983. がある。

(154) "Reagan Cuts Will Cripple Tribes," *Americans Before Columbus*, Vol. 9, No. 3, 1981, 1–2.

(155) "The President's Statement on the Administration's Indian Policy," *Wassaja*, Vol. 10, No. 1, January-February 1983, 11, 15 ; "Executive Order to Create Presidential Commission on Indians Reservation Economies," *Wassaja*, Vol. 10, No. 1, January-February 1983, 15 ; Fr. Ted Zuern, S. J., "President Reagan's Indian Policy," *Wassaja*, Vol. 10, No. 2, March-April, 1983, 16.

(156) Jason Manning, "Unleashing the Spirit : The Reagan Administration's Indian Policy," 2001, March 25, 2005. 〈http://eightiesclub.tripod.com/id394.htm〉

**第 III 章**

（1）ゴーストダンスに関しては，James Mooney, *The Ghost-Dance Religion and the Sioux Outbreak of 1890*, Bureau of American Ethnology Annual Report 14, pt. 2 (Washington, D.C., 1896). ジェイムズ・ムーニー『ゴーストダンス―アメリカ・インディアンの宗教運動と叛乱―』荒井芳廣訳（紀伊國屋書店 1989）；Raymond J. DeMallie, "The Lakota Ghost Dance," in David G. Hackett, *Religion and American Culture : A Reader* (New York : Routledge, 1995), 327–342 ; Alice Beck Kehoe, *The Ghost Dance : Ethnohistory and Revitalization* (New York : Holt, Rinehart and Winston, Inc., 1989) 参照。ペヨーテ信仰については，Omer C. Stewart, *Peyote Religion : A History* (Norman, OK : U of Oklahoma P, 1987) が詳しい。

（2）ラコタ・スー族のサンダンスに関する研究は，古くは James R. Walker, "The Sun Dance and Other Ceremonies of the Oglala Division of the Teton Dakota," *Anthropological Papers of the American Museum of Natural History*, Vol. XVI, Part II, (New York, 1917), 52–221 ; Ella Deloria, "The Sun Dance of the Oglala Sioux," *Journal of American Folklore* 42, 1929, 354–413 がある。和書では，阿部珠理『アメリカ先住民の精神世界』（日本放送出版協会 1994）が現代のサンダンスをとり上げている。他の文献については Philip M. White ed., *The Native American Sun Dance Religion and Ceremony : An Annotated Bibliography* (Westport, CT : Greenwood Press, 1998) 参照。

（3）Peter J. Powell, *Sweet Medicine : The Continuing Role of the Sacred Arrows, the Sun Dance, and the Sacred Buffalo Hat in Northern Cheyenne History* 2 vols. (Norman, OK : U of Oklahoma P, 1998 ; orig. pub. in 1969) ; Fred W. Voget, *The Shoshone-Crow Sun Dance* (Norman, OK : U of Oklahoma P, 1984) ; Clyd Holler, *Black Elk's Religion : The Sun Dance and Lakota Catholicism* (New York : Syracuse UP, 1995).

（4）U.S. Census Bureau, "Census 2000 : Characteristics of American Indian and Alaska Natives by Tribe and Language," 85 ; Greg Gagnon and Karen White Eyes, *Pine Ridge Reservation : Yesterday & Today* (Interior, SD : Badlands National History Associa-

tion, 1992), 5; Mary B. Davis ed., *Native America in the Twentieth Century: An Encyclopedia* (New York: Garland, 1994), 299-302. 現在のパインリッジ保留地は，1868年のララミー砦条約（Fort Laramie Treaty）で約束されたグレート・スー保留地が1889年のグレート・スー協定（Great Sioux Agreement）によって分割された結果，設立された。

(5) Leslie Spier, "The Sun Dance of the Plains Indians, Anthropological Papers," *Anthropological Papers, American Museum of Natural History*, Vol. 16, Pt. 7, 1921; John W. Bennett, "The Development of Ethnological Theory as Illustrated by Studies of the Plains Sun Dance," *American Anthropologist*, N. S., 46, 1944, 162-181.

(6) ラコタには，他にスウェットロッジ，ビジョン・クエスト，ゴースト・キーピング（葬式と喪），フンカ（契りの儀式），初潮のお祝い，知恵のボール投げといった儀式があり，サンダンスとともに聖なる七つの儀式として重視されてきた。Joseph Epes Brown ed., *The Sacred Pipe: Black Elk's Account of the Seven Rites of the Oglala Sioux* (Norman, OK: U of Oklahoma P, 1953).

(7) サンダンスの儀式については以下を参照。Thomas E. Mails, *Sundancing: The Great Sioux Piercing Ritual* (Tulsa, CA; Council Oak Books, 1978); Luther Standing Bear, *My People the Sioux* (Boston and New York: Houghton Mifflin Co., 1928), 113-122; Luther Standing Bear, *Land of the Spotted Eagle* (Lincoln, NE: U of Nebraska P, 1978; orig. pub. in 1933), 220-225; *Hoyekiya*, No. 1, Vol. 1971, 9-21; Howard L. Harrod, *Renewing the World: Plains Indian Religion and Morality* (Tucson, AZ: U of Arizona P, 1997), 115-156.

(8) 古くは，バッファロー，鹿，熊，狼，雷，ウィンクテ（ラコタ語に由来する同性愛者の意）などの夢集団があり，夢にあらわれたシンボルによって人々はいずれかの集団に属した。

(9) John G. Neihardt, *Black Elk Speaks: Being the Life Story of a Holy Man of the Oglala Sioux* (Lincoln, NE: U of Nebraska P, 1979; orig. pub. in 1932), 234-238.

(10) Dennis Banks, with Richard Erdoes, *Ojibwa Warrior: Dennis Banks and the Rise of the American Indian Movement* (Norman, OK: U of Oklahoma P, 2004), 103.

(11) ティオスパエについては，William K. Powers, *Oglala Religion* (Lincoln, NE: U of Nebraska P, 1975), 33-42 参照。

(12) Deloria, "*The Sun Dance of the Oglala Sioux*," 358; Stephen Riggs, *Dakota Grammar, Texts, and Ethnography*, Department of the Interior, U.S. Geographical and Geological Survey of the Rocky Mountain Region (SD: Marvin, Blue Cloud Abbey, 1977, orig. pub. in 1839), 231-232.

(13) しかし，キリスト教の進出に対して先住民と宣教師との間に摩擦が生じたのも確かである。南北戦争前の時期については，以下を参照。Ayako Uchida, "The Protestant Mission and Native American Response: The Case of Dakota Mission, 1835-1862," *The Japanese Journal of American Studies* (The Japanese Association for American Studies), 1999, 10: 153-175.

(14) Francis Paul Prucha, *American Indian Policy in Crisis : Christian Reformers and the Indian, 1865-1900* (Norman, OK : U of Oklahoma P, 1964) 参照。

(15) Robert M. Demeyer, S. J., "History of St. Francis," *The Calumet*, November 1951, 5-19 ; Harold A. Fuller, S. J., "History of Rosary," *The Calumet*, February 1953, 1-11.

(16) ラコタ・スー族の間でのカトリック布教については Ross Enochs, *The Jesuit Mission to the Lakota Sioux : A Study of Pastoral Ministry, 1886-1945* (Kansas City, MO : Sheed & Ward, 1996)，監督派の進出については Virginia Driving Hawk Sneve, *That They May Have Life : The Episcopal Church in South Dakota, 1859-1976* (New York : The Seabury P, 1977) 参照。さらにサウスダコタにおける移住者との関係については，Philip S. Hall, *To Have This Land : The Nature of Indian/White Relations South Dakota 1888-1891* (Vermillion, SD : U of South Dakota P, 1991) 参照。

(17) 例えば，Frederick Schwatka, "The Sun-Dance of the Sioux," *Century Magazine* Vol. 39 (New York, 1889-90), 753-759.

(18) U.S. Office of Indian Affairs, *Annual Report of the Commissioner of Indian Affairs to the Secretary of the Interior* (Washington, D.C. : GPO, 1878), 23 ; *Annual Report* (1879), 23 ; *Annual Report* (1880), 37, 39, 57 ; Henry M. Teller, *Report of the Secretary of the Interior. Serial 2190* (Washington, D.C. : GPO, 1883), xi-xii ; Holler, *Black Elk's Religion*, 110-138 ; Robert W. Larson, *Red Cloud : Warrior-Statesman of the Lakota Sioux* (Norman, OK : U of Oklahoma P, 1937), 233.

(19) U.S. Office of Indian Affairs, *Annual Report*, 1880, 26 ; James McLaughlin, *My Friend the Indian* (Boston : Houghton Mifflin Co., 1910), 30-32, 79.

(20) Holler, *Black Elk's Religion*, 123-124 ; Thomas E. Mails, *Fools Crow* (Lincoln, NE : U of Nebraska P, 1979), 83. ウォーカーはメディスンマンたちから，存命中は他に明かさないという条件でラコタの聖なる教えを受けた。ウォーカーは 1914 年に保留地での仕事を引退し，17 年にサンダンスに関する研究論文を発表するが（本章註 2 参照），大部分の一次資料はメディスンマンとの約束により，長らく公開されることがなかった。James R. Walker, *Lakota Belief and Ritual*, Raymond J. DeMallie and Elaine A. Jahner eds. (Lincoln, NE : U of Nebraska P, 1980), 3-45.

(21) Enochs, *The Jesuit Mission*, 35. 1893 年から 1953 年の間にパインリッジ保留地には 30 の教会が建てられ，1969 年までに監督派教会は 28 を数えた。William K. Powers, *Beyond the Vision : Essays on American Indian Culture* (Norman, OK : U of Oklahoma P, 1987), 105.

(22) 例えば，子供を寄宿学校に連れていかれて取り乱す母親や，子供と離れて 3 年たっても夜にうなされる母親がいたことがわかる。"A Cry for Reservation Schools," *The Oglala Light*, August 1906, n. p.

(23) 例えば，Mary Cochran, *Dakota Cross-Bearer : The Life and World of a Native American Bishop* (Lincoln, NE : U of Nebraska P, 2000).

(24) Powers, *Beyond the Vision*, 94-125 ; Mails, *Fools Crow*, 45, 120.

(25) Edward J. Laskowski, S. J., "Indian Congress," *The Calumet*, Winter 1946, 2-3 ; John

F. Bryde, S. J., "Sioux Congress," *The Calumet*, November 1947, 14-15; Powers, *Beyond the Vision*, 111-112; Enochs, *The Jesuit Mission*, 59-64.

(26) Luther Standing Bear, *My People the Sioux*, 122.

(27) Mails, *Fools Crow*, 43; Russell Means with Marvin J. Wolf, *Where White Men Fear to Tread: The Autobiography of Russell Means* (New York: St. Martin's Griffin, 1995), 186.

(28) Holler, *Black Elk's Religion*, 135-136.

(29) Kehoe, *The Ghost Dance*, 15-17.

(30) W. McD. Trait, "Indian Dances," in *the Overland Monthly*, reprinted in *The Red Man*, January 1915, 179.

(31) ギブアウェイは，名づけの儀式や死んだ家族の追悼，パウワウなどの集いで行われた。コミュニティのメンバーに感謝するために，主催の家族がブランケットやキルト，ビーズ・皮製品，現金，銃，馬，ティーピーなどを贈った。先住民の間ではどれだけ財産を所有しているかよりも，いかに他人に分け与えられるかが重視された。北部太平洋岸の部族の場合はポトラッチとして知られる。

(32) Trait, "Indian Dances," 179-180.

(33) Louis E. Janis, Sixth Grade Pupil in the Oglala Boarding School, "Old Indian Customs," *The Oglala Light*, May 1908, 8.

(34) Mails, *Fools Crow*, 43-44; Paul Steinmetz, *Pipe, Bible, and Peyote among the Oglala Lakota* (Knoxville, TN: U of Tennessee P, 1990), 28; Holler, *Black Elk's Religion*, 136-138; Francis Paul Prucha, *The Great Father: The United States Government and the American Indians* (Lincoln, NE: U of Nebraska P, 1984), 801-802.

(35) 例えば，Charles Morgan Wood, "Indian's Right to Dance; Religious Ceremonies Condemned by the Missionaries Regarded as Less a Menace Than the Lack of Medical Supplies," *New York Times*, January 6, 1924, XX6 (以下，*NYT* と略記); "Preserving Indian Dances," *NYT*, May 8, 1923, 16.

(36) Mails, *Fools Crow*, 112.

(37) Mails, *Fools Crow*, 74-77, 88, 107-119, 139-140.

(38) Prucha, *Great Father,* 951-952.

(39) この頃の保留地の様子については，"Pine Ridge, South Dakota, July 15, 1929; Rosebud, South Dakota, July 16, 1929" in U.S. Senate, Subcommittee of the Committee on Indian Affairs, *Survey of Conditions of the Indians in the United States* (Washington, D.C.: GPO, 1934).

(40) Mails, *Fools Crow*, 145-149. ラコタ・スー族とニューディールの関係については，Thomas Biolsi, *Organizing the Lakota: The Political Economy of the New Deal on the Pine Ridge and Rosebud Reservations* (Tucson, AZ: U of Arizona P, 1992) 参照。一方，モンタナ州のクロウ族保留地では，インディアン再組織法の宗教的自由の下，サンダンスが復活した。クロウ族はインディアン再組織法を否決したが，Robert Yellowtail が指導者として宗教的革新を推し進めた。1938 年に William Big

Dayが啓示を得て，サンダンスの再開を誓ったが，クロウ族の儀式が途絶えていたため，ウインドリバー保留地のショショーニ族から儀式を取り入れた。1941年以降，Yellowtailが中心になってサンダンスの儀式を行い，大戦中はクロウ族兵士の無事を祈った。Voget, *The Shoshone-Crow Sun Dance*.

(41) Mails, *Fools Crow*, 149.

(42) Standing Bear, *Land of the Spotted Eagle*, 258–259.

(43) 同様に，この頃にはポトラッチの儀式も衰退していた。Rev. George S. Endal, S. J., "Once Popular Potlatch No Longer Held," *The Calumet*, Summer 1945, 6–7; Rev. Sguno Llorente, S. J., "Potlach," *The Calumet*, May 1947, 2–4; "Paganism Still Flourishes," *The Calumet*, Winter 1945, 15–16.

(44) Mails, *Fools Crow*, 119. ピアシングの復活については，1958年とする記述もある。Mails, *Sundancing*, 40. 隣のローズバッド保留地ではサンダンスが年に数回行われていたが，パインリッジでは公式なサンダンスは年一回であった。

(45) Powers, *Beyond the Vision*, 140; "Corrects Impression," *Indian Voices*, November 1966, 13.

(46) "Sun Dance Flourishes," *Indian Voices*, July 1966, 3.

(47) Banks with Erdoes, *Ojibwa Warrior*, 102；デニス・バンクス，森田ゆり共著『聖なる魂—現代アメリカン・インディアン指導者の半生—』（朝日新聞社 1993），66–67.

(48) Banks with Erdoes, *Ojibwa Warrior*, 102.

(49) 当時のメディスンマンは，パインリッジ保留地ではFrank Fools Crow, Pete Catches, Ellis Chips, ローズバッド保留地ではWallace Black Elk, Bill Eagle Feathers, John Fire Lame Deer, George Eagel Elkなどがいた。Banks with Erdoes, *Ojibwa Warrior*, 102.

(50) クロウドッグについては，Leonard Crow Dog and Richard Erdoes, *Crow Dog* (New York: Harpercollins, 1995) 参照。

(51) Means with Wolf, *Where White Men Fear to Tread*, 187, 190.

(52) Powers, *Beyond the Vision*, 141.

(53) Means, *Where White Men Fear to Tread*, 285–286.

(54) Severt Young Bear and R. D Theisz, *Standing in the Light: A Lakota Way of Seeing* (Lincoln, NE: U of Nebraska P, 1994), 161.

(55) Mails, *Fools Crow*, 169, 198–199; "A Time of Hope Begins for Pine Ridge," *Wassaja*, Vol. 4, No. 5, May 1976, 1; Oglala President Albert Trimble, "An Era of Great Change, A Single Decency is Goal for Oglala Sioux," *Wassaja*, Vol. 4, No. 5, May 1976, 5.

(56) "Oglala Sioux Tribal Sundance Will be Held This Year on July 30th, 31st, Aug, 1st, 2nd," *Crazy Horse News*, May 29, 1976.

(57) Gerald V. Mohatt, "Medicine Men of the Rosebud," *Wassaja*, Vol. 5, No. 6, September 1972, 22–23.

(58) *Steinmetz, Pipe, Bible, and Peyote*, 33.

(59) Delphine Redshirt, *Bead on an Anthill : A Lakota Childhood* (Norman, NE : U of Nebraska P, 1999), 69.

(60) 1960・70年代のサンダンスについては，Mails, *Sundancing ; Steinmetz, Pipe, Bible, and Peyote* ; Thomas H. Lewis, *The Medicine Men : The Oglala Sioux Ceremony and Healing* (Lincoln, NE : U of Nebraska P, 1990) 参照。

(61) 1920年頃の合衆国のペヨーテ信者数は13,345人（先住民全体の約4%）だったが，今日，カナダを含む北米ネイティブ・アメリカン教会（Native American Church of North America）会員数は約25万人とされている。Stewart, *Peyote Religion*, 226 ; Huston Smith & Reuben Snake eds., *One Nation Under God : The Triumph of the Native American Church* (Santa Fe, NM : Clear Light Publishers, 1996), 172.

(62) インディアンの土着信仰とキリスト教との関係については，以下を参照。Charles Stewart and Rosalind Shaw eds., *Syncretism/Anti-Syncretism : The Politics of Religious Synthesis* (London and New York : Routledge, 1994) ; James Treat ed., *Native and Christian : Indigenous Voices on Religious Identity in the United States and Canada* (London and New York : Routledge, 1996) ; Achiel Peelman, *Christ is a Native American* (Ottawa : Novalis-Saint Paul U, 1995). インディアンの独立教会の最も古い例としては，1740年に現在のロードアイランド州に建てられたナランガンセット教会，1770年代に始まったニューメキシコ州・アリゾナ州のヤキ教会，19世紀初めにイロクォイ族のあいだでつくられたハンサム・レイク教会などがある。特にヤキ教会には，伝統的なシャーマニズムや踊り・音楽が，17・18世紀の初期のイエズス会士がもたらしたキリスト教信仰と典礼，スペイン文化と融合したシンクレティズムが顕著である。

(63) Stewart, *Peyote Religion* ; Weston La Barre, *The Peyote Cult* (Norman, OK : U of Oklahoma P, 1989) ; Hazel W. Herzberg, *The Search for an American Indian Identity : Modern Pan-Indian Movements* (Syracuse, NY : Syracuse UP, 1971).

(64) 1880年にこのカイオワ・コマンチ保留地の人口は，コマンチ1590人，カイオワおよびカイオワ・アパッチ1140人，カドー538人，ウィチタ381人，デラウェア95人であった。Stewart, *Peyote Religion*, 68.

(65) パーカーについては，William T. Hagan, *Quanah Parker, Comanche Chief* (Norman, OK : U of Oklahoma P, 1993) が詳しい。

(66) Stewart, *Peyote Religion*, 66-67.

(67) La Barre, *The Peyote Cult*, 151-161.

(68) Stewart, *Peyote Religion*, 86-94.

(69) Richard Evans Shultes, "The Appeal of Peyote (Lophophoa Williamsii) As a Medicine," *American Anthropologist* 40, 1938, 702.

(70) Stewart, *Peyote Religion*, 61.

(71) Paul Radin, *The Winnebago Tribe* (Lincoln, NE : U of Nebraska P, 1990, orig. pub. in 1923), 341-346 ; Ruth Shonle, "Peyote, The Giver of Visions," *American Anthropologist* 27, 1925, 71-72.

(72) Stewart, *Peyote Religion*, 152–154.

(73) それぞれの中で経済的自立をしている者は，クリスチャンの83%，ペヨーテ信者の61%，メディスンロッジの54%という結果であった。Stewart, *Peyote Religion*, 97, 158.

(74) スー族のペヨーテ信仰の広がりは，保留地によって異なり，初期はあまり受容されていなかった。1919年の統計では，ヤンクトン保留地で信者は全体の20%（3117人中623人），パインリッジ保留地で5%（7340人中367人），ローズバッド保留地で0.7%（5521人中40人）であった。Stewart, *Peyote Religion*, 175.

(75) Charles S. Brant, ed, *The Autobiography of a Kiowa Apache Indian* (New York : Dover Publications, Inc., 1969), 129–130 ; Stewart, *Peyote Religion*, Chap. 6.

(76) Stewart, *Peyote Religion*, 75.

(77) Stewart, *Peyote Religion*, 138.

(78) Albert Hensley, Letter to Commissioner of Indian Affairs, 1908. In Peyote Correspondence, file 2989–1908–126, pt. 3, Record Group 75, National Archives, Washington, D. C., quoted in Stewart, *Peyote Religion*, 157.

(79) キリスト教会でも，教派によってインディアンの宗教に対する寛容の度合が異なった。一般に，ペンテコスト派などのファンダメンタリストに近い教派は，ペヨーテ信仰に強く反対し，モルモン教会はさほど反対しなかったが，最も寛容であったのがバプティスト教会であった。Stewart, *Peyote Religion*, 188.

(80) Stewart, *Peyote Religion*, 214.

(81) Gertrude Seymour, "Peyote Worship—An Indian Cult and a Powerful Drug," *The New York Survey*, reprinted in *Red Man*, June 1916, 350に引用。

(82) Stewart, *Peyote Religion*, 214–215.

(83) "Peyote Protected by the Courts," *The American Indian Magazine*, Vol. 4, 1916, 345–346（以下，*AIM* として略記）.

(84) Stewart, *Peyote Religion*, 216–217.

(85) Stewart, *Peyote Religion*, 217–218.

(86) Herzberg, *The Search for an American Indian Identity*, 254 ; Stewart, *Peyote Religion*, 256, 177.

(87) G・ボニンは，C・イーストマンとともに模範的な先住民として *The American Indian Magazine* に紹介されている。"Our Sioux Secretary," "Charles Eastman (Ohiyesa)", *AIM*, Vol. 5, 1917, 268–270.

(88) 特にボニンは当時の女性改革家の立場から，スー族のペヨーテ信者サム・ローンベア（Sam Lone Bear）を厳しく批判した。ローンベアは1910年頃にネブラスカのウィネバゴ族保留地でペヨーテ信者となったが，放蕩や嘘など素行の悪さが目立ったため，反対派は彼を信者の典型としてとりあげる傾向があった。Herzberg, *The Search for an American Indian Identity*, 253 ; Stewart, *Peyote Religion*, 198.

(89) Arthur C. Parker, "The Perils of the Peyote Religion," *AIM*, Vol. 5, 1917, 13.

(90) Rev. Lyman Abbott, "The Menace of Peyote," *The Outlook*, reprinted in *AIM*, Vol. 5,

1917, 135.

(91) ボニン夫妻はアメリカ・インディアン協会メンバーとともにアメリカ・インディアン全国協議会 National Council of American Indians（後の National Congress of American Indians とは異なる）も結成した。先住民の選挙権確立を目指して，1920・30年代に他の非先住民改革団体とも提携したが，部族の支持を十分に得られず，資金不足も重なって30年代半ばに活動が停滞した。David E. Wilkins, *American Indian Politics and the American Political System* (Lanham, MD : Rowman & Littlefield Publishers, 2002), 208-209.

(92) "Conference of Friends of the Indians," *AIM*, Vol. 6, 1918, 73.

(93) Mary C. Collins, "The Religious Nature of the Indian," *AIM*, Vol. 6, 1918, 89-93.

(94) "Conference of Friends of the Indians," *AIM*, Vol. 6, 1918, 71, 73.

(95) U.S. House, Committee on Indian Affairs, *Peyote : Hearings before a subcommittee of the Committee on Indian Affairs of the House of Representatives on H. R. 2614*. (Washington, D.C. : GPO, 1918).

(96) U.S. House, Committee on Indian Affairs, *Peyote*, 80-82.

(97) Francis LaFlesche, *The Middle Five : Indian Schoolboys of the Omaha Tribe* (Lincoln, NE : U of Nebraska P, 1978 ; orig. pub. in 1900).

(98) Paul Radin, *The Autobiography of a Winnebago Indian : Life, Ways, Acculturation, and the Peyote Cult* (New York : Dover Publications, 1963 ; orig. pub. in 1920), 58-59.

(99) しかし，このことを発見したインディアン局はネイティブ・アメリカン教会設立後，まもなくムーニーをカイオワ保留地から追放し，彼のペヨーテに関する研究は中断させられた。その後，ムーニーは1921年に失意のまま病気で亡くなった。ムーニーについては，L. G. Moses, *The Indian Man : A Biography of James Mooney* (Urbana, IL : U of Illinois P, 1984) を参照。Herzberg, *The Search for an American Indian Identity*, 274 ; Seymour, "Peyote Worship" in *Red Man*, June 1916, 344.

(100) Stewart, *Peyote Religion*, 224.

(101) Stewart, *Peyote Religion*, 222-226.

(102) Dr. Harvey W. Wiley, "Peyote," Extract from a statement before Sub-Committee of Senate Committee in Indian Affairs, February 11, 1919, *AIM*, Vol. 7, 1919, 42.

(103) 例えば，"Indians Find Substitute for Outlawed Firewater ; Form 'Churches' Where Chewing Peyote Is Part of Stupefying Ritual—Say It Prevents Tuberculosis—Bad Medicine, Say Government Agents," *NYT*, September 27, 1925, XX12.

(104) Herzberg, *The Search for an American Indian Identity*, 274-275.

(105) Stewart, *Peyote Religion*, 226-229.

(106) Herzberg, *The Search for an American Indian Identity*, 276-278, 283 ; Stewart, *Peyote Religion*, 226, 230-231.

(107) Robert F. Berkhofer Jr., *Salvation and the Savage : An Analysis of Protestant Missions and American Indian Response, 1787-1862* (Lexington, KY : U of

Kentucky P, 1965) ; Henry Warner Bowden, *American Indians and Christian Missions : Studies in Cultural Conflict* (Chicago : U of Chicago P, 1981) 参照。

(108) 他にヴァージニアのハンプトン学院（Hampton Institute）やカンザス州ローレンスのハスケル学院（Haskell Institute），オクラホマのチロコ・インディアン学校（Chilocco Indian School）などがあった。ウィネバゴ族の場合は，1909 年までに，14 人の若者が最長 5 年，カーライルの学校で学んでいた。Stewart, *Peyote Religion*, 64–65 ; Luther Standing Bear, *My People the Sioux* (Boston : Houghton Mifflin Co., 1928), Chap. 14, 15.

(109) "Vivian 1929/14 Choctow," quoted in K. Tsianina Lomawaima, *They Calles it Prairie Light : The Story of Chilocco Indian School* (Lincoln, NE : U of Nebraska P, 1994), 139–140.

(110) Richard Evans Shultes, "The Appeal of Peyote (Lophophoa Williamsii) As a Medicine," *American Anthropologist* 40, 1938, 698–715.

(111) ビジョン・クエストについては，Ruth F. Benedict, "The Vision in Plain Culture," *American Anthropologist 24*, 1922, 1–23 参照。

(112) 1950 年には全国組織の Native American Church of the United States が設立され，1954 年にはカナダもとりこんで，Native American Church of North America となった。今日では 25 万人の信者を擁するまでになっている。ペヨーテ信仰のその後の発展については，以下を参照。Stewart, *Peyote Religion*, Part 3 ; Slotkin, *The Peyote Religion*, 57–67 ; Smith & Snake eds., *One Nation Under God* ; Christopher Vecsey, *Handbook of American Indian Religious Freedom* (New York : Crossroad, 1996).

**第 IV 章**

（1）先住民のキリスト教と伝統宗教の関係については，以下を参照。James Treat ed., *Native and Christian : Indigenous Voices on Religious Identity in the United States and Canada* (New York : Routledge, 1996) ; Clara Sue Kidwell, Homer Noley, and George R. Tinker, *A Native American Theology* (Maryknoll, NY : Orbis Books, 2001) ; Clyde Holler, *Black Elk's Religion : The Sun Dance and Lakota Catholicism* (New York : Syracuse UP, 1995).

（2）先住民の宗教的自由に関する主な先行研究としては，以下がある。Christopher Vecsey, ed., *Handbook of American Indian Religious Freedom* (New York : Crossroad Publishing, 1991) ; Andrew Gulliford, *Sacred Objects and Sacred Places : Preserving Tribal Traditions* (Boulder, CO : UP of Colorado, 2000) ; Huston Smith and Reuben Snake, eds., *One Nation Under God : The Triumph of the Native American Church* (Sante Fe, NM : Clear Light Publishers, 1996) ; Carolyn N. Long, *Religious Freedom and Indian Rights : The Case of Oregon v. Smith* (Lawrence, KS : U of Kansas P, 2000).

（3）Francis Prucha, *Documents of United States Indian Policy* (Lincoln, NE : U of Nebraska P, 1990), 160–161, 187–188 ; Lee Irwin, "Freedom, Law, and Prophecy : A

Brief History of Native American Religious Resistance," in Lee Irwin ed., *Native American Spirituality* (Lincoln, NE: U of Nebraska P, 2000), 295-316.

(4) Francis Paul Prucha, *The Great Father: The United States Government and the American Indians* (Lincoln, NE: U of Nebraska P, 1984), 951-952.

(5) この時期の先住民アイデンティティについては，以下を参照。Joane Nagel, *American Indian Ethnic Renewal: Red Power and the Resurgence of Identity and Culture* (New York: Oxford UP, 1997).

(6) Vine Deloria, Jr., *God is Red: A Native View of Religion* (Golden, CO: Fulcrum Publishing, 1972; 1994); Vine Deloria, Jr., *Custer Died for Your Sins* (New York: Macmillan, 1969).

(7) "Government Agents Raid Indian Homes; Seize Personal Property," *Smoke Signals*, June 1974, Vol. 5, No. 3, 3; Jim Porter, "Oklahoma Indians are Charged—Possession of Bird Feathers," *Wassaja*, Vol. 2, No. 4, April-March 1974, 2; Jake Herman, "Eagle Feathers and the American Indian," *Wassaja*, Vol. 2, No. 6, July 1974, 9.

(8) 例えば，"Indian Graves Looted," *Smoke Signals*, Vol. 2, No. 12, December 1971, 5; U.S. Federal Agencies Task Force, *American Indian Religious Freedom Act Report: P.L. 95-341* (Washington, D.C.: The Task Force, 1979).

(9) Omer C. Stewart, *Reyote Religion: A History* (Norman, OK: U of Oklahoma P, 1987), 239-244.

(10) Joseph A. Zimmerman, S. J., "The True Faith versus Paganism," *The Calumet*, Anniversary Number, 1904-1944, 16-17. その他，「異教」に対する宗教家の批判として，Rev. Martin Lonneux, S. J., "Eskimo Medicine Men Hamper Work of Missionaries," *The Calumet*, Summer 1945, 4-5.

(11) William J. Moore, S. J., "Peyote is a Problem," *The Calumet*, Summer 1946, 8-9.

(12) People vs. Woody, 394 P. 2d 813 (1964); "Indians on Coast Win Peyote Case," *Indian Affairs*, October 1964, No. 56, 8; "Use of Peyote Ruled Illegal in Ceremonies," *The Amerindian*, January-February 1964, 2.

(13) John Kokish, "Judge Upholds Religious Use of Peyote," *NCAI Sentinel*, Vol. 12, No. 2, Spring 1967, n. p.; Stewart, *Peyote Religion*, 246-247.

(14) "Possible Threat to Native American Church," *Institute of Indian Studies, University of South Dakota Bulletin*, May 1966, n. p.; Long, *Religious Freedom and Indian Rights*, 16-17；連邦法では，ネイティブ・アメリカン教会員にペヨーテを供給する者は登録を行い，受取書と支払い書の記録を所持しておく必要があった。Title 21, Code of Federal Regulations, Chapter II; "Peyote Legal in Religious Use," *Rosebud Sioux Herald* (*Eyapaha*), Vol. 7, No. 49, July 20, 1970, 1.

(15) Stewart, *Peyote Religion*, 293-317.

(16) サウスダコタ州では70年にネイティブ・アメリカン教会の会員に限り，ペヨーテ使用を許可する州法が制定されたが，州内にペヨーテを持ち込む際には届けが必要であり，違反すると5年から10年の禁固刑か5000ドル以下の罰金，またはその両方が科

された。

(17) 先住民の信仰と聖地とのかかわりについては，以下を参照。Gulliford, *Sacred Objects and Sacred Places*, Chap. 3 ; Gregory Cajete, *Native Science : Natural Laws of Interdependence* (Santa Fe, NM : Clear Light Publishers, 2000).

(18) 例えば，スー族のブラックヒルズがある。第VI章の第1節参照。

(19) ブルーレイクについては，"Tribe Fights to Regain 'Church,'" *Indian Voices*, June 1966, 22-23 ; "It Will Not Be Ceased," *NCAI Sentinel*, July 1970, 3-9 ; William Chapman, "Congress Gives Taos Indians Title to Land," *NCAI Sentinel*, Convention Issue 1970, 45-46 ; R. C. Gordon-McCutchan, "The Battle for Blue Lake : A Struggle for Indian Religious Rights," *Journal of Church & State*, Autumn 91, Vol. 33, Issue 4, 785 ; R. C. Gordon-McCutchan, *The Taos Indians and the Battle for Blue Lake* (Santa Fe, NM : Red Crane Books, 1995) を参照。

(20) "Indians Back Action on Religious Rights," *New York Times*, February 25, 1978, 22 (以下，*NYT* と略記).

(21) American Indian Religious Freedom Act of 1978, Public Law 95-341, 92 Stat. 469., 42 U.S. C. 1996 ; Morris King Udall, "American Indian Religious Freedom," *Congressional Record*—House, 124, July 18, 1978, 21445.

(22) "NIYC Begins Indian Religious Freedom Campaign," *Americans Before Columbus*, Vol. 10, No. 4, 1982, 1 ; "Advocates Support American Indian Religious Freedom," *Americans Before Columbus*, Vol. 10, No. 5, 1982, 1, 8 ; "NIYC Announces Indian Religious Freedom Campaign," *Americans Before Columbus*, Special Edition, Vol. 10, No. 6, 1982, 1-3 ; "NIYC's Freedom of Religion Conferences Generates Insights," *Americans Before Columbus*, Vol. 13, No. 1, 7 ; "NIYC U.N. Statement," *Americans Before Columbus*, Vol. 13, No. 2, 1985, 1, 8.

(23) Sequoyah v. T.V.A., 620 F. 2d 1159 (6th Cir.), cert. denied, 449 U.S. 953 (1980) ; Badoni v. Higginson, 638 F. 2d 172 (10th Cir. 1980), cert. denied, 452 U.S. 954 (1981) ; Frank Fools Crow v. Gullet, 541 F. Supp. 785 (D. S. D. 1982), aff'd, 706 F. 2d 856 (8th Cir.), cert. denied, 464 U.S. 977 (1983) ; Wilson v. Block, 708 F. 2d 735 (D.C.Cir.), cert. denied, 464 U.S. 956 (1983), 68-79.

(24) Lyng, Secretary of Agriculture, et al. v. Northwest Indian Cemetery Protective Association. et al. 485 U.S. 439 (1988).

(25) Rupert Consto, "Medicine Man Fights for Land," *Wassaja*, Vol. 3, No. 10, October 1975, 7 ; Robert G. Lake, Jr., "The Sacred High Country and the G-O Road Controversy," *Wassaja*, Vol. 9, No. 1, September-October 1982, 19, 28.

(26) Robert N. Clinton, Nell Jessup Newton, Monroe E. Price eds., *American Indian Law : Cases and Materials* (Charlottesville, VA : Michie Co., 1983).

(27) Gulliford, *Sacred Objects and Sacred Places : Preserving Tribal Traditions* ; Vine Deloria, Jr., edited by James Treat, *For This Land : Writings on Religion in America* (New York : Routledge, 1999), 203-213.

(28) Employment Div., Dept. of Human Resources of Oregon v. Smith, 110 S. Ct. 1595 (1990).

(29) A・スミスの生い立ちについては，Long, *Religious Freedom and Indian Rights*, 2–44 参照。

(30) Sherbert v. Verner, 374 U.S. 398 (1963).

(31) Jenny Hontz, "Sacred sites, disputed rights," *Human Rights : Journal of the Section of Individual Rights & Responsibilities* (Fall 1992), Vol. 19, Issue 4, 26–29.

(32) National Museum of American Indian Act, Public Law 101–185, 103 Stat. 1336 (1989).

(33) Native American Graves Protection and Repatriation Act, Public Law 101–601, 104 Stat. 3048 (1990).

(34) 例えば，ニューヨーク州のセネカ族の場合には，"Indian Club Protests Grave Desecration," *The Amerindian*, January-February 1971, 5 参照。ニューヨーク州の部族が墓荒らしに強く抗議した結果，同年に州の史跡保存法を修正し，先住民の墓地を州の史跡として保護する法案が提出された。"Bill Introduced to Protect Indian Graves," *The Amerindian*, March-April 1971, 4. しかし，墓地保護の要求は，考古学者と摩擦を生じることもあった。"Indians and Archeologists Battle Over Bones and Burials," *The Amerindian*, Vol. 20, No. 6, July-August, 1972, 1, 6 ; *The Amerindian*, Vol. 21, No. 1, September-October, 1972, 1, 4 ; *The Amerindian*, Vol. 21, No. 2, November-December, 1972, 1, 4. スミソニアン博物館は，1974 年に所蔵品収集に関するより厳格な方針を発表した。"Museum Acquisition Policy is Issued by Smithsonian," *Wassaja*, Vol. 2, No. 4, April-May 1974, 8 ; Cory Arnet, "Demand Grows for Return of Indian Art Objects by Museums in U.S.," *Wassaja*, Vol. 2, No. 7, August 1974, 10 ; Stan Steiner, "Sacred Objects and Secular Laws," *Americans Before Columbus*, Special Edition, Vol. 10, No. 6, 1982, 4, 7 ; Ellen Leitzer, "Indian Religions and the Courts," *Americans Before Columbus*, Special Edition, Vol. 10, No. 6, 1982, 5–6.

(35) Roger C. Echo-Hawk and Walter R. Echo-Hawk, *Battlefields and Burial Grounds : The Indian Struggle to Protect Ancestral Graves in the United States* (Minneapolis, MN : Lerner Publications Co., 1994).

(36) NAGPRA については，以下を参照。Devon A. Mihesuah, *Repatriation Reader : Who Owns American Indian Remains ?* (Lincoln, NE : U of Nebraska P, 2000) ; Russell Thornton, "Who Owns Our Past ? : The Repatriation of Native American Human Remains and Cultural Objects," in Russell Thornton ed., *Studying Native America : Problems and Prospects* (Madison, WI : U of Wisconsin P, 1998), 385–415.

(37) 例えば，1997 年のケネウィックマン問題については，以下を参照。Roger Downey, *Riddle of the Bones : Politics, Science, Race, and the Story of Kennewick Man* (New York : Copernicus, 2000) ; David Hurst Thomas, *Skull Wars : Kennewick Man, Archaeology, and the Battle for Native American Identity* (New York : Basic Books, 2000).

(38) 93 年 6 月の第 5 回ラコタ族の会議では，ラコタの信仰や儀式の流用が批判された。

Irwin, "Freedom, law, and prophecy," in Irwin ed., *Native American Spirituality*, 306.

(39) "Commentary : Freedom of Religion Loses Ground," *Americans Before Columbus*, Vol. 20, No. 1, 1992, 2.

(40) Carolyn Long はスミス判決を通じて，アメリカ社会に広がった波紋について考察している。Long, *Religious Freedom and Indian Rights*.

(41) Native American Rights Fund, "American Indian Religious Freedom," *Justice*, Winter 1997, June 3, 2003. 〈http://www.narf.org/pubs/justice/1997winter.htm〉 ; Arlene Hirschfelder and Paulette Moin, *Encyclopedia of Native American Religions* (New York : Checkmark Books, 2001), 4–5.

(42) Religious Freedom Restoration Act of 1993, Public Law 103–141, 107 Stat. 1488 (1993).

(43) Native American Free Exercise of Religion Act, A bill to assure religious freedom to Native Americans, S. 1021 (1993).

(44) Native American Cultural Protection and Free Exercise of Religion Act, A bill to protect Native American cultures and to guarantee the free exercise of religion by Native Americans, S. 2269 (1994).

(45) Native American Free Exercise of Religion Act, American Indian Religious Freedom Act Amendments, Public Law 103–344, 108 Stat. 3125 (1994).

(46) Blaine Wood, "A Letter From Inside : An Native American Man Writes from Prison to Share His Experiences in Recovery," *Winds of Change : American Indian Education & Opportunity,* Winter 1998, 75. アルコール依存症対策については，例えば，Archie Fire Lame Deer, "Indian Lodge : The Answer to Indian Alcoholism ?," *Smoke Signals*, Vol. 2, No. 12, December 1971, 11.

(47) City of Boerne v. Flores, 521 U.S. 507, 95–2074 (1997).

(48) 今日，ネイティブ・アメリカン教会は，北米ネイティブ・アメリカン教会（24州・カナダ・メキシコに46支部），ナヴァホランド同教会（92支部），オクラホマ同教会（17支部），サウスダコタ同教会（数支部）の4団体から成る。支部によって会則は異なり，会員を4分の1の先住民の血を引く者に限定する場合や全く限定しないところもある。Smith and Snake, eds., *One Nation Under God*, 172 ; Long, *Religious Freedom and Indian Rights*, 15–16.

(49) Executive Order 12898, "Federal Actions To Address Environmental Justice in Minority Populations and Low-Income Populations" (1994).

(50) Executive Order 13007, "Indian Sacred Sites" (1996).

(51) Bear Lodge Multiple Use Association v. Babbitt 12 F. Supp 2d 1448 (D. Wyo., 1998), affirmed in 175 F. 3d 814 CiA. 10 (Wyo.) 1999.

(52) "Sacred Lands Protection, including Zuni Salt Lake and Quechan Indian Pass," National Congress of American Indians, Resolution # SPO–01–162. August 17, 2003.

(53) "Native American Sacred Lands Forum, March 19–22, 2002," August 17, 2003. 〈http://www.ncai.org/main/pages/issues/other_issues/culture_prot.asp〉

(54) U.S. House, Committee on Resources, Testimony of the National Congress of American Indians on HR 5155, the Native American Sacred Lands Act, September 25, 2002. January 20, 2003. 〈http://resourcescommittee.house.gov/archives/107cong/fullcomm/2002sep25/keel.pdf〉; U.S. Senate. Committee on Indian Affairs. *Native American Sacred Places: Hearing before the Committee on Indian Affairs, United States Senate, 108th Congress, 1st session* (Washington, D.C.: GPO, 2003).

(55) The Sacred Lands Protection Act (H. R. 5155, 2002); Indian Contracting and Federal Land Management Demonstration Project Act (S 288, 2003).

(56) Gulliford, *Sacred Objects and Sacred Places*, 116-118.

(57) Gregg Jones, "Measure seeks to protect Indian sites; Opposition builds to California bill," *Los Angeles Times*, September 15, 2002. カリフォルニア州の聖地保護法案は，2002年には州知事の拒否権で成立しなかったが，2004年に成立した。Traditional Tribal Cultural Places (Chapter 905, Statutes of 2004).

(58) Native American Sacred Lands Forum Planning Committee, *Report of the Native American Sacred Lands Forum*, Boulder/Denver, October 9-10, 2001, 53, August 7, 2003. 〈http://www.sacredland.org/PDFs/SL_Forum.final.pdf〉

(59) Native American Sacred Lands Forum Planning Committee, *Report*, 36.

(60) Jim Robbins, "For Sacred Indian Site, New Neighbors Are Far From Welcome," *NYT*, August 4, 2006, 11; David Melmer, "Nations Gather to Protect Sacred Site," *Indian Country Today*, July 17, 2006; Brenda Norrell, "Standing for the Sacred in San Francisco Demonstrations," *Indian Country Today*, September 22, 2006 (以下，*ICT* と略記).

(61) M. Krauss, "Status of Native American Language Endangerment," in G. Cantoni ed., *Stabilizing Indigenous Language* (Flagstaff, AZ: Northern Arizona U, 1996), 16-21; Raymond G. Gordon, Jr. ed., *Ethnologue: Languages of the World*, Fifteenth edition. (Dallas, TX: SIL International, 2005) August 3, 2005. 〈http://www.ethnologue.com/〉

(62) Delphine Redshirt, *Bead on an Anthill: A Lakota Childhood* (Lincoln, NE: U of Nebraska P, 1999), 21-22.

(63) 特に Stabilizing Indigenous Languages Symposiums (SILS) は1994年以来，北アリゾナ大学との共催によって毎年シンポジウムを開催し，先住民言語の教育に関する論文や報告をまとめてきた。Cantoni ed. *Stabilizing Indigenous Language*; Jon Reyhner ed., *Teaching Indigenous Languages* (Flagstaff, AZ: Northern Arizona U, 1997); Jon Reyhner, "Introduction: Some Basics of Indigenous Language Revitalization," in Jon Reyhner, Gina Cantoni, Robert N. St. Clair, and Evangeline Parsons Yazzie eds., *Revitalizing Indigenous Language* (Flagstaff, AZ: Northern Arizona U, 1999), v-xx.

(64) Will Kymlicka, *Multicultural Citizenship: A Liberal Theory of Minority Rights* (New York: Oxford UP, 1995), 76-80. ウィル・キムリッカ『多文化時代の市民権―マイノリティの権利と自由主義―』角田猛之，石山文彦，山﨑康仕監訳（晃洋書房

1998), 113-118。

(65) 当時の保留地における通学学校については，例えば，Key Wolf, The Indian Day School as a Community Center," *Red Man*, Vol. 7, 1916, 315-318；寄宿学校か保留地の学校かをめぐって長らく論争が続いた。寄宿学校を運営していた教会関係者はその長所を説いた。Rev. Lois J. Goll, S. J., "Why a Boarding School ?," *The Calumet*, August 1948, 12-13. しかし，親たちの経済的事情から通学学校よりも寄宿学校を支持する場合もあった。子供を学校へ送るために学校近くに暮して生計を立てることが困難であるとしている。Hearings with the Pine Ridge Delegates before E. B. Meritt, Assistant Commissioner of Indian Affairs, Washington, D.C. February 26, 1917, Records of the Bureau of Indian Affairs, Record Groups 75, National Archives, Washington, D.C. Central Classified Files, Pine Ridge.

(66) 寄宿学校での体験を語ったものとして以下がある。Francis LaFlesche, *The Middle Five : Indian Schoolboys of the Omaha Tribe* (Lincoln, NE : U of Nebraska P, 1963 ; orig. pub. in 1900) ; Eulynda Toledo-Benalli, "Facing the Legacy of the Boarding Schools," *Cultural Survival Quarterly*, Issue 28. 4, December 15, 2004. アリゾナ州フェニックスにあるHeard Museumでは，2000年11月15日から2006年1月1日にかけて "Remembering Our Indian School Days : The Boarding School Experience" という歴史展示を行ってきた。Margaret L. Archuleta, Brenda J. Child and K. Tsianina Lomawaima eds., *Away From Home : American Indian Boarding School Experiences, 1879-2000* (Phoenix, AZ : The Heard Museum, 2000).

(67) Esther Burnett Horne and Sally McBeth, *Essie's Story : The Life and Legacy of a Shoshone Teacher* (Lincoln, NE : U of Nebraska P, 1998), 33, 52-53.

(68) 例えばこの頃，教育を受けたラコタ・スー族のある男性は部族語だけの家庭で育ったため，17歳のときに7学年を修了したが，その後，部族語を忘れていった。Bull Bear, Interviewed by Mark G. Thiel, June 1994, Kyle, South Dakota, Video Tape, Kateri Tekakwitha Oral History Project, KTP 94-23.

(69) "Indian Languages Taught at Universities," *Indian Voices*, September 1965, 2. 1961年に，当時ネヴァダ大学の先住民史研究者Jack D. Forbesは先住民独自の大学を提唱したが，インディアン局は人種隔離を促すとして反対した。その後，Pawhatan/Delaware族のForbesは1971年，カリフォルニア州デイヴィスに先住民大学Degoniwida-Quetzalcoatl University (D-Q University)を設立することに尽力した。"A Comprehensive Program for Tribal Development in the United States," *Indian Voices*, November 1965, 17-19 ; "Special Section," *Indian Voices*, April & May 1966, 29-31.

(70) U.S. Senate, *Indian Education : A National Tragedy, a National Challenge.* 91st Cong., 1st sess., 1969 ; Estell Fuches and Robert J. Havighurst, *To Live on this Earth : American Indian Education* (Garden City, NY : Anchor Books, 1972). ハビガースト報告書は，1971年の *Rosebud Sioux Herald* (*Eyapaha*) にも12回にわたって連載された。

(71) "Indians Want Control of Schools Their Children Attend," *Indian Affairs*, No. 70, April-May 1968, 1, 4 ; "Guest Editorial : Letter from Adelina Defender to Mrs. Thompson," *Indian Voices*, August 1966, 1-3 ; "Indians Give Kennedy the Word on Schools," *Indian Voices*, Winter 1968, 11 ; "Respect My Child ; He has a right to be himself," *Wassaja*, Vol. 4. No. 2, February 1976, 6. 部族語の衰退に対する懸念については，例えば，"Indian Language Fading into the Past," *Smoke Signals*, Vol. 5, No. 2, March 1974, 4, 8 ; 従来の教育に対する先住民の批判は，合衆国に限らなかった。Kevin Gilbert, "Australian Aborigine Education," *Wassaja*, Vol. 4. No. 5, May 1976, 4.

(72) "Education Budget Threatened," *Indian Affairs*, No. 101, Spring-Summer 1980, 2.

(73) "Editorial : Swimmer Watch," *Americans Before Columbus*, Vol. 15, No. 1, 1987, 2.

(74) M. C. Szasz, *Education and the American Indian : The Road to Self-Determination since 1928*. 3rd ed. (Albuquerque, NM : U of New Mexico P, 1999), 216-217.

(75) *Indian Nations at Risk : An Educational Strategy for Action*. Final Report of the Indian Nations at Risk Task Force (Washington, D.C. : U.S. Department of Education, 1991).

(76) 1990年代の詳しい動きについては，Szasz, *Education and the American Indian*, Chapter 16 を参照。

(77) Jon Reyhner, "Plans for Dropout Prevention and Special School Support Services for American Indian and Alaska Native Students," Washington, D.C. : Indian Nations at Risk Task Force, U.S. Department of Education, 1992. 〈http://jan.ucc.nau.edu/~jar/INAR.html〉

(78) U.S. Department of Health and Human Services, Indian Health Service, *Trends in Indian Health 2000-2001*, 84, 86. August 25, 2005.
〈http://www.ihs.gov/NonMedicalPrograms/ IHS_Stats/Trends00.asp〉

(79) Allison Thresher, "U.S. Senate Committee Tackles Native Youth Suicide," *Weekly Indigenous News*, Cultural Survival, June 24, 2005 ; David Melmer, "ACLU intervenes at high school," *ICT*, July 04, 2005；先住民の生徒に対する学校でのいじめや差別は，長らく問題になってきた。1970年代のローズバッド保留地のコミュニティ新聞もこのテーマをよく取り上げている。例えば，"Sioux Tired of Abuse," *Rosebud Sioux Herald* (*Eyapaha*), Vol. 8, No. 5, September 14, 1970, 1-2 ; "Sioux Unite at White River," *Rosebud Sioux Herald* (*Eyapaha*), Vol. 8, No. 6, September 21, 1970, 1 ; "Student 'Demands'", *Rosebud Sioux Herald* (*Eyapaha*), Vol. 8, No. 9, October 12, 1970, 7. 2005年にはミネソタ州のレッドレイク保留地で，オジブワ族の高校生が祖父や学校の生徒，教師，守衛などを含めて9人を射殺し，自殺する事件が起こった。加害者の少年 Jeff Weise の父は1997年に自殺，母は飲酒運転の事故のため入院中で，祖父と一緒に暮らしていた。Jodi Wilgoren, "Shooting Rampage by Student Leaves 10 Dead on Reservation," *NYT*, March 22, 2005.

(80) Reyhner, "Plans for Dropout Prevention."

(81) Stephen May ed., *Indigenous Community-Based Education* (Clevedon, UK : Multilingual Matters, 1999) ; David Sobel, *Place-Based Education : Connecting Classrooms and Communities* (Great Barrington, MA : Orion Society, 2004).

(82) Vine Deloria, Jr. and Daniel R. Wildcat, *Power and Place : Indian Education in America* (Golden, CO : Fulcrum Resources, 2001), 2, 44, 84. 他にコミュニティと先住民教育の関係に関する研究として以下を参照。Keith James ed., *Science and Native American Communities : Legacies of Pain, Visions of Promise* (Lincoln, NE : U of Nebraska P, 2001).

(83) John U. Ogbu, *Black American Students in an Affluent Suberb : A Case Study of Academic Disengagement* (Mahwah, NJ : Lawrence Erlbaum, 2003).

(84) Crozier-Hogle, Lois, Darryl Babe Wilson, and Jay Leibold, *Surviving in Two Worlds : Contemporary Native American Voices* (Austin, TX : U of Texas P, 1997), 106–107.

(85) Reyhner, "Introduction," in Reyhner et al. eds., *Revitalizing Indigenous Language*, v–xx.

(86) Teresa L. McCarty, Lucille J. Watahomigie, Akira Y. Yamamoto, and Ofelia Zepeda, "School-Community-University Collaborations : The American Indian Language Development Institute," in Jon Reyhner ed., *Teaching Indigenous Languages* (Flagstaff, AZ : Northern Arizona U, 1997), 85–104.

(87) Angelina Chtareva, "Twenty-Five Years of the American Indian Language Development Institute," UANEWS. ORG. Language Research, U of Arizona, July 3, 2005. 〈http://uanews.org/sections/language/2005/aildi1.html〉

(88) Stephen Speckman, "Smithsonian joins U. to log tribal languages," *Desert Morning News*, January 17, 2005.

(89) Tracy Hirata-Edds, Mary Linn, Lizette Peter, and Akira Yamamoto, "Language Training in Oklahoma & Florida," *Cultural Survival Quarterly*, Issue 27.4, December 15, 2003.

(90) W. H. Wilson and K. Kamana, "Hawaiian Language Programs" in Cantoni ed., *Stabilizing Indigenous languages*.

(91) Stephen Greymorning, "Running the Gauntlet of an Indigenous Language Program," in Reyhner et al. eds., *Revitalizing Indigenous Languages*, 6–16.

(92) Brian Stockes, "Native Language Fluency Enhances Academic Success," *ICT*, August 23, 2000.

(93) Association on American Indian Affairs, "Language Preservation," July 29, 2005. 〈http://www.indian-affairs.org/index.htm〉 今日のミネソタ州北部にかつて暮していたスー（ダコタ）族の一部は 17 世紀頃に馬を入手すると西方の平原地帯へ移動した。その結果，ラコタ（サウスダコタ州・ノースダコタ州西部），ナコタ（サウスダコタ州中央のヤンクトン保留地，スタンディングロック保留地北部，カナダ），ダコタ（主にミネソタ州・ネブラスカ州）の 3 つの言語・地理的集団に分化した。

(94) Marion Blue Arm, "Maintaining Lakota on the Cheyenne River Reservation" in

*Cultural Survival Quarterly*, Summer 2001.

(95) Katie Messick, "Lakota Educators Take Action to Save Lakota Language," *Weekly Indigenous News*, May 27, 2005. 〈http://www.cs.org/publications/win/win-article.cfm?id=2660〉

(96) Rebecca Blum Martinez, "Languages and Tribal Sovereignty: Whose Language Is It Anyway?," *Theory Into Practice* (Autumn 2000), Vol. 39, Issue 4, 211-219; Reyhner, "Introduction," in Reyhner et al. eds., *Revitalizing Indigenous Language*, v-xx.; Joyce A. Silverthorne, "Language Preservation and Human Resources Development," in Reyhner ed., *Teaching Indigenous Languages*, 105-115.

(97) Marjane Ambler, "Native Languages: a question of life or death," *Tribal College Journal of American Higher Education*, Spring 2004.

(98) 部族大学は主に連邦補助金と寄付金から運営されている。1989年以来，12万人以上がカレッジ基金に寄付をしてきた。とくに1995年以来，W. K. ケロッグがアメリカ先住民高等教育イニシアティブ基金として2200万ドルを寄付し，部族大学の基盤形成に貢献した。しかし，1978年に定められた連邦補助金は十分ではなく，部族大学は慢性的な資金不足に対処しながら，一定の教育基準を維持していく必要がある。Marjane Ambler, "Thirty Years Strong," *Tribal College Journal of American Higher Education*, Volume 14, Winter 2002, Issue 2.

(99) 例えば，サウスダコタ州ローズバッド保留地のシンテ・グレスカ・カレッジでは，1974年の夏から，ラコタの文化や歴史，法律，思想，教育，文学，芸術に関する授業を開講した。伝統的な音楽や踊りをどのように授業に組み込み，教えるかについても検討されてきた。"Lakota Studies Summer Institute," *Newsletter, Sinte Gleska College Center*, Volume II, No. 3, April 1974; R. D. Theisz, "The Teaching of American Indian Music and Dance," *Wassaja*, Vol. 5, No. 6, September 1977, 16-17. また，部族間大学のハスケル・インディアン・ネイションズ大学でも，チョクトー語，ナヴァホ語，スー語，クリー語の授業が2〜3週間開講され，インディアン文化の授業も提供された。*Indian Leader*, Haskell Indian Nations College, Lawrence, Kansas, 1979, 140-141；オグララ・ラコタ・カレッジでは，財政難とともに職業訓練のための実用科目と文化的な教養科目をどのように両立させるかという課題に直面した。"Tom Shortbull, President, Lakota Higher Education Center," *Crazy Horse News*, July 1975, 6.

(100) Marjane Ambler, "Honoring Native Languages, defeating the shame," *Tribal College Journal of American Higher Education*, Volume XI, Spring 2000, Issue 3.

(101) 例えば，"University Offers Indian Languages," *Wassaja*, Vol. 4, No. 9, September 1976, 10.

(102) Lisa Matthews Interview with Kay Olan of Kanatsiohareke, "More Than Words-Mohawk Language and Cultural Revitalization in New York," *Cultural Survival Quarterly*, Issue 27.4, December 15, 2003.

(103) "Native radio keeps growing," *ICT*, Feb. 28, 2001; Leighton C. Peterson, "Tuning in

to Navajo : The Role of Radio in Native Language Maintenance," in Jon Reyhner ed., *Teaching Indigenous Languages*, 214–221.

(104) Alice Anderton, "The Wordpath Show," in Jon Reyhner ed., *Teaching Indigenous Languages*, 222–227.

(105) Stacye Hathorn, "The Echota Cherokee Language : Current Use and Opinions About Revival," in Jon Reyhner ed., *Teaching Indigenous Languages*, v–xii ; Douglas R. Parks, Julia Kushner, Wallace Hooper, Francis Flavin, Delilah Yellow Bird, Selena Ditmar, "Documenting and Maintaining Native American Languages for the 21st Century : The Indiana University Model," in Reyhner et al. eds., *Revitalizing Indigenous Languages*, 59–83.

(106) Kay Humphrey, "Lakota linguist leaves a language legacy," *ICT*, Feb. 28, 2001.

(107) "Haskell Joins Students Across Kansas Prairie," *Tribal College Journal of American Higher Education*, Summer 2004.

(108) Patrick Springer, "Dakota rap lyrics help preserve language," *ICT*, Oct. 4, 2005.

(109) Mary Pierpoint, "English-only laws-racism in disguise ?," *ICT*, Jan. 3, 2001.

(110) Kelsey A. Begaye, "President Begaye speaks out on Arizona's English-only referendum," *ICT*, Sep. 20 ; Brenda Norrell, "American Indians protest English-only at Arizona capitol," *ICT*, Oct. 25, 2000.

(111) Brenda Norrell, "Native languages score victory in Arizona," *ICT*, Feb. 28, 2001.

(112) Rob Toonkel, "Arizona Governor Vetoes Official English Bill," May 10, 2005, "English Language Unity Act of 2007 Notches 100th Co-Sponsor," May 3, 2007, U.S. English, Inc. 〈http://www.us-english.org/inc/news/preleases/〉

(113) Jon Reyhner, "Rationale and Needs for Stabilizing Indigenous Languages," in Cantoni ed., *Stabilizing Indigenous Languages*, 3–15.

**第Ⅴ章**

（1）例えば，Pommersheim は，部族の政治的主権を支える経済開発の必要性を説いている。Frank Pommersheim, *Braid of Feathers : American Indian Law and Contemporary Tribal Life* (Berkeley, CA : U of California P, 1995). 他に，先住民保留地における経済開発を分析した書として以下がある。Stephen Cornell and Joseph P. Kalt, *What Can Tribes Do ?: Strategies and Institutions in American Indian Economic Development* (Los Angeles, CA : American Indian Center, U of California, 1992) ; Lyman H. Legters and Fremont J. Lyden, *American Indian Policy : Self-Governance and Economic Development* (Westport, CT : Greenwood P, 1994) ; Brian Hosmer and Colleen O'Neill eds., *Native Pathways : American Indian Culture and Economic Development in the Twentieth Century* (Boulder, CO : U of Colorado P, 2004).

（2）Raymond J. DeMallie ed., *Handbook of North American Indians : Plains*, Vol. 13, Part 2 (Washington, D.C. : Smithsonian Institution, 2001), 880.

（3）DeMallie ed., *Handbook of North American Indians*, 84–85, 97 ; Mary B. Davis ed.,

*Native America in the Twentieth Century : An Encyclopedia* (New York : Garland Publishing, 1994), 100.

(4) Loretta Fowler, *Tribal Sovereignty and the Historical Imagination : Cheyenne-Arapaho Politics* (Lincoln, NE : U of Nebraska P, 2002), xx, 29, 48.

(5) ベアビュートの土地は1980年，南シャイアン・アラパホ族と北シャイアン族の宗教儀式を守るためにインディアン局が個人献金によって購入した。"BIA Buys Bear Butte," Indian Affairs, No. 101, Spring-Summer, 1980, 3.

(6) Loretta Fowler, *The Columbia Guide to American Indians of the Great Plains* (New York : Columbia UP, 2003), 133.

(7) "Indian Child Welfare Program," "Indian Action Program," "The Cheyenne & Arapaho Head Start Program," *Southern Cheyenne & Arapaho Nation News*, Vol. 1, Issue I, July 1980, 3-5 ; "Indian Action Program August Report," *Southern Cheyenne & Arapaho Nation News*, Vol. 1, Issue III, September 1980, 3 ; "Cheyenne-Arapaho Education Department to Conduct a Needs Assessment," "Tribal Health Program Report," *Southern Cheyenne & Arapaho Nation News*, Vol. 1, Issue IV, November 1980, 2-3.

(8) "President's Announced Cuts in Social Program will Affect Indians," *Southern Cheyenne & Arapaho Nation News*, Vol. 1, Issue IV, March 1981, 2.

(9) Fowler, *Tribal Sovereignty and the Historical Imagination*, 172-183 ; George Pierre Castile and Robert L. Bee, eds., *State and Reservation : New Perspectives on Federal Policy* (Tucson, AZ : 1992), 212-223.

(10) Oliver La Farge, "Northern Cheyenne Protest Sale of their Lands," *Indian Affairs*, No. 24, December 1957, 1 ; "Great Plains Tribes Resist Sale of Their Lands," *Indian Affairs*, No. 25, March 1958, 1-2 ; Oliver La Farge, "Annual Report," *Indian Affairs*, No. 26, May 1958, 1-4 ; John Wooden Legs, "Back on the War Ponies," *Indian Affairs*, No. 37, June 1960, 3-4.

(11) "Northern Cheyenne Goal-All Land in Tribal Ownership," *Indian Affairs*, No. 34, November 1959, 1-2.

(12) ローンは20万ドルがすぐに支給され，1963・64・65年に計30万ドルが分割して払われる予定であった。返済期間は1968年から1990年とされた。"Northern Cheyenne Land Victory," *Indian Affairs*, No. 49, December 1962, 1, 6 ; "Northern Cheyenne Progress," *NCAI Sentinel*, January 1963, n. p.

(13) Bob Struckman and Ray Ring, "A Breath of Fresh Air," *High Country News Org*., January 20, 2003, October 15, 2003.

(14) 例えば，Ben Muneta, "Reservations to Become National Sacrifice," *Wassaja*, Vol. 4, No. 4, April 1976, 11.

(15) James J. Lopach, Margery Hunter Brown, Richmond L. Crow, *Tribal Government Today : Politics on Montana Indian Reservations* (Boulder, CO : U of Colorado P, 1998), 100.

(16) *North Central Power Study ; Report of Phase I. Prepared under the Direction of Coordinating Committee, North Central Power Study* (Billings, MT : 1971) ; Brent K. Ashabranner, *Morning Star, Black Sun : The Northern Cheyenne Indians and America's Energy Crisis* (New York : Dodd, Mead, 1982), 81.

(17) 北シャイアン族で石炭開発を行ってきた American Metal Climax Corporation (Amax) はアフリカのナミビアでも鉱物資源の開発を行い，現地の黒人が鉱夫として長時間・低賃金で働いていた。"Sovereignty and the multinationals : A Study of AMAX," *Native American Solidarity Committee* (*Spirit of the People*), June 1977, 3；その他，先住民保留地での資源開発の問題については以下を参照。Saleem H. Ali, *Mining, the Environment, and Indigenous Development Conflicts* (Tucson, AZ : U of Arizona P, 2003).

(18) "Coal From Montana May Bury Cheyenne," *Luchip Spearhead*, Vol. 7, No. 2R, December 1973, 13-14 ; Ashabranner, *Morning Star, Black Sun*, 91-93. 当時，資源開発に対する伝統派の反対は他の部族でも多く見られた。例えば，"The Oil Comes to the Hopi, Bringing Hope and Strife to the People," *The Amerindian*, Vol. 13, No. 3, January-February, 1965, 1, 4.

(19) Ben A. Franklin, "Cheyenne Oppose Strip Mine Deals ; Fuel Source Sought An Opening of Eyes Indian Council Tells Federal Agency to Cancel Leases," *New York Times*, April 1, 1973, 49 ; "Another Black Mesa Looms, This Time for the Cheyenne," *Wassaja*, Vol. 1, No. 3, April-May, 1973, 19 ; "Northern Cheyenne in Strip Mining Struggle," *Wassaja*, Vol. 1, No. 5, July 1973, 20 ; "Northern Cheyenne Stripmining," *Wassaja*, Vol. 2, No. 3, March-April 1974, 16 ; "Cheyenne Tribe Voids Strip Mining Leases," *Smoke Signals*, June 1974, Vol. 5, No. 3, 6 ; Jeannette Henry, "Northern Cheyennes Fight for Progress," *Wassaja*, Vol. 3, No. 10, October 1975, 5 ; "After Custer—Indians Seek Victory over Coal Companies," *Wassaja*, June 1976, Vol. 4, No. 6, 8.

(20) 1975 年には，ナヴァホの部族議長 P・マクドナルドが会長を務める CERT がアラブの OPEC 代表と権益保護について会談した。"MacDonald Reveals OPEC Bid by 22 Tribes," *Wassaja*, Vol. 5, No. 6, September 1977, 1, 13-14 ; Donald L. Fixico, *The Invasion of Indian Country in the Twentieth Century : American Capitalism and Tribal Natural Resources* (Boulder, CO : U of Colorado P, 1998), 150, 159-175 ; "The Council of Energy Resource Tribes : Time for an Evaluation," *Wassaja*, Vol. 10, No. 1, January-February 1983, 31-32.

(21) "Crow Officials : Void All Coal Leases," *Billings Gazette*, July 2, 1977, 12-A.

(22) Mara Feeney et al., *Social and Economic Effects of Coal Development on the Northern Cheyenne Tribe* (Oakland, CA : Mara Feeney, 1986), 2-11 ; Ashabranner, *Morning Star, Black Sun*, 113-116.

(23) Lopach et al., *Tribal Government Today*, 101-102 ; Ashabranner, *Morning Star, Black Sun*, 117-126.

(24) "The Northern Cheyenne: Defending the Last Retreat," *Akwesasne Notes*, Early Spring 1978, 12–13.

(25) Letter from Allen Rowland to Ted Schwinden, Lieutenant Governor, State of Montana, May 18, 1977; Letter from Allen Rowland to Leo Berry, Department of State Lands, June 2, 1977, in National Indian Youth Council, National Indian Youth Council Records, 1935–2000 (bulk 1961–1993), Center for Southwest Research, University Libraries, U of New Mexico, Box 29, Folder 33.

(26) Feeney et al., *Social and Economic Effects of Coal Development*, 2–11; Ashabranner, *Morning Star, Black Sun*, 127–131. 従来，企業は先住民を進んで雇用しようとはせず，事業の進展に伴って改善すると見込まれた保留地の失業率はとくに好転しなかった。

(27) Feeney et al., *Social and Economic Effects of Coal Development*, S–2–3, 2–12.

(28) Lopach et al., *Tribal Government Today*, 92, 95–96, 212.

(29) Bob Struckman and Ray Ring, "A Breath of Fresh Air."

(30) Feeney et al., *Social and Economic Effects of Coal Development*, S–3–4, 4–80–81, 5–9–11, 15, 7–7–8, 9–1–8, 10–9; Lopach et al., *Tribal Government Today*, 94.

(31) Winona LaDuke, *All Our Relations: Native Struggles for Land and Life* (Cambridge, MA: South End P, 1999), 87.

(32) Fowler, *Tribal Sovereignty and the Historical Imagination*, 69–74; Fowler, *The Columbia Guide to American Indians of the Great Plains*, 103–104.

(33) "Cheyenne Pray for Peace," *Indian Voices*, August 1965, 2.

(34) Peter J. Powell, *Sweet Medicine: The Continuing Role of the Sacred Arrows, the Sun Dance, and the Sacred Buffalo Hat in Northern Cheyenne History*. 2 Vols (Norman, OK: U of Oklahoma P, 1998; orig. pub. in 1969); John Stands In Timber and Margot Liberty, *Cheyenne Memories* (Lincoln, NE: U of Nebraska P, 1967); "Cheyenne Move to Revitalize Traditions, Religion, and Values of Human Lifestyle," *Wassaja*, Vol. 3, No. 4, May 1975, 16.

(35) Feeney et al., *Social and Economic Effects of Coal Development*, 7–9–11. 北シャイアン族の男性の主な伝統組織として，Chiefs, Kit Foxes, Elks (Elkhorn Scraper Society), Dog Soldiers (Crazy Dogs) の 4 つがある。

(36) DeMallie ed., *Handbook of North American Indians*, 878–879; Francis R. McKenna, "It's a Hard Time to Be a Cheyenne," Midwest Comparative and International Education Society Conference: Education and Social Transition in a Global Society, November 1, 1997, November 9, 2003. 〈www.ed.uiuc.edu/eps/MWCIES97/mckenna.html〉

(37) Christopher Henry, *Ben Nighthorse Campbell: Cheyenne Chief and U.S. Senator* (Philadelphia, PA: Chelsea House Publishers, 1994); Serle L. Chapman, *We, The People of Earth and Elders Volume II* (Missoula, MT: Mountain P Publishing, 2001), 313–322.

(38) 例えば，経済発展と文化継承の関わりを論じたものに，Dean Howard Smith, *Modern Tribal Development : Paths to Self-Sufficiency and Cultural Integrity in Indian Country* (Walnut Creek, CA : AltaMira P, 2000) ; Susan Guyette, *Planning for Balanced Development : A Guide for Native American and Rural Communities* (Santa Fe, NM : Clear Light Publishers, 1996) がある。

(39) U.S. Census Bureau, Ten Largest American Indian Tribes, 2000, 2000 Census of Population and Housing, Profiles of General Demographic Characteristics.

(40) Rebecca Clarren, "Seed in the Ground," *High Country News*, March 4, 2002, October 10, 2003 ; Kathleen Ann Pickering, *Lakota Culture, World Economy* (Lincoln, NE : U of Nebraska P, 2000) ; Monica Terkildsen and Kathleen Pickering, "The Lakota Fund, Local Institutions & Access to Credit," *Cultural Survival Quarterly*, Issue 25.3, October 31, 2001 ; "The Lakota Fund, Kyle, South Dakota," in Urban and Economic Policy Division, US EPA, CONCERN, Inc., Community Sustainability Resource Institute, *Sustainability in Action : Profiles of Community Initiatives Across the United States*, Revised/Updated Edition, June 1998, 91–92.

(41) David Melmer, "Pine Ridge Revival : Indian Entrepreneurs at Work," Second of A Series, *Indian Country Today*, August 20, 2002, December 2, 2003 (以下，*ICT* と略記) ; U.S. Census Bureau, *American Indians and Alaska Natives 1997 Economic Census : Survey of Minority-Owned Business Enterprises Company Statistics Series*, 2001, 9 ; U.S. Census Bureau, *Statistical Abstract of the United States : 2004–2005*, American Indian, Alaska Native Tables from the Statistical Abstract of the United States : 2004–2005, No. 736.

(42) Clarren, "Seed in the Ground" ; "Together : Moccasin Factory," *Okiciyakapi : Pine Ridge Village News*, October 21, 1974 では，モカシン工場の成功ぶりを伝えている。工場では 80 人の保留地住民が働き，内職として 90 人がモカシンを，さらに 100 人がインディアン人形を自宅で作り，住民労働者に対する年間の賃金総額は 50 万ドル以上であった。

(43) "Oglala Sioux Tribe finalizes plans on expanding casino," *ICT*, September 19, 2002, April 18, 2003 ; Heidi Bell Gease, "Prairie Wind Casino Expansion Takes Detour," *Rapid City Journal. Com*, April 13, 2003.

(44) Jean Lu and Larry Witte, "The Basis of a Nation-to-Nation Relationship : A Report to the Oglala Sioux Tribe and the Senate Committee on Indian Affairs," Harvard Project on American Indian Economic Development, John F. Kennedy School of Government, Harvard U, PRS 96–5, April 1996, 24–25. 同じプロジェクトによるオグララ・スー保留地の経済開発に関する報告書には，以下がある。Christine Buchholz and Mark Gustafson, "Local Governance for Oglala Sioux Tribe : A Return to Local Empowerment" PRS 00–6, April 2000 ; Caroline Chang and Eraina Ortega, "The Oglala Oyate Woitancan Empowerment Zone : A Turning Point in Oglala Lakota Nation Building" PRS 99–5, April 1999 ; Elsa Manzanares and David Thaler,

"Toward a Comprehensive Workforce Development System for the Oglala Nation" PRS 98-6, April 1998 ; Andrew Aoki and Dan Chatman, "An Economic Development Policy for the Oglala Nation" PRS 97-2, April 1997 ; Saralyn Minnie Cam Ang, "The Oglala Lakota Judiciary : Meeting Nontribal Demands and Tribal Needs" PRS 94-11, April 1994 ; Annette M. Pierson and Frederick Tombar, III "AmeriCorps : A Promise for Indian Country ? An Assessment of the Potential Impact of the AmeriCorps Program A Case Study of the Pine Ridge Reservation" PRS 94-8, April 1994. 〈http://www.ksg.harvard.edu/hpaied/res_field.htm〉

(45) David Melmer, "Pine Ridge revival hinges on tribal council reform," *ICT*, November 8, 2002, September 10, 2003.

(46) Clarren, "Seed in the Ground."

(47) 先住民を対象とした融資基金の設立案は，以前からあった。1969 年に NCAI は経済機会局より 7 万 5000 ドルの補助金を得て，保留地における先住民の事業に融資するアメリカ・インディアン開発銀行（American Indian Development Bank）設立の可能性について調査を行った。"Indian Devt. Bank May Become Reality," *NCAI Sentinel*, Convention Issue, 1969, 8-9；また，サウスダコタ州上院議員の G. マックガバン（George McGovern）は，1970 年にインディアン請求委員会の審判による先住民に対する賠償金で，インディアン局管理下にある 3 億 2000 万ドルを元手にアメリカ・インディアン開発銀行の設立を構想した。そして，同年 8 月にはインディアン局が保留地内や付近での先住民による小事業に融資を行う「インディアン・ビジネス開発基金」(IBDF) を発表し，1971 年度に全国の保留地に総額 340 億ドルを融資することになった。71 年 4 月の時点でローズバッド保留地では，IBDF から 7 万 6800 万ドル，中小企業管理局のローン 40 万 4500 ドルを併せて総額 48 万 1300 万ドルが産業に融資されていた。"Trends Toward Economic Progress," *Rosebud Sioux Herald* (*Eyapaha*), Vol. 7, No. 50, July 27, 1970, 5 ; "BIA Awaits New funds to Help Local Indian Projects Get Going," *Rosebud Sioux Herald* (*Eyapaha*), Vol. 8, No. 1, August 17, 1970, 1 ; "BIA Funded for Indian Business," *Rosebud Sioux Herald* (*Eyapaha*), Vol. 8, No. 2, August 24, 1970, 4 ; "$481,300 invested," *Rosebud Sioux Herald* (*Eyapaha*), Vol. 8, No. 25, April 12, 1971, 1. 74 年には先住民による最初で唯一の銀行としてアメリカ・インディアン全国銀行（American Indian National Bank）が設立された。役員には各部族の議長や専門家が就任した。"American Indian Bank Opens Wide Its Doors, The First and Only One Operated by Indians," *The Amerindian*, January-February 1974, 5.

(48) 例えば，"Anti-Indian Sentiment Surface in Nebraska," *NCAI Sentinel*, Convention Issue, 1969, 24-25.

(49) K. Pickering and D. Mushinski, "Cultural Aspects of Credit Institutions : Transplanting the Grameen Bank Credit Group Structure to the Pine Ridge Indian Reservation," *Journal of Economic Issues* 26, 2001 ; Terkildsen and Pickering, "The Lakota Fund, Local Institutions & Access to Credit." 銀行を組織し，より大きな銀行の支店を取り

入れた部族もある。ミネソタ州のオジブエ族の Mile Lacs Band は，保留地内と付近に銀行を持つ。モンタナ州のブラックフィート族は部族銀行を開業し，現在，ネイティブ・アメリカン銀行（Native American Bank）の傘下にある。

(50) "Written Testimony on the Native American Small Business Development Act, Submitted by the Lakota Fund, April 2002," October 12, 2003. 〈http://indian.senate.gov/2002hrgs/043002joint/drapeaux.PDF〉
(51) Lu and Witte, "The Basis of a Nation-to-Nation Relationship," 29-31.
(52) "The Lakota Fund" in *Sustainability in Action*, 91-92.
(53) David Melmer, "Lakota Fund makes Pine Ridge business grow," *ICT*, November 05, 2002, June 19, 2003. ミークスは，First Nations Development Institute の付属機関である Oweesta Corporation 会長でもある。
(54) The Lakota Fund, "About the Fund," 1998, March 14, 2003. 〈http://www.antarctic-circle.org/~lakotaorg/about.htm〉
(55) Terkildsen and Pickering, "The Lakota Fund."
(56) Melmer, "Lakota Fund makes Pine Ridge business grow."
(57) Melmer, "Lakota Fund makes Pine Ridge business grow"; "Written Testimony, Submitted by the Lakota Fund."
(58) Terkildsen and Pickering, "The Lakota Fund."
(59) Terkildsen and Pickering, "The Lakota Fund."
(60) Terkildsen and Pickering, "The Lakota Fund"; "Written Testimony, Submitted by the Lakota Fund."
(61) Terkildsen and Pickering, "The Lakota Fund"; Robin Garr, "Groups that Change Communities: The Lakota Fund," @grassroots. org. September 3, 2003. 〈http://www.grass-roots.org/usa/lakotafund.shtml〉
(62) "The Lakota Fund" in *Sustainability in Action*, 91-92.
(63) Terkildsen and Pickering, "The Lakota Fund"; Garr, "Groups that Change Communities: The Lakota Fund"; "The Lakota Fund" in *Sustainability in Action*, 91-92; Melmer, "Lakota Fund makes Pine Ridge business grow"; "Written Testimony, Submitted by the Lakota Fund."
(64) "The Lakota Fund" in *Sustainability in Action*, 91-92; "Written Testimony, Submitted by the Lakota Fund."
(65) "The Lakota Fund" in *Sustainability in Action*, 91-92; The Lakota Fund, "About the Fund," 1998; "Written Testimony, Submitted by the Lakota Fund."
(66) The Lakota Fund, "About the Fund," 1998; "The Lakota Fund" in *Sustainability in Action*, 91-92; Garr, "Groups that Change Communities: The Lakota Fund."
(67) The Lakota Fund, "About the Fund," 1998; "The Lakota Fund" in *Sustainability in Action*, 91-92.
(68) "The Lakota Fund" in *Sustainability in Action*, 91-92.
(69) "The Lakota Fund" in *Sustainability in Action*, 91-92.

(70) Clark Wissler, "Oglala Societies," *Anthropological Papers of the American Museum of Natural History*, Vol. 11, Part 1, 1912, 7–74 ; Clark Wissler, "Shamanistic and Dancing Societies," *Anthropological Papers of the American Museum of Natural History*, Vol. 11, pt. 7–13, 1916, 874–876.

(71) Constitution and Bylaws, January 1928, Records of the Bureau of Indian Affairs, Record Groups 75, National Archives, Washington, D.C. Central Classified Files（以下，RBIA, CCF と略記），Pine Ridge. この憲法では，原文にあった「各地区の成人部族員の 4 分の 3 以上の投票によって適切に選ばれた…」という文章の「4 分の 3 以上」という文言が後から消されている。

(72) 1929 年 4 月には，オグララ・ビジネス評議会を「4 分の 3 の多数評議会（Three fourths Majority Council)」と呼ぶべきだという提案がポーキュパイン地区でされた。Tribal Business Council, Pine Ridge, South Dakota, April 5, 1929, RBIA, CCF, Pine Ridge.

(73) Letter to C. J. Rhoads, Commissioner of Indian Affairs, from B. G. Courtright, Field Agent in Charge, regarding the Changes in the General Council, April 15, 1931, RBIA, CCF, Pine Ridge.

(74) Joint Session of the Tribal Business Council and the Tribal Council, Pine Ridge, South Dakota, September 4–5, 1931, RBIA, CCF, Pine Ridge ; Letter to James H. McGregor, Superintendent of the Pine Ridge Agency, from C. J. Rhoads, Commissioner of Indian Affairs, concerning the Tribal Business Council, October 6, 1931, RBIA, CCF, Pine Ridge ; Letter to C. J. Ehoads, Commissioner of Indian Affairs, from James H. McGregor, Superintendent of the Pine Ridge Agency, Transmitting Materials on the Special Session of the Tribal Council of November 13, November 20, 1931, RBIA, CCF, Pine Ridge.

(75) Thomas Biolsi, *Organizing the Lakota : The Political Economy of the New Deal on the Pine Ridge and Rosebud Reservations* (Tucson, AZ : U of Arizona P, 1992), 43.

(76) インディアン再組織法以前のパインリッジ保留地での政治については，Biolsi, *Organizing Lakota*, 52–60 参照。

(77) Biolsi, *Organizing the Lakota*, 78. 投票率は全有権者 4075 人の内の 55.5%であった。

(78) インディアン再組織法に関する 3 人の Brule Sioux のオーラル・ヒストリーとして，以下がある。Joseph H. Cash and Herbert T. Hoover, "The Indian New Deal and the Years That Followed : Three Interviews," in Peter Iverson ed., *The Plains Indians of the Twentieth Century*, 107–132. The Duke Project in the University of South Dakota は 1960 年代末から 70 年代初めにかけて北部平原部族の先住民による多くのオーラル・ヒストリーを記録した。

(79) 早くも 1938 年 11 月には，パインリッジ保留地の部族政府を廃止するために新たな選挙を求める住民約 3000 人分の請願書が内務長官に届いた。Letter to John Collier, Commissioner of Indian Affairs, from W. O. Roberts, Superintendent of the Pine Ridge Agency, regarding Problems with the Tribal Council, February 7, 1939, RBIA, CCF,

Pine Ridge; Ira H. Grinnell, *The Tribal Government of the Oglala Sioux of Pine Ridge, South Dakota* (Vermillion, SD: Governmental Research Bureau, U of South Dakota, 1967).

(80) Biolsi, *Organizing the Lakota*, 102–104; Grinnell, *The Tribal Government*.

(81) "Pine Ridge Plans for a New Life," *Wassaja*, Vol. 5, No. 4, April 1977, 1, 12.

(82) Rebecca Clarren, "Seed in the Ground," *High Country News*, March 4, 2002.

(83) Buchholz and Gustafson, "Local Governance for the Oglala Sioux Tribe," 1–7, 12.

(84) "Community Building at Pine Ridge: A 30-year project comes of age," *ICT*, May 05, 2005.

(85) "Development: The People's Vision," *Treaty Council News*, Vol. 1, No. 10, January 1978, 3.

**第 VI 章**

（1）本書「序章」の註 14 参照。

（2）Hubbard Cobb, *American Battlefields: A Complete Guide to the Historic Conflicts in Words, Maps, and Photos* (New York: Macmillan, 1995), 296.

（3）ケネス・E・フット『記念碑の語るアメリカ―暴力と追悼の風景―』和田光弘他訳（名古屋大学出版会 2002 年），7–26.

（4）集合的記憶論の先駆者であるアルヴァックスは，集団による記憶の生成や想起について論じた。M・アルヴァックス『集合的記憶』小関藤一朗訳（行路社 1989）。

（5）リトルビッグホーンの戦いに関する研究は豊富だが，多様な解釈を扱ったものに，Charles E. Rankin ed., *Legacy: New Perspectives on the Battle of the Little Bighorn* (Helena, MT: Montana Historical Society P, 1996) がある。

（6）Herbert Coffeen, *The Teepee Book*, Vol. II, No. VI (Sheridan, WY, 1916); Rankin ed., *Legacy*, 209–270, 290; Cobb, *American Battlefields*, 316–317; C. Richard King, *Colonial Discourses, Collective Memories, and the Exhibition of Native American Cultures and Histories in the Contemporary United States* (New York: Garland Publishing, 1998), 63, 67–72.

（7）"We Must Kill This Series Instant," *NCAI Sentinel*, Vol. 12, No, 3, Summer 1967, n. p.; Hal Humphrey, "Another Stand for Custer on TV," *Los Angeles Times*, July 27, 1967.

（8）"NCAI Wages War on Indian Images," *NCAI Sentinel*, Winter-Spring, 1969, 5–7; "NCAI Launches Billboard 'Image' Campaign," *The Amerindian*, Vol. 17, No. 5, May-June 1969, 1.

（9）Rankin ed., *Legacy*, 286, 309; King, *Colonial Discourses*, 64; Vine Deloria, Jr., *Custer Died for Your Sins* (New York: Macmillan, 1969).

(10) "After Custer—Indians Seek Victory over Coal Companies," *Wassaja*, June 1976, Vol. 4, No. 8, 1976, 8.

(11) "To ask Indians to help us celebrate this Bicentennialis akin to asking the Japanese to

share in celebrating the historical technical advance inherent in Hiroshima," *Akwesasne Notes*, Late Summer 1975, Vol. 7, 36–38.

(12) "Navajo Code Talkers on the Bicentennial," *Wassaja*, March 1976, Vol. 4, No. 3, 1976, 2.

(13) "Native Soldiers Refuse to March in July 4 Parade in Germany," *Akwesasne Notes*, Late Summer 1975, 37 ; "The Last Hurrah : A Bicentennial Warp-up," *Akwesasne Notes*, Late Autumn 1976, 20–21 ; Vine Deloria, Jr., "Why Indians Aren't Celebrating the Centennial," *Learning* (November, 1975), reprinted in *Spirit and Reason : The Vine Deloria, Jr., Reader* (Golden, CO : Fulcrum P, 1999), 199–205.

(14) "The Last Hurrah," 20–21.

(15) "Bicentennial Calvalcade Raises Flag in Distress Sign," *Wassaja*, Vol. 4, No. 7, July 1976, 3 ; "March Against Bicentennial," *Wassaja*, Vol. 4, No. 5, May 1976, 1 ; "Bicentenneial Caravan Met by Police," *Wassaja*, Vol. 4, No. 5, May 1976, 6.

(16) "The Last Hurrah," 20–21 ; "March on Capital in Bicentennial," *Wassaja*, Vol. 4, No. 7, July 1976, 3 ; "Bicentennial Charges Are Dismissed," *Wassaja*, June 1976, Vol. 4, No. 8, 1976, 19.

(17) Rankin ed., *Legacy*, 310 ; James Welch with Paul Stekler, *Killing Custer : The Battle of the Little Bighorn and the Fate of the Plains Indians* (New York : Penguin Books, 1994), 47 ; Dee Brown, *Bury My Heart at Wounded Knee : An Indian History of the American West* (New York : Holt, Rinehart and Winston, 1970). ディー・ブラウン『わが魂を聖地に埋めよ―アメリカ・インディアン闘争史―』鈴木主税訳（草思社 1972 年）。

(18) Rankin ed., *Legacy*, 102–103, 309–314 ; Russell Means with Marvin J. Wolf, *Where White Men Fear to Tread : The Autobiography of Russell Means* (New York : St. Martin's Griffin, 1995), 489–491.

(19) U.S. Senate, *Wounded Knee Memorial and Historic Site, Little Big Horn National Monument Battlefield, S. HRG. 101–1184, Hearing Before the Select Committee of Indian Affairs, United States Senate, to Establish Wounded Knee Memorial and Historic Site and Proposal to Establish Monument Commemorating Indian Participants of Little Big Horn and to Redesignate Name of Monument from Custer Battlefield to Little Big Horn National Monument Battlefield*, 101st Cong., 2d sess., Sept. 25, 1990 (Washington, D.C. : GPO, 1991), 12–13, 51.

(20) Rankin ed., *Legacy*, 311–313 ; U.S. Senate, "Little Bighorn Battlefield National Monument," 102d Cong., 1st sess., Senate Report 102–73, October 3, 1991, 8-9.

(21) Brian Stockes, "American Indian memorial at Little Bighorn close to reality," *Indian Country Today*, October 22, 2001, January 15, 2002 (以下，*ITC* と略記) ; Bob Reece, "Indian Memorial : 'Peace Through Unity,'" Friends of the Little Bighorn Battlefield, July 13, 2003, July 16, 2003.
〈http://www.friendslittlebighorn.com/Indian%20Memorial.htm〉

(22) ブラックヒルズ訴訟については，Edward Lazarus, *Black Hills White Justice : The Sioux versus The United States, 1775 to the Present* (Lincoln, NE : U of Nebraska P, 1991) ; Donald Worster, *Under Western Skies : Nature and History in the American West* (New York : Oxford UP, 1992), Chap. 8 ; Mario Gonzalez and Elizabeth Cook-Lynn, *The Politics of Hallowed Ground : Wounded Knee and the Struggle for Indian Sovereignty* (Urbana and Chicago, IL : U of Illinois P, 1999) などがある。

(23) Severt Young Bear and R. D. Theisz, *Standing in the Light : A Lakota Way of Seeing* (Lincoln, NE : U of Nebraska P, 1994), 28-33.

(24) Statements Made by He Dog in Answer to Interrogatories by Claude Covey, Superintendent of the Rosebud Agency, concerning the Agreement with the Sioux Indians Made in 1876, January 5, 1920, Records of the Bureau of Indian Affairs, Record Groups 75, National Archives, Washington, D.C. Central Classified Files（以下，RBIA, CCF と略記), Black Hills.

(25) Luther Standing Bear, *Land of the Spotted Eagle* (Lincoln, NE : U of Nebraska P, 1978 ; orig. pub. in 1933), 44. ブラックヒルズにおける初期の開拓については，Annie D. Tallent, *The Black Hills ; or the Last Hunting Ground of the Dakotahs* (New York : Arno Press, 1975 ; orig. pub. in 1899) 参照。

(26) "Indians Claim Black Hills ; Sioux Chiefs Meet Representative Martin and Charge That They Were Wrongfully Deprived of Land," *New York Times*, November 16, 1902, 7（以下，*NYT* と略記).

(27) Charles Turning Hawk, President of Oglala Council, to Dr. Ralph H. Ross, Superintendent & Physician, April 20, 1908, Pine Ridge, South Dakota, printed in *The Oglala Light*, April 1908, 11.

(28) "Treaty Illegal, Say Sioux. ; Contest Black Hills Title on Ground That Minority Signed Agreement," *NYT*, November 20, 1911, 2.

(29) Lazarus, *Black Hills White Justice*, 132.

(30) Circular Letter of Instructions to Each Agency on the Nine Sioux Reservations, Embodying the Views of the Bureau of Indian Affairs with reference to the Relationship of the Commissioner of Indian Affairs to the Sioux Nation in the Matter of Claims against the U.S. Government, January 26, 1918, RBIA, CCF, Black Hills Council ; しかし，教育のある若いスー族や内務省セルズ長官の介入に伝統派の長老たちは警戒し，内部対立を生じた。Letter to Jack Red Cloud, from Black Spotted Horse, regarding the Black Hills Council, March 4, 1918, RBIA, CCF, Black Hills Council.

(31) 1918 年 4 月の決議文には，以下のようにある。「1）（1876 年の）協定に署名したインディアンは 4 分の 3 をはるかに下回っていた。2）協定に署名した者は，ある役人たちの強迫や脅しによって，またインディアン・テリトリーへ送り込まれるという恐れからそうした。3）協定は一度口頭で伝えられたのみであり，評議会で読まれて十分に説明されることはなかった。4）協定に署名した族長と頭目は，1868 年のララミー

砦条約の第12条にあるようにスー・ネイションが正式に任命した者たちではなかった。5）1876年の協定の当事者であるアラパホ族は，当時，狩猟のために不在であり，結果的に6人分の署名しか集まらなかった。6）スー・ネイション，北シャイアンとアラパホは，ブラックヒルズがララミー砦条約第12条に則って合法的に合衆国に引き渡されたのではないことを申し立て，主張する。」Black Hills Council, Fort Thompson, South Dakota, April 4-6, 1918, RBIA, CCF, Black Hills Council.

(32) "Henry Hollowhorn Bear, Rosebud Sioux, South Dakota," *The American Indian Magazine*, Vol. 7, 1919, 165-166.

(33) "Henry Hollowhorn Bear," 165-166.

(34) U.S. House, Committee on Indian Affairs, Hearings, "Complaints of the Pine Ridge Sioux, Testimony of Joseph Horn Cloud and James H. Red Cloud," 66 Cong., 2d sess., April 6, 1920.

(35) "Sioux Sue Nation For $700,000,000 ; Eight Bands, Including 25,000 Indians, Combine Their Claims for Treaty Violations," *NYT*, May 7, 1923, 17 ; "Sioux Indians Claim The Rich Black Hills ; Their Pending Lawsuit Asks $800,000,000 in Compensation For the Territory Within Which the President Has His Summer Home," *NYT*, June 26, 1927, XX8 ; "Sioux Claim Billion For The Black Hills ; Declare They Got Grant Before Gold Was Discovered and Were Later Driven Out," *NYT*, July 26, 1927, 23. 1927年にはクーリッジ大統領がパインリッジ保留地を訪れて演説した。"Coolidge Addresses 10,000 Sioux Indians As Supreme Chief ; President Recounts Efforts by the Government to Solve Their Problems. Tribe Wants Vast Region National Council Presents a Memorial Urging Aid to Regain Land Valued at $850,000,000. Day Of Colourful Scenes Pageants at Pine Ridge Depict Frontier Period—President Sees Farms and Schools," *NYT*, August 18, 1927, 1-2.

(36) Sioux Tribe v. United States, 97 Ct. Cl. 613, 1942 ; Sioux Tribe v. United States, 318 U.S. 789, 1943.

(37) "Plan For Huge Statutes On Black Hills Peaks ; Washington and Lincoln Figures, Sculptured on Granite Pinnacles Visible 100 Miles, Would Be Larger Than the Sphinx —Estimated Cost, $1,000,000," *NYT*, March 15, 1925, XX13.

(38) 一方，スー族長老のヘンリー・スタンディングベア（Henry Standing Bear）は1939年，彫刻家Korczak Ziolkowskiにブラックヒルズの岩壁にスー族の英雄クレイジーホースを彫るよう依頼したが，連邦からの資金援助を受けずに今日，まだ完成していない。Martha E. Geores, *Common Ground : The Struggle for Ownership of the Black Hills National Forest* (Lanhham, MD : Rowman & Littlefield Publishers, 1996), 105-109.

(39) "Indians Asking 2 Billion ; Largest of 59 Claims is That of Sioux for $882,457,354," *NYT*, November 14, 1937, 2.

(40) Sioux Tribe v. United States, 2 Ind. Cl. Comm. 646, 1954 ; Sioux Tribe of Indians v. United States, 146 F. Supp. 229, Ct. Cl., 1956. 1960年，スー族は委員会の許可を得て

訴訟事件 74 を 2 つに分けた。74-A は 1868 年の条約第 2 条に基づく，本来，スー族の領地であったミズーリ川西の 3400 万エーカーと東 1400 万エーカーを合わせた 4800 万エーカーの土地に対する賠償請求であり，74-B は 1877 年の法律によって収用された土地，ブラックヒルズに関わる訴訟である。

(41) "Indian Claims Commission Awards Over $65.8 Million to Indian Tribes in 1965," *Indian Voices*, January 1966, 12-13.

(42) "Sioux Say Black Hills Valued at $27 million," *Rosebud Sioux Herald* (*Eyapaha*), Vol. 7, No. 43, June 8, 1970, 1 ; "Sioux Claims Upheld," *Rosebud Sioux Herald* (*Eyapaha*), Vol. 8, No. 4, September 7, 1970, 6.

(43) "Sioux Demand Return of their Sacred Black Hills," *Wounded Knee Legal Defense/Offense Committee Newsletter*, March 27, 1974, 3.

(44) "The People Have Spoken, The Truth is Told, But Judge Urbom Rules Against The Treaty," *Wounded Knee Legal Defense/Offence Committee Newsletter*, January 1975, 1-4.

(45) "Together : The Fort Laramie Treaty of 1868," *Okiciyakapi : Pine Ridge Village News*, February 3, 1975 ; "Together : Treaty of 1868 Hearings," *Okiciyakapi : Pine Ridge Village News*, February 10, 1975 ; "Together : Opinions on the Ft. Laramie Treaty Hearings," *Okiciyakapi : Pine Ridge Village News*, February 18, 1975 ; "Treaty Hearing Ends Lincoln Trials," *Wounded Knee Legal Defense/Offense Committee Newsletter*, December 12, 1974, 1-2, 4.

(46) U.S. v. Consolidated Wounded Knee Cases, 389 F. Supp. 235, D. Neb. 1975 ; "The People Have Spoken, The Truth is Told, But Judge Urban Rules Against The Treaty," *Wounded Knee Legal Defense/Offence Committee Newsletter*, January 1975, 1-4 ; "'No Tribal Sovereignty,' Federal Judge Says," *Wassaja*, Vol. 3, No. 1, January-February 1975, 6.

(47) Ernest Holsendolph, "Bill Before House Panel Could Prepare Way to Pay $100 Million to the Sioux," *NYT*, September 11, 1976, 31.

(48) Sioux Nation v. United States, 33 Ind. Cl. Comm. 151, 1974 ; United States v. Sioux Nation, 207 Ct. Cl. 234, 518 F. 2d. 1298, 1975 ; United States v. Sioux Nation of Indians, 220 Ct. Cl. 442, 601 F. 2d 1157, 1979 ; United States v. Sioux Nation of Indians, 488 U.S. 371, 1980 ; "$105 Millison Award to Sioux is Upheld ; Court Holds U.S. Liable for Interest on $17.5 Million for Lost Land Supreme Court Roundup $105 Million Award to 8 Tribes Is Upheld Drug Couriers Government Misconduct," *NYT*, July 1, 1980, A1-2.

(49) ブラックヒルズ・スー・ネイション評議会は，1868 年のララミー砦条約に署名したサウスダコタ州のパインリッジ（オグララ），ローズバッド，シャイアンリバー，スタンディングロック，ロワーブルール，クロウクリーク，ネブラスカ州のサンティー，モンタナ州のフォートペックの各保留地に暮すスー族代表から成る。1970 年代から 80 年代にかけての他のスー族政治団体としては，F・フールズクロウなど

の伝統派がメンバーとなったラコタ条約評議会（Lakota Treaty Council），W・ミーンズ（William Means）が議長を務めた国際インディアン条約評議会（International Indian Treaty Council），そして草の根レベルで影響力を持ったパインリッジのグレイイーグル協会（Gray Eagle Society）がある。

(50) "Return Black Hills to Sioux, Leaders Demand," *Wassaja*, Vol. 4, No. 6, June 1976, 10.

(51) Thomas E. Mails, *Fools Crow* (Lincoln, NE : U of Nebraska P, 1979), 210–215 ; "Sioux Denied Claim to Black Hills," *Luchip Spearhead*, Vol. 9, No. 1, January 1976, 21 ; "Sioux Chiefs Urged To Reject U.S. Offer ; Indian Activist Says $105 Million Cannot Compensate Tribe for 1877 Loss of Black Hills," *NYT*, September 2, 1979, 22 ; "Chiefs Tell Subcommittee : Black Hills are not for Sale," *Wassaja*, Vol. 4, No. 11–12, November-December 1976, 14.

(52) Don Doll, S. J., *Vision Quest : Men, Women and Sacred Sites of the Sioux Nation* (New York : Crown Publishers, 1994), 110.

(53) "Black Hills Alliance," *Akwesasne Notes*, Spring 1979, 28.

(54) デニス・バンクス，森田ゆり共著『聖なる魂―現代アメリカン・インディアン指導者の半生―』（朝日新聞社 1993），184–185.

(55) Francis Paul Prucha, *The Great Father : The United States Government and the American Indians* (Lincoln, NE : U of Nebraska P, 1984), 1174–1175.

(56) Mails, *Fools Crow*, 214 ; Gonzalez and Cook-Lynn, *The Politics of Hallowed Ground*, 6, 374–376.

(57) Lazarus, *Black Hills White Justice*, 375–376, 428.

(58) Lazarus, *Black Hills White Justice*, 370–374 ; Doll, *Vision Quest*, 92–93.

(59) "Tribe Files Suit For $11 Billion Over Black Hills ; U.S. Is Among Defendants Named by Oglala Sioux Only One Tribe Affected Claim Is Called Conservative," *NYT*, July 19, 1980, 5 ; "Oglala Sioux to File Appeal in Suit for Return of 'Sacred' Black Hills," *NYT*, September 14, 1980, 61.

(60) Oglala Sioux Tribe v. United States, Civil No. 80–5062, D. S. D., 1980 ; Lazarus, *Black Hills White Justice*, 406–408 ; Oglala Sioux Tribe v. United States, 650 F. 2d 140, 8th Cir., 1981 ; Oglala Sioux Tribe v. United States, 455 U.S. 907, 1982 ; Gonzalez and Cook-Lynn, *The Politics of Hallowed Ground*, 42–46 ; "Around the nation ; Appeals Court Rejects Suit, By Indians Over Black Hills," *NYT*, June 3, 1981, 18 ; Linda Greenhouse, "Sioux Lose Fight for Land in Dakota," *NYT*, January 19, 1982, 14.

(61) B. Vermeer ed., *Archive of the Fourth Russell Tribunal : On the Rights of the Indians of the Americas* (Zug, Switzerland : Inter Documentation Co., 1984).

(62) "Around the Nation ; Indians Ordered to Leave Black Hills Encampment," *NYT*, August 27, 1981, 14 ; Gonzalez and Cook-Lynn, *The Politics of Hallowed Ground*, 158–159, 162–171 ; Peter Matthiessenn, *In the Spirit of Crazy Horse* (New York : The Viking Press, 1983), 512, 515–516 ; Means with Wolf, *Where White Men Fear to*

*Tread, 407–431.*

(63) Doll, *Vision Quest*, 60–61.

(64) Wayne King, “Bradley Offers Bill to Return Land to Sioux,” *NYT*, March 11, 1987, 23.

(65) The Sioux Nation Black Hills Act, S. 1453, 99th Cong., July 17, 1985 ; H. R. 3651, Oct. 30, 1985 ; U.S. Senate, Select Committee on Indian Affairs, *Sioux Nation Black Hills Act, Hearing before the Senate Select Committee on Indian Affairs, U.S. Senate*, 99th Cong., 2d sess., July 16, 1986 (Washington, D.C. : GPO, 1986).

(66) Fergus M. Bordewich, *Killing the White Man's Indian : Reinventing Native Americans at the End of the Twentieth Century* (New York : Anchor Books, 1996), 222.

(67) Gonzalez and Cook-Lynn, *The Politics of Hallowed Ground*, 356.

(68) U.S. House, Resources Subcommittee on Native American and Insular Affairs, Hearing on H. R. 3595, 104th Cong., 2d sess., Aug. 1, 1996. 1998 年の時点で，大部分のスー族が訴訟事件 74-A の賠償金の受取りを拒絶し，ブラックヒルズ（74-B）とともに 4800 万エーカーの連邦所有地の返却を要求していた。*ICT*, Apr. 27–May 4, 1998, 1.

(69) ウンデッドニー問題に関する文献では，ブラックヒルズ訴訟と同様，賠償運動に直接関わったオグララ・スー族弁護士マリオ・ゴンザレス（Mario Gonzalez）の手記を中心とした Gonzalez and Cook-Lynn, *The Politics of Hallowed Ground* などがある。

(70) U.S. House, To acknowledge the 100th anniversary of the tragedy at Wounded Knee Creek, State of South Dakota, December 29, 1890, wherein soldiers of the United States Army 7th Cavalry killed and wounded approximately 350–375 Indian men, women, children of Chief Big Foot's band of the Minneconjou Sioux, and to recognize the Year of Reconciliation declared by the State of South Dakota between the citizens of the State and the member bands of the Great Sioux Nation. H. Con. Res. 386, October 25, 1990.

(71) Charles Eastman, *From the Deep Woods to Civilization : Chapters in the Autobiography of an Indian* (Boston : Little, Brown, and Company, 1916), 112–113.

(72) John G. Neihardt, *Black Elk Speaks : Being the Life Story of a Holy Man of the Oglala Sioux* (Lincoln, NE : U of Nebraska P, 1979 ; orig. pub. in 1932), 270. J・G・ナイハルト『ブラック・エルクは語る』弥永健一訳，社会思想社，1977 年；Gonzalez and Cook-Lynn, *The Politics of Hallowed Ground*, 317–330. 名誉勲章については 1991 年から Sally Wagner が合衆国政府に撤回を請願する運動を起こし，インターネットでも署名が集められた。〈http://www.dickshovel.com/RescindMedals.html〉, March, 2000；ウンデッドニー事件に関しては，James Mooney, *The Ghost-Dance Religion and the Sioux Outbreak of 1890*, Bureau of American Ethnology Annual Report 14, pt. 2 (Washington, D.C., 1896) ; Alice Beck Kehoe, *The Ghost Dance : Ethnohistory and Revitalization* (New York : Holt, Rinehart and Winston, Inc., 1989) ; Brown, *Bury My Heart at Wounded Knee* ; Renee Sansom Flood, *Lost Bird of Wounded Knee : Spirit of the Lakota* (New York : Da Capo

P, 1998) 参照。

(73) 1908 年 4 月には，男性 60 名と女性 10 名，子供 10 名から成るバッファロービルのワイルドウエストショーの一団がパインリッジ保留地に一週間滞在したが，中には寄宿学校の卒業生も含まれていた。*The Oglala Light*, April 1908, 17.

(74) Chauncey Yellow Robe, “The Menace of the Wild West Show,” *The Quarterly Journal of the Society of American Indians*, Vol. 2, 1914, 225. ウンデッドニー虐殺の表象については，以下を参照。Susan Forsyth, *Representing the Massacre of American Indians at Wounded Knee, 1890–2000* (Lewisont, NY : The Edwin Mellen P, 2003).

(75) U.S. Senate, Committee on Indian Affairs, Hearings on H. R. 2535, March 7, and May 12, 1938, excerpts from U.S. Senate. Committee on the Judiciary. *Hearings before the Committee on the Judiciary, U.S. Senate, to Liquidate the Liability of the United States for the Massacre of Sioux Indian Men, Women, and Children at Wounded Knee*, 94th Cong., 2d sess., February 5, 6, 1976 (Washington, D.C. : GPO, 1976), 81–96, 389–398.

(76) *Hearings before the Committee on the Judiciary*, U.S. Senate, 94th Cong., 2d sess., February 5, 6, 1976 ; Brown, *Bury My Heart at Wounded Knee* ; Robert M. Utley, *The Last Days of the Sioux Nation* (New Haven, CT : Yale UP, 1963) ; Linda Charlton, “Army Denies a Wounded Knee Massacre,” *NYT*, December 30, 1975, 16 ; “Army Wants New Interpretation of Wounded Knee,” *Wassaja*, Vol. 4, No. 1, January 1976, 4 ; Rev. Simon Looking Elk, “‘Wounded Knee was a Massacre,’” *Wassaja*, Vol. 4, No. 2, March 1976, 9.

(77) Jay C. Fikes, *Reuben Snake, Your Humble Serpent : Indian Visionary and Activist* (Santa Fe, NM : Clear Light Publishers, 1996), 127.

(78) “Around the Nation ; Indians Memorialize Wounded Knee History,” *NYT*, June 25, 1984, 10.

(79) Peter Harriman, “Riders trace tragic route to renew Lakota ways,” *Argus Leader*, December 15, 2000 ; Peter Harriman, “Riding to remember,” *Argus Leader*, December 17, 2000.

(80) Gonzalez and Cook-Lynn, *The Politics of Hallowed Ground*, 60–71, 248–256. U.S. Senate, *Wounded Knee Memorial and Historic Site, Little Big Horn National Monument Battlefield, S. HRG. 101–1184*.

(81) U.S. House, To acknowledge the 100th anniversary of the tragedy at Wounded Knee Creek, State of South Dakota, December 29, 1890. H. CON. RES. 386, October 25, 1990 ; Gonzalez and Cook-Lynn, *The Politics of Hallowed Ground*, 66–67, 72–77, 111.

(82) Guy Le Querrec and Jean Rochard, *On the Trail to Wounded Knee : The Big Foot Memorial Ride* (Guilford, CT : Lyons Press, 2002).

(83) Gonzalez and Cook-Lynn, *The Politics of Hallowed Ground*, 111–120.

(84) スティールは約 30 年にわたって部族の政治家として活動し，部族評議会議長として 3 期再選された人物である。U.S. Senate, Select Committee of Indian Affairs, *Proposed*

*Wounded Knee Park and Memorial. Hearing to Establish a National Park and Memorial at Wounded Knee*. 102d Cong., 1st sess., April 30, 1991, Pine Ridge Indian Reservation, SD (Washington, D.C. : GPO, 1991) ; Gonzalez and Cook-Lynn, *The Politics of Hallowed Ground*, 125–128.

(85) "Commentary : Mixed Messages," *Americans Before Columbus*, Vol. 20, No. 3, 1993, 2.

(86) Women of All Red Nations, "Report of the Russell Tribunal, Continued Genocide of the Lakota People, Corporate Contamination of their Water, October 1980," "Report to Mr. Stanley Looking Elk, Tribal President, The Oglala Sioux Tribal Council, The Tribal Health Board, and the People of the Pine Ridge Reservation, May 1980," in Vermeer ed., *Archive of the Fourth Russell Tribunal* ; Mary B. Davis ed., *Native America in the Twentieth Century : An Encyclopedia* (New York : Garland Publishing, 1994), 698 ; Robert N. Wells, Jr., *Native American Resurgence and Renewal* (Metuchen, NJ : The Scarecrow Press Inc., 1994), 216–218 ; Geores, *Common Ground*, 108.

(87) *Rapid City Journal*, August 1, 1951, p. 1 ; January 16, 1957, p. 1 ; Joe Duggan, "Rally Leader Vows to return to Whiteclay," *Lincoln Journal Star*, June 28, 1999 ; Joe Duggan, "Nine Protesters Arrested for Crossing Police Line," *Lincoln Journal Star*, July 4, 1999.

(88) U.S. Congress, "Proposed Wounded Knee National Tribal Park," S. 382, 104th Cong., 1st sess., February 9, 1995 ; H. R. 877, January 30, 1995 ; Gonzalez and Cook-Lynn, *The Politics of Hallowed Ground*, 360–369.

(89) Forsyth, *Representing the Massacre of American Indians at Wounded Knee*, 219–221.

(90) Flood, *Lost Bird of Wounded Knee ; ICT*, Buffalo Nations News, August 2–9, 1999, B2.

(91) サンドクリークの事件については以下を参照。Patrick M. Mendoza, *Song of Sorrow : Massacre at Sand Creek* (Denver, CO : Willow Wind Pub. Co., 1993) ; Robert Scott, *Blood at Sand Creek : the Massacre Revisited* (Caldwell, ID : Caxton Printers, 1994).

(92) Verlyn Klinkenborg, "The Conscience of Place : Sand Creek," *Mother Jones magazine*, November/December 2000, January 16, 2002. 〈http://www.motherjones.com/mother_jones/ND00/sand_creek.html〉

(93) "Indians Seek New Marker at Massacre Site," *NYT*, September 22, 1985, 40.

(94) Andrew Gulliford, *Sacred Objects and Sacred Places : Preserving Tribal Traditions* (Boulder, CO : U of Colorado P, 2000), 33–38.

(95) "Delegates apologize for 1864 Sand Creek Massacre led by Methodist lay preacher," 1996 United Methodist General Conference, April 22, 1996, January 19, 2002. 〈http://www.umc.org/genconf/NEWS/massacre.html〉 ; Gustav Niebuhr, "Religion Journal ;

132 Years Later, Methodists Repent Forebear's Sin," *NYT*, April 27, 1996, 13.

(96) James Brooke, "Chivington Journal ; Effort Grows to Unearth Killing Field of Old West," *NYT*, August 30, 1998, 16.

(97) "National News Briefs ; Protection Sought For Massacre Site," *NYT*, May 10, 2000, 23.

(98) Sand Creek Letters by S. S. Soule (December 14, 1864) and Joe A. Cramer (December 19, 1864), in "Massacre focus of law, letters," *indians. com*, September 15, 2000, January 19, 2002. 〈http://www.indianz.com/SmokeSignals/Headlines/showfull.asp?ID=edu/9152000-1〉 ; U.S. Senate, Committee on Energy and Natural Resources, Subcommittee on National Parks, Historic Preservation and Recreation, *Park Service and Land Management Bills : Hearing on S. 2950*. 106th Cong., 2d sess., September 14, 2000, Washington, D.C. : GPO, 2001.

(99) "Campbell Sand Creek Bill Becomes Law," The office of Colorado U.S. Senator Ben Nighthorse Campbell Press Release, November 9, 2000, January 14, 2002 〈http://www.sandcreek.org/Project/campbell.htm〉 ; Brian Stockes, "Sand Creek Historic Landmark a Reality," *ICT*, November 8, 2000 ; "Campbell's Sand Creek Bill Ready for Presidential Signature," U.S. Senate Committee on Indian Affairs Press Release, Oct. 23, 2000, January 18, 2002. 〈http://indian.senate.gov/106press/102300.htm〉

(100) Sand Creek Massacre National Historic Site Establishment Act of 2000, P.L. 106-465, November 7, 2000, S. 2950, Sec. 8 & 9.

(101) Deborah Frazier, "138 years after Sand Creek, 'Our people are still here,'" *Rocky Mountain News*, November 30, 2002, March 16, 2003.

(102) Deborah Frazier, "Sand Creek site vote today," *Rocky Mountain News*, November 26, 2002, March 15, 2003 ; U.S. National Park Service, "Sand Creek National Historic Site," February 26, 2003, March 15, 2003. 〈http://www.nps.gov/sand/index.htm〉 ; "Colorado Massacre Site to Be Given to Tribes," *NYT*, April 28, 2002, 39 ; Leo Killsback, "Sand Creek Massacre National Historic Site dedicated," *ICT*, May 14, 2007. 用地の 920 エーカーを合衆国が購入し，1465 エーカーをシャイアン・アラパホ族のために部族のカジノを経営している会社が購入した。

(103) U.S. Senate, A joint resolution to acknowledge a long history of official depredations and ill-conceived policies by the United States Government regarding Indian tribes and offer an apology to all Native Peoples on behalf of the United States. S. J. Res. 37, May 6, 2004.

(104) 首都ワシントンに先住民の博物館をつくる試みは以前からあった。1960 年代初頭，NCAI 執行部長であったスー族の R・バーネット（Robert Burnett）は，先住民の博物館や手工芸品売り場，そして NCAI 事務所も収まる記念堂の建設を構想した。Thomas W. Cowger, *The National Congress of American Indians : The Founding Years*（Lincoln, NE : U of Nebraska P, 1999），144.

(105) "NCAI Cool to Apology," *ICT*, July 2, 2004 ; "Congress Contemplates an Apology,

but Only President Bush Can Give It Meaning," *ICT*, July 1, 2004 ; "The Long Trail to Apology," *NYT*, June 28, 2004, 18.

(106) 一方，カナダでは 1998 年に公式謝罪をした後，カナダ政府と学校を運営してきた教会に対して多くの賠償請求が相次ぎ，その結果，カナダ政府は訴訟解決の手続きを設け，全体で 20 億ドルの賠償金を支給した。

(107) S. J. Res. 15., April 19, 2005. 2005 年 1 月には同様の決議案がヴァージニア州共和党下院議員の Jo Ann Davis によって下院に提出された。

(108) U.S. Senate, Committee on Indian Affairs, "Native American Apology Resolution," *Congressional Record-Senate*, S. 4011, April 20, 2005 (Washington, D.C. : GPO, 2005).

(109) U.S. Senate, Committee on Indian Affairs, *Acknowledgment and Apology : Oversight Hearing Before the Senate Committee on Indian Affairs on S. J. Res. 15, A joint resolution to acknowledge a long history of official depredations and ill-conceived policies by the United States Government regarding Indian tribes and offer an apology to all Native Peoples on behalf of the United States*, 109th Cong., lst sess., May 25, 2005, Washington, D. C. : GPO, 2005.

(110) National Congress of American Indians, "Support for US Congressional Apology," Resolution TUL-05-088, 2005 Annual Session of the National Congress of American Indians, 62nd Annual Convention in Tulsa, Oklahoma on November 4, 2005, November 25, 2005. 〈http://www.ncai.org/ncai/data/resolution/annual2005/TUL-05-088.pdf〉

(111) テッサ・モーリス＝スズキは，形骸化した多文化主義を「コスメティック・マルチカルチュラリズム」と呼んでいる。テッサ・モーリス＝スズキ「グローバルな記憶・ナショナルな記述」『批判的想像力のために―グローバル化時代の日本―』（平凡社 2002), 142-166.

(112) 例えば，Elliott はリトルビッグホーンの先住民記念碑の除幕式における R・ミーンズの愛国主義的な演説について指摘している。Michael Elliott, "Indian Patriots on Last Stand Hill," *American Quarterly*, December 2006, 987-1015.

(113) David Melmer, "Sacred butte gets hearing," *ICT*, July 23, 2004.

(114) "Celebrate Famed Victory over Custer," *Wassaja*, June 1976, Vol. 4, No. 6, 1976, 3 ; "After Custer—Indians Seek Victory over Coal Companies," *Wassaja*, June 1976, Vol. 4, No. 8, 1976, 8.

(115) "Runners keep memories of Sand Creek alive," *The Billings Gazette*, August 3, 2000, January 16, 2002 ; Rick St. Germaine, "Sand Creek memorial run ignites emotions," *ICT*, October 17, 2005.

(116) Peter Harriman, "Riders trace tragic route to renew Lakota ways," *Argus Leader*, December 15, 2000 ; Peter Harriman, "Riding to remember," *Argus Leader*, December 17, 2000.

(117) Peter Harriman, "Cold reinforces stories of original Big Foot ride," "Young Lakota

riders draw strength from history," "Turning tragedy into strength," *Argus Leader*, December 18, 22, 29, 2000 ; Jomay Steen, "Journey returns history to family," *Argus Leader*, December 25, 2000 ; Steven Newcomb, "Newcomb : All our relations," *ICT*, December 29, 2006.

(118) Stan Steiner, *The New Indians*, New York : Harper & Row, 1968, 282.

(119) Woody Kipp, *Viet Cong at Wounded Knee : The Trail of a Blackfeet Activist* (Lincoln, NE : U of Nebraska P, 2004), 126-127.

(120) ベトナム戦争で，ベトナム人とインディアンの体験の類似性を見出した元先住民兵士は少なくなかった。Coleen Keane, "Native Americans Say They Learned to Kill Vietnamese Not Talk to Them," *Wassaja*, Vol. 10, No. 2, March-April 1983, 7.

(121) "Editorial : Genocide," *Americans Before Columbus*, December 1969-January 1970, 2.

(122) "Editorial : Genocide," 2.

(123) Steiner, *The New Indians*, 282-283.

(124) Akwesasne Notes ed., *Basic Call To Consciousness* (Summertown, TN : Native Voices, 2005).

(125) "Declaration of indigenous nations of the world in respect to the 500 year anniversary of the invasion of 'America,'" *Americans Before Columbus*, Vol. 18, No. 3, 1990, 4 ; Akwesasne Notes ed., *Basic Call To Consciousness*, 22-23.

(126) Taiaiake Alfred and Jeff Corntassel, "Alfred and Corntassel : A decade of rhetoric for indigenous peoples," *ICT*, May 11, 2004.

(127) Akwesasne Notes ed., *Basic Call To Consciousness*, 23, 129.

## 終　章

(1) Serle L. Chapman, *We, The People of Earth and Elders Volume II* (Missoula, MT : Mountain Press Publishing, 2001), 262.

(2) Will Kymlicka, *Multicultural Citizenship : A Liberal Theory of Minority Rights* (New York : Oxford UP, 1995), 124-126, 174-176. ウィル・キムリッカ『多文化時代の市民権―マイノリティの権利と自由主義―』角田猛之，石山文彦，山﨑康仕監訳(晃洋書房 1998)，185-189，261-263。

(3) John Tomlinson, *Globalization and Culture* (Cambridge, U.K. : Polity, 1999), 29-30, 106-112. ジョン・トムリンソン『グローバリゼーション―文化帝国主義を超えて―』片岡信訳（青土社 2000）；岡村圭子『グローバル社会の異文化論―記号の流れと文化単位―』(世界思想社 2003)，116-152。